Frerk / Schmidt-Salomon

Die Kirche im Kopf

Um ein tadelloses Mitglied
einer Schafherde sein zu können,
muss man vor allem ein Schaf sein.

Die großen Probleme dieser Welt
können nicht
mit derselben Denkweise gelöst werden,
mit welcher wir sie verursacht haben.

Albert Einstein

Carsten Frerk / Michael Schmidt-Salomon

Die Kirche im Kopf

Von „Ach, Herrje!" bis „Zum Teufel!"

Alibri Verlag
Aschaffenburg

2007

Carsten Frerk, geboren 1945, verantwortlicher Redakteur des *Humanistischen Pressedienstes* (http://hpd-online.de) und Leiter der *Forschungsgruppe Weltanschauungen in Deutschland* (http://fowid.de). Neben seinen Studien zu *Finanzen und Vermögen der Kirchen in Deutschland* (2002) und *Caritas und Diakonie in Deutschland* (2005) hat er auch zwei Romane veröffentlicht. Weitere Infos zum Autor unter www.carstenfrerk.de.

Michael Schmidt-Salomon, geboren 1967, Philosoph und Schriftsteller, Vorstandssprecher der *Giordano Bruno Stiftung* (www.giordano-bruno-stiftung.de). Neben zahlreichen wissenschaftlichen und philosophischen Publikationen, zuletzt das *Manifest des evolutionären Humanismus* (2005), hat er verschiedene belletristische Texte veröffentlicht. Weitere Infos zum Autor unter www.schmidt-salomon.de.

Alibri Verlag
www.alibri.de
Aschaffenburg
Mitglied in der Assoziation Linker Verlage (*aLiVe*)

1. Auflage 2007

Copyright 2007 by Alibri Verlag, Postfach 100 361, 63703 Aschaffenburg

Umschlaggestaltung: Claus Sterneck, Hanau
Druck und Verarbeitung: GuS Druck, Stuttgart

ISBN 978-3-86569-024-1

Einführung

Achtung, dieses Lexikon dient der *Gehirnwäsche*! Doch schrecken Sie nicht gleich zurück! Das Wort „Gehirnwäsche" – für viele automatisch mit destruktiver Manipulation oder gar Folter verknüpft –, hat seinen schlechten Ruf bei genauerer Betrachtung gar nicht verdient! Denn: Waschen wir uns nicht täglich Arme, Hände, Füße, Gesicht oder Haare? Von Kopf bis Fuß unterziehen wir uns einer gründlichen Reinigung – und ausgerechnet unser wertvollstes Organ (das Gehirn!) soll eine solche Pflege nicht verdient haben? Nein, so lieblos sollten wir mit dem sensiblen Zentralen Nervensystem auf keinen Fall umgehen! Es ist schon einigermaßen schizophren, dass wir auf der einen Seite peinlichst darauf bedacht sind, der Peripherie (den Körperteilen) jede erdenkliche Pflege angedeihen zu lassen, während wir auf der anderen Seite billigen, dass das Zentrum unserer Persönlichkeit im Moder längst überholter Ideen zu ersticken droht.

In der Tat hat sich über die Jahrhunderte hinweg einiges an Unrat in den Köpfen der Menschen eingenistet: unbegründete Ängste, falsche Hoffnungen, ein ganzes Arsenal an religiösen *Memen*, die bestens in der Lage sind, die Freude am Diesseits zu vermiesen. Vielleicht haben Sie den merkwürdigen Begriff „Mem" noch nie gehört. Das wäre nicht allzu verwunderlich, denn „Mem" ist ein noch recht junges Wort, das bislang fast ausschließlich in akademischen Kreisen bekannt war und noch nicht allzu viel Zeit hatte, massenhaft Köpfe zu infizieren.

Der Evolutionstheoretiker Richard Dawkins, der den Begriff 1976 als kulturelles Gegenstück zum biologischen *Gen* prägte (als Ableitung aus *memory* – Erinnerung), fasste unter „Mem" jegliche Idee, Verhaltensweise oder Fertigkeit, die anderen durch Imitation übertragen werden kann (vgl. Dawkins, *Das egoistische Gen* bzw. Blackmore, *Macht der Meme*). Meme (d.h. Geschichten, religiöse Dogmen, Moden, Rezepte, Lieder, u.v.a.m.) streben nach Verbreitung und Vervielfältigung und sollen wie Viren von Gehirn zu Gehirn springen und die Gedanken, Vorstellungen und Wünsche der Menschen infizieren können. Zwar fällt es uns einigermaßen schwer, Meme (beispielsweise den Werbeslogan: „Nichts ist unmöglich – Toyota") als selbständig agierende Replikatoren vorzustellen, die Hirne befallen, um sich auf diese Weise fortpflanzen zu können. Dennoch macht es Sinn, mit Hilfe dieser Metapher die Welt zu verstehen, d.h. heuristisch (zu Erklärungszwecken) davon auszugehen, dass Menschen sich so verhalten, *als ob* sie tatsächlich von solchen selbstreplizierenden Informationseinheiten (Genen und Memen) gesteuert würden.

Unsere Gehirne konsumieren und erschaffen täglich unzählige Meme, an deren Verbreitung und Untergang wir via Kommunikation teilhaben. Ihr Einfluss auf unser Verhalten ist so stark, dass der „Egoismus der Meme" den „Egoismus der Gene" durchaus dominieren kann. Bestes Beispiel: Wenn ein Selbstmordattentäter sich vor dem Ablauf seiner biologischen Reproduktionsfähigkeit in die Luft sprengt, begeht er zwar eine im biologischen Maßstab sinnlose Tat (evolutionär betrachtet ist er ein schrecklicher Verlierer im genetischen Wettbewerb um biologischen Fortpflanzungserfolg), allerdings trägt er auf eine sehr drastische und wirkungsvolle Weise dazu bei, dass die von ihm vertretenen Werte und Ideen in der Welt Gehör finden. Insofern ist er trotz seines biologischen Defizits ein strahlender Gewinner im memetischen Wettbewerb um kulturellen Fortpflanzungserfolg (vgl. Schmidt-Salomon, *Hoffnung jenseits der Illusionen?*).

Nach dem 11. September (ein Datum mit hoher memetischer Kraft) wurde viel über die sog. Schläfer in unserer Gesellschaft diskutiert, über religiöse Fanatiker, die unauffällig bleiben, bis der Moment gekommen ist, in dem sie zuschlagen. Nicht diskutiert wurde jedoch über die „Schläfer in uns", über religiös fanatische Meme, die oft ebenso unauffällig bleiben, bis die Umstände sie aus dem Dämmerschlaf erwecken. Ein gutes Beispiel für ein solches Mem ist der Mythos vom „verräterischen Schacherjuden" Judas, der das Heiligste, das die Welt angeblich je gesehen hat (Gottsohn), für ein paar „Silberlinge" verkauft haben soll. Nachdem dieses Mem Jahrhunderte lang in den Köpfen der Menschen herangezüchtet worden war, war es für die Nationalsozialisten ein Leichtes, es in bestialische Aktivität zu versetzen. Insofern darf man dem jüdischen Gelehrten Pinchas Lapide zustimmen, der einen mehr oder weniger direkten Weg von Golgatha nach Auschwitz nachgewiesen hat (vgl. Lapide, *Wer war schuld an Jesu Tod?*). Und dieser schreckliche Leidensweg ist wahrscheinlich noch lange nicht zu Ende. Die Gefahr bleibt virulent, solange das Mem der „jüdischen Gottesmörder" Gelegenheit findet, sich irgendwo in den hinteren Schaltzentren menschlicher Hirne einzunisten. Das Problem hierbei ist, dass sich dieses volksverhetzende Anti-Judas-Mem ausgerechnet im „Buch der Bücher", der Bibel, versteckt hält. Solange die Bibel nicht mit dem gleichen weltanschaulichen Abstand gelesen wird wie beispielsweise Hitlers *Mein Kampf*, muss das Ansteckungsrisiko als außerordentlich hoch betrachtet werden.

Das Christentum hat neben dem Judenhass zahlreiche andere fortpflanzungspotente Meme in die Welt gesetzt. Einige davon sind bereits auf den ersten Blick grauenerregend, andere erscheinen bloß skurril, dumm und lächerlich. Bei manchen ist der kirchliche Hintergrund auch heute noch offensichtlich (z.b. Kreuzigung, Kardinal), bei anderen ist das Wissen um den christlichen Hintergrund verloren gegangen (z.B. Hierarchie, Kloßbrühe). Viele dieser Meme (beispielsweise der christliche Schuld- und Sühnegedanke) wirken auch in säkularen Köpfen unverändert fort. Aufgabe des vorliegenden Buches soll es sein, diese Meme aufzuspüren und auf unterhaltsame Weise zu entlarven. Wie ein Computer-Virenschutzprogramm fahndet es nach Überresten religiöser Viren in unseren Köpfen und hilft dem versierten User, unerwünschte Einträge aus der mentalen Matrix zu löschen.

Das von uns vorgeschlagene Hirnwaschprogramm arbeitet in zwei Stufen. In der ersten Stufe („**Vorwäsche**") werden einfache Wörter, Flüche, Redewendungen analysiert, die häufig erst auf den zweiten Blick ihre religiöse Herkunft verraten. Hier erfährt man u.a., warum im christlichen Kulturkreis angeblich „alles Gute von oben kommt" oder weshalb „Gott immer bei den stärksten Bataillonen ist" („Heiliges Kanonenrohr!").

Nach diesen eher leichten Vorübungen geht es in der zweiten Stufe ans Eingemachte („**Hauptwaschgang**"), um komplexe Begriffe wie Schuld, Sexualität, Willensfreiheit usw. Diese Begriffe sind selbst in sich säkular dünkenden Köpfen von religiösen Konzepten überlagert. Es ist Aufgabe dieses Teils, die religiösen Denkmuster zu identifizieren und sie in pointierter Form einer wissenschaftlichen und humanistischen Denkungsart gegenüberzustellen.

Im Unterschied zu vielen anderen Lexika gibt diese Enzyklopädie nicht vor, weltanschaulich *neutral* zu sein. Selbstverständlich haben wir uns bemüht, Fakten unverzerrt zu präsentieren. Die Beurteilung dieser

Fakten jedoch erfolgt aus einer dezidiert freigeistigen, humanistischen Perspektive. Diese beruht auf der festen Überzeugung, dass alle Menschen gleichberechtigt und frei sein sollten in ihrem Streben, ihre Vorstellungen vom „guten Leben" im Diesseits zu realisieren. Meme, die gegen diesen Grundsatz verstoßen, sollten weder im Leben noch in einer „fröhlichen Wissenschaft" (Nietzsche), wie wir sie betreiben möchten, Ernst genommen werden. Wir sollten über sie herzhaft lachen, wie über einen tollpatschigen Zirkus-Clown – und nicht in „heiliger Ehrfurcht" vor ihnen erstarren.

Nach der Lektüre dieses Buches sollten Sie, verehrte Leserin, verehrter Leser, weniger als je zuvor in der Lage sein, in Demut (= Mutlosigkeit) dem persönlichkeitsgestörten (= dreifaltigen), imaginären Alphamännchen (= Gott) des Christentums zu dienen. Sie werden wahrscheinlich auch keinen großen Geschmack mehr daran finden, „die Kirche im Dorf zu lassen", geschweige denn *in Ihrem eigenen Kopf*!

Legen wir also die letzten Reste des christlichen „Eiapopeias" (Heinrich Heine) ab wie einen alten, abgewetzten Mantel! Der sog. „Heilige Geist" hat sich in 2000 Jahren Christentum als unüberbietbar geistlos erwiesen. Vertrauen wir statt seiner auf die menschliche Vernunft, auf Humor, Solidarität und Liebe – und als Urquell dessen: auf ein Hirn, „das sich gewaschen hat".

In diesem Sinne wünschen wir eine vergnügliche Lektüre!

Carsten Frerk / Michael Schmidt-Salomon

Post Scriptum: Wir haben das vorliegende Buch als *kritisches* Lexikon konzipiert. Dementsprechend konzentrieren wir uns auf die *kritikwürdigen* Meme, die das Christentum hervorgebracht hat. Dies bedeutet nicht, dass es in der Bibel bzw. in der Tradition des Christentums nicht auch Sinnvolles, selbst heute noch Bedenkenswertes, gibt bzw. gegeben hat. Doch ebenso wenig, wie man „die guten Christen mit dem Christentum verwechseln" darf (Deschner), sollte man einzelne, aus dem Zusammenhang gerissene Bibelstellen mit der Bibel als Gesamtwerk verwechseln. Zwar gibt es einige Bibelpassagen, die (siehe etwa die berühmten „Seligpreisungen" der Bergpredigt) mitunter das Niveau kynischer Wanderprediger erreichen (möglicherweise wurden diese „Seligpreisungen" sogar direkt von diesen damals im „gelobten Land" wirkenden „Jüngern des Diogenes" übernommen), insgesamt aber muss man feststellen, dass die „Heiligen Schriften" des Christentums schon zu ihrer Entstehungszeit dem bereits erreichten kulturellen Entwicklungsstand (etwa im antiken Griechenland) hoffnungslos hinterherhinkten. Dass das, was Gebildete schon vor 2000 Jahren zu Recht als rückständig erkannten, manchen Vertretern der Bildungsschicht heute noch als „fortschrittsweisend" erscheint, mag einerseits erschrecken, entbehrt aber andererseits nicht einer gewissen Komik: Humor ist, wenn man trotzdem lacht...

Apropos *Humor*: Leider müssen wir immer wieder feststellen, dass Frömmigkeit und Humor in einem umgekehrt-proportionalen Verhältnis zueinander stehen. Daher möchten wir besonders fromme Personen, die unter dem Handicap leicht verletzbarer religiöser Gefühle leiden, ausdrücklich vor der Lektüre dieses Buches warnen! Christen indes, deren Humor- und Diskursfähigkeiten im Zuge der religiösen Sozialisation nicht völlig abhanden gekommen sind, laden wir herzlich zur Diskussion ein. Wir versichern Ihnen: Dieses Buch ist kein Werk „atheistischer Missionare", die von dem, was sie schreiben, *dogmatisch* überzeugt sind. Im Gegenteil: Als kritische Rationalisten, die wissen, wie fehleranfällig jede „Erkenntnis" ist, lassen wir uns gerne eines Besseren belehren! Nutzen Sie also den durch die Lektüre dieses Buches möglicherweise aufgestauten Ärger produktiv und versuchen Sie, uns zu widerlegen! Wir freuen uns darauf!

Gebrauchshinweise

Beide Teile des Lexikons sind **alphabetisch** geordnet. Mit Hilfe von Verweisen können verwandte Themen leicht erschlossen werden. *Kursiv gesetzte* ⇨ *Verweise* zielen auf ein Stichwort im ersten Teil, <u>unterstrichene</u> ⇨ <u>Verweise</u> auf einen Artikel im zweiten Teil.

Dabei kann es vorkommen, dass ein Begriff (z.B. Jungfrau) im ersten Teil kurz erläutert und zudem im zweiten Teil ausführlicher als theologisches Konzept betrachtet wird.

Die **Literaturliste** im Anhang dient zur Überprüfung der wiedergegebenen Fakten und Zitate und soll auch zum Weiterlesen anregen.

Ein **Register** am Ende des Buches stellt noch einmal alle Begriffe und Komplexe als Liste mit den Seitenzahlen zusammen.

Die **Sprichwörter** sind in der Regel nach ihrem Hauptwort zugeordnet, also z.B. unter ⇨ *Teufel* finden sich „Hol' dich doch der Teufel", „Geh zum Teufel", „Den reitet wohl der Teufel", etc.

Alle **Zahlen** werden unter ⇨ <u>Zahlensymbolik</u> erläutert.

Die **Bibelzitate** folgen entweder der sog. „Einheitsübersetzung" (*Die Bibel: Gesamtausgabe / Ökumenischer Text*, Katholische Bibelanstalt, Stuttgart 1980) oder der Luther-Übersetzung (*Die Bibel oder die ganze heilige Schrift des alten und neuen Testamentes nach der Übersetzung Martin Luthers*, Württembergische Bibelanstalt, Stuttgart 1973). Auf die Luther-Übersetzung musste vor allem deshalb zurückgegriffen werden, weil die Originalformulierungen Luthers den Alltagssprachgebrauch weit mehr prägten als die erst viel später entstandenen Formulierungen der „Einheitsübersetzung".

1. Teil

„Vorwäsche"

Wörter, Flüche, Redewendungen

A

A und O: *„Das A und O der Sache ist..."*: *die Hauptsache, das Wesentliche einer Sache, eines Tuns...* Die Redewendung folgt der biblischen Offenbarung des Johannes (1, 8): „Ich bin das A und das O, der Anfang und das Ende, spricht Gott der Herr." Gott ist demnach Grieche oder sprach zumindest griechisch, denn A (Alpha) ist der erste und O (Omega) der letzte Buchstabe des griechischen Alphabets. Im übertragenen Sinn meint dieser Satz: Ich bin das Leben und der Tod, das Alles Omfassende. (⇨ katholisch). Ein gewaltiger Anspruch. Wenn es allerdings um die Details geht, wird am Ende 'gekniffen', denn für das ⇨ Böse, alles 'Schlechte', die ⇨ Sünde, ist dieser Gott nicht zuständig, die Verantwortung dafür schiebt er gerne anderen zu: Entweder dem ⇨ Teufel („Der Teufel sitzt im Detail") oder der missbrauchten ⇨ Willensfreiheit des Menschen. Ginge es nach Gott, dem A und O der ⇨ Schöpfungsgeschichte, wäre Alles in Ordnung. Für Chaos und Unordnung haben andere gesorgt.

abkanzeln: eine äußerst unfreundliche Ermahnung – von oben herab –, falls man einen Fehler gemacht hat. Beim Militär gab es dafür eine „Standpauke" oder einen „Anschiss", in den christlichen Kirchen wurden die „Sünden" von der (protestantischen) Kanzel herab gemaßregelt (daher der Begriff „ab-kanzeln"). Das 'gemeine' Volk musste solche 'Strafpredigen' (⇨ *Leviten*) manchmal stundenlang ertragen, fürstliche Kreise besaßen hingegen das Privileg, sich solchen ⇨ *Gardinenpredigten* elegant zu entziehen.

Abrahams Schoß: *„Sicher wie in Abrahams Schoß"*: *geschützt und geborgen sein.* In den Schoß des Stammvaters Abraham wird der arme Mensch (Lazarus) nach seinem Tod von den Engeln getragen, während der gleichzeitig sterbende Reiche in die Unterwelt verdammt wird (Lk 16, 19-26). Und trotz aller Bitten des Reichen gibt Abraham den Armen nicht heraus, sondern belässt ihn in seinem vor der „Unterwelt" schützenden Schoß. Ob Abrahams Schoß aber angesichts des ⇨ *Kadavergehorsams* von Abraham tatsächlich der sicherste Ort der Welt ist, darf bezweifelt werden. Denn Abraham (hebräisch: „Vater vieler Völker, Vater der Menschen") wird vor allem deshalb verehrt, weil er bereit war, Gott zuliebe seinem Sohn Isaak, den allerdings Gott persönlich mit Abrahams Frau

Sarah gezeugt hatte, (1 Mos 21, 1 ⇨ Vergewaltigung) die Kehle durch-
zuschneiden: („[...] und nahm das Messer, um seinen Sohn zu schlachten"
– 1 Mos 22, 10). Glücklicherweise überlegte es sich der HERR, von
soviel Gehorsam und ⇨ Ehr-Furcht gerührt, noch einmal anders und
ersetzte das Opferangebot des eigenen Sohnes durch einen Widder.

Abrahams fruchtbarem Schoß entsprangen Judentum, Christentum
und Islam, weshalb man diese Religionen auch die „abrahamitischen
Religionen" nennt. Wie Stammvater Abraham sahen auch seine treuen
Nachfahren, die gläubigen Juden, Christen und Muslime, nur selten ein
Problem darin, im Namen Gottes die Klingen zu schleifen und sich unter-
einander und gegenseitig abzumetzeln (⇨ Krieg).

Absolvent: So nennt sich jemand, der die vorgeschriebene Ausbildungs-
zeit abgeschlossen hat und zum Schluss an der *Freisprechung* teilnimmt.
Es erfordert nicht unbedingt einen katholischen Priester, damit man in den
Genuss einer solchen Absolution („ego te absolvo" – Freisprechung von
Sünden und Strafen) kommen kann.

Ach, Herrje!: Christlicher Ausruf der *Überraschung* und des *Entsetzens*
über ein Geschehen. Verkürzt aus: „Ach, Herr Jesus!" Die Namen der
Götter dürfen nicht direkt ausgesprochen werden, da das (noch weiteres)
Unglück bringt (⇨ Magie). Angesichts des Anblicks der ⇨ Kreuzigung ist
dieser Ausruf des Entsetzens und des Schreckens verständlich, doch
warum wird er auch verwendet, wenn einem nur der Krug mit dem Oran-
gensaft aus der Hand gerutscht ist?

Adamsapfel: *Am Hals hervorstehender Kehlkopfknorpel.* Volkstümliche
Auffassung, dass es ein Stück des Adam im Paradies von Eva verbote-
nerweise geschenkten ⇨ *Apfels* sein soll, der dem Mann im Hals stecken
geblieben ist.

Adamskostüm: Eigenartigerweise ein Mann *ohne* Kostüm oder Verkleidung, also so, wie Adam im Paradies herumgelaufen sein soll: ⇨ *nackt.*

Ade!: lat. *Ad deum*. Abschiedsgruß: Zu Gott befohlen!

Adieu!: frz. *Zu Gott!* Abschiedsgruß. Im Unterschied zu den (normalerweise) freundlich gemeinten Abschiedsformeln (Ade!, Tschüs!, Pfüat di!)
hat das Adieu! meist eine sehr endgültige Aussage: „Geh zu/mit Gott,
aber geh endlich!" Wenn der Angesprochene auf diese Aufforderung

nicht reagiert, ist das Abwenden und ein: „Dann hol dich doch der Teufel!" die Konsequenz.

Advocatus diaboli: (übersetzt: *der Anwalt des Teufels*), bezeichnet die rhetorische Strategie, bewusst 'böse' Gegenpositionen zu vertreten, um dadurch die Standfestigkeit der Argumente für die gute Sache (⇨ Gott) zu prüfen und zu verbessern. Der vorige Papst Johannes Paul II. schien den Begriff aber mitunter wörtlich zu nehmen, z.b. wenn er Scheidungsanwälten vorwarf, sie kollaborierten mit dem ⇨ Bösen.

Andreaskreuz: (1) Verkehrszeichen in Form zweier diagonal gekreuzter weißer Balken mit roten Enden, das vor einem unbeschrankten Bahnübergang steht. (Nach der Straßenverkehrsordnung [StVO] das Zeichen 201-50 „Andreaskreuz stehend" und Zeichen 201-51 „Andreaskreuz stehend mit Blitzpfeil" für Bahnstrecken mit elektrischer Fahrleitung.) Dem Namen nach erinnert dieses Warnkreuz an den Apostel Andreas, der – einer Legende nach – an einem solchen Diagonalkreuz hingerichtet worden sein soll (⇨ Kreuz). Vermutlich kommt die Übernahme dieses Kreuzes als Warnzeichen aus der Gebärde der überkreuzten Arme, mit denen eine Sperrung signalisiert wird. Inhaltlich ist die Warnung zur Vorsicht beim Überqueren der Eisenbahngleise jedoch genuin christlich: Wer das Gebot nicht beachtet, wird gegebenenfalls blutig sterben. (Das waren im Jahr 1999 bei 412 Zusammenstößen 92 Tote.)

(2) Ein Andreaskreuz sei dem schottischen König Angus MacFergus vor einer Schlacht als Wolke am Himmel erschienen. Er gelobte, falls er die Schlacht gewinnen würde (⇨ *Gottesurteil*), Andreas als Schutzpatron Schottlands zu verewigen. So geschah es und so wurde das Andreaskreuz auch zur schottischen Nationalflagge. (⇨ *Flaggen*)

(3) Aktuell am weitesten verbreitet ist das Andreaskreuz in Sado-Maso-Clubs oder privaten „Sklavenkammern" mit Fuß- und Handfesselung als erotisches „Spielzeug".

(4) In der Hochbautechnik werden die schweren Aussteifungen im Stahlbau (z.B. Posttürme) ebenfalls Andreaskreuze genannt.

Anrede Gottes: Im 'Knigge' gibt es verschiedene verbindliche Formen, wie höher gestellte Persönlichkeiten angesprochen werden sollen. Stellen wir uns einmal vor, wir begegnen einem Mann vom christlichen Bodenpersonal (⇨ Kirchenfürsten) und sagen dann zu dem Kardinal: „Tag, Karl, kannst du mir bitte..." – Wir wetten, der redet kein Wort mit einem!

Da bisher ja nur ganz wenige mit dem ⇨ *HERRN* ⇨ <u>Gott</u> gesprochen haben (Adam, Noah, Abraham ...) und ihn fragen konnten, worauf er Wert legt, haben die deutschen Bischöfe für uns geklärt, wie der allmächtige Gott angesprochen wird: „Gott redet den Menschen mit 'Du' an, und dieser darf Gott mit 'Du' anreden." (*Katholischer Erwachsenen-Katechismus* I, S. 30)

P.S. Da schau an! Ich bin mit Gott auf 'Du und Du' und mein popeliger Chef will, dass ich ihn mit 'Meister' und 'Sie' anrede? Schade nur, dass der „Imaginäre Big Boss in den Wolken" (Frank Zappa) sonst so unangenehme Eigenschaften hat (⇨ <u>Ausrottung</u>, ⇨ *Sintflut*, ⇨ *Sodom und Gomorra*). Man könnte ihn ansonsten richtig lieb haben, wie seinen eigenen Papi, den man ja schließlich auch nicht mit „Sie" anspricht/angesprochen hat.

Apfel: Kaum ein Werbefilmer kommt heute ohne ihn aus, wenn es um 'die Versuchung' geht. Aber war der Apfel wirklich die „verbotene Frucht" des Paradieses? Häufig wurde es in der Kunst so dargestellt und daher kommt auch der ⇨ *Adamsapfel*. Allerdings hat die Sache mit dem Apfel einen Wurm: Adam und Eva, sofern sie gelebt hätten, wären beim besten Willen nicht in den Genuss eines Apfels gekommen (vgl. Lapide, *Ist die Bibel richtig übersetzt?*). Die im Abendland so populäre Vorstellung vom verbotenen Apfel beruht auf einem 'Übersetzungsfehler' (⇨ <u>Jungfrau</u>, ⇨ *Kamel*, ⇨ <u>Kirche</u>): Das „malum" in „Eritis sicut deus, scientes bonum et malum" (Lockruf der Schlange: „Ihr werdet sein wie Gott, wissend das Gute und Böse") kann sowohl „böse" als auch „Apfel" bedeuten. Zwar dürfte der Satz: „Ihr werdet sein wie Gott, wissend das Gute und den Apfel!" selbst für einen Theologen wenig Sinn machen, aber er scheint doch wunderbarerweise die Beschaffenheit jener geheimnisvollen Frucht zu klären, die Eva der Legende nach vom Baum der Erkenntnis pflückte. Dumm nur, dass die alten Hebräer keine Äpfel kannten, da diese erst ab dem 19. Jahrhundert über den Exportweg nach Nahost gelangten.

Wahrscheinlich war die verbotene Frucht des Alten Testamentes eine frostempfindliche Feige – Adam und Eva bedeckten ihre 'Blößen' nach dem 'Sündenfall' mit Feigenblättern – oder es war ein Granatapfel. Der Granat(apfel)baum ist ein 5 bis 8 Meter hoher Strauch, der im gesamten Vorderen Orient wild wächst. Die kugelrunden Früchte mit lederner Haut und dem saftigem Fruchtfleisch – mit Kernen, die Fruchtsaft enthalten – galten in der Kunst als Symbol für die weibliche Sexualität. Im 18. Jahrhundert wurde es z.B. auf das Meißner Porzellan gemalt, aber da die Sachsen keinen Granatapfel kannten und auch die Symbolik nicht verstanden, wurde es als „Zwiebelmuster" populär.

Naheliegend wäre auch, dass dieser 'Apfel' eine verkappte Analogie und Hehlwort zu den Brüsten (oder den Pobacken) Evas wäre, beides Körperteile, die bei jüngeren Frauen auch als 'Äpfel' bezeichnet werden. Im Hochmittelalter gemalte Evas sind häufig sehr schlank, beinahe androgyn, mit kleinen kugelrunden Brüsten. Dass diese „Frucht" (verkappt) etwas mit Sexualität zu tun hat, darauf verweist auch die jüdische Interpretation dieser Frucht als *Pflaume*. (Auch im Vulgärdeutsch werden die Genitallippen [⇨ „*Scham*lippen"] einer Frau als 'Pflaume' bezeichnet. Eine Auffassung, die der Optik einer halbierten und entkernten Pflaume mit dem Fruchtfleisch und der 'Kern'-Spalte durchaus nahe kommt. In diesem Sinne hat Eva dem Adam nicht eine Frucht gepflückt, sondern ihm ihre Genitallippen dargeboten und der „Sündenfall der Erkenntnis" war die Entdeckung der ⇨ Sexualität.)

Apostel: griech. „*der Sendbote*". Der Begriff wird im Alltag abwertend ironisch gebraucht, indem Menschen, die aus einer Vielzahl von Auffassungen eine bestimmte herausgreifen und ihren Mitmenschen mit der (lächerlichen) 'Verkündigung' auf die Nerven fallen, dass diese Auffassung die einzig wahre sei, als 'Apostel' bezeichnet werden: *Gesundheitsapostel, Friedensapostel, Sittenapostel, Moralapostel,* etc. „Zusammensetzungen mit Apostel haben überhaupt meist eine schlechte Bedeutung." (Röhrich, *Lexikon der sprichwörtlichen Redensarten*, S. 94)

Das Schicksal der christlichen Apostel sollte ihren Nachfolgern vielleicht eine Warnung sein: Keiner von ihnen ist (angeblich) eines natürlichen Todes gestorben (⇨ Märtyrer).

arm: Die Grundbedeutung von „arm" ist eigentlich „vereinsamt", „beklagenswert", „unglücklich" (formelhaft in „armer Sünder", „arme Seele", „armer Teufel"). (Paul, *Deutsches Wörterbuch*, S. 40) Der Begriff bezeichnet demnach ursprünglich eher einen mentalen Zustand als einen ökonomischen Sachverhalt. Wenn also von dem umherziehenden Wanderrabbiner in seiner 'Bergpredigt' gesagt worden sein soll: „Selig sind, die geistlich arm sind; denn das Himmelreich ist ihr" (Mt 5, 3), dann soll das nicht heißen, dass das Himmelreich nur für die Doofen reserviert ist, sondern vor allem für die Unglücklichen (⇨ *Jammertal*). In diesem Sinn ist auch der „**arme Sünder**" nicht jemand, der kein Geld hat, um z.B. die Kirchenstrafe zu bezahlen und deshalb in der Hölle gebraten wird, sondern es ist ein „beklagenswerter Sünder" – egal ob mit viel oder wenig Geld.

Armleuchter: *Jesses, ist das ein Armleuchter!* Umgangssprache, übertragen = „Trottel, kein Kirchenlicht", verhüllend für „Armloch, Arschloch". (Paul, *Deutsches Wörterbuch*, S. 40) In einer doppelten Drehung wird zunächst der (siebenarmige) Kirchenleuchter in sein Gegenteil verkehrt – und zwar in dem Sinne, dass dem Menschen kein Licht aufgegangen sei. Dann wird das Ganze auch noch in bewährter Tradition (⇨ Ausrufe) mit dem Fäkalbereich verbunden.

Arsch bezieht sich im Kontext des derb-anstößigen „Er kann mich mal im/am Arsch lecken" auf die christliche Teufelsvorstellung und die damit verbundene Magie, dass man dem 'Teufel' einen Abwehrzauber murmelnd entgegenschleudert. (Luther: „Wenn man nun aber den Teufel kennt. So kann man leichthin zu ihm sagen: Leck mich im Arsch.") Das seit Goethe profanierte 'geflügelte Wort' des Götz von Berlichingen bezieht es sich auf die weltliche Macht und wird 'gut bürgerlich' schamhaft auf „Er/Du kann(st) mich mal!" verkürzt. (Röhrich, *Lexikon der sprichwörtlichen Redensarten*, S. 102ff.) (⇨ *kreuzweise*)

Aufgebot: *Die öffentliche Bekanntgabe eines staatlichen Standesamtes, dass zwei Menschen in absehbarer Zeit heiraten wollen.* Es handelt sich dabei um eine Erfindung der (katholischen) Kirche im 11. Jahrhundert, mit der die Einhaltung der von der Kirche ebenfalls erfundenen ⇨ Eheverbote gewährleistet wurde. Da die Verwandtschaftsbeziehungen unübersichtlich geworden waren, wurde die Öffentlichkeit zur Denunziation aufgefordert, zur Vermeldung von „Ehehindernissen" aufgerufen, falls ein Brautpaar doch (bis zu sieben Verwandtschaftsgraden entfernt) miteinander verwandt war.

Aufgrund der individuellen Mobilität – wer heiratet heute denn noch an ihrem oder seinem ursprünglichen Herkunftsort? –, ist dieses Verfahren inzwischen in den Großstädten abgeschafft worden. So heißt es beim Standesamt der erzbischöflichen Stadt Köln: „Sie wollen 'sich trauen'? Vorher müssen Sie die Eheschließung beim Standesamt Ihres Wohnsitzes anmelden. Der Aushang des Aufgebotes gehört der Vergangenheit an. Liegen alle Unterlagen vor, könnten Sie sich mit der Anmeldung zur Eheschließung direkt das Jawort geben!"

B

Barthel: eine Abkürzung für Bartholomäus, der sprichwörtlich geworden ist in: „*Wissen, wo Barthel den Most holt*". Die plausibelste Erklärung für dieses Sprichwort scheint zu sein, dass man zu dieser Jahreszeit im August – wo z. B. die Wirte in Augsburg ihr Schankrecht verloren, wenn sie zu Bartholomäo (Namenstag des Apostels am 24. August) noch keinen Most hatten – gewitzt sein musste, Most anbieten zu können. Im Schwäbischen wird auf die Frage, wo denn der Barthel den Most her bekomme, geantwortet: „Beim Michel", d. h. am Namenstag des Erzengels Michael am 29. September, wenn zumindest der neue Obstmost schon gekeltert ist. Die **Bartholomäusnacht** hingegen war kein feucht-fröhliches Obstmostgelage, sondern bezeichnet das Gemetzel in der Nacht vom 23. auf den 24. August 1572, als 2000 Protestanten (Hugenotten) durch die katholischen Bürger von Paris ermordet wurden („Pariser Bluthochzeit"). In den folgenden vier Wochen fielen dem katholischen Mob weitere 30.000 Hugenotten in der Provinz zum Opfer. Anstifterin des blutigen Treibens war die katholische Katharina von Medici. „Spanien und die römische Kurie freuten sich über den Erfolg." (*Meyers Lexikon*, I, S. 1516)

Bäume spielen in allen archaischen Religionen als Symbole der Kraft, des Schutzes und des Lebens eine große Rolle: die heiligen Bäume und Haine der Germanen, Buddha unter einem Baum sitzend... Das Christentum steht auch in dieser Tradition, dreht aber den positiv-archaischen Naturbezug (wie stets) ins Negative: vom Baum der Erkenntnis (= Sünde) bis hin zum Kreuzesbaum (= Hinrichtungsgerät = Tod).

Beruf: Der Begriff „Beruf" leitet sich ursprünglich von „Berufung" ab. Wir sind nach christlichem Verständnis alle zum Beruf durch „Gott" berufen, denn Stand und Amt des Menschen in der Welt sind Ausdruck seines göttlichen Auftrages: Nur allein durch Leistung, Erfolg oder Arbeit könne man „gelingendes Leben und Gottes Gnade" nicht verdienen. Diese Grundansicht der Rechtfertigung allein aus dem Glauben wird zum entscheidenden Kriterium von Luthers Berufsethik. Deshalb qualifizieren die ⇨ Gnade und die Liebe dieses Gottes jeden Stand und jede Arbeit; alle Menschen sind von diesem Gott berufen (daher „Beruf"), um mit ihren Gaben ebendiesem Gott und dem Nächsten zu dienen, egal ob geistlich oder weltlich, Elite oder Unterschicht. „Jede Arbeit ist Gottesdienst, wenn sie im Glauben geschieht und im Dienst der Liebe." (EEK, S. 432)

Wenn Sie also jemand nach ihrem „Beruf" fragt, überlegen Sie genau, was Sie sagen und welche göttliche Vorsehung sie gerade die Qualifikation hat anstreben und erreichen lassen, die sie haben. Wer die Assoziation mit Lebenssinn, Identifikation und Selbstverwirklichung im Beruf nicht will, spreche lieber vom „Job".

Berufswechsel waren biblisch übrigens nicht vorgesehen – man ⇨ *absolvierte* seine Lehre und blieb dann sein Leben lang in seinem Beruf –, denn: „Ein jeglicher bleibe in dem, darin er berufen ist" (1 Kor 7, 17). Wenn es zeitgemäß gefordert ist, dann eben als 'Job-Hopperei'.

Bildersturm: Ein Bilderstürmer ist im übertragenen Sinne jemand, der sich in radikaler Weise gegen tradierte Vorstellung auflehnt. Theologischer Hintergrund: Luther hatte sich, entsprechend dem zweiten der Zehn Gebote, gegen die religiöse Bilderverehrung ausgesprochen und seine fanatischen Anhänger (die die freundlichen Worte ihres geistigen Brandstifters völlig missverstanden hatten) stürmten im 16. Jahrhundert (nicht nur) die ehemals katholischen (und nun evangelischen) Kirchen. Sie zerstörten alle Bilder und zerschlugen jeden dekorativen Schnick-Schnack, mit dessen Betrachtung man sich während der langen lateinischen Predigten wenigstens die Zeit vertreiben konnte. Zurück blieb die karge Einöde eines evangelisch-lutherischen Gewissens.

Bildung: Ursprünglich ein von der mittelalterlichen Mystik herrührender Begriff. Der Mensch sollte sich bilden, um sich so als Ebenbild Gottes (des großen Bildners) würdig zu erweisen. Entsprechend ist die Geschichte der Kirchen (bis ins 20. Jahrhundert hinein) eng mit der Entwicklung des Schulwesens verknüpft. Vergleicht man die Grausamkeit dieses Gottes (⇨ Ausrottung, ⇨ Hölle) mit der geschichtlich gut dokumentierten Grausamkeit der Menschen, scheint dieser christliche Bildungsauftrag hinreichend erfüllt worden zu sein.

Bitte: „*Er ist einer aus der siebten Bitte*": Ein unangenehmer Mensch, *den man loswerden möchte*. „Erlöse uns von dem Übel" = Siebte Bitte des christlichen „Vaterunser".

Blasphemie: Bedeutet nicht, dass man/frau darauf versessen ist, auf, mit oder an etwas zu blasen, sondern ⇨ Gotteslästerung.

Blech: ⇨ *Heilig's Blechle*

Blindheit: „*Mit Blindheit geschlagen sein*": *Nichts mehr erkennen können, verloren sein.* „Dann schlugen sie die Leute draußen vor dem Haus, klein und groß, mit Blindheit, so dass sie sich vergebens bemühten, den Eingang zu finden." (1 Mose 19, 11) Lot wird von zwei Engeln im Haus gerettet, die anderen werden dem Verderben des Untergangs von Sodom und Gomorra überlassen (⇨ *Dunkelheit*). Merke also: Blindheit ist kein genetischer Defekt oder durch Krankheit entstanden, sondern eine Strafe des christlichen Gottes für ungebührliches Benehmen.

Blut: Nach griechischer bis christlich-mittelalterlicher Auffassung war das Blut der Sitz der „Seele". „Denn des Leibes Leben ist in seinem Blut..." (3 Mose 17, 14). Alle mystischen Vorstellungen von „Blut und Boden", „Blut ist dicker als Wasser", Blutschande, Blutzeuge etc. beruhen auf dieser Glaubenstradition. Auch die Verwandlung von Wein in das Blut Christi (⇨ Vegetarier). Damit zeigt sich am deutlichsten die Abwendung des Christentums von seinem jüdischen Ursprung. Dem Judentum gilt jedes Blut (sei es tierisches Blut oder auch das Menstruationsblut) als „unrein" (⇨ *rot*).

Blut und Wasser schwitzen: ⇨ *Schweiß (3)*

Blutschande: Entsprechend den biblischen Vorgaben wurde in Deutschland bis zur großen Strafrechtsreform der 1970er Jahre nach § 173 des Strafgesetzbuches der Koitus zwischen Verwandten in auf- und absteigender Linie (einschließlich Verschwägerter) als Blutschande bestraft: mit Gefängnis bis zu zwei Jahren und Zuchthaus bis zu fünf Jahren (⇨ Eheverbote). Heute ist zwar der Begriff der Blutschande aus dem Strafgesetzbuch eliminiert, der Straftatbestand selbst blieb jedoch (in abgemilderter Form) bestehen.

Blutzeuge werden christliche ⇨ Märtyrer genannt, da sie mit ihrem Leben (⇨ Blut) für ihren Glauben einstanden. Auch die ⇨ Nationalsozialisten haben diese Bezeichnung – neben vielen anderen religiösen Begriffen –, übernommen, indem sie Parteigänger, die bei Putschversuchen gegen die rechtmäßigen Regierungen (z.B. der „Marsch auf die Feldherrnhalle", München, 1923) getötet wurden, „Blutzeugen der Bewegung" nannten.

Braut Christi: Ehrentitel einer christlichen Nonne. In einigen Ordensgemeinschaften sind diese Frauen (klassisch mit intakter Jungfernhaut erwünscht) die Verlobten des HERRN Jesus (mit Ring und Versprechen und allem Brimborium).

Die Vielzahl dieser Tausenden von Verlobten ist allerdings kein Verstoß gegen die christlich angeordnete ⇨ Monogamie, denn erstens hat der HERR Jesus noch keine einzige seiner Verlobten geheiratet, obwohl eine Verlobung einem Eheversprechen entspricht, und zweitens lautet ein klassischer Grundsatz: Quod licet Jovi, non licet bovi („Was Gott erlaubt ist, ist dem Ochsen noch lange nicht gestattet").

Brot steht umgangssprachlich nicht nur für das Lebensmittel, sondern generell für Einkommen oder Geld („Brotjob", „brotlose Kunst"). Der magischen Beschwörungsformel im so genannten „Vaterunser": „Unser täglich Brot gib uns heute" (als ob es dann vom Himmel fallen würde oder ein Himmelsbote es gleich anschließend vorbei bringen würde) und der christlichen Belehrung „Der Mensch lebt nicht vom Brot allein…" hat der lebenslustige 'Volksverstand' entgegengesetzt: „Der Mensch lebt nicht vom Brot allein, es muss auch was dazwischen sein". Ebenso wird die christliche Brot-Botschaft veralbert, wenn man sagt: „In der Not schmeckt die Wurst auch ohne Brot".

Bruder: Wenn wir denn schon alle „Kinder Gottes" sein sollen, wäre es auch konsequent, wenn sich zumindest alle Christen mit „Du" und „Bruder" und „Schwester" anreden würden. Durchgesetzt hat sich der Begriff *Bruder* (mit Ausnahme der Anredefloskel „Liebe Brüder und Schwestern") jedoch nur bei kleineren christlichen Gruppen (z.B. den evangelischen Herrnhutern), als Kollegenanrede bei den evangelischen Pastoren und für die ⇨ *Mönche* in den katholischen Brüderorden. Da die Bevölkerung den eingesperrten Mönchen ihre Keuschheit nicht abnahm, wurde ihnen ⇨ Homosexualität nachgesagt. So entstand der ironische Begriff des *warmen Bruders*.

Buch: (1) *„Buch der Bücher"* wird die Bibel im christlich-abendländischen Kulturkreis gerne genannt. Damit wird so nebenbei ein Kulturimperialismus gegenüber anderen Kulturen geäußert – die Muslime werden ihren Koran und die Juden ihre Thora auch als das wesentlichste Buch ihrer Kultur betrachten, denn alle drei abrahamitischen Religionen sind „Buchreligionen". Zudem drückt diese Ansicht auch die Auffassung aus, dass in einem wahrhaft christlichen Haushalt nur ein einziges Buch vorhanden zu sein braucht: eben dieses, die Bibel.

Im ursprünglichen Sinn stimmt es jedoch tatsächlich, dass die Bibel das „Buch der Bücher" sei, da es sich um ein Buch aus 66 Büchern handelt – 39 hebräische Einzelschriften des Alten Testaments und 27 griechische Schriften des Neuen Testaments –, die in einer 'Buchbindersynthese' zur „Bibel" zusammengeklebt wurden.

Die Beliebigkeit, welche Texte in diesen Kanon des Neuen Testamentes aufgenommen wurden, zeigt sich auch darin, dass die nicht in das Neue Testament aufgenommenen „Apokryphen" (die von Papst Gelasius I. [gest. 496] 'verbannt' wurden) grundlegend für die katholische Kirche sind, da nur aus den Apokryphen die (angebliche) „Petrusakte" bekannt ist (eine Geschichte, in der Petrus dem Kaiser beweist, dass er stärker ist als der Teufel), ebenso wie der (angebliche) Märtyrertod des Paulus in Rom. Ein schönes Beispiel, das zeigt, dass der Petersdom und die römische Kirche auf unautorisierten Voraussetzungen beruhen.

(2) Im *Buch des Lebens* notiert sein, heißt gottgefällig gelebt zu haben: „Nie werde ich seinen Namen aus dem Buch des Lebens streichen" (Offb 3, 5). Also, wer diesem Gott nicht genehm ist, der wird ruckzuck ausgetilgt, ausgelöscht wie ein lästiger Tintenklecks…

Bundesverdienstkreuz: Die landläufige Benennung für die höchste zivile Auszeichnung der Bundesrepublik Deutschland (offizielle Bezeichnung: Verdienstorden der Bundesrepublik Deutschland). Wie andere christliche Nationen hat man auch nach der Trennung von Thron und Altar (Staatskirche) die Traditionslinien der christlichen Auszeichnungen im Kampf gegen die Heiden beibehalten. Wird besonders gerne (im Namen des ⇨ Kreuzes!) an verdiente Bürger der ⇨ Nächstenliebe, im Ehrenamt und an kirchliche Würdenträger von christlichen Hilfs- und Missionswerken verliehen.

P.S. Mag es Geschmack- oder Gedankenlosigkeit sein – dieser Staat wird seinen rund 26 Millionen konfessionslosen, atheistischen, jüdischen, muslimischen, oder buddhistischen Bürgern keinen Gefallen tun, wenn er ihnen christliche Kreuze ans Revers heftet.

Bußgeld ist die säkularisierte Strafe für eine „Ordnungswidrigkeit". Für die meisten ist sie zwar ärgerlich (weil sie erwischt wurden), aber eine abgemilderte, um nicht zu sagen, nette Umsetzung der Androhung: „Das wirst du mir büßen!" Buße ist eine der traditionellen harten Kirchenstra-

fen, die einem „demütigen Sünder" als 'reinigende' Strafe auferlegt werden oder die man sich selber auferlegt, wenn man mit „Büßermiene"
erscheint (und allen anderen damit die Stimmung vermiest) und im
„Büßerhemd" herumläuft, was heute vielleicht komisch aussieht, aber
seinerzeit (25.-28. Januar 1077) bitterernst war, als Heinrich IV. bei klir-
render Kälte im Büßerhemd vor Canossa erschien, damit der Kirchenbann
über ihn aufgehoben werde.

C

Christbaum nennt sich der ordinäre Tannenbaum, wenn er denn zu
Weihnachten aus dem Wald seinen Weg in die guten Stuben der deutschen Christen gefunden hat und dort mit Kugeln, Kerzen und Girlanden
geschmückt wird (⇨ *Christbaumschmuck*).

Ursprung für die Beliebtheit der immergrünen Gewächse soll der uralte Glauben sein, dass diese Pflanzen und ⇨ *Bäume* Dämonen verscheu-
chen und selber gute Geister beherbergen (⇨ Aberglaube). 1605 wurde in
Straßburg der erste Christbaum öffentlich aufgestellt (noch ohne Kerzen)
und galt bald im protestantischen Adel als Symbol des rechtgläubigen
Weihnachtens – im Gegensatz zur katholischen ⇨ *Weihnachtskrippe*. Erst
spät fand dieser fürstliche Baum seinen Weg in die Arbeiter- und Bauern-
stuben: Am 'Heiligen Abend' des Kriegswinters 1870/71 ließen die aris-
tokratischen deutschen Heerführer (Einheit von Thron und Altar) zwecks
Stimmungsaufhellung und Sentimentalität in vielen Lazaretten und Quar-
tieren Weihnachtsbäume aufstellen.

Christbaumschmuck: Oh andere Zeiten, oh andere Sitten, die auch den
arglosen 'Tannenbaum' nicht verschonen. War es zu Kaiserzeiten, als
noch die Einheit von Thron und Altar bestand, noch so, dass die preußische militärische Pickelhaube der Soldaten auch die Spitze des christlichen Tannenbaums zu schmücken hatte, wurde sie nach dem Ende der
Monarchie zur neutraleren 'Christbaumspitze' demokratisiert.

Der Christbaumschmuck ist ein Reservoir christlicher ⇨ Magie: *Engel*
(bringen das Wort Gottes), *Fische* (Symbole für Wasser, Leben und
Fruchtbarkeit, Erkennungszeichen der frühen Christen), ⇨ *Glocken* (warnen vor Gefahr, bannen ein Unglück), *Marienkäfer* (= Herrgottskäfer,
bringen gute Nachrichten), *Nüsse* (Sinnbilder für die Absichten Gottes –

verborgen – und für Fruchtbarkeit – Hoden des Mannes), *Tannenzapfen* (Sinnbild für Jungfräulichkeit und für Fruchtbarkeit), *Trompeten* (gute Neuigkeiten und Vertreibung böser Geister) etc.

Christkind: nicht zu verwechseln mit dem kleinen Jesulein, das in der Krippe liegt. Das Christkind ist eher so etwas wie ein kleiner Engel, der zu Weihnachten vorgeblich die Gaben bringt. Erfunden wurde das Christkind von Doktor Martin Luther, dem die ganze Heiligenverehrung der Päpstlichen auf die Nerven ging – nirgendwo biblisch belegt! – und der deshalb auch den (heiligen) ⇨ *Nikolaus* abschaffte. Potzblitz, da guckten die lutherischen Kinder aber traurig: Nix mehr zu Nikolaus! Also musste schnell etwas Neues erfunden werden. Da Weihnachten nahe war, hatte Luther eine brillante Idee: Die Gaben sollte weder ein Heiliger noch ein dem Lutheranertum ansonsten religiös Verdächtiger bringen, sondern ein harmloses Kind. Dank des Kindchenschemas konnte sich das Christkind erfolgreich in die Herzen der Menschen hineinschwindeln (⇨ *Gabenbringer*).

Christstollen sind keine Katakomben im alten Rom, der Begriff bezeichnet auch nicht im Atombunker die Ecke des Stollens, in der sich die Christen versammeln, sondern ein Gebäck, das vorwiegend im Dezember konsumiert wird. Der Christstollen gehört zu den so genannten „Gebildebroten", da er seit vielen Jahrhunderten als Symbol für das in weiße Tücher gewickelte Jesuskind gilt (⇨ <u>Kannibalismus</u>). Urkundlich wird dieser Stollen erstmals 1329 in Naumburg an der Saale erwähnt, wo die Bäcker ihrem Bischof und seinem Hofstaat ebendiese Stollen zu backen hatten. Was den Geistlichen recht war, gefiel auch dem Fürsten und so hatten die Weiß- und Platzbäcker (bis 1913) dem königlichen Hof zu Dresden am zweiten Weihnachtsfeiertag zwei Christstollen von jeweils eineinhalb Meter Länge anzuliefern. Aber: Die Adventszeit galt früher in katholischen Gebieten als Fastenzeit und in diesen Zeiten durfte keine Butter verwendet werden. Also „Kuchen" mit (erlaubtem) Öl gebacken? Igitt, nein. Und so gestattete der Papst (gegen ein „Bußgeld") die Stollenbäckerei mit Butter – trotz der Fastenzeit.

D

Dämonen: Engel oder Menschen, die sich postmortal in den Dienst Luzifers stellen. Können glücklicherweise von Geistlichen (⇨ Exorzismus), freundlichen ⇨ Hexen (TV-Serie *Charmed*) oder VampirjägerInnen (TV-Serie *Buffy*) in ihre Schranken verwiesen werden (⇨ *Engel*; ⇨ Satanismus).

Dom: (Abkürzung von lat. domus dei = Haus Gottes) In Deutschland übliche Bezeichnung für eine Bischofskirche (⇨ *Kathedrale*) oder für die Hauptkirche einer Stadt. Um das zu verdeutlichen, wäre es sinnfälliger, man würde die deutsche Übersetzung anstelle der lateinischen Verkürzung verwenden, also: Das Haus Gottes in Speyer. Wäre nur die Frage: Wo ist sein Erstwohnsitz? Zweite Frage: Wie passt ein so großer Weltgeist in solch eine kleine Hütte?

Donnerstag ist im magischen Denken des 'Volksglaubens' ein Glückstag, geht er doch auf Donar (skandinavisch: Thor) zurück. Prompt hat die christliche Kirche einige wichtige Feiertage ihrer Magie dem Volksglauben aufgesattelt: In ⇨ *Gründonnerstag* wird es explizit benannt, aber auch *Christi* ⇨ *Himmelfahrt* und ⇨ *Fronleichnam* fallen immer auf einen Donnerstag (⇨ *Freitag*).

Dornen sind ganz wichtig, denn wie soll man sonst jemanden piesacken. Das Interessante ist dabei, dass die Dornen auch mit der Rose verbunden sind ("Dornröschen"). Die Dornen symbolisieren dabei die Sexualität oder sexuelle Absichten ("Der Stachel der Fleischeslust" = Eva), während die Rose die Reinheit darstellt (= Maria). Entsprechend ist Maria die "Rose ohne Dornen" und der Rosenkranz zentrales Element der Marienverehrung.

Drachen sind freundliche Tierchen, deren Gesellschaft entschieden der einer 'bösen Frau' vorzuziehen ist: "Lieber mit einem Löwen oder Drachen zusammenhausen, als bei einer bösem Frau wohnen." (Sir 25, 16) Wer jedoch einen "Hausdrachen" hat, bei dem ist es dumm gelaufen, denn bei dem hat sich der freundliche Drache mit dem 'bösen Teufel' verschmolzen.

Dreck: Wenn man über jemanden sagt, *„er sei der letzte Dreck"*, ist dies eine Beleidigung, die den größten Grad der Verächtlichkeit ausdrückt.

Diese Beschimpfung beruht auf der Schöpfungsgeschichte, wonach der erste Mensch aus Lehm geformt wurde (⇨ *Erde*). Bei dem als verächtlich beschimpften Exemplar eines Menschen wird unterstellt, der christliche Gott habe für ihn nur den schlechtesten = letzten Dreck verwendet. Gleichzeitig drückt sich in der Beschimpfung der anal-fixierte Zwangscharakter des Christentums aus, der auf pingeligste Sauberkeit bedacht ist (u.a. *unbefleckte* ⇨ Empfängnis) und Biederkeit als Tugend betrachtet. Alles andere, also das Laute, Abenteuerliche, Sexuelle ist ⇨ böse.

Dunkelheit: *„Ich tappe vollständig im Dunklen"*: *Hilflos sein.* All jenen, die keine guten Juden/Christen sind, werden vom gütigen Vater-Gott eine ganze Reihe von Verfluchungen angekündigt. Unter anderem: „Der Herr schlägt dich mit Wahnsinn, Blindheit und Irresein. Am hellen Mittag tappst du im Dunkel wie ein Blinder..." (5 Mose 28, 28-29).

E

Ehrfurcht: Nach den Glaubensbekenntnissen sollen wir einfache Menschen Ehrfurcht vor Gott haben und allem, was ⇨ heilig ist: „Zu aller Zeit und in jedem Volk ruht Gottes Gefallen auf jedem, der ihn fürchtet [...]". (*Katholischer Erwachsenen-Katechismus* I, S. 258)

Eine merkwürdige Geisteshaltung, die sich aus der *Ehre*, die jemandem zukommen soll, und *Furcht* zusammensetzt. Welche Mentalität müssen die Erfinder dieser Gottesvorstellung gehabt haben, wenn sie Wert darauf gelegt haben, dass Menschen sich vor ihm ängstigen? Vieles spricht hier für einen autoritären Zwangs-Charakter. Hat der „liebe ⇨ Gott" etwa ein derart angeknacktes Selbstbewusstsein, dass er es immer wieder durch rüde Strafaktionen aufpeppen muss? Oder ist er ein HERRscher im klassischen, römisch-imperialen Stil, der glaubt, Menschen und Tiere würden nur gehorchen, wenn man sie mit *Zuckerbrot und Peitsche* traktiert (Heil dir! und: Weh dir!)?

Eingefleischt ist eine Übersetzung des lateinischen *incarnatus* (daher auch die *Inkarnation*) und bedeutet 'zu Fleisch geworden'. Ursprünglich nur auf den Fleisch gewordenen Sohn Gottes angewandt, lebt es heute weiter im „eingefleischten Junggesellen" (Röhrich, *Lexikon der sprichwörtlichen Redensarten*, S. 366) – wobei allerdings immer mehr bezweifelt wird, dass Jesus nicht verheiratet gewesen sei oder asexuell ohne Frau gelebt hätte (vgl. u.a. Mynarck, *Jesus und die Frauen*).

Eisheilige werden die drei (bzw. vier) Tage vom 12. bis 14. (bzw. 15.) Mai genannt, da der Bauernkalender von einem letzten, verspäteten Kälteeinbruch mit Frostgefahr ausgeht. Es waren ursprünglich die Gedächtnistage der Heiligen Pankratius (12. Mai), Servatius (13. Mai) und Bonifatius (14. Mai).

Dem Bonifatius ist jetzt wärmer geworden – wie alles in der Kirche folgt es den Beschlüssen göttlich inspirierter kirchlicher Gremien, hier der Kalender- und Liturgiereform von 1972 –, da sein Gedächtnistag auf den 5. Juni verlegt wurde. Im Zeichen der Sparsamkeit gibt es nun keine drei Eisheiligen mehr, sondern nur noch zwei. Allerdings steht ihnen nun die kalte ⇨ *Sophie* zur Seite.

Eminent wichtig ist etwas, was eine außerordentliche, ja allerhöchste Priorität hat, denn was ist schon höher als eine (katholische) ⇨ *Eminenz*? Nur noch der Papst.

Eminenz, genauer oder besser, weil devoter gesagt: „Eure Eminenz" (= Hoheit), so lautet (seit 1630) die korrekte Anrede eines katholischen Kardinals (Bischöfe sind nur „Exzellenzen" (⇨ *Kirchenfürsten*) und Prälaten so etwas wie „Hochwürdigster Herr", der einfache Priester dann schließlich „Hochwürden").

Als *„graue Eminenz"* bezeichnet man einen mächtigen Berater hinter einem öffentlich sichtbaren Minister etc. Die erste „graue Eminenz" hatte seinerzeit der mächtige Kardinal Richelieu (Chefminister von Ludwig XIII. von Frankreich). Sein geheimer mächtiger Berater und Beichtvater war der als Père Joseph bekannt gewordene Kapuzinermönch Pater François Leclerc du Tremblay (1577-1638), dessen graue einfache Mönchskutte nicht über seine tatsächliche Macht hinwegtäuschen konnte.

Engel (1): *„Ein Engel geht durchs Zimmer": In einer angeregten Unterhaltung tritt plötzlich eine Stille ein.* Nach allgemeiner religiöser und kirchlicher Auffassung hat der Mensch die Pflicht, zu schweigen, wenn ein himmlisches Wesen sichtbar wird.

(2) *„Du bist ein Engel!"*: Kompliment gegenüber einer geliebten Person. Angesichts der Vielfältigkeit der Engelsarten (⇨ Engel) ist jedoch nicht ganz klar, wie man es interpretieren soll. Entweder heißt es: Du bist ein pausbäckiger, Trompete blasender Pseudo-Gartenzwerg (Puttenengel)!

Oder: Du bist ein asexuelles Wesen, das im göttlichen Auftrag 'Seelen' rettet (Schutzengel) oder Plagen verbreitet (Racheengel). Möglicherweise bedeutet es auch, dass der Gegenüber FCKW-frei oder vielleicht Nichtraucher ist und die Umwelt nicht über alle Maßen belastet (Blauer Engel). Wie auch immer: Suchen Sie sich die Interpretation aus, die Ihnen am besten gefällt!

(3) Da die Engel nicht so unvollkommen gedacht werden wie die Menschen, hat ein Mensch eine **Engelsgeduld**, wenn er ruhig bleibt, während jeder andere Mensch schon angefangen hätte voller Ungeduld zu schreien, die Sache hinzuschmeißen o. ä. m.

(4) Das Irreale der Engel wird in früherem Sprachgebrauch deutlich, wenn jemand im 16. Jahrhundert als **engelschön** bezeichnet wurde, wofür wir heute *bildschön* verwenden würden, was beides heißt: nicht tatsächlich existierend, nur ein geschöntes Bild.

(5) **Engelmacherin**: Veraltete Bezeichnung für eine Frau, die ⇨ Abtreibungen vornimmt. Dass die aufgrund der Abtreibung im „Stand der Unschuld" verbleibenden Föten gleich zu Engeln gemacht würden, ist allerdings eine volkstümliche Vorstellung, die den Theologen gar nicht ins Konzept passte. (Ginge man davon aus, hätte man die Abtreibung ja in ein recht positives Licht gerückt!) Deshalb stellten die Kirchengelehrten fest, dass die abgetriebenen Föten nicht als Engel in den Himmel kommen würden, sondern in ein Zwischenreich zwischen Himmel und Hölle, den sog. „Ring der Kinder" (limbus puerorum). Auf diese Weise konnte man den zum Schwangerschaftsabbruch bereiten Müttern und ihren Helferinnen ein doppeltes schlechtes Gewissen einreden: Nicht nur, dass man ihnen vorwarf, dass sie dem Kind die Chance auf ein Leben im Diesseits genommen hatten, sie hatten angeblich auch alle Chancen verwirkt, dass ihre Kinder die volle Gnade Gottes im Jenseits erfahren würden.

Allerdings hat Benedikt XVI. das schlechte Marketing einer solchen Vorhölle (speziell in Lateinamerika, wo die Kindersterblichkeit hoch ist) erkannt und im Frühjahr 2007 ebendiese als nichtig erklärt. Was er dabei übersah: Mit der Streichung des Limbus gerät die Lehre von der ⇨ Erbsünde und damit das gesamte Glaubenssystem ins Wanken. Die katholische Lehre ist ein Kartenhaus, das in sich zusammenfällt, wenn man tragende Elemente aus ihm entfernt.

(6) **Engelshaar** bezeichnet ein feines weißes, weiches und federleichtes Kunstfaser-Gespinst, mit dem der ⇨ *Christbaum* dekoriert werden kann (sieht dann aus wie kleine Schneepäckchen auf den Zweigen). In Anleh-

nung hieran gibt es eine „Engelshaar-Peitsche": Eine Vielzahl hochelastischer Gummibänder, die in einem Schaft zusammengehalten werden und als „erotisches Spielzeug" gelten.

Erde (1): *„Aus Erde bist du gemacht, zu Erde sollst du wieder werden!"*: Rituelle Trauerworte des christlichen Predigers während der Beerdigungszeremonie. Verweist auf den Backe-Backe-Kuchen-Mythos über die Erschaffung des Menschen in der Bibel. Eigentlich müsste der Geistliche bei weiblichen Verstorbenen konsequent verkündigen: „Aus ⇨ *Rippe* bist du gemacht, zur Rippe sollst du wieder werden!" Aber das würde den zugrunde liegenden Blödsinn wohl zu sehr ans Licht bringen.

(2) *„Macht euch die Erde untertan!"*: Die Idee einer „Mutter Erde" – als Quelle alles Lebens, der man dankbar ist, die man schützt und achtet – ist dem dreifaltigen Vorstand des Christentums grundsätzlich sehr fremd. Allerdings ist das nicht erstaunlich. Zwei von der „Dreifaltigkeit" (Gott und der Heilige Geist) haben überhaupt keine Mutter, der dritte im Bunde (Jesus) eher eine ⇨ Leihmutter als eine biologische Mutter (⇨ Maria).

Gleich zu Beginn der Bibel heißt es: „Und ⇨ Gott schuf den Menschen zu seinem Bilde, zum Bilde Gottes schuf er ihn; und schuf sie als Mann und Weib. Und Gott segnete sie und sprach zu ihnen: Seid fruchtbar und mehret euch und füllet die Erde und machet sie euch untertan und herrscht über die Fische im Meer und über die Vögel unter dem Himmel und über das Vieh und über alles Getier, das auf Erden kriecht. [...] Und es geschah so. Und Gott sah an alles, was er gemacht hatte, und siehe, es war sehr gut." (1 Mose 1, 27-28, 30-31)

Damit konnte der Raubbau und die rücksichtslose Ausbeutung unseres Planeten als göttlicher Auftrag verstanden werden. Anfangs war dies noch weniger problematisch, da sowohl die Bevölkerungszahl als auch die technischen Möglichkeiten sehr begrenzt waren. Im Laufe der Jahrhunderte wurde die Erde aber immer effektiver dem christlichen Diktat der Herrschaft unterworfen. Augenscheinlich am Beispiel der zutiefst christlichen USA, die zwar nur vier Prozent der Weltbevölkerung stellen, aber rund dreißig Prozent aller Umweltbelastungen produzieren.

Erz... heißt so einiges und alles hat die Bedeutung von *Alt-*, im Sinne von *Leitung, Anführer, Chef, besonders gewieft...* also: Erzbischof, Erzengel, Erzhalunke…

Europäische Union, Flagge: Aus einem uns unbekannten Grund hat die Flagge der Europäischen Union (runder gelber/goldener Sternenkranz auf blauen Grund) eine verblüffende Ähnlichkeit mit der katholischen Marienflagge. Allerdings, wenn wir uns in Erinnerung rufen, dass die 'Gründungsväter' Europas – Adenauer (Deutschland), de Gasperi (Italien) und Schuman (Frankreich) – allesamt christlich-demokratische Politiker waren, ist es wohl nicht so verblüffend, sondern eher Heimtücke?

Eva: Die biblische Urmutter der Menschheit hat einen schlechten Ruf, fiel sie doch auf eine arglistige Einflüsterung der Schlange herein, mit der sie die gute Schöpfung ruinierte und das Böse in die Welt brachte. Eva, seither Inbegriff der Sünde = Frau, verführte den ⇨ *unschuldigen* Mann an ihrer Seite, vom verbotenen Baum der Erkenntnis zu naschen (⇨ Sexualität) und riss ihn so hinein ins Verderben. Als Gegenbild zur alten Eva stiftete das Christentum (vor allem in Ausformung des römischen Katholizismus und der Orthodoxie) eine neue weibliche Identifikationsfigur, die Gottesmutter ⇨ Maria, die als „neue Eva" zur Identifikationsfigur vieler Männer wurde (Marianische Bewegung). Wie die ⇨ Kirchenfürsten verfuhren auch viele Eltern und stellten dem Wunsch-Namen für ihre Tochter Eva in der Regel ein Maria hintan, um ihn zu 'entsündigen'. So wurde 'Eva Maria' zu einem beliebten Mädchennamen im christlichen Kulturkreis.

F

Fisch: (1) „*Weder Fisch noch Fleisch*": *Nichts Halbes und nichts Ganzes, nichts Rechtes, etwas Laues.* Aus der Reformationszeit, für Menschen, die sich nicht für ein Glaubensbekenntnis entscheiden konnten. Während für die Angehörigen der Papstkirche galt: Freitag = Fisch, durften die Protestanten auch am ⇨ *Freitag* ⇨ Fleisch essen.

(2) Warum besteht das Gebot, am Freitag (angenommener Todestag des Religionsnamensgebers) Fisch zu essen? Wenn kein Fleisch gegessen werden soll, würde doch auch ein vegetarischer Tag ausreichen. Der Fisch ist aber auch ein Symbol für Christus, denn wenn man den Titel „Jesus Christus, Gottessohn und Retter" mit den Anfangsbuchstaben der enthaltenen Worte schreibt, ergibt sich auf griechisch: *ichthys* = Fisch. Also wird wieder einmal der HERR gegessen (⇨ Kannibalismus), sogar an seinem Todestag.

Flaggen von Nationalstaaten (Dänemark, Schweden, Großbritannien etc.) oder Organisationen (Malteser, Johanniter, Rotes Kreuz) zeigen mit einem oder mehreren Kreuzen auf dem Tuch sehr offen, welchen Geistes Kind sie sind bzw. seinerzeit waren. Verdeckter ist es dann bei Flaggen wie der der Bundesrepublik Österreich (drei Querstreifen in der Farbfolge rot-weiß-rot, so wie das Verkehrsschild „Durchfahrt verboten"), die so entstanden sein soll: Auf einem Kreuzzug trug der habsburgische Erzherzog einen langen Mantel aus weißer Schafswolle, den er mit einem sehr breiten Gürtel zusammenhielt. Als er mal wieder sehr erfolgreich missioniert hatte, war sein Mantel über und über mit dem roten Blut der getöteten Muslime getränkt und als er nun seinen breiten Gürtel abnahm, der das Fell geschützt hatte, stand er da – in der zukünftigen Flagge Österreichs (⇨ *Europäische Flagge*).

Florian: Schutzpatron der christlichen Solidarität, um dessen Hilfe als Brandschutz gebetet wird: „Heiliger St. Florian! Schütz unser Haus, zünd' andere an!" (Oder haben wir da etwas falsch verstanden?)

Fortpflanzung: Wenn jemand sagt: „Da kommt ja das junge Gemüse" und damit Kinder meint, dann hat er christlich recht gesprochen. Wir sind nämlich alle Produkte der Fort-„Pflanzung". Der HERR hat den Lebenshauch in uns eingepflanzt und wenn der Papi auf der Mami liegt, dann pflanzt er (nachdem er den Boden mit seiner Latte, seinem Schwert o.ä.m. aufgebohrt hat) seinen Samen in die zukünftige Mutter (Erde), auf dass es eine gute Zucht werde.

Viel ist von der Beduinensprache der Bibel nicht übrig geblieben, als Martin Luther die Bibel für die Menschen seiner Zeit – überwiegend Bauern und Gärtner – übersetzte. (⇨ *Blut* und Boden, ⇨ *Kindergarten*)

Freikörperkultur: Auch wenn Adam und Eva Vorläufer gewesen sein sollten (⇨ *Adamskostüm*): Mit absoluter Sicherheit ist FKK kein Produkt der vielen christlichen Volksbewegungen der 19. Jahrhunderts, da nach der christlichen Bibel ⇨ Nacktheit und ⇨ *nackt* sein allemal Pfui ⇨ Teufel ist. Und dennoch waren diese Nudisten (engl. *nude* = nackt) im Christentum ihrer Umgebung so sehr befangen, dass es seinerzeit nichts Keuscheres gab als eine Nudistenversammlung.

Freitag ist nicht nur der fünfte (bzw. der sechste) ⇨ *Wochentag*, sondern als ⇨ *Karfreitag* der (angenommene, aber nicht eindeutige – es könnte auch ein Donnerstag gewesen sein) Tag der Hinrichtung des christlichen Messias.

Im Lateinischen war Freitag *(dies veneris* = Venerische Krankheiten = Geschlechtskrankheiten) auch der Tag der (germanischen) Göttin (der Liebe) Freya, was vom Christentum als besonderes Übel betrachtet wurde, stand Freya doch für genau jene ⇨ Sünden, für die Jesus als Opfer hat sühnen müssen. Insofern bot sich der Freitag als wöchentlicher Sühnetag wunderbar an. Die alten Meme wurden überschrieben und durch gegenteilige ersetzt. Wie hervorragend dies funktionierte, zeigt der Volksglaube. So gilt die Kombination des Büßertags „Freitag" in Verbindung mit der teuflischen Zahl „Dreizehn" (⇨ Zahlensymbolik) in breiten Bevölkerungskreisen als besonderer Unglückstag. Hollywood sorgte mit entsprechenden Horrorfilmen dafür, dass „Freitag, der 13." als gruseliges Unikum im kollektiven Gedächtnis erhalten bleibt.

Friedenstaube: Die ⇨ *Taube* wird bisweilen schon in früheren Jahrhunderten als Friedenssymbol verwendet. So zeigt die Münze anlässlich des „Westfälischen Friedens" (1648) drei Tauben mit Zweigen – als Symbol für die Frieden stiftenden beteiligten drei Könige – nach dreißig Jahren Krieg!

Als Vorbild diente wohl eine Szene aus dem Alten Testament: Nach dem weltweiten Massenmord der großen Sintflut schickte Noah die zweite Taube aus, um zu erkunden, ob 'Land in Sicht' sei, worauf diese mit dem Zweig eines Ölbaumes zurückkehrte. Und da man (sachlich falsch) annahm, dass die Taube keinen Gallensaft produziere, also ohne 'Galle' sei, unterstellte man ihr, dass sie ohne Zorn, Hass und Neid sei, überhaupt ohne 'Sünde' (Röhrig, *Lexikon der sprichwörtlichen Redensarten*, S. 500).

So richtig in Schwung kam die Friedenstaube aber erst, nachdem Pablo Picasso sie mit wenigen Strichen skizziert hatte. Als Zeichen der Hoffnung wurde die Taube dann von sozialistischen und kommunistischen Parteien adoptiert. So wurde die „Kleine, weiße Friedenstaube" zum Lied der Jungen Pioniere in der DDR – in völliger Verkennung übrigens, dass Tauben aggressive Vögel sind und eben keine nur friedlichen „Turteltäubchen". Setzt man zwei oder mehr bisher frei lebende Tauben – keine domestizierten Käfigtauben – in einen Käfig/Brutplatz, hacken sie normalerweise so lange aufeinander ein, bis mindestens eine von ihnen getötet ist, zudem werden die Bruteier der anderen Tiere zertreten etc.

Wie passend es war, die aggressive Taube als (christliches) Friedenssymbol eines eifersüchtigen Gottes zu verwenden, zeigt u.a. die berühmte Maxime, nach der bibelfromme Siedler (Pilgrim Fathers, Quäker etc.) in „Gottes eigenem Land" (USA) verfuhren: „Nur ein toter Indianer ist ein guter Indianer." Von daher war es auch nur folgerichtig, dass der schwere Revolver der US-Kavallerie „Single Action-Army" (Fa. Colt, sechs Schuss, Kaliber 45) volkstümlich zum „peacemaker" (Friedensstifter) verklärt wurde. (⇨ Christentum, light.)

fromm: stammt vom althochdeutschen Substantiv fruma = Nutzen, Vorteil, bzw. vom mittelhochdeutschen vrum = nützlich, brauchbar (auch heute noch: ein frommes Pferd, lammfromm, das frommt mir nicht). *Die Frommen* sind also die Nützlichen, die Brauchbaren. Für wen aber sind die Frommen nützlich, brauchbar, von Vorteil? Natürlich für Gottes irdische Stellvertreter. Die christlichen Frommen leisteten fügsam Frondienste, arbeiteten für einen ⇨ *Gotteslohn* und waren in ihrer gesamten Lebenshaltung so artig, dass ihnen die Abartigkeit der ihnen angetragenen Normen überhaupt nicht auffiel. Das artige Kind betet noch heute: „Lieber Gott, mach mich fromm, dass ich in den Himmel komm!" und hat entsprechende ⇨ *Höllenangst* vor jeder Übertretung der „göttlichen Gebote". Christliche Frömmigkeit ist daher ohne ehrfurchtseinflößende ⇨ Autorität undenkbar. Die Erziehung zur Frömmigkeit ist also eine Erziehung zu ⇨ Demut (Mutlosigkeit) und Gehorsam. Ihr Ziel ist es, eigenständiges Denken zu verhindern und das Individuum fremdbestimmten Normen zu unterwerfen. *Fromme Wünsche* sind deshalb keine Wünsche mit einem besonders hohen religiösen Anspruch, sondern ziemlich unsinnige Wünsche, da jeder weiß, dass solche Wünsche sich niemals realisieren lassen.

fron: aus althochdeutsch *frōno* = „dem Herrn zugehörig". *Frondienst* wird sowohl für die Knechtschaft in kirchlichem Dienst, wie allgemein als „Dienst, den der unfreie Bauer seinem Herrn gegenüber zu leisten hat" verwendet (Paul, *Deutsches Wörterbuch*, S. 215). (⇨ *Gnade*)

Fronleichnam: Katholischer Feiertag, von Lästerern gerne als „Happy Cadaver Day" übersetzt, ist nicht dem Andenken an einen frohen Leichnam (was man auch immer darunter verstehen will!) gewidmet, sondern bezeichnet den Tag, an dem mittels Prozessionen, Gesängen und Blumenteppichen dem „Leib des Herrn" (⇨ *fron*) gedacht wird, wobei den christlichen Kannibalen (⇨ *Kannibalismus*) vermutlich das Wasser im Mund zusammenläuft.

Nach Luthers Auffassung fehlte diesem Fest die notwendige biblische Grundlegung und er bezeichnete es 1527 als 'allerschädlichstes Jahresfest'. (Luther war recht beleibt, wanderte nicht gerne und betrachtete Prozessionen sowieso generell als Gotteslästerung.) Nach der Bestätigung des Fronleichnamfestes auf dem Konzil von Trient (1515-1563) bekam das Fest den Charakter einer Demonstration: Mit großem Aufwand und großem Personal – alles, was laufen konnte, musste mitmarschieren – vom Erstkommunikanten über den Subdiakon bis zum Oberpriester, ging es durch die festlich geschmückten Straßen der Städte, das „Allerheiligste" voran und „Gruppen von Frauen und Männer, geordnet nach Ständen, Verbänden, Bruderschaften und Vereinen" (Becker-Huberti) betend und singend hintendran. Blumen, Teppiche, Fahnen – alles wurde zur Ehre des HERRN demonstrativ herausgehängt.

Seit der katholischen Kalenderreform von 1970 ist das „Fest des kostbaren Blutes" (Herz-Jesu-Kult) in das Fronleichnamfest integriert, sodass es seit 1970 nun das katholische Hochfest des Leibes *und* des Blutes Christi gibt. (Irgendwie verständlich, denn wer essen will, der möchte ja auch mal was dazu trinken.)

Früchte sind nicht nur zum Essen gedacht, sondern stehen in einem Weltbild der Bauern (⇨ *Fortpflanzung*) auch für die Kinder und deren ⇨ Erziehung. Und so heißt es: „An ihren Früchten sollt ihr sie erkennen. [...] Jeder gute Baum bringt gute Früchte hervor; ein schlechter Baum aber schlechte. Ein guter Baum kann keine schlechten Früchte hervorbringen, und ein schlechter Baum keine guten." (Mt 7, 16-18) Da die „schlechten Bäume" abgehauen und „ins Feuer geworfen" werden, haben die Eltern nicht nur das üble Reden der Nachbarschaft zu fürchten, wenn sich ihre Kinder nicht 'ordentlich' und 'züchtig' verhalten, sondern werden dann auch noch ins angedrohte Höllenfeuer geworfen (und seien es die inneren Selbstvorwürfe). Merke: „Ein guter Mensch bringt Gutes hervor, weil er Gutes in sich hat; und ein böser Mensch bringt Böses hervor, weil er Böses in sich hat." (Mt 12, 35) (⇨ *Kindergarten*; ⇨ Stolz) In diesem Sinne ist die Ansicht: „Das ist mir ja so ein Früchtchen!" nicht als appetitlich (⇨ Kannibalismus), sondern abwertend in der Bedeutung von 'misslungen' gemeint.

Führer darf sich kein christlicher Mann nennen, denn das ist (nach Mt 23, 10) das ausschließliche Privileg von Gottes Sohn selbst: „Auch nicht als Führer lasst euch anreden; denn einer ist euer Führer, Christus." Das gilt allerdings nur für katholische Bibelleser. Evangelische Christen, die eine Bibelausgabe der Württembergischen Bibelanstalt (von 1972) haben, lesen dort: „Und ihr sollt euch nicht lassen Lehrer nennen; denn *einer* ist euer Lehrer, Christus." Mit anderen Worten, das Führerprinzip (⇨ Nationalsozialismus) ist in der katholischen Kirche traditionell und immer noch vorhanden, während unter den Lutheraner die Unterwerfung unter den Nationalsozialismus („Deutsche Christen") weitgehend verschwiegen wird und sich heutzutage bei den Evangelischen sowieso niemand von jemand anderem etwas sagen lässt.

Heute kennen wir zwar gelegentlich noch (etwas altbacken) „Wirtschaftsführer" und der 'Kapitän' der Fußballmannschaft hieß noch vor einiger Zeit „Spielführer" – aber welche ⇨ *Hierarchie* von Führern hat es in Deutschland einmal gegeben: den alleinigen Führer, wenige Reichsführer, einige Gruppenführer, reichlich Standartenführer...

Fußballgott: Metaphysische Gestalt, auf die sich die Fußballspieler, -trainer, -manager- und -reporter gerne in ihren Kommentaren beziehen. Oftmals wird der Fußballgott herangezogen, um unverdiente Siege oder Niederlagen im Nachhinein zu erklären („Der Fußballgott stand heute nicht auf unserer Seite!" etc.). Da bisher weder von Gottvater, Sohn noch vom Heiligen Geist besondere Neigungen zu Ballspielen übermittelt wurden (auch insgesamt wirkt das allerheiligste Trio in den biblischen Berichten recht unsportlich!), muss man davon ausgehen, dass der Fußballgott zu jenen Göttern gehört, die der jüdisch-christlich-muslimische Gott nicht an seine Seite gestellt wissen möchte (1. Gebot). Insofern ist es sehr verständlich, dass die Kirche scharf intervenierte, als die Rede von der Existenz eines Fußballgottes in jüngster Zeit überhand nahm. Das „Gerede vom Fußball-Gott" müsse beendet werden, befand Anfang 2001 beispielsweise der bayerische Sportprälat Karl-Heinz Summerer in München, seit fast 30 Jahren Beauftragter für Kirche und Sport. Das Beschwören eines „Fußball-Gottes" verstoße gegen das erste Gebot, das die Anbetung anderer Götter verbiete. Der erregte Sportprälat ermahnte die Aktiven, Funktionäre, Journalisten und Politiker eindringlich, man solle „den Ball auf dem grünen Rasen lassen und nicht in den Himmel heben". Wie dem auch sei: Immerhin verdanken wir dem Schalker Manager Rudi Assauer, der nach dem Wimpernschlagfinale der Bundesligasaison 2000/2001 gestöhnt hatte, er glaube nicht mehr an den Fußballgott, eine

pikante Zuspitzung des Theodizeeproblems. In der Tat: Wie kann ein
gütiger und allmächtiger Gott existieren, wenn Bayern Meister wird?
Hierzu dürfte selbst den spitzfindigsten Theologen nicht viel Gescheites
einfallen.

Füße: „*Auf tönernen Füßen stehen*": *Auf unsicherer Grundlage ruhen.*
Der Prophet Daniel (Dan, Kap. 2) deutet König Nebukadnezar einen
Traum dahingehend, dass dessen Macht auf tönernen Füßen stehen und
von Gott zermalmt werden könne.

G

Gabenbringer zu ⇨ „*Weihnachten*" waren früher die Gutsherren und
Sklavenbesitzer, heute sind es die Eltern, aber da die guten Gaben der
„Ehre Gottes" dienen sollen, muss da schon jemand vom Himmel her
kommen. Dabei wird von Gott aus organisatorischen Gründen arbeitsteilig vorgegangen. Bereits am 6. Dezember bringt *Santa Claas* in den
Niederlanden die Geschenke (⇨ *Nikolaus*). In weiten Teilen Deutschlands
bringt der ⇨ *Weihnachtsmann* die Gaben am Abend des 24.12., im Süden
Deutschlands, Österreichs und der Schweiz ist es am gleichen Abend eher
das ⇨ *Christkind*. In Italien kommt dann die *Hexe Befana* am 6. Januar,
ebenso wie *Väterchen Frost* in Osteuropa und die *heiligen drei Könige* in
Spanien. Der frühere deutsche *Vater Winter* (das war der, der im Dezember die vielen schönen Holzspielzeuge gebastelt hatte) und sein Begleiter
Knecht Ruprecht sind zwischenzeitlich – durch die Globalisierung des
amerikanischen Weihnachtsmannes – als veraltet arbeitslos geworden.

Gardinenpredigt: *eine moralisierende, nicht ganz ernst genommene
Strafrede* (seit Mitte des 18. Jahrhunderts). Da die Gardinen ursprünglich
die Vorhänge am Bett waren, geht der Begriff wohl darauf zurück, dass
Ehefrauen es vorzogen, ihren Männern hinter geschlossenen Gardinen
Vorhaltungen zu machen, damit es sonst niemand (auch nicht das Perso-
nal) hören konnte. Eine andere Erklärung geht auf die separaten Fürsten-
erker in den christlichen (protestantischen) Kirchen zurück, die mit einer
Gardine verschlossen werden konnten. Passte dem 'Durchlauchtigen' die
Predigt nicht, weil der Pastor es wagte, den Fürsten – in aller Form –
⇨ *abzukanzeln*, so zog der, als Zeichen seiner Missbilligung, die Gardi-

nen zu. Im Übrigen konnte man hinter der Gardine – während der Predigten – unbemerkt schlafen, so dass die ermahnende Predigt moralisch umsonst war.

Gebet: *„Einen ins Gebet nehmen"*: *Jemandem ins Gewissen reden, ihn zur Rechenschaft ziehen.* Zwar mit der katholischen Beichte verbunden, ist es sprachgeschichtlich tatsächlich auf das Gebett, d.h. das Gebiss eines Pferdes zurückzuführen, dem die Kandare angelegt wird, um das Pferd zu knebeln und zu bändigen. Die Sinnfälligkeit, warum dieser Zusammenhang verloren ging und dafür die Beichte eingesetzt wurde, ist offensichtlich (⇨ Gebet). Allerdings muss man dazu auch feststellen, dass noch im 18. Jahrhundert das „Gebet" mit einem doppeltem tt am Schluss als „Gebett" geschrieben wurde.

Geburtstagsfeiern sind manchen Zeitgenossen sehr lästig. Das ist verständlich, ist es doch ein „Götzendienst" der einem wahren Christen nicht gut ansteht. Ein wahrer Christ liebt seinen Todestag! „Ein guter Ruf ist besser als gute Salbe und der Tag des Todes ist besser als der Tag der Geburt. Es ist besser in ein Haus zu gehen, in dem man trauert, als in ein Haus, wo man feiert; denn da zeigt sich das Ende aller Menschen, und der Lebende nehme es zu Herzen. (...) Das Herz der Weisen ist dort, wo man trauert, aber das Herz der Toren dort, wo man sich freut." (Koh 7, 1-4) Da aber die christlichen Trauerklöße im irdischen ⇨ *Jammertal* auch nicht die Kniffelfrage lösen konnten, wie man denn seinen Todestag feiert – auch wenn es der Eintritt in das Ewige Leben sein soll, tot ist nun mal tot –, hat sich dann doch schließlich der heidnische Brauch durchgesetzt, als Toren den Geburtstag der Götter zu feiern. Als man den nirgendwo genau festgelegten Geburtstag des christlichen Gottes endlich auf den 25. Dezember hingefummelt hatte, half auch keine Warnung: „Ihr sollt nicht den Gottesdienst der Heiden annehmen und sollt euch nicht fürchten vor den Zeichen des Himmels, wie die Heiden sie fürchten. Denn ihre Götter sind alle nichts." (Jer 10, 2-3) Nachdem der Damm gebrochen und ⇨ Weihnachten im 4. Jahrhundert installiert war, hat man dann das ganze magische Programm übernommen: das klassische Bringen der Gaben (Geschenke), des Kuchens (als Opfer), das magische Brandopfer (Kerzen), dessen Rauch gen Himmel zu den Göttern stieg. Vor dem Auspusten der Kerzen (danach qualmt es besonders viel) muss man sich auch immer still etwas wünschen, dass der Rauch es dann mit zu den Göttern trage, damit diese den Wunsch erfüllen.

Geist: (1) Verstand, Vernunft, Intellekt.

(2) Gespenst, Dämon, Phantom, Kobold, Heinzelmännchen.

(3) Heiliger Geist.

(4) Himbeergeist (⇨ <u>Abstinenz</u>).

Geistlicher: Schon „Geist" ist ein schwieriger Begriff mit vielen seltsamen Bedeutungen, aber was um alles in der Welt ist ein „Geistlicher"? Etwa ein heiliges Gespenst mit Verstand (?), ein alkoholisierter, dämonischer Intellekt (?), ein vernünftiges Heinzelmännchen (?). Wie Kundige berichten, wohl eine Mischung aus alledem.

Gemeinde: Auch wenn der aktuelle Fachbegriff für die kleinste politische Verwaltungseinheit im deutschsprachigen Raum *Kommune* lautet und von *Kommunalpolitik* gesprochen wird, hat sich der Begriff der christlichen Gemeinde erhalten: *Gemeinderat, Samtgemeinde* (Bezeichnung für einen *Gemeindeverband*, z.B. in Niedersachsen), *Gemeindeamtmann* (Schweiz, für: *Gemeindevorsteher*, Schuldenbetreibungs- und Vollstreckungsbeamter) etc. Historisch gesehen zeigt sich darin nicht nur, dass die Kirchengemeinde der staatlichen Ordnung vorausging, sondern auch, dass nur diejenigen Bewohner die politischen Bürgerrechte erhielten, die christlich getauft waren. So musste sich beispielsweise im 19. Jahrhundert der Jude Harry Heine christlich taufen lassen und aus ihm wurde Heinrich Heine.

Gemeinde ist im christlichen Sinn selbstverständlich nicht nur die neutrale Bezeichnung einer regionalen Gruppe von Mitgliedern, sondern immer explizit als *Heilsgemeinde* zu verstehen, d.h. die Versammlung der von Gott zu Gott Auserwählten. Es ist somit eine mentale Abgrenzung gegen Andersgläubige, insbesondere gegen die glaubensverwandten Monotheisten (Muslime und Juden). Wird es im Alten Testament ausschließlich als *Gemeinde Israel* (auch: Gemeinde der Israeliten) verwendet (2 Mose 12, 3 und 2 Mose, 16, 1 etc.), findet dann im Neuen Testament der *Wechsel zur christlichen Gemeinde* statt: „Erregt keinen Anstoß, weder bei den Juden noch bei den Griechen, noch bei der *Gemeinde Gottes*" (1 Kor 10, 32). „Denn, liebe Brüder, ihr seid den Gemeinden Gottes in Judäa nachgefolgt, die in Jesus Christus sind." (1 Thess 2, 14).

Die *Gemeinde* ist gewissermaßen ein Bollwerk gegen das *Allgemeine*, die Welt außerhalb der eigenen Gruppe. Insofern ist die sog. „Kirchturmpolitik" (säkulares Erbe: die „Stammtischmentalität") auch nicht bloß

40

Ausdruck von Borniertheit, sondern spiegelt die christliche Auffassung des 'Besserseins als die Nachbarn' wider.

Gericht, das Jüngste: Hierbei handelt es sich nicht etwa um die allerneueste Rezeptidee von 'Fernsehkoch' Alfred Biolek. Das Jüngste Gericht ist vielmehr eines der ältesten Gerüchte der Christenheit. Schon die Jünger Jesu erwarteten das Jüngste Gericht bald nach dem Tod ihres Heilands. Der Gerichtstermin wurde aber aus bisher ungeklärten Gründen verschoben. Danach traten immer wieder Propheten auf, die den genauen Zeitpunkt des Jüngsten Gerichts zu kennen glaubten (vgl. Randi, *Lexikon der übersinnlichen Phänomene*, S. 367ff.). Besonders an magischen Zeitwenden bibberten die Menschen in Anbetracht des angekündigten harten Richtspruchs Gottes. Aber nichts geschah. Der angedrohte 'Prozessbeginn' verzögerte sich ein um das andere Mal, und das ist auch gut so – vor allem, wenn man sich die bedauernswerte geistige Verfassung des maßgeblichen Richters (⇨ Gott) anschaut. Auch die in Aussicht gestellte Strafregelung (⇨ Hölle) trägt nicht dazu bei, dass wir uns für das Jüngste Gericht erwärmen können. Dann schon lieber fröhliches Prominentenkochen mit Biolek…

Geschenk: Manchmal hat man das Problem, dass man Geschenke nicht ablehnen kann, obwohl man (später) im Innersten über die Zumutung unhörbar aufschreit. Solche Geschenke bekommen Christen mit der Taufe: Nun sind sie nicht mehr irgendwer, sondern mit Gott auf Du und Du (⇨ *Anrede Gottes*), und der HERR hat uns soviel geschenkt, was man als Christ weder ablehnen kann noch darf (⇨ Erbsünde; ⇨ Frohe Botschaft).

Nur ein Beispiel: Menschen, die nicht kirchlich heiraten, „verweigern ihrer Gemeinschaft das Geschenk der sakramentalen [⇨] *Gnade*, das der [⇨] Ehe zugesagt ist" (*Katholischer Erwachsenen-Katechismus* II, S. 383).

gestern: „*Nicht von gestern sein*": *Mehr wissen und können, als angenommen wurde.* Umkehrung der biblischen Geisteshaltung: „Denn wir sind von gestern her und wissen nichts." (Hiob 8, 9)

Gift: „*Darauf kannst du Gift nehmen*": *Beteuerung, dass eine Aussage wahr sei.* „Und so sie etwas Tödliches trinken, wird's ihnen nicht schaden." (Mk 16, 18) Die Unschädlichkeit des Giftes bezog sich jedoch nur auf die gläubigen Christen. Wer also ein Gift eingeflößt bekam und daran auch prompt starb, war ein Ungläubiger, eine Hexe, ein Häretiker (⇨ *Gottesurteil*).

Glatze: Endlich wurde festgestellt, warum die verschiedenen Haarwuchspräparate so wenig ausrichten. Grund: der Herr hat seine Finger im Spiel: „Kein Haar fällt von unserem Haupt, ohne dass er es weiß und will." (*Katholischer Erwachsenen-Katechismus*, S. 63f. nach Mt 10, 30) Danke, der Herr.

Glaube: (1) *„Er hat daran glauben müssen"*: *Jemand ist getötet worden.* Muss eigentlich christlich-vollständig heißen: „Er hat daran glauben müssen, dass es einen Gott gibt und dass Gott die Sünder bestraft." (⇨ Todesstrafe) Andererseits bezieht sich der Satz auf die christliche Tötungspraxis von so genannten „Heiden", die sich nicht taufen lassen wollten: Wer nicht glaubt, wird daran glauben müssen, denn als eiserner Grundsatz gilt: „Wer glaubt und sich taufen lässt, wird gerettet; wer aber nicht glaubt, der wird verdammt werden." (Mk 16, 16)

(2) *„Wer's glaubt, wird selig"*: Fröhliche Ablehnung, eine offensichtliche Lügengeschichte als wahr anzuerkennen. Aufgrund der Lebenserfahrung die Umkehrung des biblischen „Wer da glaubet und getauft wird, der wird selig werden." (Mk 16, 16) So berichtete der schwarze, südafrikanische Bischof Desmond Tutu: „Als die weißen Missionare hierher kamen, hatten sie eine Bibel in der Hand und wir das Land. Dann sagten sie, wir sollten die Augen schließen und beten, und als wir die Augen wieder öffneten, hatten wir die Bibel in der Hand und sie das Land." Fazit: Wer glaubt, wird nicht nur selig, sondern – wenn er es nur richtig anstellt – armselig! Für solche doppelte Seligkeit kann man sich zwar nichts kaufen, man erhält aber ganz gewiss eine direkte Eintrittskarte ins Himmelreich. (Wenigstens die Einbildung, wenn schon sonst nichts bleibt!)

(3) Ursprünglich hat ⇨ Glaube etwas mit Vertrauen zu tun und stammt aus einer Lehnbedeutung von (italienisch) „creditore", daher auch der „Gläubiger". Jemandem *Glauben schenken* hieß also, ihm Kredit zu gewähren. So drückt sich in dem *Auf Treu und Glauben* das Wechselverhältnis aus: zwischen der Treue dessen, dem etwas anvertraut wird, und dem Vertrauen in seine Kreditwürdigkeit auf der Seite des Gebers.

Glocke: Zuerst im ersten Drittel des 6. Jahrhunderts in nordafrikanischen Klöstern nachweisbar, in Europa seit dem 9. Jahrhundert (Jahn, *Wörterbuch der Kunst*, S. 247). Erst im 12. Jahrhundert wird das (übrigens ursprünglich heidnische) Glockenläuten auch von den christlichen Gemeindekirchen übernommen: „Sie verkünden unüberhörbar den Herrschaftsanspruch Jesu Christi über alle Welt."

Heutzutage ist die Glocke ein bei einigen Mitbürgern eher unbeliebtes Lärmwerkzeug, für manchen gar der Inbegriff eines geistlosen Hohlkörpers, an dem man seine Wut auslässt. Sagt doch schon der ärgerliche Volksmund: „Das gibt gleich eins auf die Glocke!" (= Kopf). Höchstrichterlich wird in Deutschland allerdings zwischen liturgischem und anderem Glockengeläute unterschieden. Das liturgische Läuten fällt in die Gestaltungsmöglichkeiten der Kirchen, es muss sich allerdings hinsichtlich der als störend empfundenen Intensität (Dauer, Häufigkeit, Unzeitigkeit – nachts –, Wohnbereichsnähe und insbesondere der Lautstärke) an den Grenzwerten des Bundes-Immissionsschutzgesetzes orientieren – dessen Lärmgrenze (in Wohngebieten) liegt bei 85 dB(A). Anders ist es z.B. mit dem nächtlichen Schlagen der Kirchturmsuhr, da sie nicht in den liturgischen Bereich fällt und ggf. still gestellt werden muss.

In der christlichen ⇨ Magie werden Glocken auch als Gefahrenabwehr verstanden (die Glocken wurden geläutet, wenn Feinde angriffen oder wenn es brannte). Als Kirchturmglocken werden sie vorsichtshalber häufig auch mit einem magischen Abwehrzauber gegen böse Geister versehen – den Buchstaben C + M + B (⇨ Heilige Drei *Könige*) –, mit dem auch die christlichen Häuser (⇨ *Haussegen*) unter einen magischen Schutzschirm gestellt werden.

Gnade: *die Gewährung einer Schonung oder eines Vorteils, die über das hinausgeht, was beansprucht werden kann.* Sie wird – man beachte die Logik! – von dem Sieger dem Besiegten, vom Inhaber der Rechtsgewalt dem Verurteilten, von Gott dem Sünder erwiesen (Paul, *Deutsches Wörterbuch*, S. 268). Als Plural noch erhalten geblieben in *von Gottes Gnaden* und früher *Euer Gnaden*, als der Adel noch die von Gott eingesetzte Obrigkeit war (⇨ Kirchenfürst). Entsprechend dem **Gnadenbild** des 16. Jahrhunderts, von dem wundertätige Kräfte ausgehen sollen, ist ein **begnadeter** Künstler sozusagen von Gott auserwählt und ausgestattet worden und kann deshalb mehr, als ein normaler Mensch nur mit Talent und Fleiß erreichen könnte. Wer ein 'begnadeter' Musiker, Komponist oder ähnliches werden möchte, sollte also tunlichst nicht aus der Kirche austreten, denn bei ⇨ Kirchenaustritt ist Schluss damit, dann heißt es **„Gnade dir Gott!"** – und der bedrohliche Unterton, der in diesem Ausspruch in der Regel mitschwingt, deutet schon an, dass man mit einer „Gewährung einer Schonung" keinesfalls rechnen sollte.

Gnadenstoß: Der tödliche Stoß, den der Henker dem zum Tode Verurteilten und auf das Rad Geflochtenen in das Herz oder auf das Genick gab, um ihn die weiteren Martern nicht mehr empfinden zu lassen.

Good Bye! – als amerikanischer Abschiedgruß – heißt nicht etwa „Wünsche einen *guten* Weg!". Es ist – ähnlich wie im Norddeutschen ⇨ *Tschüss!* – die verkürzte Umformung aus „Gott sei mir dir!" („God be with you!").

Gott: **(1)** „*Gott, oh Gott!*": Ausruf der tiefsten Bestürzung. (Mit Recht, wenn man sich anschaut, was der biblische ⇨ Gott so alles getrieben hat! ⇨ Christus, ⇨ *Sodom und Gomorra*)

(2) „*Ach, Gottchen!*": Ironisierender Ausruf, der andeutet, dass das vermeintliche Malheur eigentlich nur halb so schlimm war. Die Verniedlichung zeigt an, dass hier nicht der große Gott im Spiel war, sondern höchstens eine harmlose Miniaturausgabe…

(3) „*Leben wie Gott in Frankreich*": *ohne Sorgen, in Freuden leben.* Nachdem Gott 1793 in Frankreich von den Revolutionären abgesetzt wurde und der Kultus der Vernunft an die Stelle des Christentums trat, war „der Herr" sozusagen pensioniert und konnte sorglos und ohne Pflichten leben. Nach einer anderen Interpretation ist mit Gott hier die katholische Geistlichkeit des Mittelalters gemeint, die – verglichen mit der restlichen Bevölkerung – in ausgesprochenem Luxus lebte.

(4) „*Den lieben Gott einen guten Mann sein lassen*": *unbekümmert, gleichgültig, träge, in den Tag hinein leben.* In der Tat verlangt es einiges an Unbekümmertheit und Trägheit (um nicht zu sagen: Denkfaulheit), wenn man in der Lage ist, den HERRN angesichts der ihm zugeschriebenen biblischen Gräuel mit den Attributen „lieb" und „gut" zu versehen.

(5) „*Gott ist immer mit den stärksten Bataillonen*": *Der Stärkere wird gewinnen.* Lebensweisheit, dass alles Beten und Bitten nichts nützt, wenn man keine Macht hat. Bezeichnet auch die opportunistische Genialität der Kirche, immer auf der Seite des Gewinners zu stehen.

(6) „*Gott mit uns!*": Während des deutschen Kaiserreiches (mit Krone) und zu Zeiten der Wehrmacht (mit Hakenkreuz) stand „Gott mit uns!" (= Sinnspruch des preußischen Königshauses) auf den Koppelschlössern der deutschen Soldaten. Nach zwei verlorenen Weltkriegen hat sich das wohl erübrigt.

Gegenwärtig wird dieser Schlachtruf von anderen ⇨ 'Gotteskriegern' verwendet: „In God we trust!" („Wir vertrauen auf Gottes Hilfe") verkünden die USA. Der magische Satz steht allerdings nicht auf den Koppelschlössern der US-Soldaten, sondern auf den amerikanischen Banknoten.

(7) „*In Gottes Namen*" heißt soviel wie *meinetwegen, Ja, wenn es denn so sein soll* – allerdings stets natürlich nur zum Ruhme Gottes und der Mutter Kirche: Bei einem Formel 1-Rennen meinte der Kommentator: „Wenn Baricello hier überholen will, so soll er es in Gottes Namen tun."

(8) „*Um Gottes willen*, der Ralf Schumacher wird doch seinen Bruder jetzt nicht überholen wollen!", heißt dagegen so viel wie „*Nein, hoffentlich nicht!*".

(9) „weiß Gott": Verstärkung einer Aussage im Sinne von *wahrhaftig, wahrlich*. Beispiel: „Er hatte es **weiß Gott** schwer genug als Lehrer..."

(10) „*Gnade uns Gott*, wenn wir diesen Krieg verlieren." Das sagte ein deutscher Offizier [mein Vater, C.F.] 1942 auf Heimaturlaub von der Ostfront – wohl wissend, welche Verbrechen die deutschen Armeen bereits begangen hatten und dass sie von ihren 'weltlichen' Richtern nach Kriegsende keine Gnade erwarten konnten.

(11) „*Gott sei Dank*" und „*gottlob*" wird umgangssprachlich gerne gesagt, um etwas Unspezifisches auszudrücken, das mit irgendeinem Gott als Verursacher, dem man für etwas dankt, auch nicht das Geringste zu tun hat. So sagte der Sprecher von *heute* im Zweiten Deutschen Fernsehen während der Hitzeperiode im Juli/August 2003 am 11. August 2003: „Gottseidank gibt es bei der Hitze in den Kaufhäusern Klimaanlagen. Doch ein reiner ⇨ *Segen* sind diese Anlagen nicht. Siebzig Prozent verbreiten Krankheitskeime."

(12) **Gottesacker** ist der Grund und Boden, der dem christlichen Gott gehört und den dieser anscheinend bearbeitet. Ertrag wird auf diesem Acker allerdings nicht erwirtschaftet, da es sich um den dörflichen Friedhof handelt.

(13) **Gottesgabe** ist etwas, was man völlig unverhofft bekommt und da im magischen Weltbild alles eine personale Ursache hat, muss der allmächtige Gott als Begründung für den Zufall herhalten.

(14) Gottesgelehrter ist eine Variante der deutschen Übersetzung des Begriffs Theologe (den man auch als „Gottesvernunftler" übersetzen könnte) und damit eine freche Selbstdarstellung, die weismachen will, dass Theologie eine Wissenschaft sei. Als 'Selbstbewcihräucherung' wäre das allerdings in Ordnung, da der Weihrauch Sinne verwirrende (psychoaktive) Substanzen enthält (⇨ Abstinenz).

(15) Gottesgnadentum ist die Beweihräucherung eines normalen Menschen, der angeblich von Gott in seine Position eingesetzt worden sei, deshalb nicht kritisiert werden darf, und vor dem ein normaler Sterblicher – wie auch vor Bischöfen – zur Begrüßung einen Kniefall auszuführen hat. Dabei dem Herrscher die Hand zu küssen, ist allerdings nicht vorgesehen, da die Könige als Zeichen ihrer Würde das Gold nicht am Finger, sondern auf dem Kopf tragen. Als Ausdruck einer innigen Verbindung spricht die „Hoheit" dann auch schlicht in der „Wir"-Form, womit er allerdings nicht seine Frau und sich, sondern sich und Gott meint.

(16) Gotteshaus wird eine Immobilie genannt, in der von Menschen in aufwändiger Verkleidung allerlei ⇨ *Hokuspokus* betrieben wird. Synonyme dafür sind Kirche, Tempel, Synagoge, Moschee etc.

(17) Ein **Gottesleugner** ist die verschärfte Form eines schlichten **Gottlosen**. Der Gottlose ist erst nur einfach mal ohne, der kann ja noch ein **Gottgläubiger** werden, der Leugner (christliche Bezeichnung: Atheist, was eigentlich nur „ohne Gott sein" bedeutet) ist aber ganz besonders böse, da er den „allmächtigen Vater" aktiv leugnet. Das ist ja noch schlimmer als der Teufel, der den Gott ja zumindest als Pendant anerkennt, ja braucht, um selbst zu sein.

(18) gottserbärmlich wird als Verstärkung einer an sich schon unerfreulichen Situation verwendet: „Und dann habe ich gottserbärmlich kotzen müssen!" – soll heißen, dass sich wohl auch das (harte) Gemüt des angesprochenen Gottes „erbarmt" hätte, dem Unguten ein Ende zu bereiten.

(19) gotteslästerlich ist ein besonders 'wüstes' Fluchen, wobei Fluchen christlich sowieso nicht erlaubt ist. (Es ist eine der sieben christlichen „Todsünden": Hochmut, Geiz, Unkeuschheit, *Zorn*, Unmäßigkeit, Neid und Trägheit.) Wenn aber im Zornesausruf auch noch etwas Göttliches enthalten ist – etwa „Herrgottsakrament, was für eine Scheiße!" so geht das natürlich überhaupt nicht, denn: „Du sollst den Namen des HERRN, deines Gottes nicht missbrauchen; denn der HERR wird den nicht ungestraft lassen, der seinen Namen missbraucht." (2 Mose 20, 7)

(20) gottgefällig soll heißen, dass jemand so lebt oder etwas tut, was dem 'himmlischen' Alpha-Tier vermeintlich gefällt.

(21) gottverlassen sind Gegenden, die so unwirtlich und einsam sind, dass sie kaum jemand betritt und sie sogar der allmächtige „Gott" verlassen hat. Falsch. Richtig bedeutet es, dass in der Gegend noch kein christlicher Missionar unterwegs war und somit keiner der Andersgläubigen oder Heiden getauft wurde. Im christlichen Sinne ist das natürlich als sehr negativ zu verstehen – denn in einer solchen Gegend kann natürlich kein anständiger Mensch seine Zelte aufschlagen.

(22) „Warum eigentlich Weihnachten feiern?" Es wird doch jeden Tag ein Mann geboren, der sich **für Gott hält**.

Gottes Hilfe kann – wenn er oder sie es denn will – in Deutschland jede/r Politiker/in für sich in Anspruch nehmen. In allen Eidesformeln für öffentliche Ämter ist der Zusatz am Schluss: „...so wahr mir Gott helfe" erlaubt. Es entspricht auch der üblichen Praxis – nicht allein seine Amtsgeschäfte zu führen, sondern sich dabei von Geistern helfen zu lassen –, dass jedes Mal, wenn ein wichtiger Politiker es nicht tut, Mediengeraschel auftritt. Der letzte SPD-Kanzler (Gerhard Schröder) verzichtete auf „Gottes Hilfe". Ob die amtierende Kanzlerin Angela Merkel „mit Gottes Hilfe" Besseres zustande bringt – da muss sich jeder seine eigene Meinung bilden.

Gottesanbeterin wird ein Insekt (Fangschrecke) aufgrund der gebetsartigen Haltung seiner Fangarme (!) genannt. Dieser religiöse Bezug zeigt sich auch in ihrem wissenschaftlichen Namen *Mantis religiosa* (Rote Liste-Art, streng geschützt). Zur Jagd sitzt die Gottesanbeterin starr im Gras oder an einem Halm. Die mit Dornen besetzten Vorderbeine packen das Opfer und verhindern jede Flucht. Bei Nahrungsarmut werden zuweilen auch die Männchen nach der Begattung gefressen, um den großen Eiweißbedarf der Gottesanbeterin zu decken.

Gotteskrieger: Die Jury für das „Unwort des Jahres" erklärte: „Zum Unwort des Jahres 2001 ist die Benennung der Taliban- und El Qaeda-Terroristen als *Gotteskrieger* gewählt worden. Dieses Wort ist weder als Selbstbezeichnung noch als Fremdbezeichnung durch deutsche Medien hinzunehmen; denn kein Glaube an einen Gott, gleich welcher Religion, kann einen Krieg oder gar Terroranschläge rechtfertigen. Vor allem der Wortgebrauch in akustischen Medien lässt oft jede kritische Distanz zum pseudoreligiösen Anspruch dieses Unworts vermissen." (www.unwortdesjahres.org, 22.1.2002) Auf Platz 2 wurde übrigens das „Unwort" ⇨ *Kreuzzug* gesetzt.

Da hat die ach so kompetente Jury anscheinend im Kommunions- oder Konfirmationsunterricht geschlafen und den Geschichtsunterricht gänzlich vergessen! Ein kurzer Blick in die Bibel, den Koran oder in ein halbwegs solides Geschichtsbuch hätte genügt, um zu erkennen, dass die Gotteskrieger ihre Taten auf hervorragende Weise religiös (nicht pseudoreligiös!) begründen können (⇨ *Gott mit uns*, ⇨ Krieg, heiliger, ⇨ *Heilige Allianz*).

Gotteslohn: „Er/Sie arbeitet für Gotteslohn." Soll heißen, sie arbeiten umsonst, im Sinne von unentgeltlich. Eine für das Christentum kennzeichnende Ausbeutungs-Struktur: Arbeite jetzt, bezahlt wird später im ⇨ Jenseits oder niemals. Immerhin sollen eventuell [!] die Chancen steigen, in den ⇨ Himmel zu kommen – wenn der Mensch da denn überhaupt hin will; die für Gotteslohn Arbeitenden aber vermutlich schon, würden sie denn sonst umsonst arbeiten?

Gottesurteile gab es im Mittelalter in verschiedenen Varianten. Stets ging es dabei um die Frage, ob Beklagte, die ihre 'Schuld' bestritten, dennoch schuldig waren oder nicht.
✖ *Bahrprobe*: Der/Die Beschuldigte musste (möglichst wenig bekleidet, damit keine Zauberamulette versteckt werden konnten) an die Bahre des Getöteten treten und dreimal die Wunden berühren oder küssen. Veränderten sich dabei die Wunden nicht, war er/sie frei, brachen die Wunden auf, war er/sie schuldig.
✖ *Eid:* Bei Meineid würde Gott den Schuldigen strafen.
✖ *Feuerprobe*: Den Angeschuldigten wurde entweder ein Stück glühendes Eisen auf die Handfläche gelegt oder sie mussten über einen glühenden Rost schreiten. Blieben sie dabei relativ unverletzt und die Wunde verheilte schnell, galten sie als unschuldig.
✖ *Kerzenprobe*: Zwei gleichgroße Kerzen wurden für zwei Leute gleichzeitig angezündet und Gott offenbarte die Wahrheit durch das Längerbrennen der einen Kerze.
✖ *Kreuzprobe*: Die Kontrahenten stellten sich in der Kirche mit ausgestreckten Armen gegenüber und Gott gab dem Unschuldigen die Kraft, die Arme länger oben zu behalten.
✖ *Wasserprobe*: Der (der Hexerei) verdächtigten Person wurden Hände und Füße zusammengebunden. Dann wurde sie in das Wasser 'gelegt'.

Ging sie unter (und ertrank), war sie unschuldig, denn das reine Wasser hatte sie aufgenommen; schwamm sie auf dem Wasser, war sie eine Hexe und wurde hingerichtet.

× *Zweikampf*: Wer gewann, war unschuldig. Der Verlierer war durch göttliche Kraft (oder sein schlechtes Gewissen) geschwächt worden (Schild, *Geschichte der Gerichtsbarkeit*, S. 20).

Göttlich ist – ähnlich wie „heidnisch" im negativen Sinn – eine eigenartige Verstärkung im positiven Sinn, etwa „Der Wein hat eine göttliche Qualität!", soll also etwa heißen: „Er ist einzigartig, vollkommen". Das gilt für alle Lebensbereiche und so ist auch möglich zu sagen: „Was für ein göttlicher Arsch!" Womit natürlich nicht der Hintern des vermeintlichen Gottes gemeint ist, sondern ein konkreter (umgangssprachlich) „Knackarsch".

Die **Göttliche** wird von ihren VerehrerInnen die Schauspielerin Greta Garbo (1905-1990) genannt. Was die Italiener „abolutissima" oder „stella absoluta" nennen können, fällt im Deutschen anscheinend mit dem (absoluten) Gott zusammen. Oder lag es vielleicht daran, wie es ein Fan beschreibt: „Die Ebenmäßigkeit ihres Antlitzes hätte den Neid der Götter heraufbeschworen: ein Gesicht von äußerster Feinheit, geschliffen aus Porzellan, geklärt in lodernden Flammen, glatt wie der Kieselstein eines Bergbaches. Das wäre die göttliche Schönheit, von der Plato sprach, und von der Dichter träumten. Sie war die Abstraktion von Schönheit, das platonische Ideal, entrückt und unwirklich und doch gegenwärtig, jeden bezaubernd, dem sie begegnete." (www.greta-garbo.de)

Gottlose sind nicht nur ⇨ *„arme* ⇨ *Schweine"* (in Analogie zur „brotlosen Kunst"), sondern sind ganz was ⇨ Böses, denn „...da ist ein Gottloser, der lebte lange in seiner Bosheit" (Koh 7, 15). Ebenso: „Die Gottlosen sollen zu den Toten fahren, alle Heiden, die Gott vergessen!" (Ps 9, 18) oder neben sehr viel Ähnlichem: „Wenn das Wetter daherfährt, ist der Gottlose nicht mehr; der Gerechte aber besteht ewiglich." (Spr 10, 25) Dabei handelt es sich nicht nur um die ⇨ Atheisten, sondern um jeden Nicht-Christen. Im Leben muss sich ein wahrer Christ von solchen bösen Menschen fernhalten, schließlich will er selber ewiglich leben, denn: „Es wird dem Gerechten kein Leid geschehen; aber die Gottlosen werden voll Unglücks sein." (Spr 12, 21)

Gottvertrauen: „Mensch, der hat vielleicht ein Gottvertrauen!" will besagen, der Mensch ist ziemlich *naiv* oder *leichtsinnig* und verlässt sich darauf,, dass der Herr es schon richten wird, ihn beschützt, hilft... (⇨ *Gutgläubig sein*). Wie sagt der Volksmund: „Wer Anderen traut, gehört verhaut!" Die einfache Erfahrung des Menschen besagt nämlich, dass nur das, was man selber tut, auch tatsächlich passiert. Das Abschieben auf eine allmächtige göttliche Instanz hilft rein gar nichts.

Als trainierter Zuschauer von Fernsehkrimis wissen wir inzwischen auch alle, dass immer dann, wenn jemand sagt: „Du musst mir vertrauen", er/sie irgendetwas Hinterhältiges im Schilde führt. Für einen Christen ist das alles jedoch kein Diskussionspunkt, denn ohne dieses Vertrauen in die Allmacht, den Zorn, die Güte, die Gewalt, die Liebe, die Ausrottungsbedürfnisse dieses Gottes würde die ganze christliche Konstruktion des Auserwählt- und Gutmensch-Seins in sich zusammenbrechen.

Gretchenfrage: Eine *Gewissensfrage* stellen, die entscheidende Frage. In Goethes *Faust* fragt das ahnungslose Gretchen Faust: „Nun sag, wie hast du's mit der Religion?" und danach: „Glaubst du an Gott?" – Faust druckst ein wenig herum, schließlich hat er sich mit dem Teufel eingelassen. Wäre weit gescheiter gewesen, der Mann hätte seinem Namen Ehre getan und versucht, sein Leben auf eigene Faust zu leben.

Grün-Rot: ist nicht die Fortführung der deutschen Bundesregierung von 1998-2004 (Rot-Grün), nur dass dieses Mal die Grünen den Kanzler stellen, sondern Grün und Rot sind die christlichen Farben für Advent und Weihnachten. Grün steht für die von den 'Heiden' übernommene Hoffnung auf Lebenserhalt und Treue, deshalb die immergrünen Gewächse (Fichte, Tanne, Kiefer, Buchsbaum, Mistel, Kronsbeere u.a.m.). Rot steht (wie immer) für das ⇨ <u>Blut</u> Christi. „Die Farbkombination von Grün und Rot versinnbildlicht Christen also die übernatürliche Hoffnung." (Becker-Huberti) Am gelungensten gezüchtet in einer Pflanze, dem so genannten 'Weihnachtsstern'. Dennoch ist festzuhalten, dass Grün als Farbe der Hoffnung (und im Straßenverkehr für „Freie Fahrt") sich nicht aus dem Christentum ableitet, obgleich es christliche Familien gibt, die am ⇨ *Gründonnerstag* grünes Gemüse (Spinat, Kresse) essen. Hintergrund ist wohl das Beschwören des Wieder-Grün-Werdens der Natur, der Frühlingsgötter – ein Überbleibsel 'heidnischer' Magie.

Gründonnerstag wird seit dem 12. Jahrhundert der Tag vor ⇨ *Karfreitag* genannt, an dem der Legende nach das Abendmahl eingesetzt wurde. Warum grün? Das weiß keiner mehr so genau: Grün von *greinen* (klagen, weinen) wegen des folgenden Karfreitags (Tag der Hinrichtung)? Grün, weil es in der Fastenzeit nur *Grünzeug* als Essen gab, kein Fleisch? Oder weil man den Leuten wieder *grün,* d. h. gut gesinnt war, die im Laufe des Vorjahres aus der Kirchengemeinschaft ausgeschlossen worden waren und nun als ⇨ *Büßer* (= Absolution) wieder aufgenommen wurden? (⇨ *Donnerstag*)

Grüß Gott! ist die im Bayerischen und Württembergischen erhalten gebliebene religiöse Grußformel der Kirche des Hochmittelalters, „die alle Grußformeln nur mit dem Wort ‚Gott' verknüpft wissen wollte" (Röhrig, *Lexikon der sprichwörtlichen Redensarten*, S. 592). „Grüß Gott!" heißt also ursprünglich „Gott grüße dich (sei dir freundlich gesonnen)!" und ist ähnlich, aber weniger verkürzt wie „Guten Tag", „Guten Morgen" etc. die ursprünglich an Gott gerichtete Formeln waren, im Sinne von „Gott gebe dir einen guten Morgen!" etc. Im süddeutschen Alltag eine befehlsartige Auf-Forderung, mit der sich ein christlich-bajuwarischer Traditionalist gegenüber jedem Einheimischen wie auch Fremden artikuliert. Die Entgegnung eines freundlichen „Guten Tag" löst durchaus Irritationen aus (⇨ *Tschüs!;* ⇨ *Adieu!).*

Güte (also so etwas wie Großzügigkeit oder ⇨ *Gnade*) wie in „*Du meine Güte!"* ist für den Christenmenschen stets mit Gott assoziiert. Im Englischen ist dies noch deutlicher erkennbar in „My goodness!" oder „Good Lord!" Das gleiche gilt für den südfranzösischen Ausruf „Bonté divine!" (Du göttliche Güte). (Röhrich, *Lexikon der sprichwörtlichen Redensarten*, S. 601)

Gute, das: „*Alles Gute kommt von oben"*: Meist ironisch gebrauchte Redewendung (beispielsweise wenn aufgrund schwerer Regengüsse die lang geplante Gartenparty ins Wasser fällt). Das Sprichwort folgt dem christlichen ⇨ Dualismus von Himmel und Hölle (und karikiert ihn). Weil alles ⇨ Gute (vor allem auch die ⇨ Wahrheit) von oben (= Gott) kommt, konnte Papst Johannes Paul II. die „Kirche von unten"-Bewegung leicht abkanzeln. Von unten (= Luzifer, = Genitalbereich) – das weiß ein jeder Christ – kommt ohnehin nur ⇨ Böses, Sittenvergiftendes. Deshalb vertrug sich die Kirche auch stets besser mit Diktatoren (die von oben herab herrschen) als mit echten Demokraten (⇨ Mutter Teresa).

gutgläubig sein: Freundliche Umschreibung für grenzenlose Naivität. Und da das Gute immer bei Gott ist, ist es gleichbedeutend mit ⇨ *Gottvertrauen*. Das heißt: Gutgläubige Menschen glauben nicht nur an das ⇨ Gute, sondern sind auch gut im Glauben. Grund: Sie durchschauen nicht, wann man sie aufs Glatteis führt.

H

Haare: *„Die Haare stehen einem zu Berge"*: *Etwas Schreckliches hat einen zutiefst entsetzt.* Aus der Bibel: „Und ein Hauch fuhr an mir vorüber; es standen mir die Haare zu Berge an meinem Leibe." (Hiob, 4, 15) Dieser „Hauch" (= das Schreckliche) ist Gott höchstpersönlich (⇨ *Glatze*) und deshalb ist es ganz in Ordnung, dass der Mensch in ⇨ *Ehrfurcht* vor IHM erschreckt erstarrt.

Hälfte: *„Meine bessere Hälfte"*: *Ironisch abwertende Bezeichnung einer Ehefrau durch ihren eigenen Ehemann.* „Und Gott der Herr baute ein Weib aus der Rippe, die er von dem Menschen nahm, und brachte sie zu ihm. Da sprach der Mensch: Das ist doch Bein von meinem Bein und Fleisch von meinem Fleisch; man wird sie Männin nennen, weil sie vom Mann genommen ist. Darum wird ein Mann seinen Vater und seine Mutter verlassen und seinem Weibe anhangen und sie werden sein *ein* Fleisch." (1 Mose 2, 22-24) Die *bessere* Hälfte deshalb, da der Mann aus ⇨ *Dreck* (Erde/Lehm) gemacht wurde (ein feministisches Lachen ist hier nicht angebracht, da es sicherlich auch ein sauberes Fleckchen Erde gab), die Frau jedoch aus dem (da haben wir es wieder: besseren!) Fleisch und Knochen des Mannes gebastelt wurde.

Hände: *„Seine Hände in Unschuld waschen"*: *Nicht schuldig sein an etwas.* Der römische Statthalter Pontius Pilatus wäscht sich die Hände in Unschuld (⇨ Empfängnis, unbefleckt; Duschzwang!), als er sich nicht dagegen verwehren kann, dass das Volk die Kreuzigung von Jesus verlangt und an seiner Stelle die Freilassung des „Verbrechers" Barabbas einfordert (Mt 27, 15-30).

Allerdings hat diese Geschichte einen Haken: Wie wir der historisch-kritischen Forschung entnehmen können, besaßen die Juden niemals das Vorrecht, Gefangene am Passahfest freizubekommen (vgl. u.a. Maccoby,

König Jesus). Die gesamte Jesus-Barabbas-Pilatus-Episode muss als historische Fälschung begriffen werden, die vorrangig *einem* Zweck diente: der nachträglichen Reinwaschung der Römer, unter denen man weitere Anhänger der christlichen Lehre zu gewinnen hoffte. Die Rolle des Sündenbocks wurde auf die Juden übertragen, von denen sich zur argen Enttäuschung der frühen Christen nur wenige zum Christentum hatten bekehren lassen. Wie wir heute wissen, verfehlte die Umdeutung der historischen Geschehnisse nicht das angestrebte Ziel: Mit ihrer Hilfe konnte sich das Christentum später zur römischen Staatsreligion aufschwingen, allerdings auf Kosten eines verheerenden Antijudaismus, der vom Richtplatz des Pilatus mehr oder weniger direkt bis nach Auschwitz führt (⇨ Judenhass).

Hans: als Kurzform des christlichen Johannes (Hannes) war früher, namentlich vom 14. bis zum 17. Jahrhundert der verbreitetste aller deutschen Vornamen (⇨ *Namen*), und wurde so zum volkstümlichen Gattungsnamen (Röhrich, *Lexikon der sprichwörtlichen Redensarten*, S. 660). Daher der 'Meister Hans' (für den Henker), Prahlhans, 'Schmalhans als Küchenmeister' und der 'Hansdampf in allen Gassen'.

Haussegen: Gegenüber dem gesprochenen mündlichen Segen, ist der Haussegen ein (an der Wand befestigter, über die Tür) geschriebener Segen (⇨ Könige, Die Heiligen Drei). Gutgläubige Christen lassen dabei ihr Haus nicht nur beim Richtfest segnen, sondern lassen diesen Segen sicherheitshalber jedes Jahr zu Dreikönig erneuern. („Viel hilft viel"?)

Wenn es heißt, der *„Haussegen hängt schief"*, hat es Streit gegeben und es herrscht schlechte Stimmung. Da ⇨ Gott für den Frieden steht, kann es also nur das Werk des bösen ⇨ Teufels sein und prompt ist die gesegnete ⇨ Weihe des Hauses verrutscht.

Wäre es nicht hilfreich, wenn bei allen gesegneten Häusern nach der Weihe der ⇨ *Heiligenschein* sichtbar wäre, z.B. um den Schornstein schwebend? Da wüsste man gleich, wo friedliche und gastfreundliche Christen ihr Heim haben.

Interessant ist dabei, dass es im Unterschied zum klassischen Haussegen keinen 'Wohnungssegen' gibt. Ist der Gott der Christen vielleicht ein Privatgott der Eigenheimbesitzer oder der Gebäudeversicherungen? Oder hat die Kirche nur den historischen Zeitpunkt der Entstehung von Mietwohnungen nicht rechtzeitig für ihr Marketing erkannt?

Heide: *Heidenangst, Heidengeld, Heidenlärm...*: *Unbändige Angst, Unmenge Geld, großer Lärm.* Die Verstärkungs-Vorsilbe ist die christliche Sicht des Heiden (des Ungläubigen) als barbarisch, ungestüm und wild. Ausdruck der Faszination der Angepassten und Willfährigen hinsichtlich der heidnischen Wildheit als Stärke.

Bezeichnenderweise gibt es auch nur einen **Heidenspaß** und keinen Christen-, Juden- oder Muslimspaß. Im Gegensatz zu den braven christlichen 'Weicheiern' drohen den fröhlichen Heiden allerdings alle „Höllenstrafen". Aber ob das einen richtigen Heiden wirklich beeindrucken kann, sei einmal dahingestellt. Schließlich hat ein Heide sprichwörtlich Spaß im Diesseits, während sich der Christ mit dem „Elend des Christenmenschen" (Luther) herumschlagen muss.

Heilig's Blechle!: (süddeutsch, schwäbisch) Ausruf des Erstaunens bzw. der Erschütterung. Die Herkunft ist unklar. Möglicherweise bezieht es sich auf die Blechabzeichen, mit denen früher die in einer Stadt anerkannten Bettler von den Durchreisenden unterschieden wurden, oder auf die einst weit verbreiteten Metall-Kruzifixe, die nun dank Säkularisierung und Kruzifixurteil auch aus dem süddeutschen Raum mehr und mehr verschwinden. Der Zusammenhang allerdings zwischen „Blech" und „heilig" lässt sich nicht nachweisen. Die Annahme, es sei eine Parallele zu dem „Der redet aber ein Blech" („Reden ist Silber, schweigen ist Gold") und meint die Predigten (= Blech) von der Kanzel in der Kirche (= heilig), ist zwar sehr nahe liegend und verständlich, lässt sich aber sprachgeschichtlich nicht begründen.

Heilige Allianz: Militärbündnis, 1684 von Österreich, Polen, Venedig und (seit 1686) Russland unter dem Protektor Papst Innozenz XI. gebildet, um den Angriff der Türken gegen Österreich abzuwehren (1683, Zweite Belagerung Wiens). (⇨ *Kruzitürken*, ⇨ Krieg, Heiliger)

Neuauflage im 21. Jahrhundert: In Abwandlung des christlich Heiligen (weil auch Japaner, Inder u. a. in die „Allianz gegen den Terrorismus" aufgenommen werden sollten) wurde nach dem Angriff von „muslimischen Fundamentalisten" auf die USA (New York, Washington, am 11. September 2001) von einem Angriff „auf die westliche Zivilisation" (nicht: „auf das Christentum") gesprochen. Die Zielrichtung ist dennoch gleich geblieben: Es geht gegen den Islam.

Heilige Einfalt!: ⇨ Ausruf der Verwunderung und Ungeduld über einen einfältigen Menschen (Wahrig, *Wörterbuch der deutschen Sprache*, S. 391). Der Zusatz „heilig" deutet an, dass diese Einfalt von Gott gegeben (aber dennoch unerträglich) ist.

Heiligenschein (*Aureole, Nimbus, Glorie, Glorienschein, Gloriole*): Unverzichtbares modisches Accessoire eines jeden Heiligen, der etwas auf sich hält. Dank des Heiligenscheins verfügt der Heilige über einen Schein des Heiligen, der ihn vom bloßen ⇨ *Scheinheiligen* offenkundig unterscheidet. Schon im alten Orient und in der antiken und indischen Kunst ist der Heiligenschein als Lichtscheibe, Lichtkreis, Kreislinie oder Strahlenkranz bekannt, der um bzw. über dem Kopf getragen wird oder den ganzen Körper einhüllt (Aureole und – mandelförmig: Mandorla). Den christlichen Heiligenschein gibt es in mehreren Ausführungen: A (rund), A+ (rund mit Kreuz), A^A (umfließend) und B (viereckig).
A: Normale Göttliche oder Heilige;
A+: Gottvater, Christus und der Taube ist die Sonderausführung 'Rund plus Kreuz' vorbehalten;
A^A: Für Jesus (aber nur als Auferstehender oder Auferstandener!) die Ausführung A, in Gold (als umfließende Aureole);
B: bei noch lebenden, und daher (noch?) nicht heilig gesprochenen Personen, besonders beliebt in Italien (Jahn, *Wörterbuch der Kunst*, S. 282).

Dieses Lichtphänomen wird in der christlichen wie ostasiatischen und orientalischen Kunst häufig durch Goldauflagen dargestellt. Gold und Sonne gelten als Sinnbilder eines imperialen Glanzes (⇨ Kirchenfürst).

Heiliger (1) ist im Sinne des „Er ist ein *wunderlicher Heiliger*" ein komischer, seltsamer Sonderling, ein Mensch mit unüblichen Gewohnheiten (Röhrich, *Lexikon der sprichwörtlichen Redensarten*, S. 690). Wen wundert's? Es bestätigt nur, dass man zu Lebzeiten in irgendeiner Weise ziemlich 'durchgeknallt' sein musste, um nach dem Tode zum/zur Heiligen erhoben zu werden.

(2) „*Er ist ein ganz besonderer Heiliger*", meint eben nicht das, was es sagt, sondern das Gegenteil: „Er ist ein scheinheiliger Frömmler" (Röhrich, *Lexikon der sprichwörtlichen Redensarten*, S. 660).

Heiliger Bimbam!: Ausruf der Bestürzung, der Ungeduld, der Verwunderung, des Zorns (Wahrig, *Wörterbuch der deutschen Sprache*, S. 391). Der normale Ärger, wenn man sonntags ausschlafen möchte und das

Geläute der christlichen Turmglocken einem den letzten Nerv raubt (⇨ *Glocke*).

Heiliger Geist – eine eigenartige Idee, da Geister normalerweise mit Gespenstern verbunden werden, vor denen sich die meisten Leute aber fürchten – so dass es wieder passt, denn der christliche Gott und seine irdische Marketingvertreter verlangen „Ehr-Furcht".

Als vorgeblich dritter Teil der „Dreieinigkeit" wird munter geraten und gestritten, was denn das nun sei, dieser Heilige Geist, denn zumindest gibt es einige Geschichten dazu. Er war sexuell aktiv (und „kam über die Jungfrau Maria"), ein Verwandlungskünstler (mal als Taube, mal als Feuerzungen...) und ganz verwegene Gottesgeistler („Theologen") sehen in ihm (!) das weibliche Element Gottes, da das hebräische Wort für 'Geist Gottes' „ruach jahwe" weiblich ist. Na ja, „Gott" wäre als Hermaphrodit (zweigeschlechtliches, in sich ruhendes Wesen) eine nicht uninteressante Hypothese.

Heiliger Himmel!: Ausruf der Bestürzung, Ungeduld, des Zorns. (Himmel ist oft Hehlwort für Gott.)

Heiliges Kanonenrohr!: Veralteter Ausruf der Überraschung (aus den Kriegen 1870/71 und 1914-1918), wenn ein Soldat zum ersten Mal erlebte, wie die von den Priestern, Pastoren und Bischöfen gesegneten überdimensionalen Geschütze aus der Essener Krupp-Schmiede abgefeuert wurden und welchen Schaden sie anrichteten. (Das war die Zeit, als auf den Koppelschlössern auch noch ⇨ „*Gott mit uns!*'" stand.) Und da „Gott immer mit den stärksten Bataillonen" ist, hatten die priesterlich geweihte Kanonen keinen anderen Zweck, als den von Gott gewollten, nämlich, dass Deutschland den Krieg gewinnt (⇨ Krieg, heiliger bzw. gerechter).

Heimsuchung meint nicht, dass man jemanden gastfreundlich zu Hause in seinem Heim sucht oder besucht („Trautes Heim, Glück allein"), sondern das genaue Gegenteil, einen mörderischen Überfall. Es geht um das *Strafgericht Gottes*, wie es in der Bibel steht: „Was wollt ihr tun am Tage der Heimsuchung und des Unheils, das von ferne kommt?" (Jes 10, 3) „Denn das Land ist voller Ehebrecher [...] Darum ist ihr Weh wie ein glatter Weg, auf dem sie im Finstern gleiten und fallen; denn ich will Unheil über sie kommen lassen, das Jahr ihrer Heimsuchung, spricht der HERR." (Jer 23, 10-12)

Herr: „Sehr geehrte Damen und Herren!" Das klingt konventionell harmlos; als bürgerliche Konvention in der Begrüßung einer größeren Anzahl von weiblichen und männlichen Zuhörern. Entstanden ist das Wort *Herr* allerdings in einem anderen Zusammenhang: „Ich bin der Herr, dein Gott...“). So beginnt das erste der christlichen Zehn Gebote (2 Mose 20, 2). *Herr* ist damit so verwendet, wie es noch bis zur Übernahme durch das Bürgertum galt: Als *Herr*scher, Be*herr*scher. Reste dieser klassischen Bedeutung finden sich – neben dem Gottesanspruch der Bibel als *Herr*gott – noch in der Adelsbezeichnung Frei*herr* von (Ortsangabe), in: „Mein *Herr* und Gebieter" (klassische halb-ironische Anrede eines Mannes aus der besitzenden, *herr*schenden Klasse), aber auch im nationalsozialistischen *Herren*mensch und der angeblichen *Herren*rasse.

Herrgott noch mal! ist ein zorniger Fluch der härteren Sorte, wenn etwas Unerwünschtes [sic!] mehrfach passiert. Möglicherweise nach der Logik: „Wenn der Postmann zweimal klingelt."

Herrgott Sapperment! ist das „verballhornisierte" „Herrgott, Sakrament!" – ein zweifelsfrei kräftiger Fluch, um nicht zu sagen, eine Verwünschung. Da das jedoch nicht sein darf und man ja nicht erwischt werden will, muss es bis zur halben Unkenntlichkeit verdreht werden.

Herrjemine! Zusammenfügung aus: Herr Jesus, mein Herr (Jesu Domine!) Ein Ausruf des Entsetzens und Mitleids angesichts eines Unglücks. Der Sinn des Ausrufs ist nicht ganz deutlich: Wird dem Herrn Jesus die Verantwortung für das Unglück zugesprochen (= das beliebte Motiv der göttlichen Strafe für menschliche Sünden)? Oder vermisst man den göttlichen Beistand in der Abwehr dieses Unglücks? Möglicherweise bittet man darum, dass einem selbst (nach dem ⇨ *Florian*s-Prinzip) ein solches Unglück nicht geschieht. Vielleicht wird es aber auch gebraucht im Sinne von: „Das kann ja wohl nicht wahr sein!" Das wäre ja immerhin verständlich, denn im empirischen Sinne „wahr" ist die biblische Geschichte des gekreuzigten und wieder auferstandenen Herrn Jesus nun wirklich nicht...

herrlich: Höchstes Lob für alles Mögliche, z.B. „Ein herrlicher Wein!" (im Sinne von: „Ein Wein, der Gott, dem Herrn, gebührt!"), „ein herrliches Wetter" (im Sinne von: ein ⇨ *göttliches* bzw. von „Petrus" gemachtes sehr gutes Wetter).

Herz: Auch wenn die Zentralpumpe des Menschen „von jeher" fälschlicherweise als Sitz der Empfindungen gedacht wurde, hat die Lutherbibel diese Auffassung mehr als verstärkt, denn ständig ist dort in allen möglichen Variationen von Herzen die Rede. Nur allein im 1. Buch Mose übersetzt er: „alles Dichten und Trachten ihres Herzen war böse", „sprach in seinem Herzen", „euer Herz labet", „mit einfältigem Herzen", „Herzeleid", „sein Herz hing an ihr", „neigte die Herzen zu ihm", „sein Herz entbrannte ihm", „sein Herz blieb kalt". Besonders in den Psalmen geht es ausgesprochen herzlich zu, mit „Freude dem frommen Herzen", „So bist du doch, Gott, allezeit meines Herzens Trost" (⇨ <u>Blut</u>).

Ist das Christentum die „Religion der einsamen Herzen"? Wenn man sieht, wie viele ältere, alleinstehende Frauen in die Kirche gehen, spricht vieles dafür, dass sie in ihrer Einsamkeit in der Kirche im Gebet *„ihr Herz ausschütten"*. Eine Redewendung, die dem 1. Buch Samuel folgt: „Ich bin ein betrübtes Weib; Wein und starkes Getränk hab ich nicht getrunken, sondern mein Herz vor dem HERRN ausgeschüttet. [...] ich habe aus meinem großen Kummer und Herzeleid so lange geredet." (1 Sam 1, 15-16).

Herz und Nieren gelten manchen Zeitgenossen zwar nur noch als Hundefutter, sind aber christlich etwas ganz Feines. Das Herz – das ist klar wie ⇨ *Kloßbrühe* –, ist der Sitz der Empfindungen und die Nieren sind – ebenso klar –, der Sitz der Gemütsbewegungen und der Lebenskraft. Wenn also jemand etwas „auf Herz und Nieren prüft" (Gebrauchtwagen, Computer etc.) dann tut er es Gott gleich, der damit angefangen hat: „Lass der Gottlosen Bosheit ein Ende nehmen, / aber die Gerechten lass bestehen; / denn du, Gerechter Gott, / prüfest Herz und Nieren." (Ps 7, 10) Bei dieser intensiven Prüfung geht es also um Glauben und Gottestreue. Entsprechend müsste der TÜV eigentlich nicht „Technischer..." sondern „Theologischer Überwachungs-Verein" heißen.

Herz und Seele können christlich „eins" werden: „Sie sind ein Herz und eine Seele" – meint eine vollkommene Übereinstimmung und Harmonie in Empfinden und Meinungen, ist aber, wenn man es biblisch versteht, die materielle Gütergemeinschaft der ersten christlichen Gemeinde. „Die Menge aber der Gläubigen war ein Herz und eine Seele; auch nicht einer sagte von seinen Gütern, dass sie sein wären, sondern es war ihnen alles gemeinsam." (Apg 4, 32) Diese Gütergemeinschaft will aber heute nicht mehr ins bürgerliche Konzept passen und so wird eine reine Seelengemeinschaft daraus, denn: „bei Geld hört die Freundschaft auf".

Herzensbrecher ist ein Mann, dem es gleichsam spielerisch gelingt, Frauen in sich verliebt zu machen und sie dann sitzen lässt. Das „Herz" bezieht sich dabei auf die – auch im Christentum tief verankerte – Vorstellung des Mittelalters, dass das Herz der Sitz der Gefühle ist.

Hexenkessel: *Ein schwerer Tumult, mit Geschrei, Schlägereien, Polizeieinsatz.* So berichteten christliche Demonstranten: „Und dann kamen wir direkt in ⇨ *Teufels Küche* und gerieten in einen Hexenkessel." Woraus zu vermuten ist, dass dieser Kessel in der Küche des Teufels steht. Bleibt die Frage: Warum haben sich die Hexen als Polizisten verkleidet? Als ⇨ Hexen hätten sie doch auch mit ihrem Besenstock zuschlagen können.

Hexenschuss: Bezeichnung für heftige Schmerzen im Bereich der Lendenwirbelsäule bzw. -muskulatur, meist ausgelöst durch Bandscheibenschäden. Dass man dieses Leiden bis heute mit „Hexen" assoziiert, hat zwei Gründe: Zum einen entspricht die Körperhaltung des Erkrankten dem 'Idealbild' einer alten, buckligen Hexe, wie wir sie beispielsweise aus Illustrationen zu Grimms Märchen kennen. Zum anderen verbirgt sich hinter dieser Zuschreibung der alte Glauben an den vermeintlichen Schadenszauber der angeblichen Hexen. So schrieb Luther 1529: „[...] ich habe etliche zu ermahnen, dass viele Wettermacherinnen sind, die nicht allein die Milch stehlen, sondern auch die Leute schießen [= Hexenschuss]. Wir kennen einige von ihnen. Wenn sie sich nicht bekehren, werden wir sie den Folterknechten befehlen." (zit. nach Wolf, *Hexenwahn*, S. 152)

Hierarchie: (griech. „*Heilige* Führung") „Ordnung in einer menschlichen Gemeinschaft, bei der die Anzahl der Glieder von unten nach oben abnimmt, deren Bedeutung indes zugleich zunimmt; ursprünglich allein in der Theologie für die Rangordnung der Geistlichkeit in der Kirche verwendet." (EEK, S. 833) In anderen Zusammenhängen nennt man das – weniger nebulös – „Führerprinzip".

Himmel: (1) „*Um Himmels willen! Nein!*": Ausruf tiefer Bestürzung – was nur allzu verständlich ist, wenn man sich die heilige Politik des Himmels (= Gottes) vor Augen führt.

(2) „*Im siebten Himmel sein*“: Diese Redewendung bezeichnet die höchste *religiöse* Verzückung, nicht die des irdischen Glücks! Die Auffassung von sieben Himmeln entspricht jüdischer Auffassung und wird im Talmud beschrieben. In der antiken bis mittelalterlichen Vorstellung von übereinander gelagerten Himmelssphären, war der siebte Himmel die höchste dieser Sphären und dort wurden die Seligen der Gegenwart Gottes teilhaftig. Spricht also eine Frau über das Beisammensein mit einem Mann, sie fühle sich „wie im siebten Himmel“, hat sie den irdischen Kerl schlicht mit Gott verwechselt. Was allerdings voraussetzen würde, dass sie bereits schon einmal mit diesem Gott im siebenten Himmel war – woher weiß sie sonst, wie es sich da so fühlt?

(3) „*Du bist himmlisch!*“: Männer sagen vielleicht, eine Frau sei „himmlisch“, wobei die nahe liegende Vermutung ist, sie sprächen von einem ⇨ Engel, was aber zu der vermutlich erlebten Sexualität nicht passt. Von Gott-Vater und Gott-Sohn ist über 'Wein, Weib und Gesang' im gemeinten Sinne der Lebenslust nichts bekannt und der Heilige Geist hat zwar irgendetwas mit der 'unbefleckten ⇨ Empfängnis' zu tun – aber um Sex hat es sich dabei theologisch gewiss nicht gehandelt – denn dann wäre auch Maria bzw. ihre Mutter „befleckt“ gewesen.

(4) „*Ich fühl mich wie auf Wolke sieben*“: Diese Redewendung stellt nicht nur eine Parallele zu dem bereits erwähnten siebten Himmel dar, sondern führt gleichzeitig auch die christliche Wolke ein: darauf sitzen, liegen oder stehen die christlichen ⇨ Engel. (Die sind zwar noch nicht abgeschafft wie der räumliche, lokalisierbare Himmel nach Beginn der bemannten Raumfahrt – aber: wenn es keinen räumlichen Himmel mehr gibt, wo ist dann die Heimstatt der Engel?)

(5) „*Tanze mit mir in den Himmel hinein*“: Nur vordergründig eine Einladung zum Geschlechtsverkehr. Hintergründig ist es die In-Aussicht-Stellung des Gefühls von Glück*seligkeit*. Es ist das Versprechen des Mannes (der diesen Text zu sprechen hat), er begehre nicht nur den Körper der Frau, sondern es werde sich darüber hinaus ihre Seele erheben, sie werde vor Glück*seligkeit* schweben.

(6) „*eine himmelschreiende Ungerechtigkeit!*“: ⇨ Ungerechtigkeit

(7) „*Der Himmel auf Erden*“: Ausdruck höchster Glückseligkeit. Allerdings: Was würde das realiter bedeuten? Der christliche Himmel ist eine Welt ohne Wünsche, ohne Begierden. Mit dem Verlangen endet auch die Kommunikation und wo es keine Kommunikation gibt, da gibt es nichts, keine Neugier, keine Zuneigung, nur stumme Schatten. Ist das nicht eher eine „Hölle" der Sprachlosigkeit und des Stumpfsinns? (Bornemann, *Lexikon der Liebe*, S. 112)

(8) *Himmelreich* ist entsprechend der Binnenlogik des christlichen ⇨ Dualismus das als Gegensatz zum irdischen ⇨ *Jammertal* gedachte Reich Gottes. Und so ist denn anscheinend alles, was man in den Gegensatz zum vorgeblich 'Banalen' oder 'Alltäglichen' des irdischen 'Jammertals' setzen will, in den über uns befindlichen Sphären (oben!) angesiedelt.

(9) So heißt es in der Beschreibung eines exklusiven Landhotels: „Die Sonne lässt das Wasser zwischen den Seerosen glitzern, der Wind rauscht in den mächtigen alten Bäumen. Es herrscht *himmlische Ruhe.*" Auf den Plastikverpackungen von trocken gewordenen, belegten Weißbroten an deutschen Tankstellen ist zu lesen: *„himmlisch frisch & lecker"* – was beides nicht stimmt und so den wahren Charakter des Himmels verdeutlicht: Alles erlogen.

Himmel und Hölle: (1) Christliche Mädchen (und auch noch der eine oder andere Junge) kennen (vielleicht noch) das Spiel „Himmel und Hölle". Ein einfaches Hüpfspiel auf einem und mit beiden Beinen zwischen aufgezeichneten Feldern, wobei man nicht auf die Trennlinien treten durfte. Tat man es doch, kam man in die „Hölle" und musste aussetzen. Kurzum: Ein Spiel, so richtig aus dem christlichen Leben gegriffen: Ein Fehltritt – und ab in die Hölle!

(2) *„Himmel und Hölle in Bewegung setzen"*: Alle erdenklichen (erlaubten und unerlaubten) Mittel einsetzen, um ein Ziel zu erreichen.

Himmel, Arsch und Zwirn! Soll aus der alemannischen Mundart stammen. Ursprünglich „Himmel, Arsch und Wolkenbruch" als Zorn über ein *„Scheiß*wetter". Vermutlich sollte mit dem Zwirn die „Himmelsöffnung" zugenäht werden.

Himmelfahrt: Eines der christlichen Großereignisse. Eigentlich nichts anderes als die ehrenvolle und übliche *Apotheose* (Vergötterung eines Menschen), die von den meisten Völkern des Altertums (Assyrer, Ägypter, Perser, Griechen, Römer) gepflegt wurde (was man heute eher als „Starkult" bezeichnen würde). Bei den Römern war es erst Romulus, der vergöttlicht gen Himmel auffuhr, dann Julius Caesar, den Augustus vergöttern ließ. Anschließend wurde es üblich, dass alle römischen Kaiser, durch Senatsbeschluss, gen Himmel auffuhren. Die exklusive christliche Himmelfahrt gibt es als Feiertag in Deutschland sowohl in umfassender, wie in eingeschränkter Ausführung.

In allen deutschen Bundesländern, d.h. für alle Christen, ist *Christi Himmelfahrt* (am 40. Tag nach Ostern) Feiertag. Volkstümlich von der Schnapsindustrie als „Vatertag" deklariert, da man anscheinend bis zum Delirium trinken müsste, um der Gnade des Erlebens einer „Himmelfahrt" teilhaftig zu werden, oder deshalb, weil im Mai der „Muttertag" der Blumen- und Pralinenindustrie stattfindet.

Die eingeschränkte (weil weibliche) Ausführung ist *Mariä Himmelfahrt* (am 15. August), die als Feiertag nur im Saarland und in überwiegend katholischen Gemeinden Bayerns zelebriert wird.

Himmelfahrtskommando: Soldaten sind nach einiger Zeit des Kriegsdienstes nicht mehr so zimperlich und so hat sich dieser Begriff des „Himmelfahrtskommandos" für militärische Unternehmungen eingebürgert, bei denen die Wahrscheinlichkeit, dabei getötet zu werden, ziemlich sicher war und ist.

Einerseits könnte es die Sichtweise bedeuten, dass Jesus von Nazareth genau so einen Auftrag bekommen hatte, eben ein tödliches Himmelfahrtskommando. Ein Problem, an dem ⇨ Theologen lange herumgedacht haben, denn es ist irgendwie eine klägliche Sache, dass Gott seinen Fleisch gewordenen Sohn an ein Kreuz nageln lässt, wenn er doch allmächtig ist und es demnach verhindern könnte. Aber mit der (angehängten) Auferstehung – Himmelfahrt und keiner hat's gesehen! CNN war ausnahmsweise nicht vor Ort – haben die Theologen dann die Kurve der besonderen Bedeutung hingekriegt, indem sie sich das ganze Geschehen als gewolltes Opfer ausdachten. (Allerdings ist Christus niemals als Sünden*bock* bezeichnet worden. Er ist als „Lamm Gottes, das da hinweg nimmt die Sünden der Welt", in die Geschichte eingegangen!)

Andererseits könnte auf eine germanische Vorstellung (dass die kriegerischen Helden, die im Kampf sterben, nach Walhalla auffahren) die christliche Himmelfahrt 'aufgesattelt' worden sein. Allerdings wird nicht das sinnesfrohe Walhalla für alt-germanische Machos vorausgesagt („Wein, Weib, Gesang"), sondern der (sinnlose) Tod für Nichts, denn wer will schon geschlechtslos und ohne Bier zur Rechten Gottes sitzen? Das können vermutlich nur die ⇨ Engel. Interessanterweise gibt es im Himmel des Alten Testaments aber auch „Gottessöhne", die sich mit den schönsten Frauen auf Erden paarten! Was wieder dafür spricht, dass die *guten* Engel eine spätere Erfindung sind, nachdem die geilen Gottessöhne sich alle als ⇨ Teufel herausgestellt hatten und in die Hölle eingesperrt wurden.

Himmelfahrtsnase: Volkstümlich, spöttisch für eine *Stupsnase,* die in ihrer niedlichen Rundung nach oben – „gen Himmel" – strebt. Nach dem Prinzip: Wer den Schaden hat, braucht für den Spott nicht zu sorgen?

Hiobsbotschaft: *eine unerwartete, schreckliche Nachricht.* Der biblische Hiob war ein braver Mann, der es zu einigem Wohlstand gebracht hatte. „Seinesgleichen [gibt es] nicht [noch einmal] auf Erden, fromm und rechtschaffen, gottesfürchtig und meidet das Böse." (Hiob 1, 8) Als ⇨ Satan lästert, dass der Hiob nur so lange gottgläubig bleibe, wie Gott ihn schütze, wetten beide, ob Hiob vom Glauben abfalle, wenn Gott ihn ins Unglück stürzen würde.

Gesagt, getan: Hiob erhält kurz hintereinander vier verheerende Nachrichten: Seine Rinder und Esel wurden gestohlen und seine Knechte getötet, seine Schafe verbrannt, seine Kamele geraubt, seine Söhne und Töchter vom Wind erschlagen. Hiob hält jedoch an seinem Glauben fest, selbst nachdem sein Körper von oben bis unten von Geschwüren übersät ist. Allerdings erhebt er bittere Klage über sein Schicksal. Daraufhin markiert Gott, der anscheinend befürchtet, dass seine Wette auf der Kippe steht, den Prahlhans: „Hast du einen Arm wie Gott und kannst mit gleicher Stimme donnern wie er?" – „Wer ist denn, der neben mir bestehen könnte?" Derart eingeschüchtert ist Hiob bereit, Gottes Allmacht anzuerkennen und sich ihm zu unterwerfen. Hiob: Sitz! Platz!

Ganz schön gerissen, uns so auf die Probe zu stellen (⇨ Versuchung). Und das hat eine große Ähnlichkeit mit der ⇨ Erziehung zum gut-(gläubig)en Menschen.

hoch und heilig: „Hoch und heilig etwas versprechen": *Etwas sehr fest versprechen.* Bezieht sich auf den christlichen Brauch mit *hoch* erhobener Hand (drei Schwurfinger) auf die *heilige* Bibel (oder, falls zur Hand, ein paar herumliegende heilige ⇨ Reliquien) zu schwören („So wahr mir Gott helfe"). Aber das braucht man nicht so ganz ernst zu nehmen, wie es klingt. Uns ist zumindest niemand bekannt – insbesondere keiner der christlich-demokratischen Politiker –, der seinen Schwur bei Gott, d.h. seinen Amtseid, gebrochen hat und postwendend von Gott à la Bibel erschlagen wurde.

Hokuspokus: Beim Abendmahl (⇨ Kannibalismus) lautet die Konsekrationsformel (für die vorgebliche Verwandlung des Brotes und des Weines in den Leib und das Blut Christi) „Hoc est corpus meum" (Dies ist mein Leib). Den einfachen Leuten, die erstens kein Latein sprachen und zweitens unverbildet genau hinschauten, kam das Ganze wie ein magischer Schwindel vor, und daraus wurde dann der Hokuspokus, d.h. ein großer äußerer Aufwand, hinter dem nicht viel steckt. Dann als Zauberformel von den anderen Taschenspielern auf Jahrmärkten verwandt: „Hokuspokus Fidibus, dreimal schwarzer Kater..."

Hölle: (1) *„Einem die Hölle heiß machen"*: *Jemandem ins Gewissen reden, heftige Vorwürfe machen, einschüchtern, ängstigen.* Analog den grellen Schilderungen der höllischen Folter- und Feuerqualen, mit denen die christliche Kirche ihre Gläubigen fügsam machte (entsprechend: „Jemandem tüchtig einheizen").

(2) *Höllen...*: Ultimative Verstärkung eines negativen Zustands bzw. einer als negativ empfundenen Eigenschaft (Beispiele: *Höllen*krach, *Höllen*lärm, *Höllen*spektakel, *Höllen*schmerz, *Höllen*gestank, etc.). (⇨ *Heide*)

(3) *Höllenangst* wird nicht nur eine besonders starke Angst genannt, sondern ist ganz gezielt die Angst davor, in die furchtbare Hölle zu kommen, weil man irgendetwas gemacht, getan, gedacht hat, was den hohen Herren der Kirche mal wieder nicht in ihren Kram passt.

(4) *Die Schnellstraße zur Hölle*: „I'm on the Highway to Hell" sang Rocklegende Bon Scott. Ein böses Omen? Immerhin: Wenig später befand sich der im Suff erstickte AC/DC-Sänger – glaubt man den Ausführungen eifriger Christen – tatsächlich auf der Schnellstraße zur Hölle. Wie Scott spielten viele Rockmusiker mit dem sexy Image des Teufels, was ihnen scharfe Angriffe von Seiten christlicher Tugendwächter einbrachte (⇨ Satanismus). Unbeeindruckt von diesen Attacken ließen AC/DC (mit dem neuen Sänger Brian Johnson) zum Andenken an Scott auf dem Folgealbum *Back in Black* die „Glocken der Hölle" („Hell's Bells") erklingen. Seither wird das berühmte Anfangsriff des Songs immer wieder gern verwendet, um Berichterstattungen über unchristliches, lasterhaftes Verhalten zu untermalen. In jüngster Zeit läutete „Hells Bell's" u.a. *La Notte* ein, eine mit 0190-Nummern finanzierte TV-Sendung, die vorwiegend aus sog. „Sexy Clips" bestand. Zugegeben: Nicht gerade anspruchsvoll, was uns der Teufel da serviert, aber mit Sicherheit sinnfreudiger als das,

was sich seine Gegenspieler mit dem *Wort zum Sonntag* haben einfallen lassen (⇨ Hölle).

Höllenfeuer: ⇨ Öfen.

Höllenmaschine: (1) Sprengsatz, der durch seine Explosion einen gewaltigen „Schaden an Leib und Seele" anrichtet. Im Sinne von *Ausgeburt der Hölle* (des Bösen).

(2) Umgangssprachliche Bezeichnung für ein aufgemotztes Motorrad, mit dem auch ein Mitglied der *Hell's Angels* mit ohrenbetäubendem 'Höllenlärm' über die Straße peitschen könnte.

Holz: Es ist jemandem (überraschend) ein Glück geschehen und schon klopfen viele Leute auf Holz (oder, falls keins vorhanden ist, spaßeshalber an ihren [Holz-]Kopf). Das soll davor bewahren, dass das Glück verschwindet.

Beide Erklärungen für diesen Blödsinn beruhen auf christlicher ⇨ Magie. Als von den Kreuzzügen angebliche Splitter vom Kreuz Christi auftauchten, die als heilige Reliquien verehrt wurden, galt die Berührung des Reliquiars als Glück bringend. Heute soll das Klopfen auf Holz und das gleichzeitige Denken an das Kreuz den gleichen Effekt besitzen. Also, beim nächsten Klopfen dabei an die ⇨ Kreuzigung denken, sonst funktioniert es nicht!

Die andere Deutung geht von der hölzernen Kirchentür aus: Im Mittelalter galt die Kirche als geweihter und rechtseigener Boden: man war auf diesem Gelände als Asylant vor staatlicher Verfolgung sicher. Um diesen Schutz zu erlangen, reichte es schon, nur das Holz der Kirchentür zu berühren und anzuklopfen.

Hufeisen sind ein schönes Beispiel für die Verquickung von christlichen Sagen und Magie, germanischen Kulten und Volksmagie. Sie gelten als Glücksbringer – weil sie die Form des aufgehenden Mondes haben (wenn man sie denn so hält) – und bringen christliches Glück, weil der heilige Dunstan einst dem Teufel die Hufe beschlagen hat und so heftig drauf schlug, dass der Teufel versprach, wenn er damit aufhörte, alle zu schonen, die ein Hufeisen tragen würden. Es soll besonders im lutherischen Norden Deutschlands verbreitet sein und praktischerweise trägt man das schwere Teil nicht in der Hose oder an seinen Schuhen, sondern nagelt es an einen Haus-, Stall- oder Zimmerbalken. Dafür aber – dass es denn wirkt, das Magische – muss Folgendes penibel beachtet werden: Annageln nur am Silvesterabend, in der Johannisnacht oder am Karsamstag. Und: Das Hufeisen muss nach unten zeigen (damit das Glück auslaufen kann), man darf es nicht suchen (es muss zufällig gefunden worden sein) und wenn noch mindestens drei Hufnägel daran hängen, dann bringt es besonders Glück. Alles verstanden oder was?

Hungertuch: Sprichwörtlich in „**Am Hungertuch nagen**". *So arm sein, dass man nicht einmal Geld für Lebensmittel hat, Hunger leidet und in der Not auf einem Stück Stoff kaut.* Ursprünglich sind die „Hungertücher" überdimensionierte Tücher, mit denen während der Fastenzeit der Blick auf den Altarraum abgedeckt wurde („Fasten der Augen"). Diese Hungertücher wurden teilweise sehr aufwändig gestaltet, doch ist die offizielle amtskirchliche Erklärung des Sprichwortes, dass es wohl von „am Hungertuch nähen" abgeleitet sei, ein sehr durchsichtiger Versuch, die Verbindung zwischen der Pracht dieser „Hungertücher" und dem tatsächlichen Hunger der Armen zu verdecken. So heißen diese prachtvollen Tücher in Westfalen auch „Schmachtlappen".

I / J

Index: Wenn ein Buch, ein Film oder eine CD „*auf den Index kommt*", dann wird er/sie/es verboten oder zumindest werden Maßnahmen getroffen, die verhindern, dass Jugendliche leichten Zugang zu diesen medialen Inhalten erhalten (Beispiel: Index der jugendgefährdenden Schriften). Vorbild dieser liebevollen (um das Kindes- und Jugendwohl bemühten) Zensurmaßnahme ist der *Index Romanum*, die Liste der von amtskirchlicher Seite als für den Glauben gefährlich eingestuften und daher verbotenen Bücher. Der *Index Romanum* war bis zum Zweiten Vatikanischen Konzil für katholische Christen verbindlich, seit 1966 halten sich nur noch besonders glaubensfeste Katholiken (beispielsweise die Mitglieder des Laienordens Opus Dei) an die freundliche Literaturverbotsempfehlung des Vatikans. Es ist uns nicht bekannt, ob der Index seit den 1960er Jahren weitergeführt wurde. Wenn ja, dürfte er mittlerweile ganze Schrankwände füllen. Fakt ist jedoch, dass auf dem Index Romanum einige der maßgeblichen Werke der belletristischen und philosophischen Weltliteratur zu finden waren (u.a. Immanuel Kants *Kritik der reinen Vernunft*, später auch die Werke Sartres –nicht aber Hitlers *Mein Kampf*).

Jakob: Der gute Jakob ist sprichwörtlich nicht ganz er selbst, denn schließlich heißt es: *„Das ist (auch) nicht der wahre Jakob"*. Gemeint ist damit, dass es sich nicht um das Richtige, Gewollte, Gesuchte handelt. Vermutlich ist mit Jakob der Apostel Jakobus der Ältere gemeint, dessen Grab sich angeblich im spanischen Wallfahrtsort Santiago de Compostela (auf deutsch: *Sant Iago = Der heilige Jakob von Compostela*) befindet. Da aber (in der Konkurrenz der Wallfahrtsorte gegeneinander) andere Teile seiner Gebeine auch an anderen Orten liegen sollen, ist nirgendwo der „wahre" Jakob. Das hinderte die Sozialdemokratische Partei nicht, sondern 'beflügelte' sie, ihre satirische Zeitschrift (1879-1933) *Der wahre Jakob* zu nennen. Ebenso ist ein sehr beliebter Schwank auf Bühnen *Der wahre Jakob* von Franz Arnold und Ernst Bach, die darin zeigen, wie ein sittenstrenger Spießer nach Berlin kommt und sich dort verirrt.

Im Zuge der gewalttätigen Christianisierung Mittel- und Südamerikas – die unter dem „Patronat" des heiligen Jakob stattfand – wurden dann überall entsprechende Orte gegründet: Santiago de Chile, Santiago de Cuba... Santiago de Compostela blieb aber der unschlagbare Haupt-Wallfahrtsort. Machte sich jemand auf den Weg zu einem näher gelegenen Wallfahrtsort mit vorgeblichen Jakob-Überresten, weil er nicht soviel Geld für die Reise hatte, dann ging er zum *„billigen Jakob"*.

Jammertal: *„Die Erde ist ein Jammertal"*. Eine freche Behauptung, um den Menschen das ⇨ Himmelreich schmackhaft zu machen. Gleichzeitig kann man sich wunderbar an der weiteren Knechtung der Menschen beteiligen, denn 1. sind sie ohnehin Knechte Gottes, und 2. ist es doch sowieso alles ein Jammer. Warum also für bessere Verhältnisse auf Erden streiten? „Karl Marx wollte Sozialwohnungen für jeden auf Erden, aber Jesus hält für jeden von uns einen Bungalow im Himmel bereit!", meinte Kardinal Höffner auf der Jubiläumsfeier des Trierer Gymnasiums, das er – wie ein Jahrhundert zuvor auch Marx – besucht hatte. Ein bloßer Scherz? Nein, im Kern war das wohl ernst gemeint.

Jesses!: Wie ⇨ *„Jessesmaria!"* ein Ausruf der Überraschung und des Erstaunens. Nur fehlt dieses Mal die Gottesmutter. Aber kein Problem: Was der Messias so alles auf Erden getrieben hat (Dämonenaustreibung, Vermehrung und Umwandlung von Lebensmitteln [Wasser-Wein, Brot-Fleisch, Wein-Blut etc.], Auferstehung nach dem Tod + Himmelfahrt) ist schon erstaunlich genug, um den Ausruf zu rechtfertigen.

Jessesmaria!: (Zusammensetzung aus Jesus und Maria) Ausruf der Überraschung und des Erstaunens. Zu Recht! Denn was die beiden der christlichen Überzeugung nach vollbracht haben sollen (man denke nur an deren triumphale Himmelfahrten – und das lange vor der Erfindung des Dieselmotors und des Raketenantriebs!), ist in der Tat höchst erstaunlich.

Johannesschüssel: Schüssel oder Teller, vornehmlich aus Holz, mit dem abgetrennten Kopf Johannes des Täufers als Hochrelief. Wird zur perversen Erbauung der Gemeinde am Tage der Enthauptung (29. August) auf dem Altar aufgestellt (⇨ Blut, ⇨ <u>Kreuzigung</u>).

Johannisfeuer: wird Ende Juni vornehmlich im katholischen Umfeld (z. B. von Kolpingfamilien) um den Johannistag herum in der **Johannisnacht** (24./25. Juni) angezündet (in Städten mit festem Fest-Datum wie Hambach oder Steinheim am 23. Juni.) Nach dem imperialen Prinzip „Was ich nicht vernichten kann, das übernehme ich!" wurde dem germanischen Sommersonnenwendefest der „gute Johannes" (der so genannte „Lieblingsjünger" der Evangelien) übergestülpt. Die Leut' woll'n halt auch im christlich eher bedeutungslosen Juni einen Grund zum Feiern haben…

Johanniskraut: enthält das entzündungshemmende, nervenbeeinflussende, blutrote Hypericin und ist ein altes Volksheilmittel (Geschwüre, nervöse Kopfschmerzen, Stichwunden, depressive Verstimmungen u. v. a. m.). Es wurde im Mittelalter auch zur Teufelsaustreibung benutzt. Quetscht man die Blütenknospe, tritt eine dunkelviolette, ölige Flüssigkeit aus, das *Johannisblut*. Deutsche Namen sind u. a. *Blutkraut, Christi Kreuzblut, Christi Wundenkraut, Frauenkraut, Gottesgnadenkraut, Hartheu, Herrgottsblut, Hexenkraut, Mannskraft, Teufelsflucht, Unser Frauen Bettstroh*. In diesen verschiedenen Bezeichnungen drücken sich alte Legenden aus, nach denen der Jünger Johannes unter dem Kreuz wachsende Kräuter gesammelt haben soll, auch dieses, dessen ⇨ *roter* Saft an das ⇨ <u>Blut</u> Christi erinnere; die goldgelben Blüten stehen (der heidnischen) Sonne und (damit dem christlichen) Himmel nahe, und würden entsprechend vom Teufel gemieden. Kalendarischer Hintergrund der Legende ist, dass die Blütezeit dieses Krauts Ende Juni beginnt und am 24.6. Johannistag ist.

Josefsehe: bezeichnet ein Ehepaar, das in „jungfräulicher Ehe" miteinander lebt, d. h. sich nicht sexuell „vereinigt". Geht auf die Legende zurück, dass die ⇨ Jungfrau Maria keine weiteren Kinder bekommen habe und die Darstellung in der Bibel, die von den Brüdern und Schwestern von Jesus spricht, somit eine Fälschung ist, bzw. dass es eine zweite Maria gegeben hat (wer immer das auch gewesen sein soll), die eben mit ihrem Ehemann Josef diese Brüder und Schwestern von Jesus gezeugt und geboren hat.

Eine alternative Erklärung ist, dass Josef, Zimmermann aus Nazareth und Ehemann der Gottesmutter ⇨ Maria, eine bemerkenswerte Kopulations- und ggf. Schwängerungstechnik beherrschte: Obwohl er seiner Frau beständig „beiwohnte" und sie mindestens sechsmal schwängerte (die vier Brüder von Jesus: „Jakobus und Joses und Judas und Simon. Sind nicht auch seine Schwestern allhier?" [Mk 6, 3]), nachdem sie den erstgeborenen ⇨ Jesus auf heilige Weise (⇨ Missbrauch, sexueller) empfangen hatte, war und blieb diese beständig trotz aller Sexualität und Geburten Jungfrau (Virgo intacta).

Donner, Blitz! Möglicherweise hatte sich ja der ⇨ *Heilige Geist* für die Schwängerung der ⇨ *unschuldigen* Verlobten des Josef revanchiert und ihm verraten, wie man das so macht, das mit der unbefleckten Empfängnis. Aber: Wenn das bei Maria funktionierte, konnte der Josef dann nicht vielleicht mit jeder Frau kopulieren und die blieb Jungfrau, als wäre nichts geschehen? Mein Gott, Josef! Du alter Schwerenöter!

Jubeljahre sind etwas Seltenes, denn schließlich heißt es: *„Die besuchen uns auch nur alle Jubeljahre"*. Gemeint sind damit die kirchlichen „Heiligen Jahre" (= Erlassjahre), die früher nur alle hundert Jahre stattfanden und bei denen – nach einem vierzehntätigen Aufenthalt in Rom –, ein paar Strafen nach dem Tod erlassen wurden. Da die Welt aber „sündhafter" geworden sei, finden die Jubeljahre heute in kürzeren Abständen statt. Oder hätten Sie eine bessere Idee, wie man den Rom-Tourismus und die Einnahmen des Vatikans erhöhen könnte?

Judas!: Schimpfwort zur Bezeichnung eines *Lügners und Verräters an der eigenen Sache*. Verweist auf Judas Iskariot, einen Jünger Jesu, der dem biblischen Bericht zufolge die Identität seines HERRN mit einem Kuss (Judaskuss) verraten und ihn auf diese Weise an seine Gegner ausgeliefert haben soll. So ging beispielsweise Herzog Moritz von Sachsen – der zunächst auf Seiten der protestantischen Fürsten im Schmalkaldischen Krieg (1546/47) gegen den katholischen Kaiser Karl V. kämpfte, dann aber zum Kaiser wechselte (und dafür die Würde eines Kurfürsten für die

Albertinische Linie der Wettiner erhielt) – als „Judas von Meißen"
(Meißen = Stammsitz der Albertiner) in die Geschichte ein (⇨ Judas).

Jugendweihe ist kein christlicher Segen für die Jugend, bei dem ein Pfarrer, sein Weihrauchfässchen schwingend, durch die Reihen geht, sondern geradezu das Gegenteil, der Initiationsritus von humanistischen bis sozialistischen Gemeinschaften, die heute mit Religion zumindest offiziell nur noch wenig am Hut haben. Der Begriff stammt noch aus den frühen Jahren der Arbeiterbewegung und seinen freireligiösen Gruppierungen. Um den christlichen 'Beigeschmack' loszuwerden, wählen Veranstalter heute vermehrt alternative Bezeichnungen, beispielsweise „Jugendfeier" oder „Jugendfest".

Jungfrau: „Ich bin dazu gekommen, wie die Jungfrau zum Kind": *Etwas Unerklärliches ist passiert, ich habe etwas erhalten, ohne etwas dafür getan zu haben:* „Ich kann ja auch nicht erklären, wie das passiert ist oder woher ich das habe, es war plötzlich einfach da, ohne dass ich etwas dafür tat oder irgend etwas damit zu tun hatte..." Wird in der Regel nicht geglaubt. Wäre der Gottesmutter wahrscheinlich ebenso ergangen, wenn sie im Ernst behauptet hätte, was man ihr später unterstellte (⇨ Jungfrau; ⇨ Erbsünde).

K

Kadavergehorsam: *Blinder Gehorsam, unterwürfige Folgsamkeit.* Geht wahrscheinlich auf Ignatius von Loyola (Begründer des Ordens der Jesuiten) zurück, der seinen Ordensbrüdern befahl, sich von der göttlichen Vorsehung durch die Ordensoberen so führen zu lassen, „als wären sie ein Leichnam [= Kadaver], der sich überall hintragen und auf jede Weise behandeln lässt". Gehorsam gilt nicht nur unter Mönchen als das am schwierigsten einzuhaltende Gelübde, sondern wird in allen hierarchischen Organisationen (z.B. dem Militär) bei Nicht-Befolgung (die so genannte „Befehlsverweigerung" ist tatsächlich eine „Gehorsamsverweigerung") am schwersten bestraft (Todesstrafe). Da der Ignatius seine Mitbrüder schlecht hinrichten lassen konnte, fand er in der göttlichen Vorsehung einen besseren Knüppel.

Kamel: Die Bildhaftigkeit der biblischen Ankündigung: „Es ist leichter, dass ein Kamel durch ein Nadelöhr gehe, als dass ein Reicher in den Himmel komme." (Mt 19, 24; Mk 10, 25; statt „Himmel" dort: „Reich Gottes") ist offensichtlich unverständlich. Warum soll ein Kamel durch ein Nadelöhr gehen? Weil das Kamel so groß und das Nadelöhr so winzig ist? – Wieder so ein „Geheimnis Gottes"? – Nein, einer der Kopisten hatte das aramäische Wort *gamta* (Seil, Schiffstau) schlampig als *gamla* (Kamel) geschrieben. Und weil alles in der Bibel ⇨ heilig ist, muss auch dieser Schreib- und daraus folgend der Übersetzungsfehler bleiben? In Ewigkeit. Amen?

Kardinaltugenden sind 'klassisch': Tapferkeit, Klugheit, Maß und Gerechtigkeit. Weil sie den Kardinälen (⇨ *Eminenz*) zugesprochen werden, sind sie von besonderer Bedeutung (denn nur die Kardinäle wählen den Papst). Diese klassische Sichtweise hat sich zu 'wichtigsten' Tugenden verändert, mit denen dann auch andere Tugenden gemeint sein können. So schrieb der SPIEGEL (37/2003, S. 130) in einem Bericht über Toyota: „Zu den Kardinaltugenden im drittgrößten Autokonzern der Welt zählt eine fast schon zwanghaft zelebrierte Bescheidenheit."

Ebenso sind dann die **Kardinalfehler** keine einfachen Fehler, sondern solche, die man tunlichst hätte vermeiden sollen, weil nur allein einer dieser Fehler alles grundlegend 'versaut'.

Karfreitag: (von althochdeutsch „kara" = Klage, Kummer, Trauer) *höchster evangelischer* ⇨ *Feiertag, der Tag, an dem Christen die Hinrichtung ihres „Erlösers" am* ⇨ *Kreuz feiern.* Unter allen gesetzlichen Feiertagen nimmt der Karfreitag eine Ausnahmestellung ein, denn er ist der einzige *Feier*tag, an dem paradoxerweise das *Feiern* ausnahmslos untersagt ist. „Weltliche Vergnügungen" wie Tanzveranstaltungen, Rockkonzerte oder Zirkusveranstaltungen sind an diesem hochoffiziellen „christlichen Kummertag" nämlich verboten. Für alle anderen kirchlichen Feiertage gibt es Ausnahmeregelungen der Kommunalpolitik (z. B. für Halloweeen in der Nacht vor Allerheiligen). So besagt Art. 5 („Befreiungen") des bayerischen Gesetzes über den Schutz der Sonn- und Feiertage: „Die Gemeinden können aus wichtigen Gründen im Einzelfall von den Verboten der Art. 2, 3 und 4 Befreiung erteilen, nicht jedoch für den Karfreitag." Wer offensiv gegen diesen Anspruch einer allgemeinen „Karfreitagstrauerpflicht" verstößt wie etwa die „Religionsfreie Zone München", die 2007 zu einem „lustvollen Karfreitagstanz" mit „Schokoladenbuffet" einlud (*www.religionsfreie-zone.de*), muss mit hohen ⇨ *Bußgeld*strafen (bis zu 10.000 Euro) rechnen.

Dass konfessionsfreien oder andersgläubigen Menschen staatlicherseits immer noch abverlangt wird, dass sie an einem der verhältnismäßig wenigen arbeitsfreien Tage nicht nach Belieben feiern dürfen, steht zweifellos im Widerspruch zur verfassungsmäßig verankerten „weltanschaulichen Neutralität" des Staates und ist nur darüber zu erklären, dass die Feiertagsgesetzgebung aus Zeiten stammt, in denen es in Deutschland noch relativ wenige Nicht-Christen gab. Dies hat sich jedoch grundlegend geändert (mittlerweile gibt es hierzulande mehr Konfessionsfreie als Katholiken oder Protestanten) und dieser gesellschaftliche Wandlungsprozess wird sich auf kurz oder lang auch in der Feiertagsgesetzgebung niederschlagen müssen.

Prinzipiell sollte dabei klar sein, dass keine gesellschaftliche Gruppe anderen Gruppen aufzwingen darf, was diese an bestimmten Tagen zu tun oder zu lassen haben. Bei genauerer Betrachtung dürfte dies eigentlich auch im ureigenen Interesse der Christen liegen: Man stelle sich vor, die größte gesellschaftliche Gruppe in Deutschland, die Konfessionsfreien, würde irgendwann einmal so viele Feiertage beanspruchen können, wie es der weltanschaulichen Verteilung in der Gesellschaft entspricht. Würden Christen es sich da wünschen können, dass ihnen an einem deutschlandweiten „Heidenspaß-Feiertag" unter Androhung von Polizeigewalt verboten würde, gemeinsam zu beten? Können wir uns vorstellen, dass ein Vertreter der Konfessionsfreien vor die Kameras tritt und verkündet, dass es seine „nicht-religiösen Gefühle" zutiefst verletzt, wenn an dem „Tag des diesseitigen Tanzes" Christen mit heruntergezogenen Mundwinkeln das „Ave Maria" beten?

Nein, so etwas ist undenkbar. Unter umgekehrten Vorzeichen sind wir aber mit einer solch absurden Rechtssituation konfrontiert – doch sie wird, so unsere Prognose, nicht mehr allzu lange aufrechtzuerhalten sein! Die Christen hierzulande müssen sich wohl oder übel langsam damit abfinden, dass sie zwar das *Recht* haben, an Karfreitag exzessiv zu trauern, wenn sie denn tatsächlich an einen Gott glauben möchten, der einen Teil seiner selbst hinrichten ließ, um mit „seiner Schöpfung" wieder im Reinen zu sein, dass daraus aber keine Trauer*pflicht* erwächst für die steigende Anzahl von Nicht-Christen, für die dieser archaische Mythos aus guten Gründen überhaupt keine Relevanz mehr hat. Die Zeiten, in denen die Kirchen mit Hilfe des Staates vorgeben konnten, was die Untertanen zu denken, zu empfinden, zu tun haben, sollten endgültig der Vergangenheit angehören. Es ist wohl nur eine Frage der Zeit, bis dies auch der letzte deutsche Ordnungshüter begriffen hat.

Kathedrale: „Bischöfliche Kirche". (In Italien und Deutschland eher ⇨ *Dom*, in Deutschland auch *Münster*.) Dort hat der Bischof (wie der Lehrer früher im Klassenzimmer) seinen Katheder, von dem aus er seine Lehrmeinung verkündet. Und wenn der Bischof von Rom (⇨ <u>Papst</u>) einen *Kathederentscheid* (als Lehrmeinung) trifft, dann beansprucht er dafür die ⇨ <u>Unfehlbarkeit</u>.

Kinder: „Lasset die Kinder zu mir kommen!" (Mk 10, 14): Verständliches Begehren jedes auf Wirksamkeit bedachten Demagogen, dem man auf keinen Fall entsprechen sollte. Menschen müssen in ihren ersten sechs Lebensjahren rund achtzig Prozent von dem lernen, was sie im Leben überhaupt lernen werden. Dafür dürfen sie nichts grundlegend hinterfragen, müssen also den Erwachsenen blind vertrauen, dass das, was sie einem erzählen, alles richtig ist und es entsprechend 'abspeichern'. Genau deshalb setzen alle totalitären Ideologien auf die ⇨ <u>Erziehung</u> der Kinder in ihrem Sinn: „Was Hänschen nicht lernt, lernt ⇨ *Hans* nimmer mehr." (⇨ <u>Kinder</u>)

Kindergarten ist der Bereich, in dem das „junge Gemüse" nach der ⇨ *Fortpflanzung* aufwächst. Und wenn der Mensch da herum geht, kann er gleich das „Gute" und das „Böse" erkennen, denn „an ihren ⇨ *Früchten* sollt ihr sie erkennen", und nur züchtige Kinder (d.h. ⇨ *schamhafte* und geschlagene) sind (⇨ <u>Erziehung</u>) aus guter Zucht.

Kinderglaube: Wird eigentlich im Alltag geringschätzig gemeint, im Sinne von der Naivität eines Kindes, das sich ein sehr einfaches Wunschbild von der Welt zusammengebastelt hat. Aber: „Wer nicht das Reich Gottes annimmt wie ein Kind, der wird nicht hineinkommen." (Lk 10, 17)

Kirche: Sprichwörtlich in *„Die Kirche im Dorf lassen"*: *sich an das (Vor-) Gegebene halten, an alten Gebräuchen nichts ändern, nichts übertreiben*. Wie die Kirche ihren angemessenen Platz mitten im Dorf hat, so soll man auch mit seinen Ansichten mittig, d.h. im Rahmen bleiben (Röhrich, *Lexikon der sprichwörtlichen Redensarten*, S. 840). Ein gutes Beispiel dafür, dass das Christentum jene Traditionsblindheit verstärkt, die der Mensch dummerweise als Ersatz für fehlende Instinktblindheit mit auf den Weg bekommen hat.

Kirchenmaus: *„Arm wie eine Kirchenmaus"*: Da es in der Kirche (als Versammlungsort) keine Speisekammer gibt, war eine Kirchenmaus dort arm dran und musste verhungern. Ein Schicksal, das die Kirchen als juristische Personen wahrlich nicht teilen. Für das Jahr 2000 beläuft sich das Vermögen der beiden großen Amtskirchen in Deutschland und der mit ihnen verbunden Einrichtungen und Verbände nach vorsichtigen Berechnungen auf rund 500 Milliarden Euro (Frerk, *Finanzen und Vermögen*, 2002).

Kloßbrühe: wird sprichwörtlich verwendet in: *„Das ist doch klar wie Kloßbrühe!"* Was allerdings nur ironisch gemeint sein kann, da die echte Kloßbrühe trübe und milchig ist. Das Sprichwort bekommt erst Sinn, wenn die Verkürzung des Wortes „Kloßbrühe" wieder aufgehoben wird: *„Das ist doch klar wie Klosterbrühe!"* Denn das, was in den wohlhabenden Klöstern des Mittelalters den Bettlern und hungrigen Wanderern mildtätig als (fette) Brühe vorgesetzt wurde, war so durchsichtig und klar wie Wasser, das kein Fettauge trüben konnte.

Knoblauch: In manchen christlichen Gegenden – was sich aber auch allgemein empfiehlt –, sollten christliche Jungfrauen neben dem ⇨ Kreuz als magisches Utensil auch noch Knoblauch mit sich tragen. Nicht als Halskette wie das Kreuz, sondern um ihn bei Bedarf zu essen. Grund: Dämonen und Vampire, die sich nur allzu gerne an Jungfrauen vergreifen, werden durch Knoblauch bekanntlich ebenso abgeschreckt wie allzu stürmische Liebhaber, die wegen des abschreckenden Mundgeruchs (der – vermeintlich – auf teuflische Unsauberkeit im Urogenitalbereich schließen lässt) schnell das Weite suchen.

Knöpfe sind erst seit dem ausgehenden Mittelalter auch zum Knöpfen vorgesehen. Bis dahin – und auch weiterhin – waren (und blieben) Knöpfe schmückende Verzierungen (vornehmlich) der männlichen Kleidung und manchmal so etwas wie eine angenähte Geldbörse. (Allerdings: Friedrich Wilhelm I. von Preußen ließ den Soldaten seiner Garde ('Lange Kerle') Knöpfe auf die Manschetten nähen (unsere heutigen Jackenärmelknöpfe ohne Funktion), damit sie ihren Nasenschleim nicht auf den teuren Stoff abrotzen konnten.) In dem Wort: *„Jemandem etwas abknöpfen"* zeigt sich noch der Wert der schmückenden und wertvollen Silber- und Goldknöpfe, die man zur Erfüllung einer Geldforderung einfach abschnitt.

Strenggläubige evangelische Pietisten, die keinen Schmuck tragen und kein Privateigentum kennen (wie die Amish People in den USA), haben deshalb auch heute noch keine Knöpfe an ihrer Kleidung. Dazu passen dann die Verse: „Die mit Knöpfen und Holen [Knopflöchern] wird der Teufel holen. Die mit Haken und Ösen wird der Herr erlösen." (Röhrich, *Lexikon der sprichwörtlichen Redensarten*, S. 629)

Könige, die Heiligen Drei: Diese drei Figuren sind so christlich par excellence, dass es eine Freude ist: 1. sind es keine Könige, 2. sind es keine drei und 3. wurden sie niemals heilig gesprochen. Caspar („Schatzmeister"), Melchior (Mein König ist Licht") und Balthasar („Schütze sein Leben") sind eine Erfindung des 5. Jahrhunderts. (Es passte so schön zu den drei Gaben, den drei Hautfarben, den Lebensaltern Jüngling, Mann und Greis...) Bis dahin hatte eine ziemliche Unordnung bestanden, da in den frühen Darstellungen zwei bis zehn „Magier aus dem Osten" abgebildet wurden. Der 'Kirchenvater' Origines sprach dann ein Machtwort (sie brachten drei Dinge: Gold, Weihrauch und Myrrhe) und seitdem sind es eben drei (⇨ Zahlensymbolik).

Ihre angeblichen Knochen wurden 1162 die Beute des deutschen Heeres bei der Eroberung und Zerstörung Mailands und werden seit 1164 in Köln aufbewahrt. Und weil das ja ganz wichtige ⇨ Reliquien sind, entschloss man sich dann, eine ganz große Kathedrale als Haus darüber zu bauen, den Kölner Dom.

Anfang Januar ziehen die Drei Könige (= Kinder) auch durch Deutschland („Sternsinger"), singen, betteln, erhalten Geld und Gaben und segnen dann das Haus: 20+C+B+M+07. Das **C**hristus **B**enedicat **M**ansionem („Gott schütze dieses Haus") wurde in die Namen der drei (**C**aspar, **B**althasar, **M**elchior) umgemünzt. Durch diese Kinder-Bettelei kamen im Jahr 2000 immerhin umgerechnet etwas über 30 Millionen Euro zusammen, die für das Päpstliche Kindermissionswerk eingesetzt werden, d.h. Kindermission in aller Welt.

Kotz: In Flüchen wie *Kotz* Wetter = *Gottes* Wetter (Paul, *Deutsches Wörterbuch*, S. 365). Vermutlich hergeleitet aus dem Althochdeutschen *cot* = Gott. Es wäre allerdings völlig unangemessen, den Ausruf „Verdammte Scheiße" hinsichtlich des gleich lautenden 'Kots' als „Ach, du lieber Gott!" interpretieren zu wollen.

Krethi und Plethi: *Zusammengewürfeltes Volk, Hinz und Kunz,.* Biblisch die Leibwache König Davids („Benaja, der Sohn Jojadas, war über die

Krether und Plether gesetzt." 2 Sam 8, 18), die aus unterschiedlichen Volksgruppen bestand.

Kreuz: Die deutsche Sprache kennt eine Anzahl von Wortbildungen in denen das Kreuz Bestandteil ist. Auch wenn es zum Teil in der Schifffahrt beschreibend benutzt wird („kreuzen" = hin und her segeln, „Kreuzer" = ein gepanzertes Schiff, das vor der Küste hin und her patrouillierte, etc.), so haben doch viele andere Begriffe mit dem christlichen Kreuz eines gemeinsam: sie bezeichnen in unserer Kultur Unerfreuliches und Bedrohliches.

Das Kreuz ist schon in der Steinzeit bekannt und man nimmt an, dass es als Symbol für die Himmelsrichtungen und die Sonne diente. Bei den Babyloniern und den Hethitern galt das Kreuz als Glücks- und Himmelssymbol. Die Ägypter kannten eine Hieroglyphe in Form eines Schleifenkreuzes, das *Ankh* bedeutete, auf deutsch: Leben. Christlich wird ausschließlich die negative Wendung aufgenommen.

(1) „*Zu Kreuze kriechen*": *Nachgeben, sich demütigen*. Entwürdigung des Menschen. Als Zeichen strenger Buße, d.h. Unterwerfung, mussten im Mittelalter die Menschen auf den Knien kriechend (mit gebeugtem Kreuz, d.h. gewissermaßen mit gebrochenem Rückgrat) zum Kruzifix am Altar hin kriechen (⇨ Demut).

(2) „*Es ist ein Kreuz mit (Name)!*": Das Verhalten dieses Menschen ist eine quälende Last, eine niederschmetternde Bedrückung. Gilt auch für Institutionen. Insofern lässt sich beispielsweise formulieren: Das *Kreuz mit der Kirche* liegt nicht zuletzt in ihrer Fixierung auf das Kreuz. Diese „Kruzifixierung" ist vielleicht der basale Fehler des Christentums. Indem die Kirche ein Hinrichtungssymbol als Zeichen der Hoffnung interpretierte, stellte sie die Lebensverneinung an die Stelle der Lebensbejahung, ein Umstand, den Nietzsche als „Kapitalverbrechen am Leben" deutete (⇨ Kreuz).

(3) Der *Kreuzschnabel* stammt aus der friedlichen Familie der Finken und obwohl seine verschränkten Schnabelspitzen für das Aufpicken der Kiefern- und Fichtensamen sehr gut geeignet sind, gibt es die Legende, er habe sich den Schnabel verbogen, als er vergeblich versuchte, mit seinem Schnabel die Nägel aus dem Kreuz des Christus zu ziehen.

(4) Ein *Kreuzworträtsel* ist zwar meist recht schwierig, aber es ist dabei nicht das Rätsel zu lösen, welche Worte Jesus am Kreuz gesprochen hat – jedes der vier Evangelien gibt eine andere Version –, sondern die Lösungsfelder sind einander überkreuzend angeordnet, so dass einer oder mehrere Buchstaben des einen Lösungswortes auch in einem oder mehreren anderen Lösungswörter enthalten sind.

kreuz- ist für Adjektive ein verstärkendes Teilwort, so in

(1) *kreuzunglücklich*, eine Steigerung des Unglücklichseins, die auf die Kreuzigungssituation verweisen soll, aber wohl einigermaßen anmaßend ist und fast so eigenartig wie

(2) *kreuzfidel* im Sinne von 'unbeschwert lustig'. So bezieht sich die Burschenschaft *Rugia* (Motto: „für Glaube und Heimat") „kreuzfidel" auf die Leiden des Gekreuzigten. Nun mag ja für einen Burschenschaftler ganz 'fidel' sein, an ein Kreuz genagelt zu werden und dort zu hängen, aber ansonsten dürfte diese besondere Art der Freizeitgestaltung (zumindest außerhalb von SM-Clubs) wenige Anhänger finden.

(3) *kreuzbrav* ist 'sehr brav'. Das ist gut verständlich, denn wie will man auch 'dummes Zeug machen', wenn man ans Kreuz geschlagen wurde?

Kreuze, drei: Stehen drei Kreuze in der Landschaft herum, dann sollen sie an die Kreuzigung des Religionsnamensgebers in Golgatha erinnern, 'unterschreibt' jemand, der nicht schreiben kann, so macht er (ob er will oder nicht, egal, ob er weiß, was er da tut oder nicht) drei Kreuze. Sie sind die „heilige" schriftliche Schwurformel auf die christliche Dreifaltigkeit: Das, was hier auf dem Papier steht, wurde mir vorgelesen und ich bestätige hiermit, dass alles richtig ist und ich das so will, im Namen des Vaters, des Sohnes und des Heiligen Geistes.

Eine andere, ebenso christliche Erklärung, sind die drei 'kleinen Bekreuzigungen' im katholischen Gottesdienst am Evangelien-Anfang: 1. Auf der Stirn (= Mit unserem Verstand wollen wir es erfassen), 2. auf den Mund (= Mit unserem Mund wollen wir es bekennen), 3. auf der Brust (= In unserem Herzen wollen wir es bewahren).

P.S. Promovierte Akademiker dürfen vier Kreuze machen.

P.P.S. Als Atheist oder Anhänger einer nicht-christlichen Konfession sollten Sie bei einer solchen Gelegenheit vielleicht höflich fragen, ob Sie nicht stattdessen als Unterschrift ein paar Kringel oder einen hübschen Baum malen dürfen.

Kreuzweise „*(jemanden) am Arsch lecken*" ist eine derbe Beleidigung, die mit einem „Du kannst mich mal..." beginnt und worauf sie auch häufig schamhaft verkürzt wird. Diese Aufforderung bezieht sich allerdings auf das Kreuz der römischen Zahl (X) – nicht auf das christliche Kreuz –, und heißt entsprechend: „Du kannst mich zehnmal am Arsch lecken." Unter dem Gesichtspunkt der christlichen Zehn – und ihrer göttlichen Vollkommenheit –, ist es dann aber doch eine verkappte Gotteslästerung bzw. ein verstärkter Abwehrzauber (⇨ *Arsch*).

Kreuzzug: Bezeichnung für die von der Kirche initiierten und unterstützten Kriege gegen Heiden, Muslime und Juden (vor allem im 11. bis 13. Jahrhundert). Der Begriff wurde zum „Unwort des Jahres 2001" erklärt, nachdem US-Präsident George W. Bush den Kreuzzug angeblich in einem falschen Kontext verwendet hatte: „Die von der Unwort-Jury auf Platz 2 gesetzte Umschreibung der militärischen Vergeltung als Kreuzzug (Urheber US-Präsident Bush) enthält eine ähnliche pseudoreligiöse Verbrämung von kriegerischen Maßnahmen [wie das auf Platz 1 gesetzte Wort ⇨ *Gotteskrieger*]. Insbesondere weckt das Wort eine fatale historische Erinnerung an Kriegszüge im Namen des Kreuzes, die sich gegen den gesamten Islam richteten." (22.1.2002, www.unwortdesjahres.org) (⇨ Krieg, heiliger ⇨ *Heilige Allianz*) Nun, das pazifistische Engagement der Jury in allen Ehren, aber: Warum soll es sich hier um eine „*pseudoreligiöse Verbrämung von kriegerischen Maßnahmen*" handeln? Schließlich ist George W. Bush ein offen bekennender „New Born Christian", der im Kern wohl nichts anderes vorhat als die Kreuzfahrer vergangener Zeiten, nämlich unter politisch-religiösem Vorwand wirtschaftliche Interessen durchzusetzen. Also: *Just business as usual...* („Einmal wie immer...")

Kruzifünferl!: Eine bayerische Zusammensetzung aus „Kruzifix" und „Fünferl" (halber Groschen) – eine alltägliche Beschwörung wegen Kleinigkeiten – deshalb wohl das „Fünferl".

Kruzitürken!: (1) Ein aus dem Süddeutschen stammender Ausruf des Zorns und der Verwünschung, der sicherlich im höchsten Maße politisch unkorrekt ist, denn „Kruzitürken!" heißt im ausgeschriebenen Hochdeutsch nichts anderes als: „Kreuzigt die Türken!" Der Schlachtruf entstand zur Zeit der zweiten türkischen Belagerung von Wien (1683) – vermutlich durch den christlichen „Türkenprediger" Abraham a Sancta Clara.

(2) Eine andere Herleitung des Fluches sieht einen Zusammenhang zwischen Kuruzzen und Türken. Die Kuruzzen waren ungarische Freiheitskämpfer gegen die Habsburger, die insbesondere 1704-1709 in Oberöster-

reich plündernd unterwegs waren. In Anlehnung an aufständische Bauern, die mit einem Kreuz voran unterwegs gewesen waren, nannten sie sich ebenfalls auf ungarisch „kuruc" = Kreuzträger. Dieses „Kuruzzen" wird allerdings auch abgeleitet aus „cruziatus" = Kreuzfahrer wie ebenfalls von dem türkischen „Kurudzsi" (auch „kurudsch" geschrieben) = Rebell. Es soll auch eine irgendwie geartete Unterstützung dieser aufständischen Ungarn durch die Türken gegeben haben. Die gängige Version ist nun die Zusammenziehung von „Kuruzzen" und „Türken" zu „Kruzitürken" – zu einem Inbegriff des Schreckens.

Kuckuck: (1) „**Hol dich der Kuckuck!**": Verwünschung, dass jemand verschwinden oder ihm Übles passieren soll. Kuckuck ist hierbei ein Hehlwort für den ⇨ Teufel.

(2) *Kuckuckskinder*: Auch wenn der Name es nahe legt, sind „Kuckuckskinder" nicht direkt „Teufelskinder", aber sie sind nicht allzu weit davon entfernt, denn – in Analogie zum Kuckuck, der seine Eier in fremde Nester zur Aufzucht legt – entstammen sie einem „Seitensprung" der Frau, die qua christlichem Sittenkodex zu strengster außerehelicher Keuschheit verdammt ist. (Nach neuesten Untersuchungen sind allerdings fünf bis zehn Prozent aller Kinder so genannte „Kuckuckskinder", d.h. der Ehemann oder Lebenspartner ist nicht der leibliche Vater.)

Kulturbeutel: Dieser ist nicht dafür gedacht, dass man darin Bücher, Noten, CDs, Fotos, Bilder u.a.m. mit sich trägt. Im christlich lust- und körperfeindlichen Sinn besteht die „Kultur" darin, dass man sich gewaschen hat – also sind im „Kulturbeutel" Seife, Zahnpasta, Kamm und ähnlich Ordentliches (⇨ *Schweiß*, ⇨ Ausrufe).

L

Laie: „*Da staunt der Laie und der Fachmann wundert sich.*" Auch in „laienhaft", „Laienschauspieler" u.a.m. wird der Laie abschätzig als jemand ohne Ausbildung und entsprechend ohne Qualifikation bezeichnet. Im Gegensatz zu Kulturen, in denen der engagierte Dilettant zumindest Respekt genießt (z.B. Großbritannien), hat sich in Deutschland die christliche Tradition erhalten, dass der Laie (griech. *laikós* = dem Volke zugehörig) scharf von den geweihten Klerikern getrennt wurde – in Kirchen auch formal sichtbar durch das Chorgestühl – und der Laie auf die Unterweisung durch den Fach*mann* angewiesen ist.

Lamm: *„Wie ein Lamm, das zur Schlachtbank geführt wird"*: *geduldig, demütig, in sein Schicksal ergeben sein.* Kurzum: Das Verhalten, das der Allmächtige von seinen Untertanen fordert. Bezieht sich (sinnverdrehend) auf einen alttestamentarischen Bibelvers (Jes 53, 7), der gerne als prophetischer Hinweis auf den (klaglosen) Martertod Jesu gedeutet wird: „Da er gestraft und gemartert ward, tat er seinen Mund nicht auf wie ein Lamm, das zur Schlachtbank geführt wird."

Laternenumzug am Vorabend des ⇨ *Martinstages*, an dem sich die Kinder mit ihren selbst gebastelten Laternen versammeln und dazu singen: „Gehe aus das Licht, aber du meine liebe Laterne nicht." (Man beachte die Parallele zum ⇨ *Florians*-Prinzip.) In der Lichtsymbolik (für Christus) ist es die Einübung christlichen Brauchtums in der Aufsattelung auf die germanische Geistervertreibung bei zunehmender Dunkelheit. Das christliche Sahnehäubchen war und ist der heilige ⇨ *Martin*, der auf seinem Pferd den Kindern voran ritt und kleine Gaben verteilte („Kleine Geschenke erhalten die Freundschaft" oder „Früh korrupt, kriegt nie genug").

Leviten: *„Jemand die Leviten lesen"*: *Jemandem eine Strafpredigt halten.* Im 3. Buch Mose („Leviticus") Kapitel 21 sind die Gesetze für die jüdischen Priester (= Leviten) verzeichnet. Wer einmal einen Blick in diese in vielerlei Hinsicht brutal-archaische Gesetzesschrift geworfen hat, wird wohl in Zukunft (hoffentlich) darauf verzichten, „jemandem die Leviten zu lesen".

Licht: (1) *„Mir geht ein Licht auf"*: *Endlich habe ich etwas erkannt.* Entspricht der Weissagung: „Das Volk, das in der Finsternis saß, hat ein großes Licht gesehen; und die da saßen am Ort und Schatten des Todes, denen ist ein Licht aufgegangen." (Mt 4, 16) Und da es die Zeit war, zu der Jesus zu predigen begann, ist denjenigen, denen „ein Licht aufgegangen ist", der christliche Messias erschienen. In diesem Sinne ist das Licht immer der „wahre Glaube".

(2) *„Kein großes Licht sein"*: *Jemand, der ziemlich 'dumm' ist, wenig verstanden hat...* Die Redewendung geht wahrscheinlich zurück auf das Markusevangelium (Mk 5,14). Dort bezeichnet Jesus seine Jünger als das

„Licht der Welt". Derart inspiriert zogen seine Jünger als Missionare begeistert aus, um die frohe Botschaft zu verkünden – und schlagartig wurde es düster…

(3) „Und der Herr sprach: *Es werde Licht* … doch der Schalter funktionierte nicht", bzw. „…doch den Schalter fand er nicht." Während der erste Teil sich wörtlich auf die Schöpfungsgeschichte des Alten Testamentes bezieht (1 Mose 1, 3: „Und der Herr sprach: Es werde Licht! Und es ward Licht.") ist die Fortsetzung, in ihren Varianten, die volkstümliche Ironie zum Allmachtsanspruch des christlichen Gottes, der jedoch an Kleinigkeiten scheitert (⇨ *A und O,* ⇨ Der *Teufel* steckt im Detail).

lieb (Adj.) hat in den älteren Sprachen die allgemeinere Bedeutung „angenehm, erfreulich". Mit gewissen Substantiven scheint *lieb* formelhaft verbunden im abgeblassten Sinn: *der liebe Gott, die lieben Engel, das liebe Brot, die liebe Seele (nun hat die liebe Seele Ruh'), du liebe Zeit, den lieben langen Tag, man hat mit ihm seine liebe Not* (Paul, *Deutsches Wörterbuch,* S. 399).

Die rituelle Formelhaftigkeit des *lieber Gott* wird mit der Empfindung der Kinder von *lieb haben* gefüllt und schon hat man den gütigen alten Mann mit dem weißen Bart (= Großvater / ⇨ *Weihnachtsmann*). Ob der „liebe" Gott aber wirklich so „angenehm und erfreulich" ist, wie das Adjektiv vermuten lässt? Die Abermillionen, die der biblischen Legende nach den großen Säuberungsaktionen Gottes zum Opfer gefallen sind (siehe beispielsweise ⇨ *Sodom und Gomorra,* ⇨ *Sintflut*), dürften da anderer Meinung gewesen sein.

Luzifer: Name einer der sieben obersten ⇨ Teufel (derjenige, der für Hochmut zuständig ist). Bedeutet eigentlich „der Leuchtende" oder „der Lichtbringer" und drückt im Kirchenlateinischen eben diese Angst aus, dass jemand den Menschen das Licht der Erkenntnis bringen könnte. Kommt in der Bibel nicht vor, sondern ist eine spätere Zugabe, da Luzifer lange die Bezeichnung für den Morgenstern war. Und der Morgenstern ist die Venus = Frau = Sünde = Teufel.

M

Marien...: Wer zählt die Orte, Festungen, Städte, die nach der biblischen ⇨ Maria benannt wurden. Immer (sofern in Mitteleuropa) ein Hinweis auf (gewaltsame) Christianisierung ehemals (überwiegend) slawischer Gebiete: Mariazell (Steiermark), Marienbad (Böhmen), Marienberg (Sachsen), Marienburg (ehem. Ostpreußen, bis 1945 Sitz des Deutschen Ordens), Marienfließ (ehem. Pommern), Marienthal (mehrere Klosterniederlassungen, vorwiegend Zisterzienserinnen), Marienwerder (ehem. Westpreußen) etc.

Marienkäfer: (Marienwürmchen, Cocconellidae), Familie der Käfer mit weltweit 4.000 Arten, 100 davon in Europa. Kleine halbkugelig gewölbte Tiere, bunte Flügeldecken mit schwarzen Punkten. Bei der Berührung ziehen sie Fühler und Beine ein und geben zur Verteidigung einen Tropfen gelben, übelriechenden ⇨ Blutes von sich. Ein sehr nützliches Tier, ernährt es sich doch hauptsächlich räuberisch von Blattläusen. In der Volksmeinung gilt der Käfer als glücksbringend und darf nicht getötet werden. Seit Jahrtausenden schon als nützliches Tier geschützt, wurde es im Mittelalter der Maria geweiht, hatte damit seinen Namen weg und jeder, der im Sommer einen dieser vielen Käfer sah, freute sich und dachte an die „Gottesmutter" Maria.

Als Siebenpunkt (⇨ Zahlensymbolik, *sieben*) heißt der Marienkäfer dann allerdings „Herrgottskühlein", „Sonnenkälbchen" oder „Gottesschäfchen" und ist die häufigste europäische Art mit mennigeroten Flügeldecken und exakt sieben schwarzen Punkten. In christlicher Magie soll er Hexen und Unglück bannen.

Mark und Bein: „Es dringt einem durch Mark und Bein": Ein Erlebnis, das einem durch und durch geht. „Denn das Wort Gottes ist lebendig und kräftig und schärfer denn ein zweischneidig Schwert und dringt durch, bis dass es scheidet Seele und Geist, auch Mark und Bein..." (Hebr 4, 12).

Marotte ist eine als harmlos angesehene Eigenart, die Engländer würden *spleen* dazu sagen. Abgeleitet ist die Bezeichnung aus der Figur der Maria mittelalterlicher Puppenspiele, die immer kleinere Figuren über die Puppenspielbühne agieren ließen, um die Reise der 'Heiligen Familie' vorzutäuschen. Diese Puppen hießen „kleine Marien", auf frz. „marionette" oder „mariotte", die ihren Namen dann an eine kleine Handpuppe weiter-

82

gab, die von dem Hofnarren getragen wurde. Der durfte dann mitunter die Wahrheit ungestraft als „Scherz" verkünden, denn er hatte eine 'Marotte', die ihn als Narren beschützte.

Marterlsprüche an Unfallstätten sind überwiegend eine Erfindung des 19. Jahrhunderts. Sprüche wie „Hier liegt Martin Krug, / der Kinder, Wein / und Orgel schlug" oder „Hier liegt der alte Abendthau, / Er starb an seiner jungen Frau", sollten für den beginnenden Tourismus die „bayerische Lebensart" erläutern und so wurden dann tatsächlich diese 'authentischen' Grabkreuze an die Wege gestellt (Fuld, *Lexikon der Fälschungen*, S. 30).

Martin, Sankt: einer der bis heute beliebtesten Heiligen, ist sein Festtag (⇨ *Martinstag*) doch mit feierlichen Umzügen und Zuckerbrezeln (für die Kinder) und Glühwein (für die Eltern) verbunden. *„Sankt Martin war ein guter Mann"*, singen die Kinder während des Laternenumzugs und viele von ihnen bewundern aufrichtig den römischen Soldaten, der da auf einem hohen Ross reitend, die abendliche Prozession anführt. Meist haben sie schon im Kindergarten die rührselige Geschichte vom barmherzigen Heiligen gehört, der einem frierenden Bettler angeblich die Hälfte (Frage: Warum eigentlich nur die Hälfte?) seines Mantels gab. Der heilige Martin war der Legende nach ein großer Spezialist in Wunderdingen, der nicht nur Tote erwecken konnte, sondern seine enormen Wunderkräfte beispielsweise auch einer kranken, von einem „bösen Geist besessenen" Kuh angedeihen ließ. (Die Kuh sank daraufhin übrigens auf die Knie und küsste dem Heiligen die Füße [vgl. Deschner, Kriminalgeschichte, Bd. 3, S. 222].) Nicht so recht ins barmherzige Legendenbild passt, dass der hl. Martin von Tours (316-397) als Bischof 20.000 Sklaven für sich schuften ließ und in aller Brutalität die Evangelisierung der gallischen 'Heiden' vorantrieb. So können wir annehmen, dass der heilige Martin sein Schwert weit weniger zur mildtätigen Zerteilung seines Mantels benutzt hat als zur Vernichtung von Kulturen und Menschen, die nicht ins christliche Konzept passten. Kurzum: Ein Heiliger, wie er im Buche steht.

Martinsgans: ein fettes Tier, das um den ⇨ *Martinstag* herum verzehrt wird. Es war früher der letzte große Braten vor dem Beginn der sechswöchigen Adventsfasten. Das für Vegetarier abschreckende „Martinsgansmartyrium" geht auf eine alte Sage zurück, in der es heißt, dass Gänse das Versteck des heiligen Martin verraten hätten, als dieser sich der Bischofswahl entziehen wollte.

Martinstag: der 11. November, ist zwar nach dem heiligen ⇨ *Martin* von Tours benannt, hat aber, wie so häufig im Christentum, in seiner praktischen Bedeutung nichts mit ihm zu tun. Der 11. November war früher das Ende des Wirtschaftsjahres. Die Ernte war eingebracht, der Wein gekeltert und die kalte Jahreszeit würde bald beginnen. Die Knechte und Mägde bekamen ihren Lohn und konnten (sofern sie nicht Leibeigene waren) ihren Dienst quittieren. Die Pächter und Schuldner mussten Zinsen und Abgaben zahlen, häufig nicht in Bargeld sondern in Naturalien, u. a. die ⇨ *Martinsgans*. Mit dem Martinstag ist in manchen Gegenden der ⇨ *Laternenumzug* verbunden.

Marzipan: eine besonders im Winter beliebte Süßspeise (Zucker – als Sonnenersatz – und Mandeln), deren Wortherkunft bis heute umstritten ist und sich unter anderem aus dem italienischen *Marci pani* (Gebäck zu Ehren der Heiligen Markus) ableiten soll.

Matthäi: *„Bei dem ist's Matthäi am letzten"*: *Er hat kein Geld mehr, mit ihm ist es aus.* Mit der Redewendung ist das Ende des Matthäusevangeliums gemeint, das mit der Andeutung des Weltuntergangs („Ich bin bei euch alle Tage bis zum Ende der Welt") schließt. Gottfried August Bürger hat es in seiner Ballade „Die Weiber von Weinsberg" (1777) volkstümlich gemacht: „ Doch wenn's Matthä' am letzten ist, trotz Raten, Tun und Beten, so rettet oft noch Weiberlist aus Ängsten und aus Nöten."

Mensch: *„Der Mensch denkt, Gott lenkt"* (⇨ Prädestination). In modernerer Auffassung ist das „Mensch sein" so eine Art Entschuldigung der eigenen Unvollkommenheit und Fehlerhaftigkeit. Als im Jahre 2003 ein deutscher Moralapostel (Michel Friedmann) wegen Kokaingebrauchs und Prostituiertenbesuchen öffentlich lächerlich gemacht wurde, gab er als Entschuldigung an: „Ich bin doch nur ein Mensch!" Was denn sonst? Dachte er vorher, er sei wie Gott?

Mit dieser Leerformel des „mea culpa" („Ich habe schuld"), d. h. dem Prinzip des menschlichen Versagens (⇨ Willensfreiheit), hatte bereits anlässlich der Jahrtausendwende der seinerzeitige Papst die Scheußlichkeiten der christlichen Kirchengeschichte auf sich genommen und die Kirche zu entschuldigen versucht.

Milch und Honig: *„Wo Milch und Honig fließen"*: *ein Ort, an dem alles im Überfluss vorhanden ist.* Bezieht sich auf das 2. Buch Mose (3, 8) und kennzeichnet dort das dem Volk Israels verheißene Land. Im 19. Jahrhundert hielten Europäer die USA für einen solchen, symbolisch von Milch und Honig gesegneten Ort. Vielleicht erklärt dies auch, warum sich viele Amerikaner heutzutage als Mitglieder eines auserwählten Volkes fühlen.

Missionarsstellung: Der Mann liegt während des Geschlechtsverkehrs auf der Frau, die dabei flach auf dem Rücken liegt und ihre ausgestreckten Beine mehr oder weniger flach weit gespreizt hält.
Die Etymologie des Wortes ist nicht genau geklärt. Eine Erklärung ist, dass die genannte Stellung ein besonders leichtes Eindringen des Penis in die Scheide erlaubt (lat. missionare = senden, schicken, eindringen). Die näher liegende Erklärung ist aber, dass die christlichen Missionare nicht zölibatär leb(t)en und diese sexuelle Stellung typischerweise benutzten – im Unterschied zu den Eingeborenen, die andere Stellungen für Frau und Mann kannten und bevorzugten.

Ungeschickt oder rücksichtslos angewendet, ist die Missionarsstellung eine der lustlosesten Positionen und somit die 'christlichste' aller Stellungen. Neben der relativen Lustlosigkeit gewährleistet sie gleichzeitig auch das Prinzip der Aktivität des Mannes und der Passivität der Frau, wobei die Frau durch den Mann dominiert wird (und dem sie in dieser Position weitgehend ausgeliefert ist); dominiert = be*HERR*scht.

Wohl auch deshalb galt diese Stellung Jahrhunderte lang als die einzig „züchtige" für eine „anständige" bürgerliche Frau (wobei der Zusammenhang von „Zucht" und „Anstand" nicht zufällig ist). Im viktorianischen Großbritannien hieß es dann folgerichtig als Anweisung an die Frau: „Schließe die Augen und denke an England."

Mittel, der Zweck heiligt die: *Um ein bestimmtes Ziel zu erreichen, werden ethisch bedenkliche, mitunter sogar ungesetzliche, inhumane Mittel eingesetzt.* Diese Mittel mögen zwar 'barbarisch' sein, sind aber von Gott gebilligt („geheiligt") und damit ist das Ganze für einen Christen moralisch in Ordnung.

Markantes Beispiel: Gott, der Herr, ist mit seinem von ihm selbst geschaffenen Ebenbild unzufrieden und um noch einmal neu anfangen zu können, setzt er den gesamten Planeten unter Wasser, so dass alle Menschen, Landtiere (bis auf die in der Arche Noah) und Landpflanzen elendig sterben. Dieser Massenmord (Mittel) ist gerechtfertigt, weil es dabei um einen „Heiligen Zweck" geht, nämlich die Vernichtung des „Bösen" (⇨ Krieg, heiliger).

Die Redensart geht zurück auf das Moralprinzip der Jesuiten, eindrucksvoll dargelegt in der 1652 geschriebenen „Moraltheologie" des Jesuitenpaters Hermann Busenbaum.

Mönch (1) „althochdeutsch *munih*, mittelhochdeutsch *münech*, aus vulgärlateinisch *monichus* = *monachus*. Das ältere *ü* ist bewahrt im Namen der Stadt München (aus *ze dën münchen* „bei den Mönchen").

(2) Frühneuhochdeutsch, noch bei Lessing *einen Münch stechen*, Bezeichnung für eine höhnische Gebärde, wobei der Daumen zwischen die vorderen Finger gesteckt wird (⇨ *Bruder, warmer*).

(3) Frühneuhochdeutsch und heute noch mundartlich ist *Mönch* Bezeichnung für ein kastriertes männliches Tier; dazu *mönchen* = „kastrieren" (Paul, *Deutsches Wörterbuch*, S. 439).

(4) Im Bauwesen gewölbter Dachziegel, der mit der Wölbung nach oben mittig auf zwei mit der Wölbung nach unten, so genannter *Nonnen* liegt.

Für diese Bedeutungen (2 bis 4) hat sich eventuell eine lange Erinnerung aus der Zeit erhalten, als die Mönche in keiner Weise irgendein 'sittliches Vorbild' waren. So dichtete der schwäbische Volksmund um 1500: „Er hurt wie ein Karmeliter / frisst wie ein Bernhardiner / säuft wie ein Franziskaner / und stinkt wie ein Kapuziner."

Moses: alter Ägypter, der unter den Fachleuten der Geheimdienste historisch als erster Agentenführer gilt, bekam er doch von seinem Chef den Auftrag: „Sende Männer aus, die das Land Kanaan erkunden, das ich den Kindern Israels geben will, aus jedem Stamm ihrer Väter je einem Mann, lauter Älteste." (4 Mose 13, 2) Die zwölf ausgesandten Kundschafter/ Aufklärer erzählen nach ihrer Rückkehr viele Übertreibungen derart, dass in dem Land ⇨ *Milch und Honig* flössen und die Bewohner sehr stark seien und die Leute sich gegenseitig auffressen würden und Riesen seien… Na ja, das konnte zwar nicht, geheimdienstlich korrekt, durch mindestens eine zweite Quelle verifiziert werden, aber daran wird schon sehr früh deutlich, dass Geheimdienstberichte häufig nichts taugen.

N

Nackt „*wie Gott uns schuf*": soll auf eine ⇨ *Unschuld* der ⇨ <u>Nacktheit</u> verweisen (im Zustand des Paradieses, als „paradiesische Nacktheit" des Wohlbefindens), unterliegt aber dem Irrtum, dass nur der in diesem göttlichen Zustand ist, der eben nicht darum weiß, dass er nackt ist. Da wir aber (hoffentlich) darum wissen (wenn und wann wir nackt sind), sind wir alle bereits aus dem christlichen Paradies vertrieben.

Neu-Anfang: ⇨ *Stunde Null.*

Neujahr: Na, wer das nicht weiß: Neujahr, also der Jahresbeginn, ist der 1.1. Tja, dann schauen wir wieder mal in die Geschichte. Julius Caesar hatte zwar bereits den 1. Januar als Jahresbeginn festgelegt, doch im Laufe der Jahrhunderte wurde als Jahresbeginn mal zu Weihnachten gewechselt, dann zu Dreikönigen, auch zum Frühjahrsäquinoktium oder am 25. März (Mariä Empfängnis). 1654 verlegte der katholische König Karl X. von Frankreich den Jahresanfang – damals der 1. April – wieder auf den 1. Januar. Wen interessiert es aber schon, was der französische König macht. So richtig Profil und Ordnung bekam der Jahres-Umzug erst, als die römisch-katholische Zentrale mitmachte und 1691 Papst Innozenz XII. den Neujahrsbeginn auf den ersten Januar festlegte. Die Evangelischen haben sich diesem Diktat (wie auch dem Gregorianischen ⇨ <u>Kalender</u>) gebeugt, aber die koptischen Christen feiern den 1. August, die syrischen Christen den 1. September als Jahresanfang.

Zweck des Umzugs war der (erfolglose) Versuch, die heidnischen Sitten der Bevölkerung nahe dem Fest der Wintersonnenwende unter eine christliche Fuchtel zu bekommen. Erst wurde der Neujahrstag zum Bußtag erklärt, dann wurde das Fest der Beschneidung und der Namensgebung Christi auf den Tag gelegt, dann wurde es zusätzlich der Tag des Hochfestes der Gottesmutter Maria mit Neujahrssingen, Chorälen vom Kirchturm u.v.a.m. Hat aber alles nichts genützt: das heidnische Volk will das alte Jahr mit Lärm, Geschrei, Saufen und Völlerei verabschieden (⇨ *Silvester*), dann kann das neue Jahr getrost beginnen.

Nikolaus ist ein Heiliger, dem es ziemlich arg ergangen ist – nicht nur vor fünfhundert Jahren von den Evangelisch-Lutherischen, sondern vor relativ kurzem auch von Seiten der römisch-katholischen Amtsträger. Traditionell brachte er die (richtigen) Geschenke für die Kinder am

6. Dezember – Weihnachten war nur ein Gedenktag – und das war sehr beliebt, nur bei Martin Luther nicht, der mit dem ganzen katholischen Heiligen-Gespuke aufräumte, d.h. alle Heiligen abschaffte (⇨ *Weihnachten*). Die Katholiken kümmerte es lange Zeit nicht und auch die Evangelisch-Reformierten in den Niederlanden ließen sich ihren Santa Klaas nicht nehmen und bescheren auch weiterhin am 6. Dezember.

Katholisch ging's dem Nikolaus gut, allerdings nur bis 1969, als Papst Paul VI. den Gedenktag des Heiligen aus dem römischen Generalkalender strich. Auch der von der Vatikanischen Gottesdienstkommission konfirmierte Regionalkalender für den deutschen Sprachraum führt den Nikolaustag nicht mehr auf. So ist der Tag nun vollkommen „profaniert" und der Süßwarenindustrie zur allgemeinen reinen Kommerzialisierung übergeben.

Nüsse sind christlich etwas zweifach sehr Symbolisches und in beiden Bedeutungen eng miteinander verbunden. Zum einen, weil Nüsse etwas Verborgenes beinhalten – was zwar vorhanden ist, aber nicht so einfach 'geknackt' werden kann –, sind die Nüsse ein Symbol für das Geheimnis Gottes, also das ⇨ Geheimnis des Glaubens. Anderseits sind Nüsse gleichzeitig ein Fruchtbarkeitssymbol (parallel zu den „Eiern"), konkret für die männlichen Hoden („Das gibt gleich eins auf die Nüsse!"), und stehen somit für die Zeugungs- und 'Geschlechtskraft' des Mannes. In Anbetracht der ⇨ Vergewaltigungen durch den biblischen Gott ist dessen Geheimnis sehr offensichtlich. Oder würden Sie – an seiner Stelle – gerne darüber reden wollen?

O

Ohren: „*Der hat es faustdick hinter den Ohren!*": *durchtrieben, gerissen sein.* Hinter dieser Redewendung steckt der alte Volksglaube, dass ⇨ *Dämonen* hinter den Ohren der Menschen sitzen und sie zu hinterlistigen, verschlagenen Aktionen antreiben.

Ölgötze: „*Der steht da rum wie ein Ölgötze*": S*tumm, steif und dumm herumstehen.* Luther bezeichnete 1520 die (mit heiligem Öl gesalbten) katholischen Priester als Ölgötzen. Sehr wahrscheinlich hat der Begriff aber noch eine ältere, tiefere Bedeutung. „Ölgötze" ist die Verkürzung von „Ölberggötze", eine volkstümliche Beschreibung der friedlich schlafenden Jünger kurz vor der Gefangennahme Jesu.

Orgelpfeifen: In den vergangenen Zeiten, als sich (insbesondere katholische) Ehepaare bemühten, konfessionell korrekt („Seid fruchtbar und mehret euch!") eine Kinderzahl in der Größenordnung von kompletten Fußballmannschaften zu erzeugen, und da jedes Jahr wieder Nachwuchs (⇨ *Fortpflanzung*) kam, standen die Kinder, nach Alter sortiert, wie die Orgelpfeifen in der Kirche. Die heutigen „Zwei-Kinder-Standardpfeifen" erinnern, dank Verhütung, nicht mehr an diesen biblisch-kirchlichen Auftrag.

Ostereier wie **Osterhase** sind ursprüngliche Zeichen der Fruchtbarkeit und damit „Siegeszeichen" des Lebens über den Tod. In der Deutung der Auferstehung Jesu als ebendiesen Sieg des Lebens über den Tod, wird dann das christliche Ei daraus. Christus ist sozusagen *aus* dem Ei gekommen (wie aus dem geschlossenen Grab) und *auf* das Ei gekommen, weil man seine Auferstehung gleichsam eierhaft verstand.

Eine andere Deutung sagt, dass in der Karwoche vor Ostern (Fastenzeit) das Essen von Eiern den Katholiken untersagt war. Da Hühner aber ohne Religion sind, legen sie weiter Eier und so hatten sich bis Ostern ziemlich viele angesammelt.

Als heidnische Kultobjekte wurden sie in Osteuropa gold angemalt (= Kostbarkeit des Geheimnisses) und in Westeuropa wurde die ⇨ *rote* Bemalung auf Christi Blut umgedeutet. Er selber wurde zum Hasen. Für den heidnischen Hasen als fruchtbaren „Rammler" sicherlich ein ungeahnter Bedeutungsanstieg, aber für Jesus...? Mein Gott!

Osterfeuer sind altem Brauch entlehnt. Das heidnische Frühlingsfeuer – als Sieg des Lichtes über die Dunkelheit – wurde nun auf die Auferstehung Jesu umgemünzt („Flamme empor!").

Osterlamm zu essen, ist dem christlichen ⇨ <u>Kannibalismus</u> zu Ostern ein besonderes Bedürfnis. Denn wenn der Sohn Gottes (der Fleisch gewordene Auferstandene) schon das „Lamm Gottes" ist, was ist dann nahe liegender, anstelle der ständigen Oblaten, endlich mal richtiges Fleisch zu essen. Dass die Lämmer Tierkinder sind, die im Alter von fünf bis sechs Monaten geschlachtet werden, stört dabei nicht. Zartere Gemüter (oder auch Vegetarier) backen sich ein Osterlamm aus Rührteig und dekorieren damit den Ostertisch.

Ostern: Fest der Auferstehung Jesu (⇨ *Osterlamm*). Der Name erinnert allerdings an heidnische Wurzeln, denn Ostern „bezeichnete wohl ursprünglich ein heidnisches Fest bzw. eine germanische Frühlingsgöttin, deren angelsächsischen Namen Beda mit *Eostrae* überliefert wird; ihr Name würde althochdeutsch *Ōst(a)ra* lauten, das auf indogermanisch **ausrā* zurückgeht, womit altindisch *usrā* identisch und lateinisch *aurora* wurzelverwandt ist (Paul, *Deutsches Wörterbuch*, S. 477).

Feiertagstermin ist der erste Sonntag nach dem Frühlingsvollmond und was den Osterhasen anbelangt (byzantinisches Symbol für Christus) ist der Hase ein Mondtier.

Jüdisch war und ist es das „Pessach"-Fest und der Beginn der Getreideernte (Gerste) – Weizen wurde nach weiteren fünfzig Tagen geerntet (⇨ Pfingsten).

P

Papst: *„Päpstlicher als der Papst sein"*: *unerbittlich, streng, unnachgiebig sein.* Die Redewendung geht auf das Unfehlbarkeitdogma der katholischen Kirche zurück, das (seit dem Jahre 1871) besagt, dass der Papst sich in fundamentalen Glaubensfragen nicht irren kann. Die Redewendung bezeichnet also (in ironischer Überhöhung) einen Mann – eine Frau kann dogmatisch nicht „päpstlicher sein als der Papst" –, der meint, noch unfehlbarer zu sein, als es der Papst für sich beansprucht (⇨ Papst).

Passion ist alltagssprachlich die starke, ja leidenschaftliche Neigung eines Menschen zu etwas, eine Vorliebe, z.B. ein „passionierter Reiter", oder: „seine Passion waren die Frauen". In christlicher Bedeutung wird diese Passion verkürzt auf das Leiden (ohne Lust!?) und ist der Begriff sowohl für die Leidensgeschichte Christi sowie seine bildliche oder musikalische Darstellung („Matthäus-Passion").

Passionsfrucht: (Maracuja) ein Obst aus Südamerika, mit außen schrumpeliger Haut, aber innen saftigen Kernen, ein Saftbläschengewebe. Das alles hat aber für die Namensgebung keine Bedeutung (von wegen Fleisch und Blut oder so), denn es ist die Frucht der *Passionsblume*, und die hat es in sich. Sahen doch spanische Missionare, die diesem nichts ahnenden Gewächs seinen bedeutungsschwangeren Namen gaben, in allen Teilen der Blüte Sinnbilder des Leidens Christi. Die zehn Blütenblätter symboli-sieren 10 Apostel (ohne Judas und Petrus), die Strahlen der Staubfäden sollen die Dornenkrone sein, die 5 Staubblätter die Wundmale, die 3 Griffel die Nägel mit denen Christus ans Kreuz geschlagen worden sein soll, die fünffingrigen Blätter die Hand Christi, die Blattranken die Gei-seln seiner Peiniger... (Man ahnt: Diese Mönche müssen schon ver-dammt viel Zeit gehabt haben, um sich einen derartigen Unsinn ausden-ken zu können.)

Pastor: Ein evangelischer Kirchenbeamter mit Pensionsberechtigung, der von den anderen Kirchenbeamten der Amtskirche im Gegensatz zu den Prinzipien des Religionsstifters eingesetzt wurde. Nach Luthers Interpre-tation besteht das „allgemeine Priestertum der Gläubigen" und die Be-ziehung des evangelisch-lutherischen Gläubigen zu seinem Gott bedarf keiner priesterlichen Vermittlung (⇨ Teufel). Die Gläubigen hatten an-scheinend auch keine hohe Auffassung von den Fähigkeiten eines Pastors, wenn sie dichteten: „Lehrers Kinder, Pastors Vieh, gedeihen selten oder nie."

Paternoster: (lateinisch: *Vaterunser*) mittelhochdeutsch auch *rōsenkranz*, der bei den Strafgebeten immer rundum durch die Finger lief. Anfang des 20. Jahrhunderts auf einen rundum laufenden, d.h. ständig fahrenden Aufzug übertragen. Da es im Christentum keine pragmatischen Gebets-trommeln gibt (wie im Buddhismus) ist es bei dieser profanen Bedeutung geblieben.

perdu: (lt.-frz.) *verloren, weg, auf und davon*. Vermutlich verbirgt sich *per dieu* (zu Gott) dahinter, und die Erfahrung, was man der Kirche gibt oder spendet, das kann man gleich als verloren abschreiben. In früheren Zeiten waren die Kirchen zudem noch weniger zimperlich als heute, den Gläubigen ein hübsches Sümmchen abzupressen: „Gott vergelt's, für's Seelenheil" (Parallele ⇨ Zum Teufel).

Petrus ist ein beliebter Name für Heilige und das Stammwort für alle Peter-Variationen (Peter, Pjotr, Pit etc.) Sehr biblisch, da er der „Chef-jünger" des Herrn aus Nazareth war, der „Fels", auf dem dieser seine Kirche/Gemeinde bauen wollte. (Nicht ohne Grund steht der „Petersdom" in Rom als Zentralheiligtum des [katholischen] Christentums angeblich auf dem Leichnam dieses Felses.) Hat dann jedoch eine erstaunliche Karriere gemacht, da er vom Jünger, Märtyrer und Heiligen selbst zum

Gott wurde, allerdings nur zum Wettergott. („Wenn Petrus grollt, nimm Rachengold!") Bei gutem Wetter ist er auch noch der Türsteher an der „Himmelspforte" und hat die Schlüsselgewalt inne.

Pferdefuß: Wenn etwas „einen Pferdefuß hat", dann ist es nicht in Ordnung, denn der Teufel ist mit im Spiel. Der Pferdefuß wird dem Teufel angedichtet und deshalb hinkt dieser, obwohl er andererseits immer als Zweihufer dargestellt wird. Vermutlich wurden damit auch gleichzeitig altorientalische wie griechische Gottheiten und Halbgottheiten (Ziegenböcke, Zentauren), d.h. 'heidnische' Gottheiten, als 'teuflisch' dämonisiert.

Pfingsten hat als Wort keinerlei inhaltliche Bedeutung. Es heißt schlicht „der Fünfzigste" Tag nach Ostern, abgeleitet aus dem griechischen „pentekosté" (der Fünfzigste). Sprachgeschichtlich umgeformt entstand das heute verwendete Wort. Dieser „fünfzigste Tag" ist jüdischen Ursprungs, als der Tag „Schawnot" der Weizenernte und des Speiseopfers (3 Mose 23, 15-21).

Was an Pfingsten christlich gefeiert wird, weiß nur noch jeder vierte befragte Deutsche, d.h. auch die Mehrzahl der Kirchenmitglieder kann mit dieser „Geburtsstunde der Kirche" inhaltlich nichts mehr anfangen. Nach den Geschichten der Bibel ist Pfingsten der Tag des Erscheinens des ⇨ *Heiligen Geistes* (als/wie eine Taube) und der Aussendung der Jünger zur Verbreitung des Christentums (Missionierung) in alle Welt.

In der aufgepfropften Verteilung der kirchlichen Feiertage auf Festtage im Wandel der Jahreszeiten wurde Pfingsten in den beginnenden Sommer auf ein Erntefest (in der Opfer-Darbringung der ersten Früchte) gesetzt. Dieser Feiertag hat sich aber außer mit dem ⇨ *Pfingstochsen* nur mit dem Kurzzeittourismus des langen Wochenendes verbinden können, was ja eigentlich dem Reiseauftrag der Jünger auch entspricht.

Pfingstochse wird ein Mann genannt, der sich – die bürgerlichen Kleiderregeln einer dezenten männlichen Bekleidung missachtend – farbenprächtig gekleidet hat, eben „herausgeputzt wie ein Pfingstochse". Abgeleitet wird diese Redenart aus einem alten Brauch, dass sich bis ins 19. Jahrhundert hinein die Metzger – in Fortführung der vorchristlichen Feste eines Ernte- oder Tieropfers zur Begrüßung des Sommers – zu einem Pfingstessen trafen und dafür einen Ochsen schlachteten und brieten, der zuvor prächtig geschmückt durch das Dorf geführt worden war.

Eine andere Herleitung bezieht den „Pfingstochsen" auf den Almauftrieb im Frühsommer (zu Pfingsten), an dem die Kühe für die warme Jahreszeit auf die höher gelegenen Bergwiesen getrieben wurden, angeführt von dem stärksten Ochsen, der entsprechend herausgeschmückt wurde.

Da sich der Almauftrieb aber nicht unbedingt mit dem im Datum wechselnden Pfingsten verbindet, das Pfingstessen der Metzger aber sehr wohl, ist die erste Variante glaubwürdiger. Zudem fügt sie sich auch besser in den Reigen des christlichen ⇨ Kannibalismus ein, bei dem zu den meisten Festen irgendjemand rituell aufgegessen wird.

Pfui Deixel!: Mit diesem mundartlichen ⇨ *Ausruf* ist – aus der Furcht, wenn man den „furchtbaren Herrn der Hölle" beim richtigen Namen nennt, erscheine er – der christliche Teufel abgewehrt (⇨ *Abwehrzauber*).

Pfui Teufel!: Eines der wenigen christlichen „Kraftwörter", in dem nicht Gott, Jesus oder Maria vorkommt. Alle Pfuirufe haben den Beiklang des Verächtlichen, oder anders gesehen, der Angst vor Schmutz, ⇨ *Dreck*, ⇨ *Schweiß* etc. (⇨ Zum Teufel).

Pilatus: (1) „*Von Pontius zu Pilatus geschickt werden*": In einer Angelegenheit viele (Amts-)Wege machen müssen, wobei sich niemand zuständig fühlt. Diese Redewendung geht zurück auf die biblische Schilderung des Gerichtsprozesses, in dem Jesus zum Tod am Kreuz verurteilt wird. Hiernach wurde Jesus vom römischen Statthalter Pontius Pilatus zunächst zu Herodes und von diesem wieder zurück zu Pilatus geschickt. Geht man davon aus, dass der historische Jesus tatsächlich auf Pilatus' Anweisung hin gekreuzigt wurde, so ist allerdings schwer vorstellbar, dass Pilatus sich für den vermeintlichen „König der Juden" ursprünglich nicht zuständig gefühlt haben soll, denn die Verurteilung zum Kreuzestod (eine aufwändige Prozedur, die vornehmlich der Abschreckung potenzieller Nachahmer diente) zeigt an, dass Jesus vorgeworfen wurde, ein Aufwiegler gegen Rom zu sein (⇨ Judenhass; ⇨ Kreuz).

(2) *Pilatusfrage*: ⇨ Wahrheit.

Priester: Im Unterschied zu den evangelischen ⇨ *Pastoren*, stehen die katholischen Priester in der Traditionslinie der (früher auch so genannten) Magier. Das wird manchmal vergessen, aber sie behaupten auch heute noch tatsächlich, den Brot-in-Fleisch- und Wasser-in-Wein-Verwandlungstrick zu beherrschen. Im Gegensatz zu anderen Zaubertricks kann jeder das Gelingen dieses Tricks überprüfen: einfach schmecken. Und – stimmt es?

Prophet: **(1)** „Ein Prophet gilt nirgends weniger als in seinem Vaterland und bei seinen Verwandten und in seinem Hause." (Mk 6, 4) Eine Erfahrung, die nicht nur der Herr Jesus machen musste, als er in Nazareth zum ersten Mal in der Synagoge predigen wollte und alle sich fragten, wer er denn sei und ihn auch weiterhin nicht als ihren „Messias" anerkannten. Auch viele Künstler, insbesondere Musiker und Maler, berichten von einer ähnlichen Erfahrung, dass sie im Ausland mehr Erfolg haben, als im eigenen Heimatland.

(2) *„Beim Barte des Propheten!"* ist kein christlicher Schwur, denn Jesus wird aktuell stets bürgerlich glatt rasiert dargestellt – es sei denn mit drei Tage-Bart als 'Latin Lover' für ältere Damen der Esoterik oder aber in dem Kinofilm *Passion Christi* von Mel Gibson, in dem der Messias richtig gut jüdisch aussehen sollte. Der berühmte Bart des Propheten gehörte natürlich Mohammed, weshalb es auch ein Privileg der Muslime ist, heilige Gesichtshaarwucherungen herbeizuzitieren.

Putzteufel: Die Karikatur einer Frau, die sich die Haare mit einem Küchentuch hoch gebunden hat und mit Putzlappen und Staubwedel alle Bewohner des gemütlichen Heimes nervt. Namensgeber sind vermutlich die beiden hoch stehenden Enden (= Spitzen = Hörner) des Küchentuchknotens auf ihrem Vorderkopf.

R

rechts und links: *„Nicht mehr wissen, wo rechts und links ist"*: *völlig verwirrt sein.* Geht auf das Buch des Propheten Jona (4, 11) zurück. Dort spricht Gott von den Einwohnern der assyrischen Stadt Ninive, die „nicht einmal rechts von links unterscheiden können". In der Tat müssen die Einwohner Ninives, die unter den Hebräern berüchtigt waren wegen ihrer schamlosen Gottferne, ziemlich verwirrt gewesen sein, denn sie ließen sich der Legende nach innerhalb eines Tages von dem fremden jüdischen Propheten Jona einreden, dass der Gott Jahwe ihre Stadt zerstören werde, worauf diese sich schnurstracks bekehrten und derart demütig Buße taten, dass der gerührte Allmächtige von seinem harten Strafgericht absah (⇨ *Sack und Asche*).

Redensarten: Mit Redensarten („Ich glaub, mich tritt ein Pferd") wollen wir meist etwas betonen, indem wir es umschreiben oder stellvertretend etwas zitieren. Die Sammlungen von Redensarten zeigen, wie viele offensichtlich oder unkenntlich einen christlichen Hintergrund haben (vgl. u.a. Krüger-Lorenzen, *Deutsche Redensarten*): ⇨ *A und O*, ⇨ *Adamsapfel*, ⇨ *Bitte*, ⇨ *Blindheit*, ⇨ *Dunkelheit*, ⇨ *Engel (2)*, ⇨ *Fisch*, ⇨ *Füße*, ⇨ *Gebet*, ⇨ *gestern*, ⇨ *Gift*, ⇨ *Glauben*, ⇨ *Gott*, ⇨ *Gretchenfrage*, ⇨ *Haare*, ⇨ *Hälfte*, ⇨ *Hände*, ⇨ *Himmel und Hölle*, ⇨ *Heidenangst*, ⇨ *Hoch und heilig*, ⇨ *Hölle*, ⇨ *Jungfrau*, ⇨ *Kadavergehorsam*, ⇨ *Krethi und Plethi*, ⇨ *Kreuz*, ⇨ *Kuckuck*, ⇨ *Leviten*, ⇨ *Mark und Bein*, ⇨ *Matthäi*, ⇨ *Kirchenmaus*, ⇨ *Licht*, ⇨ *Ölgötze*, ⇨ *Saulus*, ⇨ *Segen (2)*, ⇨ *Schaf*, ⇨ *Schuppen*, ⇨ *Stein*, ⇨ *Sündenbock*, ⇨ *Teufel*, ⇨ *Wolf*.

Auffallend ist, wie viele der Redensarten eine volkstümliche Umkehrung aus der biblischen Bedeutung in ihr Gegenteil erhalten haben. Gott als Bedrohung, das Kreuz als Unglück... Ausdruck der Opposition gegen eine aufgezwungene christliche Lehrmeinung, der man (insgeheim) doch nicht traut?

Regenbogen: Aus den magischen Zeitaltern, als jedes Naturereignis eine bestimmte Bedeutung hatte – „Was wollen uns die mächtigen Götter damit sagen?" –, sind für den schönen und beeindruckenden Regenbogen zwei Bedeutungen überliefert: Für die Germanen war es das Tor der Götter, durch das die 'ruhmreich getöteten Helden' zum Wohlleben nach Walhalla aufstiegen; für die biblischen Nomaden in der Wüste, wo Regenbögen nicht sehr häufig auftreten, das Zeichen des „Neuen Bundes", den der „liebe Gott" nach dem Genozid der Sintflut mit den Menschen geschlossen hat. Nach Walt Disneys Dagobert Duck findet man am Ende des Regenbogens einen Topf mit Gold. Also: „Suchet, so werdet ihr finden." (Lk 11, 9)

rein: „Ich bin klein, mein Herz ist rein, soll niemand drin wohnen, als Jesus allein." Ebenso: *reinen Herzens, ein reines Gewissen haben, eine reine Weste haben...* Steigerungsformel von *sauber*. So wie es die Waschmittelwerbung besagt: Diese Wäsche ist zwar sauber, aber nicht porentief rein. Und genau so, wie die Wäsche niemals porentief rein wird – auch wenn alles andere raus gewaschen wäre, bleiben dann die Restbestände des Waschmittels drin – so kann auch der Christ in seinem Streben nach Reinheit von Sünden alles tun: Beten, Kirchensteuer zahlen, Spenden, büßen, sich selbst und andere (im Namen des Herrn) quälen – es wird ihm nicht gelingen, diesen Zustand der unbescholtenen Reinheit (wieder) zu erreichen.

Basiert auf dem christlichen *rein*: a) jungfräulich (⇨ Empfängnis, unbefleckt) oder überhaupt „frei von Sünde" sowie biblisch b) „frei von Hautkrankheit", „vom Priester dafür erklärt", ferner bei Tieren soviel wie „zum Opfer geeignet" (Paul, *Deutsches Wörterbuch*, S. 509).

Das legt wiederum den Gedanken nahe, dass man tunlichst *nicht* rein, also frei von Sünden sein sollte, wenn man nicht geopfert werden will.

Reinheit: Ein Zustand, den kein (zumindest katholischer) Christ (trotz aller Bußen, Demütigung und Waschungen) erreichen kann, da er bereits mit der ⇨ Erbsünde geboren wurde.

Reise nach Jerusalem: ein beliebtes 'Kinderspiel', das in vielen (nicht nur christlichen) Kindergärten geübt wird. Es imitiert das Prinzip einer Pilgerreise nach Jerusalem: mehrere Menschen machen sich auf den Weg, die Ressourcen sind begrenzt und jeder der christlichen Wandergruppe muss sehen, wie er mit seiner „Nächstenliebe" umgeht. Die Spielregeln sind einfach. Sind es zehn Kinder werden anfangs zehn Stühle aufgestellt, so dass jedes Kind auf einem Stuhl sitzt. Dann wird Musik gemacht, die Kinder stehen auf, wandern um die Stühle herum und einer der Stühle wird weggenommen. Hört die Musik auf zu spielen, muss jedes Kind versuchen, sich einen Stuhl zu ergattern. Voll christlicher Nächstenliebe wird gestoßen, gehauen, weggezerrt. Wer keinen Stuhl ergattert hat, scheidet aus. Das geht Runde um Runde, bis zum Schluss nur noch zwei Kinder um einen Stuhl kreisen, sich belauern und schließlich nur eines der Kinder auf dem ⇨ *Stuhl* sitzt und Sieger ist. (Wie heißt es doch in der Bibel: „...wenige sind auserwählt" [Mt 22, 14].)

Religion und Wirtschaft befinden sich so nahe beieinander wie Kirche und Frühschoppen. Insofern ist es nicht verwunderlich, dass manche Geldwirtschaftsbegriffe sich aus religiösen Begriffen ableiten: „Kredit – Credo", „Offenbarungseid – Offenbarung", „Gläubiger – Glauben" etc. Ins Bild passt auch, dass sich der „Geist des Kapitalismus" maßgeblich aus dem calvinistischen Protestantismus speiste (siehe die maßgebliche Studie von Max Weber: *Die protestantische Ethik und der Geist des Ka-*

pitalismus), wobei der Kapitalismus allerdings heute mehr und mehr selbst den Charakter einer Religion anzunehmen scheint (worauf schon Paul Lafargue, der Schwiegersohn von Karl Marx, hingewiesen hat).

Reue ist die notwendige Voraussetzung, um die ⇨ *Gnade* und die Barmherzigkeit des christlichen Gottes (und der christlich geprägten Justiz) zu erhalten und annehmen zu dürfen (⇨ Todsünde). Also, Katholik, brav, Sitz!, Kusch!: Reue und Buße, sonst geht's ab ins „ewige Verderben" (*Katechismus der Katholischen Kirche*, S. 489), zumindest ist irgendein Geständnis „ohne Reue" –„ Ich will das auch nie wieder tun!" – strafverschärfend, denn schließlich soll man – nach Schiller – „in den heil'gen Schoß der Kirche reuend wiederkehren" (Paul, *Deutsches Wörterbuch*, S. 511).

Rippe: (1) „*Das kann ich mir nicht aus den Rippen schneiden!*": *Nicht wissen, wo man etwas Bestimmtes herholen soll.* Geht auf Gottes Zaubertrick zurück, Eva aus der Rippe Adams zu erschaffen. So, mit links. Wahrlich, da können wir nur staunen – trotz aller Fortschritte der modernen Genetik...

(2) Erfolgreicher ist man dann schon, wenn man „*jemanden etwas aus den Rippen leiert*", soll volkstümlich heißen, dass man erfolgreich etwas geschnorrt, d.h. erbettelt hat, bzw. überhaupt irgendetwas ergattert hat, was der andere eigentlich nicht hergeben wollte – egal, ob man es bezahlt oder nicht.

(3) Bei christlichen Begräbnissen zeigen die Pastoren/innen und Priester immer wieder, was sie von der Bibel halten, denn statt hinsichtlich der verstorbenen Frau am offenen Grab bibelgerecht zu trösten: „Aus Rippe bist du gemacht, zur Rippe sollst du wieder werden", weichen sie (feige, um sich nicht der Lächerlichkeit preiszugeben) auf die männliche Erde aus (⇨ *Erde*, ⇨ *Dreck*).

Rose(nkranz): „Rote Rosen, rote Lippen, roter Wein!" Ein Lied der Lebenslust und der Lebensfreude. Ist also auch der Rosenkranz ein besonders lebensfröhliches Kränzchen? Nein, mitnichten.

Aus China kam die Rose über Indien nach Ägypten, und dann zu den Juden, Griechen und Römern. In Griechenland war sie der Aphrodite geweiht, dann dem Eros: Als Königin der Blumen, Sinnbild der Liebe, der Freude und ihrer Vergänglichkeit, Schmuck der Liebenden, der Festtafeln und der Gräber.

Dem Christentum aber ist sinnliche Lebensfreude so fremd, wie einem traditionellen Eskimo die Zentralheizung. Die Rose wurde prompt interpretiert als Sinnbild des ⇨ Blutes Christi sowie des Märtyrertums und der Verschwiegenheit seiner heimlichen Bekenner. Bald darauf wurde sie auch als Sinnbild der Maria (mystische Rose) verwendet, allerdings ohne Darstellung der Staubfäden (⇨ Empfängnis, unbefleckt). In den Kelchblättern kann man das Pentagramm (das Zeichen des Geheimnisses) erblicken und so zieren auch Rosen den Beichtstuhl (der allerdings nicht wegen dieses Geheimnisses gebaut wurde, sondern um die sexuellen Übergriffe der Priester auf die vor ihnen kniende weiblichen Beichtenden zu beenden).

Sei's drum, die Lebenslust hat sich nicht um die religiöse Mystik und Entsinnlichung geschert und so sind die roten Rosen weiterhin die Blumen des Begehrens, der Liebe und der Fruchtbarkeit.

rot: im Christentum immer die Farbe des ⇨ Blutes des Jesus Christus (⇨ Kreuzigung). Egal ob es die Weihnachtskerzen sind oder die Kleidchen der Bischöfe und Kardinäle, immer bezieht es sich auf den ⇨ Kannibalismus des in Blut getauchten bzw. geopferten Heilandes. So sind die katholischen Bischöfe und Kardinäle sozusagen mit dem Blute Christi übergossen. Eigentlich eine sehr richtige Symbolik dafür, wer das Opfer ist und wer die Täter sind.

P.S. Wem die Symbolik zu eindeutig (und unappetitlich) auf den dahinter stehenden rituellen ⇨ Kannibalismus verweist, kann ja auf die „Tränen Christi" ausweichen: *Lacrima Christi* heißt ein bekannter italienischer Rotwein.

S

Sack und Asche: *„In Sack und Asche gehen": Buße tun, etwas aufrichtig bereuen.* Die Wendung bezieht sich auf das Reueverhalten des Königs von Ninive. Nachdem er die Nachricht vernommen hatte, dass der Allmächtige beabsichtigte, die ach so sündhafte Stadt zu zerstören, „stand er von seinem Thron auf, legte seinen Königsmantel ab, hüllte sich in ein Bußgewand und setzte sich in die Asche" (Jona 3, 6). Dies (neben vielen anderen Reueaktionen der Menschen, sowie der Tiere!) besänftigte den HERRN so sehr, dass er davon absah, in Ninive zu wiederholen, was er schon den Städten ⇨ *Sodom und Gomorra* hatte angedeihen lassen: die totale Vernichtung.

Sakra! [zu Sakrament]: süddeutsch für ⇨ *Verdammt!*

Salzsäule: *„Zur Salzsäule erstarren"*: *vor Schreck und Entsetzen unbeweglich dastehen.* Die Wendung bezieht sich auf Vers 19, 26 des 1. Buches Mose. Dort wird geschildert, dass Lots Weib zur Salzsäule erstarrte, als sie sich auf der Flucht vor Gottes Vernichtungsaktion nach der brennenden Stadt Sodom umschaute.

Sand: Da Sand in der Region, in der die Bibel entstand, allgegenwärtig ist, ist es kein Wunder, dass es sowohl im Alten wie auch im Neuen Testament einige Sprachbilder gibt, die wortwörtlich „auf Sand gebaut sind".

(1) *„Wie Sand am Meer"*: *im Überfluss vorhanden.* Der Vergleich findet sich an mehreren Stellen der Bibel. Beispielsweise im 1. Buch Mose, Vers 41, 49. Dort heißt es, hat der kluge Josef, der dank eines (heute strafbaren) Insidertipps durch den Allmächtigen wusste, dass auf die sieben Jahre des Überflusses sieben Jahre der Hungersnot folgen werden, Getreide gespeichert „wie Sand am Meer, bis man aufhören musste, es zu messen, weil man es nicht mehr messen konnte". Als dann die (versprochene) Hungersnot eintraf, öffnete Josef alle Speicher und „verkaufte Getreide an die Ägypter". Mehr noch: „Auch alle Welt kam nach Ägypten, um bei Josef Getreide zu kaufen, denn der Hunger wurde immer drückender auf der ganzen Erde." – Vermutlich ein sehr einträgliches Geschäft für Gottes eifrigen Juniorpartner.

(2) *„auf Sand bauen"*: *sich auf etwas höchst Unsicheres einlassen, das aller Wahrscheinlichkeit nach zum Scheitern verurteilt ist.* Da Sand kein stabiler Baugrund ist, scheint es dumm zu sein, „sein Haus auf Sand zu bauen". Noch dümmer ist es allerdings, der Behauptung zu folgen: „Wer diese, meine Rede hört und tut sie, der gleicht einem klugen Mann, der sein Haus auf den Felsen baute. [...] Und wer diese Rede hört und tut sie nicht, der ist einem törichten Manne gleich, der sein Haus auf dem Sand baute." (Mt 7, 24-26; Ende der so genannten „Bergpredigt")

Der ganze Passus spricht dafür, dass der Autor dieser Metapher, die der Figur Jesus zugeschrieben wurde, kein Bautischler, sondern Möbeltischler war, der keine Ahnung vom Häuser bauen und Fundament setzen hatte. Entsprechende handwerkliche Fähigkeiten vorausgesetzt, ist es technisch sehr wohl möglich, stabil auf Sand zu bauen.

Sei's drum: Martin Luther wollte sich, was die Fundamente des Glaubens betrifft, auf keinerlei Experimente einlassen und wähnte sich sicherlich auf der richtigen glaubensbautechnischen Seite, als er schrieb: „Eine feste Burg ist unser Gott". Im Zuge der bautechnischen Erneuerungen der letzten Jahrhunderte hat sich für die dahinter stehende Geisteshaltung die weit treffendere modernere Kurzform „Betonkopf" eingebürgert.

Santa Lucia: „Sa-han-ta-ha Lu-hu-ci-i-a" schmettern die (oft übergewichtigen) Tenöre dieser Welt und begeistern damit die Massen. Die Älteren kennen noch das reichlich schmalzige Lied („O Du mein Neapel"), das Vico Torriani 1956 in dem Film *Santa Lucia* sang. Es wurde in Deutschland zum Inbegriff eines beschwingten, fröhlich-sonnigen und weinseligen Italiens. Ebenso Hotels, eine Karibikinsel, ein Berg, Städte, ein Ausflugsdampfer... alles bezieht sich auf eine emphatisch besungene heilige Lucia. Ihre Legende: Sie war eine Römerin, die zur Zeit der Christenverfolgungen unter Diokletian lebte, eine Erscheinung der Heiligen Agathe hatte und sich daraufhin taufen ließ. Sie brachte den Christen in den Katakomben das Essen. Damit sie dabei beide Hände zum Tragen frei hatte, soll sie einen Ring mit brennenden Kerzen auf dem Kopf getragen haben. Als Christin denunziert, sollte sie von Ochsen zu Tode geschleift werden, doch die Tiere weigerten sich, auch nur einen Schritt zu gehen. Daraufhin wurde sie erstochen. In Italien ist Lucia (auch außerhalb der Tenorfangemeinde) eine sehr beliebte Heilige. Ihr katholischer Gedächtnistag ist der 13. Dezember.

In Schweden wurde während der Christianisierung auf die germanische Lichtmagie (zur Vertreibung dunkler Geister) dem 13. Dezember die Lussibrud („Lucie-Braut") aufgesattelt. Ein weiß gekleidetes Mädchen mit einem Kranz brennender Kerzen auf dem Kopf weckt nachts die Schlafenden und bringt ihnen Gebäck. Da werden sich die aufgeweckten jungen Männer aber gefreut haben – über das Gebäck.

Saulus: *„Aus einem Saulus wurde ein Paulus"*: *aus dem Bekämpfer einer Ansicht zu ihrem Verteidiger werden; seine Meinung völlig ändern.* Aus dem Juden und Christenverfolger Saulus wurde auf seiner Reise nach Damaskus der christliche Apostel Paulus – der alles, was dem mystischen Christus an Positivem zugesprochen werden könnte, wieder gestrichen hat (⇨ *Schuppen*):

Schaf: *„Das schwarze Schaf sein"*: *Von einem Personenkreis, dem man angehört, als 'Abweichler' geringschätzig bewertet werden.* „Ich will heute durch alle deine Herden gehen und aussondern alle gefleckten und bunten Schafe und alle schwarzen Schafe [...]." (1. Mose 30, 32)

Scham (1) wird im allgemeinen Sprachgebrauch der gesamte Genital-bereich und Teile davon („Schamhaare", „Schamlippen") benannt. Auch das „sich schämen" fasst sehr treffend das negative und zutiefst inhumane christliche Verständnis von ⇨ Sexualität in Worte.

(2) Schamgefühl, auch Beschämung oder „Schande", ist die erfolgreiche emotionale Verankerung von gesellschaftlichen Tabuthemen, über die „man nicht spricht".

Schamhaft ist jedes (zwanghafte) Verbergen von körperlichem Interesse oder Lust, will heißen, man darf seine ⇨ *Scham*(haare) nicht zeigen, was heißt, man darf nicht ⇨ *nackt sein.* Umgangssprachliches Synonym: *verklemmt sein.*

Scheinheiliger: *ein Mensch, der nach Außen vorgibt, besser zu sein, als er in Wirklichkeit ist.* Allerdings ist diese Bezeichnung insofern problematisch, da viele Heilige für ihre Umwelt wohl weit erträglicher gewesen wären, wenn sie bloß Scheinheilige gewesen wären.

Schnürchen: *„Es läuft wie am Schnürchen"*: *Etwas funktioniert reibungslos, ohne Schwierigkeiten oder Unterbrechungen.* Die Wendung bezieht sich wahrscheinlich auf das Beten des Rosenkranzes, wo sich ohne jegliche Unterbrechung ein monotones Gebet an das andere reiht. Geübte Rosenkranzbeter erkennt man daran, dass sie zwischen den Gebeten nicht einmal Luft zu holen (⇨ *Paternoster*).

schreiben: *„Es steht geschrieben…"*: *Etwas ist unbedingt wahr und für jeden verbindlich.* Die Redewendung bezieht sich auf die jüdisch-christliche wie islamische Gleichsetzung des geschriebenen „Wort Gottes" – auf den beiden Gesetzestafeln, in der „Heiligen Schrift", dem Koran – mit der beanspruchten allumfassenden Wahrheit („Buch-Religionen"). Typisch für eine Zeit, in der nur wenige (z. B. Mönche) schreiben konnten.

Da mittlerweile aber auch geschrieben steht, dass das Wort Gottes nicht unbedingt der ⇨ Wahrheit entspricht, müssen sich die Apologeten des Glaubens wohl eine bessere Begründung für die Überlegenheit ihrer Weltanschauung einfallen lassen.

Schulden: „*Mehr Schulden als Haare auf dem Kopf haben*": *hoffnungslos überschuldet sein.* Die Redewendung geht zurück auf Psalm 40 des Alten Testamentes. In Vers 13 klagt König David darüber, dass die Zahl seiner Sünden die Anzahl seiner Haare übersteige. Ob David sich auf diese Weise bei Gott über eine heraufziehende Glatzenbildung (⇨ *Glatze*) beschweren wollte, wissen wir nicht. Fest steht jedoch, dass in der noch gebräuchlichen Redewendung das Wort „Sünden" durch „Schulden" ersetzt wurde. Wahrscheinlich, weil die schlimmsten Sünden im Kapitalismus rein ökonomischer Natur sind.

Schuppen: „*Es fällt mir wie Schuppen von den Augen*": *Ich sehe plötzlich klar, worum es geht.* Aus der biblischen Bekehrung des ⇨ *Saulus*: Erst wird der Saulus drei Tage mit Blindheit belegt. „Und alsbald fiel es von seinen Augen wie Schuppen, und er ward wieder sehend und stand auf, ließ sich taufen [...]" (Apg 9, 18-19) Dieses Sprichwort gilt natürlich nicht für 'Heiden', denn die haben sich nicht taufen lassen.

Schutzheilige: Im Katholizismus angerufene, beschworene oder mit guten Gaben bestochene Tote (zusätzlich zu den Vierzehn Nothelfern), um Krankheiten, Schäden, Gefahren abzuwenden (⇨ Magie). Schutzhelfer gibt es für alles und jedes. Eine kleine Auswahl würde bereits mehrere Seiten füllen, denn es gibt Schutzheilige gegen Armut, Augenleiden, Besessenheit, Blasenleiden, Blattern, Blitzschlag, Blutungen, Bruchleiden, Brustkrebs, Diebstahl bis hin zu Trunkenheit, Viehseuchen, Verletzungen, Wohnungsnot und Zahnschmerzen. Da die Magie des Schutzheiligenzaubers nur für Katholiken wirksam wird – auch wenn die Evangelischen oder Esoteriker sich schon mal von katholischen Schutzengeln aushelfen lassen –, müssten die Krankenkassen die Beiträge für ihre katholischen Kassenmitglieder eigentlich erheblich senken können, da aufgrund dieser vielen Schutzheiligen die gläubigen Katholiken deutlich weniger krank sind als Evangelische oder Atheisten. Oder etwa nicht?

Schwalbe: Das Symboltier der ⇨ Maria. Die Schwalben kommen um Mariä Verkündigung (25. März) wieder zurück nach Deutschland und um Maria Geburt (8. September) verlassen sie Deutschland wieder, um nach Süden zu fliegen. Wer auch immer einen Sinn darin sehen mag, zum christlichen Symboltier taugt die Schwalbe allemal.

Schwangerschaftsprognosen: Sollte Ihnen nächtens oder auch am Tag ein Engel erscheinen (es handelt sich dann um Gabriel oder Gott selber) und Ihnen ankündigen, dass sie ein Kind bekommen, bedanken Sie sich und sagen Sie ihm freundlich, dass Sie darauf verzichten und er sich gefälligst eine andere Frau als Sklavin suchen soll.

Falls der Engel dafür eine Begründung möchte, dann sagen Sie ihm bitte: Zum einem will der HERR nur selber mal wieder mit einer Frau ins Bett, sei es als Gottvater (wie bei der unfruchtbaren neunzigjährigen Sara, Abrahams Frau [1 Mose 21, 1], und wie bei der ebenfalls unfruchtbaren und betagten Elisabeth, Ehefrau des Zacharias [Lk 1, 11-25]), oder in seiner anderen Gleich-drei-stigkeit als Heiliger Geist (wie bei Maria, der jungfräulichen Verlobten des Josef [Lk 1, 26-56]).

Gott als Samenspender könnte man ja vielleicht noch hinnehmen (fünf bis zehn Prozent aller Kinder sind sowieso nicht vom Ehemann), aber die Angelegenheit hat einen bösen Haken: Es werden zwar immer Knaben geboren (Isaak, Johannes, Jesus), aber die werden mit spätestens Mitte dreißig getötet. Den jungen Isaak sollte sein Vater Abraham schon im Kindesalter schlachten, was nur in letzter Sekunde, Abraham hatte sein Messer bereits scharf geschliffen, noch vermieden wurde. Dem Johannes wurde der Kopf abgeschnitten und Jesus wurde am Kreuz hingerichtet. Wenn er seine Kinder sowieso töten will, dann soll er als Austragungsort dafür doch wirklich wieder in die Wüste gehen...

Schwanz: Wenn manche Frauen manchen Männern vorwerfen, sie seien „schwanzgesteuert", dann sind sie (die Frauen) ganz auf Gottes Seite, denn „der HERR wird dich zum Kopf machen und nicht zum Schwanz, und du wirst immer aufwärts steigen und nicht hinunter sinken, weil du gehorsam bist den Geboten des HERRN, deines Gottes" (5 Mose 28, 13). (⇨ Sexualität) Ob die begrenzte Erektionsfähigkeit des Mannes damit auch göttliche Vorsehung ist? (⇨ *Glatze*)

Schweine und Säue: „*Die Perlen nicht vor die Säue werfen*": *Man soll etwas Wertvolles nicht jenen geben, die es nicht zu schätzen wissen.* Die Redewendung geht zurück auf Mt 7, 6. Der Ausspruch hatte ursprünglich eine provokant politische Bedeutung, denn mit „Perle" war die jüdische „Thoraweisheit" gemeint, mit „Säuen" (oder Schweinen) die verhassten römischen Besatzer, die das für Juden unreine und daher verbotene Schweinefleisch konsumierten. Der historische Jesus (sofern es eine solche Person gab) war also (im scharfen Gegensatz zu seinem späteren, selbst ernannten Apostel Paulus) davon überzeugt, dass Nichtjuden niemals missioniert werden dürften (was die Entwicklung des Christentums zur Weltreligion von Grund auf verhindert hätte.) Wie sehr Jesus als patriotischer Jude und erklärter Römerfeind dachte, zeigt insbesondere jene Stelle, die Generationen von naiv gläubigen Tierfreunden in arge Bedrängnis brachte: Der Evangelist Markus beschreibt in den Versen 5, 1-20, wie Jesus einen besessenen Mann heilt, indem er die Dämonen, von denen der Ärmste befallen war, in zweitausend Schweine fahren lässt, die daraufhin den Abhang hinunterstürzen und im See ertrinken. Auch hier wurde der Begriff „Schwein" als Synonym für „Römer" gebraucht. Tierschützer können also beruhigt sein, dass Jesus sich nicht an harmlosen Schweinen ausließ. Christen jedoch sollten sich gut überlegen, ob sie sich gläubig auf einen Mann beziehen möchten, der ausschließlich die Mitglieder der eigenen Volks- und Glaubensgruppe als echte Menschen wahrnahm.

Schweiß: (1) „*Im Schweiße meines Angesichts*": *unter größter Anstrengung.* Die Wendung geht zurück auf 1 Mose 3, 19: „Im Schweiße deines Angesichts sollst du dein Brot essen." Der Schweiß ist also ein signifikantes Erkennungszeichen unserer 'Vertreibung aus dem Paradies'. (Die Deodorant-Industrie wusste aus dieser göttlichen Strafe trefflich Kapital zu schlagen.) Der Schweiß symbolisiert die Körperlichkeit der Sexualität und gilt einem Christen mit ⇨ „*Kultur*(beutel)" als widerlich, 'heidnisch'.

(2) Entsprechend heißt es „*Der schwitzt wie eine Sau!*" = wie ein heidnischer Römer. Was sagt uns dann aber die Tatsache, dass Asiaten weit weniger schwitzen als die Europäer, Afrikaner oder Amerikaner? Sind am Ende vielleicht die Asiaten das von Gott „auserwählte Volk"? Wenn ja, warum scheren sie sich dann so wenig um seine Gebote?

(3) Die Redewendung „*Blut und Wasser schwitzen*" beschreibt eine besonders peinigende (= schmerzende) Situation, z.B. eine Prüfung, vor der man eine ⇨ *Heiden*angst hat und völlig verunsichert ist, voller existenzieller Angst, zu versagen. Bezug ist die Beschreibung der Kreuzigung (Joh 19, 34), bei der die Kriegsknechte dem verstorbenen Jesus die Körperseite aufschlitzen, „und alsbald ging Blut und Wasser heraus". Der lebendige Leidensdruck, der dagegen umgangssprachlich beschrieben wird, bezieht sich entsprechend auf die bildlichen Darstellungen dieser Szene, in denen der Gekreuzigte noch als lebend angenommen wird.

Schwert: (1) „*Ein zweischneidiges Schwert*": *etwas hat neben Vorteilen auch Nachteile.* Dieses Sprachbild, das sowohl im Alten als auch im Neuen Testament auftaucht (beispielsweise im Brief an die Hebräer 4, 12), klingt im ersten Moment einleuchtend, ist aber bei genauerer Betrachtung ein Pleonasmus wie der berühmte „weiße Schimmel", denn jedes Schwert ist zweischneidig. Hätte es nur eine Schneidfläche, handelte es sich nicht um ein Schwert, sondern um ein Messer.

(2) „Schwerter zu Pflugscharen" ➪ Frieden

schwul: „*Ich bin schwul – und das ist auch gut so!*": Sympathisch, aber leider falsch, Herr Wowereit! Denn Gott, der Inbegriff alles Guten, sieht die Sache vollkommen anders! (➪ Gute, das; ➪ Homosexualität)

Seele: Entsprechend der Idee einer Trennung von Körper und ➪ Seele hat dieser dualistische Unsinn auch in die Umgangssprache Eingang gefunden.

(1) Mit **Seelenverkäufer** ist kein Kaufmann oder Händler gemeint, sondern ein derart heruntergekommenes Schiff, dass man sich wundert, dass der 'Kahn' überhaupt auf dem Wasser schwimmt und noch nicht untergegangen ist. Hintergrund dieser Bezeichnung ist eine bis ins 17. Jahrhundert zurückreichende Seemannsage, die davon berichtet, dass ein holländischer Seemann van Straaten 'seine Seele verkauft' habe und wegen seiner Gottlosigkeit verdammt ist, auf dem Meer umherzuirren, ohne je einen Hafen zu erreichen. Das Schiff ist auf seinen Irrfahrten durch Stürme und Wogen derart kaputt, dass es eigentlich sinken müsste, kann aber nicht untergehen. Dieses Motiv des „Fliegenden Holländers" wurde von (dem jüdischen Dichter) Heinrich Heine dann poetisch in der Weise ergänzt, dass nur eine liebende Frau den Kapitän 'erlösen' kann – eine Geschichte, die dann (der Antisemit) Richard Wagner seiner gleichnamigen Oper zugrunde gelegt hat.

(2) Ein Seelchen ist – in der Unentschlossenheit, ob die Seele nun der Gottesteil in einem Menschen sein soll oder ob damit der Sitz des Empfindens gemeint ist –, die ironisch-abwertende Bezeichnung einer naiv-emotionalen jungen Frau.

Segen (1) leitet sich vom lateinischen *signare* ab („mit einem Zeichen versehen"), und meint damit im Kirchenlatein ein bestimmtes Zeichen: das Kreuzzeichen. Das heißt, wer etwas segnet, bezeichnet es mit einem Kreuz (oder setzt es als Abwehrzauber gegen z.B. Vampire ein). Das kann allerdings auch im Sinne von 'brandmarken' verstanden werden.

(2) Die christlichen Priester und Pastoren spenden den Gläubigen (ihren „Kindern") ihren Segen, der Pontifex Maximus spendet ihn freundlicherweise der Stadt und der ganzen Welt („urbi et orbi"). (➪ *Haussegen*) In magischer Absicht soll dadurch wohl eine Übertragung 'numinoser' Kräfte stattfinden.

(3) Der Volksglaube scheint dieser christlichen Magie jedoch nicht zu trauen, schließlich heißt es: *„Da haben wir den Segen!"* (auch versteckter: „...den Salat") – und das bedeutet, dass ein Unglück geschehen ist.

(4) **„Sich regen, bringt Segen"** ist/war einer der typischen Haussegen-Sprüche, die als gestickte Tücher in den deutschen Küchen hingen. Das hat die gleiche Logik wie: „Hilf dir selbst, dann hilft dir Gott!" Im sexuellen Bereich meint „Sich regen, bringt Segen" aber nicht 'selber tun' – „Gott bewahre" keine ⇨ *Onanie!* –, sondern die Bewegungen beim amtskirchlich genehmigten Geschlechtsverkehr, aus dem ja ausschließlich der von der Kirche gewünschte **Kindersegen** entsteht (⇨ *Orgelpfeifen*).

(5) Eine schwangere Frau ist allerdings nur dann in *„gesegneten Umständen"*, wenn sie sich im „heiligen Stand der Ehe" befindet. Nichteheliche Schwangerschaften wurden bis in die Neuzeit nur im ländlichen Raum toleriert als Beweis der Fruchtbarkeit, und geheiratet wurde nach der Geburt des „Stammhalters".

(6) „Der Beschluss ist vom Vorstand einstimmig **abgesegnet worden**", sagte der stellvertretende IG-Metall Vorsitzende im Jahre 2003 zu seiner Verteidigung nach dem misslungenen Metaller-Streik in den neuen Bundesländern. Hatte der Beschluss damit höhere Weihen bekommen, war sakrosankt (d.h. heilig-heilig) und dadurch richtig geworden und durfte nicht mehr kritisiert werden?

Selbstbeweihräucherung ist die „Anmaßung", sich selber gut zu finden und es nicht dem dafür vorgesehen „heiligen Personal" der Priester zu überlassen, mit ihrem Weihrauch herumzustänkern und damit alles für gereinigt und damit gut zu erklären.

Selig wie **Seligkeit** verweisen auf einen Zustand, den nur die *allein selig machende* katholische Kirche einem Menschen zuweisen kann (*Seligsprechung*). In der Abstufung Mensch – Christ – Seliger – Heiliger ist es immerhin die zweithöchste Stufe. *Gott habe ihn selig*, wünscht man sich christlich als Trost für einen Verstorbenen, was wahrscheinlich verkürzt ist aus: *Gott sei seiner armen Seele gnädig.*

So wie 'selig sein' auch als ⇨ *'glücklich sein'* paraphrasiert wird, gibt es die *Glückseligkeit* und auch die *Habseligkeiten*, ein Wort, dass im Herbst 2004 (vom Deutschen Sprachrat und dem Goethe-Institut) zum

„schönsten deutschen Wort gewählt wurde", denn das Wort „bezeichne in einem freundlich-mitleidigen Unterton die Besitztümer etwa eines Kindes oder eines Obdachlosen. Lexikalisch verbinde das Wort zwei Bereiche des Lebens: den irdischen Besitz und die im irdischen Leben unerreichbare Seligkeit." (www.das-schoenste-deutsche-wort.de) Abgesehen von dem Unsinn, dass ein menschliches Leben derartige zwei Bereiche habe, machen andere Begriffe deutlich, wie man diese christliche Seligkeit erreichen kann: entweder *weinselig*, wenn man betrunken *rührselige* Geschichten erzählt, oder wenn man ein *armseliges* Leben geführt hat, *mühselig* seinen Lebensunterhalt verdiente, *trübselig* wurde, weil immer *feindselig* von seiner Umwelt betrachtet – bekam man doch von *redseligen* Priestern das Himmelreich versprochen.

Silvester: Der Gedenktag des Papstes (und Heiligen) Silvester I., der Tag vor ⇨ *Neujahr*. Der Mensch spielt allerdings für die katholische Kirche nicht als Person eine Rolle, sondern steht für die Tatsache, dass 313 – ein Jahr vor seinem Amtsantritt – das Christentum anerkannt, d. h. geduldet, worden war und er den Kaiser Konstantin heilte, bekehrte, taufte – was zwar alles gelogen ist, aber die „Konstantinische Schenkung" legitimierte: eine gefälschte Urkunde, die dem Papst angeblich die Macht über Rom wie das ganze Abendland übertrug und ihm das Tragen der kaiserlichen Insignien erlaubte.

Also, ein fröhliches Silvesterfest. Und denken Sie daran, zu Ehren und in Nachfolge dieses Heiligen ist an Silvester alles erlaubt, auch Betrügen und danach kräftig Lügen.

Sintflut: (1) Wenn Reporter aus Katastrophengebieten von „sintflutartigen Regenfällen" berichten, so übertreiben sie – wie so häufig – maßlos, denn die biblische Sintflut war eine beispiellose göttliche Massenvernichtungsaktion, die bei weitem alles in den Schatten stellt, was Hitler, Mao und Co. jemals an Verbrechen gegen Mensch und Natur begangen haben. Sie ist ein speziesübergreifender Genozid, der bis auf Noahs Familie sowie ein Pärchen jeder Tierart alles ausrottete, was auf Erden lebte. Glaubt man der Bibel, sind Abermillionen Menschen, auch Kleinkinder und Alte, qualvoll in den Fluten ertrunken. Nicht besser erging es den Eichhörnchen, Pferden, Meerschweinchen, Schimpansen oder Käfern. Allein die Fische werden wohl die plötzliche Ausbreitung ihres Ökosystems schadlos überstanden haben.

Am Ende schloss der „liebe Gott" wieder Frieden mit seiner missratenen Schöpfung, ja, er spendete sogar großzügigerweise einen Regenbogen als sichtbares Zeichen des neuen Bundes, der ähnliche globale Vernichtungsaktionen für die weitere Zukunft ausschließen sollte. Ende gut, alles gut? Wohl kaum. Allein durch die „Operation Sintflut" hat sich der Juden-Christen-Muslim-Gott weit unter das ethische Niveau jedes nur erdenklichen, massenmordenden Schwerverbrechers gestellt. Insofern ist die Tatsache, dass die Geschichte von Noah auch heute noch in nahezu jedem Kindergarten, jeder Grundschule kritiklos gelehrt wird, ein ethischer Skandal, der seinesgleichen sucht.

(2) *„Nach mir die Sintflut!"* Ein Sprichwort, das genau den menschenverachtenden Zynismus ausdrückt, der bereits in der Bibel beschrieben wird.

Sodom und Gomorra: *„Das sind ja Verhältnisse wie in Sodom und Gomorra!": Zustand höchster Verderbtheit und Unmoral.* Die beiden Städte *Sodom und Gomorra* wurden vom eifersüchtigen HERRN in Schutt und Asche gelegt, weil sie „gottlos" gewesen sind: „Es ist ein großes Geschrei über Sodom und Gomorra, dass ihre Sünden sehr schwer sind." (1 Mose 18, 20). Was hatten die Bewohner der Städte verbrochen, dass „der Herr auf Sodom und Gomorra Schwefel und Feuer regnen" ließ, dass er „von Grund auf jene Städte und die ganze Gegend, auch alle Einwohner der Städte und alles, was auf den Feldern wuchs", vernichtete? Die Bibel deutet die vermeintlich schweren Sünden nur an. Im Zentrum der göttlichen Anklage stehen aber wohl homosexuelle Praktiken, worauf vor allem 1 Mose 19, 5 hindeutet: „Sie riefen nach Lot und fragten ihn: Wo sind die Männer, die heute Abend zu dir gekommen sind? Heraus mit ihnen, wir wollen mit ihnen verkehren." (⇨ Sodomie)

Sonnabend ist in allen Stammlanden der Reformation, also die Elbe entlang von Schleswig-Holstein bis Sachsen, ein anderer Wochentag als der Samstag in Süddeutschland. Mit dem Sonn(tag)-Abend wurde der hebräische Sabbat (Ruhetag) aufgespalten. Hieß es lateinisch noch *sabatum*, wurde im Süden daraus (mhd.) *sameztac* (= Samstag), im Norden aber (mhd.) *sunabent* (= Sonnabend = Abend des Sonntags). Diese Interpretation folgt dem 3. Buch Mose (23, 32), dass der Tag schon am (Vor-) Abend beginnt: „...sollt ihr diesen Ruhetag halten, vom Abend an bis wieder zum Abend." Daher ist in Deutschland der Beginn des christlichen ⇨ *Weihnachten* sozusagen am Abend des Tages davor, am sog. „Heiligen Abend". In diesem Sinn müsste bei den Evangelischen eigentlich der normale Tag so gegen achtzehn Uhr am Abend beginnen und nicht erst um Mitternacht... Wieder ein Sieg des Katholizismus?

Sonntag ist der Tag mit der christlichen *Sonntagsruhe,* denn damit man in die Kirche gehen kann, darf am Sonntag nicht gearbeitet werden – es ist der „Tag der Herrn" – fragt sich nur, wer damit gemeint ist. Angeblich streng biblisch: „Da sollst du keine Arbeit tun. [...] Denn in sechs Tagen hat der HERR Himmel und Erde gemacht und das Meer und alles was darinnen ist, und ruhte am siebenten Tage. Darum segnete der HERR den Sabbattag und heiligte ihn." (2 Mose, 20, 10-11). Nun ist der geheiligte ⇨ siebte Tag, der (jüdische) Sabbat, aber der Freitag. Später dann, in Rom zur Staatsreligion geworden, wurde dem Christentum mit dem Mithraskult der Sonntag kulturell aufgepfropft („Sol invictus", „der unbesiegbare Sonnengott").

Nebenbei: Wenn der Ratsvorsitzende der EKD, Bischof Huber, von der „Heiligung des Sonntags als des Tages der Auferstehung Christi" spricht, dann fragt man sich, welche Bibel er gelesen hat, denn in den uns zugänglichen Ausgaben ist diese Auferstehung auf den Tag nach dem Sabbat datiert: „An dem ersten Tage der Woche [...]" (Joh 20, 1), „Aber am ersten Tag der Woche sehr früh [...]" (Lk 24, 1), „Und da der Sabbat vergangen war [...] Und sie kamen zum Grabe am ersten Tage der Woche..." (Mk, 16, 1-2), sowie „Als aber der Sabbat um war und der erste Tag der Woche anbrach..." (Mt 28, 1). Und der Tag nach dem Sabbat ist der Sonnabend/Samstag oder nach unserer Wochenzählung der Montag.

Sophie, die kalte: bezeichnet nicht eine frigide (lat. frigida = kalt) Frau, sondern den 15. Mai, der in Süddeutschland als vierter Tag zu den drei ⇨ *Eisheiligen* gezählt wird und im katholischen Kalender der Gedächtnistag der heiligen Sophia ist.

Spielhölle: Nicht das lichthelle, vom Staat kontrollierte (und abkassierte) Spielcasino (mit Krawattenzwang) ist damit gemeint, sondern das verrauchte, stinkende Hinterzimmer im Bordell, in dem die leicht bekleideten (d.h. halbnackten) anwesenden Huren kreischten, wenn einer der verschwitzten und unrasierten Männer, der lässig einen schwarzgebrannten Whiskey runterkippte, seinen Stich machte. Inbegriff dessen, wonach der Spießer seine Sehnsucht hatte (für das Spielcasino fehlte ihm nicht nur das Geld, sondern auch das Benehmen), sich aber nicht zu leben traute – was verboten ist, das macht manche richtig 'scharf'.

Splitter: „*den Splitter im fremden Auge, aber nicht den Balken im eigenen Auge sehen*": *kleine Fehler anderer scharf kritisieren, aber die eigenen großen Fehler nicht wahrhaben wollen.* Bemerkenswertes Wort (Mt 7, 3), von dem man wünschte, dass es Jesus auch auf sich selber angewendet hätte. Auf jeden Fall sollte es auch heute noch Beachtung finden – gleich, in welchem weltanschaulichen Lager man sich zuhause fühlt.

Spreu: „*Die Spreu vom Weizen trennen*" *d. h. das Wertvolle vom Wertlosen trennen.* Die Wendung geht auf Vers 3, 12 des Evangeliums nach Matthäus zurück. Johannes der Täufer prophezeit an dieser Stelle die rigorose Selektionspolitik des kommenden Messias: „[...] er wird die Spreu vom Weizen trennen und den Weizen in seine Scheune bringen; die Spreu aber wird er in nie verlöschendem Feuer verbrennen" (⇨ Hölle; ⇨ Öfen).

Stein: „*Der Stein des Anstoßes*": *Der Anlass für einen Streit.* „Er wird ein Fallstrick sein und ein Stein des Anstoßes und ein Fels des Ärgernisses..." (Jes 8, 14). Typische Erfahrungen von Beduinen, denen es ein Ärgernis war, wenn ihr Kamel über Steine oder Felsen dahin stolperte und sich womöglich verletzte.

Sterne / Sternenbilder: ⇨ Astrologie; ⇨ *Wissen*

Steuerbefreiung der Kirchen ist keine moderne Erfindung. Bereits 313 erließ Kaiser Konstantin ein Toleranzedikt zugunsten der Christen und als erste weitere Maßnahme wurden die christlichen Priester 315 von der Steuer befreit. Nun könnte man beinahe unterstellen, dass den christlichen Priestern nur deshalb etwas an der Tolerierung ihrer Religion lag, weil es ein so gutes Steuersparmodell war, aber das wäre natürlich unverschämt, oder etwa nicht?

Straßennamen: In der gleichen Gebräuchlichkeit wie ⇨ Namen und ⇨ *Redensarten* benutzen wir täglich zu unserer Orientierung Straßennamen, die häufig etwas bezeichnen, was es gar nicht mehr gibt. Warum gibt es eine Klosterallee, wenn es erstens gar kein Kloster an dieser Allee gibt und zweitens diese Straße keine Allee ist? Weil es die Erinnerung an etwas ist, was es historisch dort einmal tatsächlich gab. Warum gibt es dann aber keine Kaiser-Wilhelm- oder Adolf-Hitler-Plätze mehr? Warum wurden nach 1989 in den östlichen Bundesländern alle Leninplätze 'neutralisiert' zu Rathausplatz oder anderem 'Unverfänglichen'? Schlicht deshalb, weil als historische Überlieferung nur das aufgeschrieben und benannt werden darf, was in den jeweiligen Mempool der Kultur 'passt'.

Bei politischen Namensgebungen haben wir ein politisches Interesse daran, bestimmten Personen oder Ideen keine 'Ehre' zuteil werden zu lassen, indem sie einer Straße oder einem Platz ihren Namen geben. Besonders offensichtlich ist dies bei Denkmälern, von denen Stanislaw Jercy Lec sagte: „Denkmäler sind gute Uhren. Sie zeigen einem gleich, was die Stunde geschlagen hat." Straßennamen, kann ergänzt werden, auch.

Jeder geneigte Leser kann nun den Stadtplan seiner oder der nächsten größeren Stadt herausholen und einen Test auf Christlichkeit machen. In der vorgeblich weltoffenen und wenig klerikalen Stadt Hamburg beispielsweise kommen auf 235 christliche gerade einmal 7 sozialistische und 23 germanische Straßennamen.

Strohsack wird heute noch den Pferden zum Fressen umgehängt und war in früheren Zeiten in größerer Form so etwas wie heute die Matratze, auf der man schläft. Als *Heiliger Strohsack* ist es ein Ausruf der Überraschung und der Empörung, denn das hätte man nicht erwartet, diese Geschichte von der 'Heiligen Familie', die den 'Gottessohn' auf so eine ärmliche Matratze legte.

Stuhl: Auf einem Stuhl saß früher nur der HERR des Hauses, alle (!) anderen saßen auf Bänken. Entsprechend wurde/wird Stuhl auch im Sinne des ⇨ *Thrones* (Sitz des Herrschers) gebraucht (Paul, *Deutsches Wörterbuch*, S. 657). Folglich sind heute noch zum Teil die Bischofskirchen so eingerichtet: Der Chef sitzt (zudem erhöht) auf seinem Stuhl, die Niederen und die Gläubigen auf Hockern und langen Bänken, und da der Bischof von Rom allen Gläubigen weismachen will, dass er von Gott eingesetzt sei, sitzt er auf dem *Heiligen* Stuhl.

Stunde ist eine Zeiteinheit von sechzig Minuten. Ja, aber nicht in der deutschen Schule, denn dort hat eine Stunde nur 45 Minuten. Die Erklärung, dass die Schüler mit mehr als 45 Minuten 'Frontalunterricht' überfordert seien, wird nicht nur durch die Doppelstunden und gute Lehrer widerlegt, sondern lässt auch die historische Tradition unbefragt, da die 45-Minuten-Stunde (die ja im Tagesverlauf mit den unterschiedlichen Pausenlängen eigenartige Anfangszeiten produziert) eine Erfindung der mittelalterlichen Klöster gewesen sein soll, denn nach dem Grundsatz des „ora et labora" (Beten und Arbeiten) wurde eine Viertelstunde gebetet und eine dreiviertel Stunde gearbeitet und daraus soll dann die Unterrichtsstunde in den klösterlichen und kirchlichen Schulen entstanden sein.

Stunde Null: ist immer angesagt, wenn etwas 'Schreckliches' hinter einem liegt und man einen 'Neu-Anfang' wagt oder behauptet. Die Vergangenheit hat dann mit dem Neu-Anfang auch gar nichts mehr zu tun, sondern alles ist frisch und 'unbelastet' – die Sache ist nur, dass diese Idee zwar verständlich aber unrealisierbar ist, da wir immer auch ein Ergebnis unserer Biographie sind (nennt sich auch individuell 'Lebenserfahrung' oder kollektiv 'Geschichte'), die wir nicht einfach abschütteln können. Gott kann das allerdings. Mit der ⇨ *Sintflut* (am Beginn des Alten Testaments) wird ein Neu-Anfang gemacht und am Schluss der christlichen Bibel steht am Ende der Offenbarung ebenfalls ein Neu-Anfang: „Das neue Jerusalem".

Sünde: Im Gegensatz zu dem Katalog der Sünden, die ein christlicher Mensch vermeiden muss (⇨ Sünde), zeigt sich eine christliche Zwiespältigkeit der Sündigkeit, die eben das, was als Sünde „böse, böse" ist, doch sehr, sehr begehrt.

(1) Ein Kleid, ein paar Schuhe, eine Wohnung u.a.m. sind zwar „*sündhaft teuer*" aber entsprechend auch richtig gut ('Jargondeutsch' = geil),

und **(2)** die männliche Auffassung, „*die Frau ist eine Sünde wert*" verweist darauf, dass der entsprechende Mann bereit ist, alle aus der Begegnung mit dieser Frau folgenden Strafen auf sich zu nehmen.

Sündenbock. Passiv: *Die Schuld für etwas zugeschoben bekommen.* Aktiv: *Die Schuld für etwas auf sich nehmen.* In biblisch-jüdischer Zeit entsühnte der Hohepriester das Heiligtum, das Volk und sich selbst, indem er von zwei Böcken einen opferte und dem anderen alle Sünden auflud. Der wurde dann in die Wüste geschickt. In eben dieser Tradition übernimmt Christus (als „Lamm Gottes") die Sündenbock-Funktion für alle Christen.

Sündenpfuhl: Ist 'doppelt gemoppelt' wie „weißer Schimmel". *Pfuhl* (engl. pool) wurde schon im Mittelhochdeutschen auf die Hölle übertragen, und da es nun mal keine 'Heilige Hölle' gibt, ist es die sündige Hölle. Menschen, die sich gerne im Sündenpfuhl aufhalten, bezeichnen ihn allerdings nicht als Hölle, sondern als 'Rotlichtviertel' oder als 'Kiez'.

T

Taube: In Schwärmen auf den Plätzen deutscher Städte ist die Taube zwar sehr unbeliebt (krankheitserregender, ätzender Kot), christlich aber sehr wichtig, ist sie doch eine der Erscheinungsformen des ⇨ „Heiligen Geistes".

Dieser Heilige Geist = Taube basiert auf der Erzählung der Taufe von Jesus durch Johannes den Täufer; und „alsbald, als er aus dem Wasser stieg, sah er, dass sich der Himmel auftat und der Geist gleichwie eine Taube herabkam auf ihn. Und da geschah eine Stimme vom Himmel: Du bist mein lieber Sohn, an dir habe ich Wohlgefallen." (Mk 1, 10 und die anderen drei Evangelien sind in dieser Frage erstaunlich identisch.)

Damit passierte allerdings etwas sehr Eigenartiges. Die Taube war das altorientalische Symboltier für die Liebesgöttin – was sowohl für das 'Turteln' wie die 'aggressive Eifersucht' der Tauben sehr gut abgeschaut war. Was bedeutete es nun, wenn dieses Symbol bei der Taufe des Kindes erscheint? Wollte der „Heilige Geist" damit bezeugen: „He Leute, ich bin der Vater dieses Sohnes! Ich war es, der die Maria 'gevögelt' hat!" (Frage: Was hätte es alternativ bedeutet, wenn er sich – wie Pfingsten – mit Flammenzungen gezeigt hätte?) Offiziell musste die orientalische ursprüngliche 'Liebestaube' natürlich in das völlig unpassende Symbol der ⇨ Friedenstaube umgemünzt werden. Und damit es dann auch wirklich schön ⇨ unschuldig aussieht, musste es natürlich eine weiße Taube sein (⇨ Christentum, light). Beim Konzil von Konstantinopel (536 u. Z.) wurde die Taube von der Kirche auch offiziell als Abbild des „Heiligen Geistes" anerkannt.

Teufel: (1) *„Dich soll der Teufel holen":* Intensiver Wunsch, der andere möge verschwinden und er solle „in der Hölle schmoren".

(2) *„Den reitet wohl der Teufel":* Ein Mensch, der zu allem fähig zu sein scheint. Nach altem Volksglaube setzt sich der Teufel (wie ein Rodeoreiter) auf den Rücken derer, die er in seine Gewalt bringen will und reitet die Widerspenstigen zahm.

(3) *„In Teufels Küche kommen":* Heftige Schwierigkeiten bekommen. Im Mittelalter stellte man sich die Hölle als eine gigantische Hexenküche vor, in der die 'armen Sünder' über dem Feuer gebraten werden.

(4) *„Er ist ein Teufelsbraten"* gleichbedeutend mit *durchtrieben, mit allen Wasser gewaschen sein, ein rechter Halunke sein.* In der Wendung drückt sich auch ein gewisses Maß an Bewunderung gegenüber demjenigen aus, der den Mut hat, Dinge zu tun, für die er später vielleicht einmal vom Teufel gebraten wird.

(5) Und bloß *„nicht den Teufel an die Wand malen"*, denn wenn man das tut, dann kommt er auch persönlich. (⇨ Ausrufe)

(6) *„Hier ist der Teufel los!"*: *es herrscht große Aufregung/Betriebsamkeit.* Geht auf den Volksglauben zurück, dass der Teufel angekettet ist und immer wieder versucht, sich loszureißen, um Unheil in der Welt zu stiften.

(7) *„Hinter etwas her sein wie der Teufel hinter der armen Seele"*: *auf etwas besonders versessen sein.* Die Wendung folgt der in vielen Schwänken verarbeiteten Vorstellung, Engel und Teufel trachteten in einem Wettstreit danach, möglichst viele Seelen für sich zu gewinnen.

(8) *Teufels Großmutter*: Eine 'steinalte' Frau, die sehr klug ist und deshalb christlich des Teufels ist, eben: seine Großmutter (⇨ Hexen). Nach Grimms Märchen ist es eine gute, weise Frau, die dem Menschen, der seine Seele an den Teufel verkauft hat, hilft, den Teufel zu übertölpeln („Des Teufels Großmutter"), oder dem armen Mann, der vom König erpresst wird, hilft („Der Teufel mit den drei goldenen Haaren"). Bei Hans Christian Andersens Märchen ist des Teufels Großmutter dagegen „ein altes, sehr giftiges Frauenzimmer, das niemals müßig ist. Sie stickt Lügengewebe und häkelt unbesonnene Worte..." („Das Mädchen, das auf Brot trat").

(9) *teuflisch*: Was mag es wohl bedeuten, wenn ein Christ sagt, etwas wäre „teuflisch gut" (oder in der plattdeutschen Variante: „dammich gut" = verdammt gut)? Ist es das unterschwellige (man beachte den Schwellkörper!) „Und ewig lockt das Weib" = der Teufel = die Lust? Oder hat es mit den Verboten zu tun und die „verbotenen Früchte" zu naschen, schmeckt besonders = teuflisch gut? (⇨ Verbote, ⇨ Heidenspaß)

(10) *„Den Teufel im Leib haben"*: *wild und unbeherrscht sein.* In früheren Zeiten führte man Erkrankungen (vor allem auch psychische Erkrankungen) darauf zurück, dass die Person oder das Tier (Tollwut) vom Teufel besessen sei. So wurde sogar bei dem ein oder anderen widerspenstigen Hausschwein der ⇨ Exorzismus angewandt.

(11) *Der Teufel steckt im Detail!* (⇨ A und O), soll heißen: die große Linie, sich aufblasen, das kann beinahe jeder, aber die Frage ist dann eventuell, wie und womit kann man den aufgeblasenen Luftballon verschließen?

(12) Und wenn es heißt, das war der **Schmutzteufel**, dann passt das zwar in das dualistische christliche Weltbild, dass der Teufel auch für den Schmutz zuständig ist, aber eigenartigerweise fehlt das Gegenstück von 'Gottessauber' oder 'göttlich sauber'. Wahrscheinlich weil der HERR nicht selber putzt, sondern dafür seine Engel oder die ⇨ *Putzteufel* hat?

(13) „*auf Teufel komm raus*": *Etwas wollen, „koste es, was es wolle*", d.h. der Aufwand oder die Begleiterscheinungen sind einem völlig egal. Bezieht sich auf die Folterung von ⇨ Hexe(r)n, denen man – um ihr „Seelenheil" willen – den Teufel – der sich in ihnen verbarg – aus dem Körper hinausquälen musste (⇨ Teufel).

(14) „*Bist du des Teufels!?*" *(Eher empörte) Anfrage, ob man denn von 'allen guten Geistern verlassen', und von dem 'bösen Teufel' besessen sei*, also unbeherrscht, unvernünftig, verräterisch und was es alles so Übles gibt, was man selber in einer Situation nicht für gut erachtet.

(15) Der „*arbeitet wie der Teufel!*" soll heißen: so schnell, wie der da arbeitet, das kann ja wohl nicht mit rechten Dingen zugehen! Stammt vermutlich aus der Zeit vor der Industrialisierung und der Einführung der protestantischen Arbeitsethik, als es sich die katholischen Selbständigen nach vormittäglicher Arbeit gemütlich machten. In dieser Hinsicht ist dieser 'Arbeitsfleiß' Ausdruck des „armen Teufels" und steht in krassem Gegensatz zu einem „Leben wie Gott in Frankreich".

(16) So „*schnell wie der Teufel sein*" entspringt vermutlich der Wunsch-Vorstellung, dass der Teufel immer auf der Flucht ist (vor dem guten Gott, dem braven Menschen...). (Im gegenwärtigen Leistungssport würde man eher vermuten: „Der/die ist wohl gedopt.") Andererseits spricht diese Zuweisung einer „*teuflischen Geschwindigkeit*" auch für eine – zumindest in früheren Zeiten – gewisse gemütliche Langsamkeit des Lebens eines rechtgläubigen Christenmenschen. Dazu würde auch passen, dass im deutschen (christlichen) Kulturgut auch von „*jüdischer Hast*" gesprochen wird.

Thron: Zu Zeiten Preußens und seiner protestantischen Staatskirche gab es eine erste Rechtschreibreform (u.a. fiel das 'h' weitgehend weg), nur an dem Thron der „Majestät von Gottes Gnaden" durfte nicht gerüttelt, also nichts verändert werden. (Eigentlich müsste er *Tron* geschrieben werden.) Allgemein als Sitz der Herrschaft verwendet, ist der Thron nach altchristlicher Auffassung der Sitz des dritten Engelchores (Paul, *Deutsches Wörterbuch*, S. 663). (⇨ *Stuhl*)

Todestage: eine Besonderheit christlicher, insbesondere katholischer Religion. Nur Christus, Maria und Johannes der Täufer werden im Kirchenkalender (auch) durch einen Geburtstag gewürdigt. Alle anderen Heiligen wie Märtyrer werden nur durch ihren Todestag geehrt. Entsprechend der Zentralität der ⇨ Kreuzigung entspricht dieser Totenkult (des Opferns und Sterbens) dem Kern christlichen Selbstverständnisses.

Todgeweihte: entstammt der ursprünglichen Bedeutung von weihen = *heiligen* (so in Weihnacht, Weihwasser, Weihrauch, Weihwedel) und verknüpft diese mit dem Märtyrertum, beispielsweise den Christen, die im klassischen Rom gegen Löwen kämpfen mussten.

Aber was bedeutet es, wenn in einer Dokumentation des Zweiten Weltkrieges über die „Schlacht von Stalingrad" gesagt wird: „Ab Mitte Dezember 1942 waren die zweihunderttausend deutschen Soldaten der 6. Armee dem Tode geweiht." Ausgedrückt werden soll damit vermutlich, dass diesen Menschen kein anderes 'Schicksal' mehr bestimmt war, als dort zu sterben. Dieses so genannte 'Schicksal' war aber einer ganzen Anzahl menschlicher Überheblichkeiten der militärischen Führung geschuldet und kein Ausdruck einer unausweichlichen 'Vorsehung'. Außerdem: Welcher „heiligen Sache" soll der Tod dieser zweihunderttausend Männer gedient haben? Müssen wir aus der Formulierung etwa schließen, dass der Angriff auf die Sowjetunion doch ein „heiliger Krieg" gegen den atheistischen Kommunismus war?

Tohuwabohu: Durcheinander, große Unordnung. Hört sich sehr indianisch an (so nach „Tam! Tam!"), ist aber hebräisch und beschreibt am Beginn des Alten Testamentes, wie der Rohbau der Erde aussah, nachdem Gott Himmel und Erde gemacht hatte „Und die Erde war wüst und leer" (1 Mose 1, 2). Von dem Chaos, das wir mit dem Tohuwabohu meinen, ist bei Luther aber nichts zu lesen. Wahrscheinlich, weil er das Ordentliche liebte (⇨ *A und O*).

toi, toi, toi!: gibt es in einer nassen Variante (dabei wird über die Schulter gespuckt – besonders beliebt bei Schauspielern) und in einer trockenen Variante (wobei noch häufig gleichzeitig auf ⇨ *„Holz"* geklopft wird) und bedeutet in beiden Versionen „Teufel, Teufel, Teufel!". Es ist als versteckter Abwehrzauber gegen das persönliche Erscheinen des ⇨ Teufels

gemeint, soll also „Unglück" verhindern und damit schließlich „Glück"
bringen.

Tschüs(s): Der Norden Deutschlands sei – so lautet eine immer wieder
gern beschworene ⇨ *Selbstbeweihräucherung* – mit seinem flachen Land
(da kann man sehr weit gucken!) viel freisinniger, als die folkloristischen
Süddeutschen mit ihren beschränkenden Bergen und insbesondere die
Bayern mit ihrem „Grüß Gott!" So gibt es ein Lied von der „Waterkant",
in dem stolz gesungen wird: „Im Norden sagt man Tschü-ü-ü-s und meint
auf Wiederseh'n!" Tja. Da ist wohl etwas verloren gegangen. Und zwar
das einfache Wissen, woher das Wort Tschüss stammt: aus der klerikalen
Küche.

Die Franzosen parlierten während der „Franzosentied", d.h. der Besetzung von Niedersachsen und Hamburg durch die Truppen Napoleons,
natürlich französisch und sagten zum Abschied: „A Dieu!" (Auf deutsch:
Bei... / Auf zu... / Grüß Gott!). Die plattdeutsch sprechenden Bauern,
Fischer und Städter konnten kein gepflegtes Französisch und formten das
französische „Adieu!" zum plattdeutschen: „Atschö!". Daraus wurde
dann „Tschö!", und schließlich „Tschüss".

Eine andere Variante leitet das „Tschüs" vom holländischen „Adjus"
ab, das während der spanischen Besetzung vom „Adios" abgeleitet worden sein soll. Da aber „Adieu" und „Adios" die gleiche Quelle haben,
sind es regionale Varianten gleichen Ursprungs.

Sakra! Also auch im „Missionsgebiet" bei den Nordlichtern keine
Aufklärung! Auch im Norden grüßen wir den HERRN, wenn wir uns mit
„Tschüss" verabschieden: „Auf zu Gott!"

U / V

Unfehlbarkeit: die andere Seite des Papstes, wenn er nicht als Mensch
Fehler macht – wie seine geheiligten Vorgänger, deren Sünden und Verbrechen bedauerliche Webfehler ihrer eigenen Menschlichkeit waren
(man denke an das „mea culpa" [*meine* Schuld]-Prozedere im Heiligen
Jahr 2000); d.h. wenn er als „Heiliger Vater" und „Sprachrohr Gottes"
nur dessen Entscheidungen ausspricht. (Aus irgendeinem Grund muss seit
dem Alten Testament dem Gott irgendetwas die Sprache verschlagen
haben, dass er nicht mehr selber reden kann.)

Diese Verkündigungen muss man sich in etwa so vorstellen, dass sich die Kurienkardinäle und Seine Heiligkeit versammeln, den Raum verdunkeln, und wenn dann um den Kopf des Heiligen Vaters ein Lichtschein sichtbar wird (⇨ *Heiligenschein*), dann ist er erleuchtet (⇨ *Licht*) und spricht als Medium Gottes (⇨ <u>Magie</u>). Doch ganz anders? Schade eigentlich…

Ungerechtigkeit: *„Eine himmelschreiende Ungerechtigkeit"*: *Ein als besonders gravierend empfundener Bruch des Gerechtigkeitsverständnisses.* Der Begriff folgt einer Phrase der Bibel (1 Mose 4, 10). Der HERR spricht zu Kain, der seinen Bruder Abel erschlagen hat: „Die Stimme des Blutes [Igitt, sprechendes Blut] deines Bruders schreit zu mir von der Erde." Bei all der himmelschreienden Ungerechtigkeit seitdem, ist der HERR, wie es scheint, taub geworden. Vielleicht erklärt das ja, warum ER den Hungernden in der Welt nicht segensreich unter die Arme greift.

Unschuld, unschuldig: Neben der rechtlichen Bedeutung von „ohne Schuld sein" gibt es eine Anzahl von Redewendungen, die diese „Schuld" exklusiv christlich sehen, d.h. als Sexualität: „Sie hat ihre Unschuld verloren" (d.h. die Frau hat nicht mehr das intakte Jungfernhäutchen nach dem ersten Geschlechtsverkehr), „…die Unschuld rauben" im Sinne von gewaltsamem Sex. In diesem christlichen Sinne wurden die Menschen „schuldig", als Adam vom Baum der Erkenntnis „aß", d.h. zum ersten Mal mit Eva Geschlechtsverkehr hatte (⇨ *Eva*; ⇨ *nackt*; ⇨ *Paradies*).

Bei der Redewendung: „Da kommt ja die Unschuld vom Lande" ist anzunehmen, dass damit seinerzeit gesagt werden sollte, die dummen Bauern haben puren Sex miteinander, durch den sie nicht schuldig werden, d.h. Sex ohne „Sündenbewusstsein", aus dem ja erst die „Sünde" entsteht.

Valentinstag ist der 14. Februar, an dem die klassischen Römer der Göttin Juno gedachten, als Beschützerin der Ehe und Familie. Im christlichen 'Umsatteln' der Festtage der heidnischen Götter auf einen christlichen Patron musste ein passender Heiliger her. Und flugs fand sich ein um 268 Gestorbener, Valentin mit Namen, vermutlich Bischof von Terni, der am 14. Februar wegen seines Glaubens vom römischen Kaiser hingerichtet worden sein soll. Und dieser Valentin pflegte, der Überlieferung nach (d.h. es ist alles zusammengelogen), Liebespaaren Blumen zu schenken.

Vater: Seltsamerweise werden die keuschen 'Stellvertreter Gottes auf Erden' von ihren Gläubigen = 'Kindern' mit „Vater" angesprochen und diese wiederum sprechen sie mit „Sohn" oder „Tochter" an. Vorsichtshalber? Nun, man weiß ja nie (⇨ Inzesttabu als vorauseilende Keuschheitsgarantie?)! Immerhin kann so die wunderbare Situation entstehen, dass ein fünfzwanzigjähriger Pfarrer einen Greis mit „Sohn" anredet, während der Greis den Frischling mit „Vater" ansprechen müsste, es sich aber sicherlich, wenn er noch halbwegs bei Troste ist, verbittet.

Allerdings verstößt diese Anrede eines Geistlichen mit „Vater" recht eindeutig gegen die Maßgabe von Jesus (nach Mt 23, 9), denn da steht geschrieben: „Ihr sollt niemand euren Vater heißen auf Erden, denn einer *ist* euer Vater, der im Himmel ist", das ist der Vater unser (⇨ *Führer*). Aber was ist dann mit dem „*Heiligen* (= von Gott eingesetzten) *Vater"*, dem Papst?

Vatertag ist ein Tag, der in den USA seit 1916 als ein solcher begangen wird – als Gegenstück zum dort ebenso installierten Muttertag. In Europa haben „Flurumgänge" zu Himmelfahrt eine erheblich längere Tradition. Die Begründung liegt allerdings im Dunklen. Sei es ein germanischer Rechtsbrauch, einmal im Jahr die Grenzen seines Grundbesitzes abzuschreiten, sei es die Imitation des Weges der elf Jünger zum Ölberg zum Zweck ihrer Aussendung (Mt 28, 16f.), „die so genannte Apostelprozession" (Becker-Huberti, *Himmelfahrt*). Obwohl von der katholischen Kirche bekämpft und in der Reformation geächtet, ließ das männliche Volk sich seit Jahrhunderten diese Sauftour nicht nehmen und zog das Bier und den Schnaps dem Weihwasser in der Kirche vor.

Verdammt!: (1) Beliebtes und äußerst vielseitiges Fluchwort, das vor jedes beliebige Objekt gestellt werden kann (verdammte Scheiße, verdammtes Auto, verdammter Finanzbeamter, verdammte Hegel-Lektüre, verdammte Zahnpasta usw.). Im Affekt wünscht man das wutauslösende Objekt (Person, Sache, Institution, Tätigkeit) zur Hölle. Es soll für immer und ewig verschwinden.

(2) *Verdammt und zugenäht!* (Auch: „Verflixt" oder „Verflucht und zugenäht!"): Der Ursprung des Zusatzes („und zugenäht") geht wahrscheinlich auf ein altes Studentenlied zurück, das von einem Studenten erzählt, der die ungewollte Schwangerschaft seiner Freundin zum Anlass nimmt, um seinen 'offenen' Hosenlatz zu verfluchen und zuzunähen.

W – Z

Wasser: *„Sie predigen Wasser und trinken (selber) Wein".* Eine uralte Erfahrung, dass Priester den einfachen Gläubigen Genügsamkeit vorpredigen (= Wasser), dann aber selber (bereits beim Abendmahl) Wein trinken. Die traditionelle Herrschaftsideologie – dass die Herrschenden Vorrechte vor dem 'niederen Volk' haben – wird damit bitter kommentiert und Gleichbehandlung gefordert.

Weihe: Menschen werden geweiht, Priester werden geweiht, Häuser werden geweiht, Waffen werden... (nein, das will nun keiner mehr wissen!). Alles Mögliche wird geweiht und folgt dabei einem bestimmten Ritual des Formelsprechens, Kreuz schlagen, Weihwasser verspritzen... Wozu? Teufelsaustreibungen sowie Schutz vor Dämonen (⇨ Magie) und allerlei herumgeisterndem Bösem (⇨ *Haussegen*).

Weihnachten: *geweihte Nächte,* gilt als Fest der Friedfertigkeit und der Familie, wenn alle Kinder wieder (der Mutter zuliebe) nach Hause kommen. Da der Tag (und auch das Jahr) der Geburt von Jesus Christus unbekannt sind, ist es auch so ziemlich egal, wann sein Geburtstag gefeiert wird, das falsche Datum ist es allemal. (So kann es dann auch zu Weihnachten in der ⇨ *Weihnachtskrippe* Hirten mit [Oster-]Lämmern geben.) Wenn aber der Tag sowieso egal ist, dachten die Kirchenväter, dann kann man sich ja umschauen, ob es nicht ein heidnisches Fest gibt, dem man dann den eigenen christlichen Kult überstülpt. (Motto: „Die Leute wollen feiern; was, ist ihnen ziemlich egal.")

Beinahe alle Kulturen Europas kennen ein Mittwinterfest am Tag nach der längsten Nacht des Jahres, da alle Menschen heilfroh waren, dass die Sonne im Kampf mit der zunehmenden Finsternis anscheinend wieder die Oberhand gewonnen hatte. Im klassischen Rom wurde entsprechend am 25. Dezember jeden Jahres das Fest des „unbesiegten Sonnengottes" (Sol invictus) als dessen Geburtsfest gefeiert. Es entstammt dem persischen Mithraskult (von dem das Christentum auch sonst noch reichlich abgekupfert hat). Na, wenn das keine Gelegenheit war! Mithras wurde zur Lichtgestalt Jesus und ab 354 u. Z. gab es dann in Rom dessen Geburtstagsfeier. Die Germanen überzeugte man auch mit dem Schwert, statt ihres Julfestes doch lieber Weihnachten zu feiern und das taten sie dann auch fröhlich, laut und ausgelassen – mit unterhaltsamen Weihnachtsmessen, Maskeraden, Marionettenspielen und derben Liedaufführungen. Schließlich wurde der Geburtstag eines Gottes gefeiert. Mit diesen „Faxen" hat dann mal wieder Martin Luther Schluss gemacht und seitdem geht es nach evangelisch-lutherischer Manier unterm Weihnachtsbaum christlich-bieder zu.

Weihnachtsfriede (1) In einem Erlass wies der Finanzminister von Nordrhein-Westfalen am 21.12.2005 die MitarbeiterInnen der NRW Finanzverwaltung an, den „Weihnachtsfrieden" zu wahren und bis zum 31.12. von Maßnahmen abzusehen, die für die SteuerzahlerInnen belastend sein können. Die Finanzämter sollen in diesem Zeitraum keine Betriebsprüfungen ankündigen oder beginnen und keine Vollstreckungsmaßnahmen durchführen.

(2) Im Ersten Weltkrieg ließen etwa 100.000 Soldaten der West- und Ostfront ihre Waffen in einem unautorisierten Waffenstillstand ruhen. Dieser **„Weihnachtsfriede"** dauerte einige Tage. Er ist vor allem für die deutsch-britische Front in Flandern belegt, weil britische Zeitungen – im Gegensatz zu deutschen – darüber berichteten.

Die Soldaten erinnern sich an die vorgebliche „Friedensbotschaft des Weihnachtsfestes". Sie wollen in Ruhe ihre Geschenke genießen und Weihnachten feiern. Am „Heiligen Abend" schweigen die Waffen. Am nächsten Morgen kommt es dann zur Verbrüderung. Vorsichtig werden erste Kontakte geknüpft, Geschenke ausgetauscht. Auch gemeinsame Fotos werden gemacht. Man birgt die Toten aus dem Niemandsland. Es findet sogar ein Fußballspiel zwischen Deutschen und Briten statt.

Viele Front-Offiziere, deren Situation sich nicht wesentlich von der ihrer Mannschaften unterscheidet, drücken beide Augen zu. Für die Oberbefehlshaber dagegen ist die Verbrüderung an der Front ein Albtraum. Sie drohen mit harten Strafen, um die Männer zum Weiterkämpfen zu bringen. Zum Jahreswechsel ist der Weihnachtsfriede fast überall beendet.

Weihnachtsgebäck war das traditionelle menschliche „Winter-Kraftfutter", für dessen Herstellung im November alles, was noch an Früchten und Getreide vorhanden war, zusammengebacken wurde. Durch die Hitze wurde alles haltbar gemacht (desinfiziert) und durch den Wasserentzug (Trocknung) der natürliche Zuckergehalt konzentriert. Man schätzte diese aus der Not geborenen Süßigkeiten auch als wirksames Mittel gegen trübe Winterstimmung. Dagegen hatten auch die Christen nichts einzuwenden.

Weihnachtsgeschenke sind die Fortführung sowohl des klassisch-römischen Brauchs, während der Saturnfeste (Saturnalien) Beamte und Sklaven zu beschenken, wie der Angewohnheit der Germanen, zu den (zeitgleichen) Fruchtbarkeitsfesten zum Mittwinterfest (21./22. Dezember) ihre Gefolgsleute mit Geschenken zu beglücken.

Weihnachtskrippe. Entsprechend der (erfundenen) Geschichte von der Flucht von Maria und Joseph und der Heiligen Familie (Jesus, als der angekündigte Messias, musste Bethlehem als Geburtsort in seiner Biographie nachweisen können), befanden sich im Vatikan die Überreste der nicht existenten Krippe (Krippenreliquien), vor denen die Päpste dann die Geburtstagsfeier ihres Religionsnamensgebers zelebrierten. (Motto: „Nur wenn beständig und gleichbleibend die gleiche Lüge erzählt wird, kann sie zur ⇨ Wahrheit mutieren.").

Franz von Assisi soll 1223 die erste Weihnachtskrippe in Greccio in einem Stall nachgestellt haben, von wo aus sich dieser Brauch verbreitete. Besonders im Barock liebte man es, gewaltige und prächtige Krippen zu bauen, bis das öffentliche Krippenbauen aus Kostengründen im 18. Jahrhundert in Österreich, in Franken und Schwaben verboten wurde und die Krippen als Miniaturausgaben in die Wohnstuben wanderten. Sie galten lange Zeit als Inbegriff des katholischen Glaubens. Dies änderte sich erst, als das deutsche Bürgertum des 19. Jahrhunderts die niedliche, idyllische, katholische Krippe auch unter den evangelischen ⇨ *Christbaum* stellte.

Weihnachtsmahl: festliches Essen der ganzen Familie am 25. Dezember. Geht auf das klassische Agape („Liebesmahl") zurück, bei dem man sich während des jüdischen Passahfestes der Wohltaten Gottes versicherte. Damit die ⇨ Magie komplett wird (⇨ *Christbaumschmuck*), haben die Essensbeigaben besondere Bedeutung: *Klöße* (immer Geld im Haus), *Hirsebrei* (bringt quellenden Wohlstand), *Brot brechen* (Schutz des Gottessohnes), *Pfeffer und Salz* (vertreiben mit ihrer Schärfe böse Geister), *Preiselbeeren* (schützen vor Krankheit).

Weihnachtsmann: Wer kennt ihn nicht, den dicken älteren Mann mit seinem weißen Bart, der roten Zipfelmütze und seiner roten Kleidung, die mit weißen Rändern (Pelz) besetzt ist. Ja, das ist der Weihnachtsmann, der deutsche „Herr Winter", der als „Väterchen Frost" auch Russland eroberte und aus den USA zurückkam von und mit Coca-Cola. (Weiß auf rot sind bekanntlich die Hausfarben dieses Getränkeherstellers.) Und das, liebe Kinder, kam so zustande: Der von Martin Luther verbotene Heilige Nikolaus blieb in den Niederlanden als Sinter Claas, bis er dann nach Nordamerika auswanderte. Dort nannte er sich erst Santa Claus und dann (ohne Heiligenschein) Father Christmas. Dann wurde er in New York einheitlich angezogen: roter Mantel, Mütze und weißer Bart. Die Getränkefirma Coca-Cola erkannte ihre eigenen Markenfarben (rot-weiß) als Werbeträger und beauftragte 1931 den aus Schweden stammenden Zeichner Hadden Sundblom, den schrulligen Santa Claus für eine Werbekampagne als Sympathieträger zu zeichnen. Er portraitierte das Gesicht eines pensionierten Coca-Cola-Fahrers. Jedes Jahr ließ Coca-Cola dann für die (erfolgreiche) Weihnachtswerbung neue Varianten zeichnen und es entstand der Inbegriff des Weihnachtsmannes: Ein gemütlicher alter Mann, mit roten Pausebäckchen und wallendem weißem Bart, der rote Hosen und einen roten kurzen Mantel mit weißem Pelzbesatz trägt – alles in den Farben von Coca-Cola. Die amerikanischen Soldaten hatten dann nicht nur Coca-Cola im Gepäck, sondern auch den Weihnachtsmann. Und da er nicht gestorben ist, lebt er auch noch heute…

Welt: *„Nicht von dieser Welt sein"*: *verschroben, weltfremd sein.* Die Redewendung geht zurück auf Joh 8, 23, wo Jesus gegenüber den Pharisäern und Schriftgelehrten sagt: „Ihr seid von dieser Welt, ich bin nicht von dieser Welt." Dem ist kaum zu widersprechen und die Bevölkerung hat das auch ganz genauso verstanden.

Weltbevölkerung: „Seid fruchtbar und mehret euch und reget euch auf Erden, dass euer viel darauf werden." (1 Mose 9, 7) In Ordnung, HERR, nun haben wir uns alle ganz viel „geregt" und sind hier schon über sechs Milliarden. Soll'n wir nun weitermachen oder gibt's 'ne neue Direktive?

P. S. Es wird allmählich etwas eng hier.

Wind: *„Wer Wind sät, wird Sturm ernten"*: *Angreifer bzw. Fanatiker müssen mit heftigen Gegenreaktionen rechnen.* Die Redewendung geht zurück auf Hosea 8, 7. Sollte die Metapher stimmen, so dürfen wir erwarten, dass das Christentum angesichts seiner stürmischen Geschichte irgendwann einmal von einem Orkan hinweggefegt wird. Möglicherweise bleibt es aber davon verschont, weil es in intellektueller Hinsicht nur ein laues Lüftchen ist.

Wissen: Und der HERR befahl Abraham hinaus zu gehen und sprach: „Sieh gen Himmel und zähle die [⇨] *Sterne*. Kannst du sie zählen?" (1 Mose 15, 5)

Das Ganze können wir nun auch noch singen: „(1) Weißt du wie viel Sterne stehen / An dem blauen Himmelszelt? / Weißt du wie viel Wolken gehen / Weithin über alle Welt? / Gott der Herr hat sie gezählet, / Dass ihm auch nicht eines fehlet / An der ganzen großen Zahl." In der zweiten Strophe sind es die „Mücklein" und die „Fischlein" und in der dritten Strophe die Kinder in ihren „Bettlein" mit dem Schluss, oder sollte man sagen Drohung: „Gott im Himmel hat an allen / Seine Lust, sein Wohlgefallen, / Kennt auch dich und hat dich lieb."

Also: Gott kennt alle Menschen, auch mich, und Gott weiß viel, hat als einziger alle Sterne, Wolken, Mücken und Fische gezählt. Da Wissen Macht ist, ist der Allwissende auch der Allmächtige: *Quod erat demonstrandum* (Was zu beweisen war).

P.S. Gut zu wissen, dass der Allwissende anscheinend doch nicht ganz soviel weiß. Sonst würde er sich doch nicht des überholten, altkirchlich-geozentrischen Weltbildes bedienen („Himmelszelt", an das die Sterne geheftet sind), oder?

Woche: Nach der heiligen Zahl Sieben (⇨ Zahlensymbolik) haben wir die zur Monatseinteilung nicht passende siebentägige christliche Woche. Die Ägypter zählten eine Zehn-Tage-Woche, die Römer hatten eine achttägige Woche, die Babylonier eine fünftägige für Geldgeschäfte und die französischen Revolutionäre scheiterten mit ihrer Zehn-Tage-Woche (⇨ Kalender) an Napoleon.

Wochenbeginn ist im Geschäftsleben Europas mittlerweile der Montag, in Abweichung vom christlichen Wochenbeginn am „geheiligten Tag des Herrn", dem Sonntag. Diese Säkularisierung des Wochenbeginns folgt dem sprachlichen und gelebten Alltag, Samstag und Sonntag als „Wochenende" zu bezeichnen – und am Wochenende kann ja schließlich nicht die Woche beginnen, sondern erst danach.

Wochentage: Während romanische Sprachen (Italienisch, Spanisch, Französisch) in Verbindung mit dem dort herrschenden Katholizismus den angenommenen „Tag der Auferstehung" nach dem Herrn Gott genannt haben (Tag des Herrn / Domenica, domingo, dimanche) beharrt das Deutsche auf der heidnischen Sonne (Sonntag). In allen diesen Sprachen ist jedoch der zweite Tag einheitlich dem Mond gewidmet (Montag, lunedi, lunes, lundi).

Da es der christliche Monotheismus ja auch nicht leicht hat mit anderen Göttern zur Namensgebung, beharren die romanischen Sprachen für die weiteren Wochentage auf römischen Göttern (Mars, Merkur, Jupiter/Jovis, Venus und Saturn) während das Deutsche wacker halbwegs seine Wochentage als germanisches Kulturerbe verteidigen kann. Dienstag = Ziosdtag/Ziestag; Mittwoch ging verloren, denn es war als Tag dem Gott Wodan geweiht (ursprünglich Odinsdagr/Wodanstag); Donnerstag = Thorstag; Freitag = Freyastag; und im Samstag (norddeutsch: ⇨ *Sonnabend*) kommt dann doch wieder der Sabbat durch, der Tag, an dem eigentlich die Arbeit ruhen soll.

Das ist insoweit erstaunlich, da die Monatsnamen insgesamt der römischen Tradition entsprechen.

Wolf: *„Ein Wolf im Schafspelz"*: *Jemand der seine wahren (bösen) Absichten verbirgt, ein Scheinheiliger.* „Sehet euch vor, vor den falschen Propheten, die in Schafskleidern zu euch kommen, inwendig aber sind sie reißende Wölfe." (Mt 7, 15) Das Jesus-Wort diente nicht nur als Inspirationsquelle zum Märchen von „Rotkäppchen und dem böse Wolf". Es beschreibt auch bestens die Verhaltensmuster der christlichen Missionare, die allzu häufig „Nächstenliebe" mit dem Schwert der sie begleitenden Soldaten zu predigen pflegten.

Wünsche kann man zwar viele haben, aber ein besonderer ist dann schon ein *„frommer Wunsch"*, d.h. – wie es die Lebenserfahrung besagt – vergeblich.

Wüste: *„Jemanden in die Wüste schicken"*: *jemanden die Schuld geben und entlassen, fortschicken.* Die Redewendung geht auf alttestamentarische Vorstellungen zurück. Im 3 Mose 16, 21ff. wird beschrieben, dass ein mit den Sünden des jüdischen Volkes beladener Bock am Versöhnungstag in die Wüste gejagt wurde (⇨ *Sündenbock*).

Zahl: *„Die Zahl (der …) ist Legion"*: *Von (…) gibt es unermesslich viele Exemplare.* Die Redewendung geht zurück auf Mk 5, 9 bzw. Lk 8, 30. Dort antwortet der „unreine Geist", der einen Kranken befallen hat, auf die Frage nach seinem Namen, er heiße „Legion", was wohl bedeuten soll, dass der Körper des armen Menschen angeblich nicht nur von einem, sondern von unendlich vielen bösen Geistern, sprich: ⇨ *Dämonen*, befallen ist. Als größte militärische Einheit war die Legion des antiken Roms eine (gefürchtete) Vielzahl von Soldaten.

Zeit: (1) „*Die Zeichen der Zeit erkennen*": *Die gegenwärtige Situation in Hinblick auf zukünftige Entwicklungen richtig einschätzen können.* Geht zurück auf Mt 16, 3: „…könnt ihr dann nicht auch über die Zeichen der Zeit urteilen?"
(2) „*Das Zeitliche segnen*": *sterben (Personen), entzwei gehen (Gegenstände etc.).* Die Redewendung wird auf einen alten Brauch zurückgeführt, demzufolge ein Sterbender die 'zeitlichen', also irdisch-vergänglichen Dinge, die er auf Erden zurückließ, segnete, um sich auf diese Weise von ihnen zu verabschieden.

Zepter: „*Mit eisernem Zepter herrschen/regieren*": *etwas sehr streng leiten bzw. regieren.* Geht zurück auf Psalm 2, 9, wo es heißt: „Du sollst sie mit einem eisernen Zepter zerschlagen." (⇨ Autorität)

Zucht hat viel mit der ⇨ Fort*pflanzung* und der Mentalität von kulturell unterentwickelten Hirtenvölkern zu tun und so weist dem wahren Christen der Weise Salomon in seinen Sprüchen den richtigen Weg: „Wer Zucht liebt, der wird klug; aber wer Zurechtweisung hasst, der bleibt dumm." (12, 1) „Ein weiser Sohn liebt Zucht; aber ein Spötter hört selbst auf Drohen nicht." (13, 1). Was heißt das nun aber für Vater und Mutter? „Wer seine Rute schont, der hasst seinen Sohn; wer ihn lieb hat, der züchtigt ihn beizeiten." (13, 24) Also immer feste drauf gehauen und geschlagen, das nennt sich christliche ⇨ Erziehung, bei der es – Jesus am Kreuz sei unser Vorbild! – nun mal nicht ohne Schmerzen geht.

Zuchtrute war ein fester Bestandteil der christlichen Erziehung (⇨ *Zucht*) und des christlichen Brauchtums. Auch der ⇨ Weihnachtsmann hatte die Rute dabei und die Kinder mussten ehrfürchtig bitten: „Lieber, guter Weihnachtsmann, schau mich nicht so böse an. Steck die Rute wieder ein, ich will auch immer artig sein." Bis das Schlagen der Schüler in Deutschland verboten wurde, war anstelle der Rute bei den Lehrern das harte Lineal oder der Rohrstock für die „Züchtigung" beliebt. Die Kinder in den christlichen Kinderheimen der deutschen Nachkriegszeit haben die „Schläge im Namen des Herrn" durch die Nonnen und Pater leibhaftig erlitten.

zum Teufel gehen, schicken, wünschen: Der ⇨ *Teufel* wird hier unter dem Gesichtspunkt der Negation gesehen. Wenn also z.B. die ⇨ <u>Lust</u> zum Teufel gegangen ist, dann ist sie eben nicht ⇨ *teuflisch* gut, sondern schlicht abhanden gekommen.

2. Teil

„Hauptwaschgang"

Komplexe, Begriffe, Hintergründe

A

Aberglaube: Von den Amtskirchen nicht als offizielle Glaubenselemente lizenzierte magische Vorstellungen wie Horoskope, Wünschelrutengänger, Esoterik, Numerologie etc.

Wie „Hochverrat" so ist aber auch der 'Aberglaube' eine Frage des Datums. Über die Jahrhunderte hinweg hat das Christentum zahlreiche heidnische Vorstellungen in die eigene Glaubenswelt integriert. Wie die „Borg" aus der Star-Trek-Saga assimilierte das Christentum jede heidnische Kultur, derer sie habhaft werden konnte. Widerstand war zwecklos. „Heidnische" Riten, die nicht vernichtet werden konnten, wurden über kurz oder lang Bestandteil des legitimen christlichen Glaubens bzw. Brauchtums (⇨ *Ostern*; ⇨ *Tannenbaum* etc.).

Besonderer Kritikpunkt am volkstümlich beliebten und praktizierten Aberglauben ist – aus der Sicht der Kirchen –, die Tatsache, dass die magische Konkurrenz des Aberglaubens „das Heil" in die eigene Verfügungsgewalt nimmt, denn: „Eine abergläubische Einstellung lässt das Vertrauen darauf vermissen, dass der Mensch allein von Gottes Liebe und Güte getragen ist und von ihm allein sein Heil erwarten darf. Aberglaube verhindert so eine personale Gottesbeziehung; der Mensch flüchtet sich in eine Scheinwelt." (*Katholischer Erwachsenen-Katechismus*, S. 200) Demnach spricht anscheinend alles dafür, dass der christliche Glauben sehr real ist.

Abstinenz: (1) gegenüber Drogen, Alkohol etc.: Der Gott der Juden, Christen und Muslime will nicht nur keine anderen Götter neben sich haben (Zweites der christlichen Zehn ⇨ *Gebote*), sondern auch keine anderen Drogen. Religion soll das einzige „Opium des Volkes" sein, das die Menschen betäuben und sie über das irdische ⇨ *Jammertal* hinwegtrösten kann.

Mohammed & Co. ächteten deshalb den Alkohol als Teufelsgebräu, stellten aber immerhin in Aussicht, dass die Gottgefälligen später im Paradies den besten Wein verküsten könnten. Die Christen wiederum versuchten das vorgebliche Teufelszeug unter Kontrolle zu bekommen, indem sie das Bier selber brauten und lange Zeit ihr Monopol auf kommerzielle Schnapsbrennereien und Weingüter verteidigten, die hübsche

Gewinne abwarfen. Darüber hinaus bemühten sie sich energisch, den drogenbedingten Rausch einzudämmen. So trieb Papst Innozenz VIII. in seiner 'Hexenbulle' von 1484 das Verbot von Cannabis voran. 1912 wurden unter Vorsitz von Bischof Brent im Rahmen des *Haager Abkommens* Opium, Kokain und Morphium geächtet und die Grundlagen für die restriktive Drogenpolitik des 20. Jahrhunderts geschaffen. Als jedoch vor einigen Jahren festgestellt wurde, dass Weihrauch psychoaktive Substanzen enthält, war von den kirchlichen Drogenwächtern kein Ton zu hören.

(2) sexuelle Abstinenz: ⇨ <u>Enthaltsamkeit</u>

Abtreibung: Das Selbstbestimmungsrecht jeder Frau („Mein Bauch gehört mir!") ist immer noch ein sehr emotionales Thema. „Was Gott gegeben, darf der Mensch nicht nehmen", lautet die Parole der christlichen LebensschützerInnen. Die Liberalisierung des Schwangerschaftsabbruchs hat ihrer Ansicht nach zu einer „Kultur des Todes" geführt. Deshalb begrüßten sie es enthusiastisch, dass Papst Johannes Paul II. den kirchlichen Beratungsinstitutionen untersagte, weiterhin den Beratungsschein auszustellen, der einen legalen Schwangerschaftsabbruch legitimiert: „Hätte der Papst sein Placet zum Beratungsschein gegeben, so hätte er damit seine Kirche (und unsere gesamte Gesellschaft) an die Kultur des Todes ausgeliefert. Das aber käme einer Zustimmung der Kirche zum Selbstmord unserer Gesellschaft gleich, und das wiederum wäre eine Todsünde gegen Gott, der das Leben will und der die Liebe ist." So die katholische Bestsellerautorin und Herausgeberin des *Rheinischen Merkur* Christa Mewes (Mewes, *Täuschender Schein*).

Die christlichen „Lebensschutzorganisationen" – gleich ob katholisch, protestantisch oder evangelikal geprägt – treten ein für ein generelles Abtreibungsverbot bei Strafandrohung, sie idealisieren die bürgerliche Familie und propagieren sexuelle Enthaltsamkeit bis zur Ehe. Vermittelt werden diese „heiligen Werte des Abendlandes" in der Regel auf höchst unsachliche Weise – mit dramatisch belichteten Bildern, rührenden Anekdoten, unzulässigen Generalisierungen und pseudowissenschaftlichen Hintergrundinformationen. Doch was soll man schon erwarten von Leuten, die glauben, ein Herzschlag sei bereits ein „schlagender Beweis für das Menschsein von Anfang an"? (Nach dieser Logik wäre jeder lebende Frosch ein Mensch!) Logisches Denken ist nicht unbedingt eine Stärke der christlichen LebensschützerInnen. Und so werden wir wohl damit leben müssen, dass sie weiterhin ihre Stände in den Innenstädten aufbauen und pathetische Reden vor Bildern zerstückelter Embryonen halten.

Doch soll man sich darüber wirklich aufregen? Ist ein Lebensschützer, dessen Sonntagsbraten mit Sicherheit dereinst über größeres Bewusstsein verfügte, als die Embryonen, für die er sich einsetzt, nicht ein fast schon liebenswertes Bild seiner eigenen Unzurechnungsfähigkeit?

Gewiss, doch sollte man bei der durchaus amüsanten Don Quichotterie der christlichen LebensschützerInnen nicht das Schicksal der vielen Frauen übersehen, die sich – und sei es nur unbewusst – von der christlichen Propaganda des „Menschen von Anfang an" fangen lassen und die in der Konsequenz den ohnehin nicht angenehmen Schwangerschaftsabbruch zusätzlich mit schrecklichen Gewissensbissen bezahlen müssen. Die psychischen Schäden, die AbtreibungsgegnerInnen auf solche Weise mit ihrem manipulierten Material anrichten, sind in der Tat nicht zu unterschätzen. Bei all dem gilt festzuhalten, dass die in unseren Breitengraden häufiger anzutreffenden psychopathogenen Schuldgefühle keine natürlichen Reaktionen auf Schwangerschaftsabbruch sind (dies belegen Studien zum seelisch unkomplizierten Verlauf von Schwangerschaftsabbrüchen bei Naturvölkern!), sondern ausschließlich Folgeerscheinungen frauenverachtender Lebensschutz-Propaganda. Insofern ist das von Lebensschützern häufig benutzte Argument, Frauen sollten von einem Schwangerschaftsabbruch absehen, weil sie diesen eventuell mit schwerwiegenden psychischen Problemen zu bezahlen haben, nicht einmal falsch – sondern einfach nur zynisch.

Achse des Bösen: ⇨ das Böse

Agnostiker: *Ein Mensch, der wie Sokrates weiß, dass er nichts mit Sicherheit weiß*, was wiederum – wie wir mit einiger Sicherheit behaupten dürfen – ein weit sichereres Wissen ist als das Wissen derer, die so unsicher sind, dass sie den wissensfreien Glauben an sicheres Wissen nicht aufzugeben bereit sind (⇨ Dogma).

Möglicherweise ist ein Agnostiker für einen wahren Gläubigen sogar eine größere Bedrohung als ein ⇨ Atheist. Denn während der (theoretische) Atheist die Existenz Gottes bestreitet, sich aber immerhin auf die Sprachspiele der Diskussion mit Gläubigen einlässt, ist für den Agnostiker schon das Nachdenken und Streiten über die Existenz oder Nichtexistenz Gottes ein sinnloses Unterfangen. Von daher verwundert es nicht, dass Agnostiker sich in der von Gläubigen aller Art dominierten Weltgeschichte keiner allzu großen Beliebtheit erfreuten. Den Hass der Gläubigen bekam bereits Sokrates zu spüren, der – wie viele nach ihm –

132

der ⇨ Gotteslästerung für schuldig befunden wurde und seine konsequente Haltung mit dem Leben bezahlen musste.

Antisemitismus: ⇨ Judenhass

Apokalypse: Der Begriff „Apokalypse" bedeutet eigentlich nur „Offenbarung, Enthüllung" (von griechisch: apokalypsis). Da die berühmteste Apokalypse jedoch die des Johannes ist („Johannesapokalypse" = abschließender Teil des „Neuen Testaments") und Johannes wähnte, das Weltenende gesehen zu haben, assoziieren heute viele mit dem Begriff „Apokalypse" automatisch eine endzeitliche Katastrophe (siehe auch den berühmten Coppola-Film *Apocalypse now*). Das liegt sicherlich nicht zuletzt daran, dass Johannes den finalen Endzeitkampf – während dessen die Menschheit von allerlei Plagen heimgesucht wird, Gott über die Menschen und die „Hure Babylon" richtet und schließlich das neue, „himmlische Jerusalem" ausruft – auf überaus dramatische Weise schildert.

Trotz oder vermutlich sogar *wegen* seiner kaum noch steigerungsfähigen Brutalität gilt die Offenbarung des Johannes – so Evangelische und Katholische Kirche seltsam einmütig in ihrem Vorwort zur Einheitsübersetzung der Apokalypse – als „Zeugnis des unerschütterlichen Glaubens an den Sieg Christi und seiner Getreuen", ja sogar als „das große Trost- und Mahnbuch der Kirche". Zweifellos: Man muss der Johannesapokalypse zugestehen, dass sie einen fulminanten Showdown liefert, der alles, was sonst in der Bibel an Ungeheuerlichkeiten geschrieben steht, weit in den Schatten stellt. So ist es auch nicht verwunderlich, dass die Apokalypse (wie kaum ein anderes Werk der Weltliteratur!) für Filmproduktionen gleich dutzendweise herhalten musste. Keine Frage: Wenn der (oder die) Autor(en) der Johannes-Offenbarung heute noch lebte(n), würde Hollywood ihn/sie als Drehbuch-Autor(en) mit einem Ehren-Oscar auszeichnen.

Apokalyptische Denkmuster erfreuen sich heute aber nicht nur in den Medien zunehmender Beliebtheit (Filme, Bücher, Computerspiele etc.), sondern auch in der Politik (vgl. Trimondi, *Krieg der Religionen*). Insbesondere christliche und muslimische Endzeitprediger rüsten sich derzeit für den „finalen Endkampf zwischen Gut und Böse". Dass „Offenbarung" im Griechischen „Apokalypse" bedeutet , könnte daher möglicherweise doch noch einen erschreckend realen Sinngehalt entfalten: Während nämlich die „apokalyptischen Reiter" früherer Generationen den Weltuntergang bloß herbeisehnen konnten, stehen ihren heutigen Nachfahren die technologischen Mittel zur Verfügung, um ihre Wahnideen zumindest teilweise Wirklichkeit werden zu lassen. So könnte die Apokalypse (im Sinne von „Offenbarung") tatsächlich zu einem wesentlichen Motor der Apokalypse (im Sinne von „totaler Katastrophe") werden.

Astrologie: *Erkenntnisfreie „Sternenkunde" für Leute, die entgegen aller Tatsachen annehmen, dass irgendetwas in den Sternen „geschrieben steht".* Biblisch lässt sich die Astrologie allerdings begründen: Am ersten Tag hat der HERR das ⇨ *Licht* angemacht, am zweiten Wasser und Erde getrennt, am dritten Gras und Kraut, Bäume mit Früchten geschaffen, und am vierten Tag machte er „zwei große Lichter: ein großes Licht, das den Tag regiere, und ein kleines Licht, das die Nacht regiere, dazu auch die Sterne. Er setzte sie an die Feste des Himmels, dass sie schienen auf die Erde und den Tag und die Nacht regierten und schieden Licht und Finsternis." (1 Mose 1, 16-17). Entsprechend heißt es in Psalm 8, 4: „Seh' ich den Himmel, das Werk deiner Finger. Mond und Sterne, die du befestigt [...]." Lange Rede kurzer Sinn: Da also der HERR die Sterne dort oben am Himmelszelt befestigt hat (übrigens eine typische Betrachtungsweise nomadisierender Beduinen in ihren Zelten!), muss das Ganze auch einen Sinn haben! Warum sonst sollte der HERR diese schönen Sternenbilder für uns gebastelt haben? Aus purer Langeweile? Wohl kaum. Dass Gott uns mit den Sternenbildern etwas mitteilen wollte, „wussten" doch schon die „Heiligen Drei ⇨ Könige" (immerhin fanden sie – angeblich – mit Hilfe des „Sterns von Bethlehem" die Krippe des kleinen Jesuskindes!). So verwundert es nicht, dass die Astrologie (⇨ Esoterik) zum festen Bestandteil des christlichen Volksglaubens avancierte, obwohl bei aufgeklärter Betrachtung „das Muster eines Sternbildes keine größere Bedeutung hat, als ein feuchter Fleck an der Badezimmerdecke":

„Man beachte, wie wenig es demnach bedeutet, wenn man sagt, Neptun trete in den Wassermann ein. Der Wassermann ist eine unzusammenhängende Gruppe von Sternen, die ganz unterschiedlich weit von uns entfernt sind und untereinander in keinerlei Beziehung stehen, abgesehen davon, dass sie ein bedeutungsloses Muster bilden, wenn man sie von einem bestimmten (nicht sonderlich außergewöhnlichen) Ort in der Galaxis (nämlich von der Erde aus) betrachtet. Ein Sternbild ist kein Gebilde und damit ist es auch nicht etwas, in das Neptun oder irgendwer sonst 'eintreten' könnte." (Dawkins, *Der entzauberte Regenbogen*, S. 158)

So absurd die Astrologie auch dem gesunden Menschenverstand erscheint: Kaum eine Tageszeitung oder Illustrierte kommt heutzutage ohne den Blödsinn der Horoskope aus. Wie es scheint, ist der eingepflanzte

Kinderglaube an die gute Führung durch höhere Mächte auch im 21. Jahrhundert noch ungebrochen.

Atheist: Häufig übersetzt als „Gottesleugner", was jedoch einigermaßen unsinnig ist, da man nur etwas leugnen kann, was erwiesenermaßen existiert oder zumindest irgendwann einmal existiert hat. (Ansonsten wäre die Welt voller Hexen-, Kobold- oder Katzenentenschweinefantenbär-Leugner etc.) In dieser Leugnungs-Sichtweise müsste es eigentlich Antitheist heißen – die weiterhin bestehende Anbindung an das Christentum wird dadurch besser deutlich –, denn der „Atheist" ist eigentlich der „Gottlose", d.h. jemand, dem Gott gleichgültig ist, der ihn nicht (mehr) interessiert. Aus kirchlicher Sicht ist das allerdings das Schlimmste, was passieren kann.

Atheismus tritt in zwei idealtypischen Varianten auf: 1. als theoretischer Atheismus (der besagt, dass es an sich keinen Gott gibt bzw. geben kann, was jedoch leicht ebenfalls zu einem ⇨ Dogma ausarten kann); 2. als praktischer Atheismus (der besagt, dass es für uns angesichts der Datenlage und der Geschichte religiöser Bewegungen nicht sinnvoll ist, von der Existenz eines Gottes auszugehen). Zu diesem praktischen Atheismus bekennen sich häufig auch ⇨ Agnostiker.

Ausrottung: Ähnlich einem Gärtner, der das „Unkraut" in seinem Garten „mit Stumpf und Stiel ausrottet", verfuhr auch schon ⇨ Gott: „Wenn aber ein Männlicher nicht beschnitten wird an seiner Vorhaut, wird er ausgerottet werden aus seinem Volk, weil er meinen Bund gebrochen hat." (1 Mose 17, 14). Solche Ausrottungsgründe gibt es noch einige weitere.

✘ *Falsche Bäckerei*: „Denn wer gesäuertes Brot isst, der soll ausgerottet werden aus der Gemeinde Israel" (2 Mose 12,19)

✘ *Falsche Salbe*: „Wer solche Salbe macht oder einem Unberufenen davon gibt, der soll aus seinem Volk ausgerottet werden." (2 Mose 30, 33)

✘ *Sonntagsarbeit:* „Darum haltet meinen Sabbat, denn er soll euch heilig sein. Wer ihn entheiligt, der soll des Todes sterben." (2 Mose 31, 14) „Und wer an diesem Tage irgendeine Arbeit tut, den will ich vertilgen aus seinem Volk." (3 Mose, 23, 30)

✘ *Als 'Unreiner' vom Altaropfer essen:* „Wer aber essen wird von dem Fleisch des Dankopfers, das dem HERRN gehört, und hat eine Unreinheit an sich, der wird ausgerottet werden aus seinem Volk." (3 Mose 7, 20)

✘ *Blutwurst essen:* „Jeder, der Blut isst, wird ausgerottet werden aus seinem Volk." (3 Mose 7, 27)

✖ *Sexualität mit den falschen Menschen*: „Alle, die solche Greuel tun, werden ausgerottet werden aus ihrem Volk." (3 Mose 18, 29) (⇨ Todesstrafe)

✖ *Geisterbeschwörung und Zeichendeuterei*: „Wenn sich jemand zu den Geisterbeschwörern und Zeichendeutern wendet, dass er mit ihnen Abgötterei treibt, so will ich mein Antlitz gegen ihn kehren und will ihn aus seinem Volk ausrotten." (3 Mose 20, 6)

✖ *Geschlechtsverkehr während der Menstruation*: „Wenn ein Mann bei einer Frau liegt zur Zeit ihrer Tage und mit ihr Umgang hat und so den Brunnen ihres Blutes aufdeckt und sie den Brunnen ihres Blutes aufdeckt, so sollen beide aus ihrem Volk ausgerottet werden." (3 Mose 20, 18)

✖ *Essen während der Fastenzeit*: „Denn wer nicht fastet an diesem Tage, der wird aus seinem Volk ausgerottet werden." (4 Mose 16, 30)

✖ *Berührung eines Toten*: „Wenn aber jemand irgendeinen toten Menschen anrührt und sich nicht entsündigen will, so macht er die Wohnung des HERRN unrein, und solch ein Mensch soll ausgerottet werden aus Israel." (4 Mose 19, 13)

✖ *„Bosheit"*: „Denn die Bösen werden ausgerottet, die aber des HERRN harren, werden das Land erben." (Ps 37, 9) „Denn die Gesegneten des HERRN erben das Land; aber die die er verflucht, werden ausgerottet." (Ps 37, 29)

✖ *Gottlosigkeit, Treulosigkeit*: „Aber die Gottlosen werden aus dem Land ausgerottet und die Treulosen daraus vertilgt." (Spr 2, 22)

✖ *Judenfeindschaft*: „Und der Neid Ephraims wird aufhören und die Feindschaft Judas ausgerottet werden..." (Jes 11, 13)

✖ *Geldwechsler*: „...denn das ganze Krämervolk ist dahin, und alle, die Geld wechseln, sind ausgerottet." (Zef 1, 11)

Ach ⇨ *Herrje!* Wir sind nicht beschnitten, essen das falsche Brot, kaufen bestimmt nicht die richtige Salbe, arbeiten manchmal auch Sonntags, fasten nicht zu den vorgeschriebenen Zeiten, haben dem toten Opa über die Wange gestreichelt und ob wir immer nur Sexualität mit den richtigen Menschen hatten? Also: Wir gehören im Namen der ⇨ Liebe ausgerottet!

Ausrufe: Der umständlich klingende Sammelbegriff „Ausrufe" erfasst die jeweils nur wenigen Worte (häufig nur ein einziges Wort) der Flüche, Verwünschungen, Überraschungsausdrücke – also jene „Kraftwörter", die wir als Kinder nicht aussprechen durften, auch wenn Vater, Onkel und größere Brüder „herrgottslästerlich" fluchten, Mutter allerdings nicht: „Das gehört sich nicht."

Diese Ausrufe sind sehr plötzlich, emotional und kaum intellektuell 'kontrolliert'. Die Vermutung, dass sich in diesen spontanen Äußerungen gesellschaftlich und individuell Unterdrücktes seinen Weg nach außen sucht, ist dementsprechend naheliegend. Auffallend ist dabei, dass die US-amerikanische Gesellschaft – mit einer ausgeprägten Doppelmoral von offizieller Prüderie und gedruckten Obszönitäten unter dem Ladentisch – ihre Hauptflüche aus der Sexualität bezieht: Fuck!, Fuck You! (Fick dich selber, Scher dich fort), Mother Fucker! (Mutterficker). Im deutschen Kulturkreis sind es hingegen zwei andere Bereiche, die anscheinend unter alltäglicher Verklemmung leiden. Zum einen sind es Wörter aus dem Fäkalienbereich und zum anderen – und vorwiegend – aus der christlichen Glaubenstradition.

Das alltägliche Fluchen „Arschloch!" bzw. „Scheiße!" ist theologisch sicherlich relativ neutral, ebenso wie „Verpiss dich!". Bei „Verdammte Scheiße!" wird es schon biblischer und rein christlich sind: ⇨Ach, Herrje! ⇨Alles Gute kommt von oben! ⇨Da haben wir den Segen! ⇨Heilig's Blechle! ⇨Heiliges Kanonenrohr! ⇨Herrgottsakrament! ⇨Herrjemine! ⇨Himmel, Arsch und Zwirn! Himmelsakrament!, Jesses! ⇨Jessemaria! ⇨Kruzitürken! ⇨Gott, oh Gott! ⇨Pfui, Teufel! ⇨Sakra!, Verdammt noch mal! ⇨Verdammt und zugenäht!

Es ist nicht überraschend, dass diese Verwünschungen überwiegend in verkürzter Form erfolgen. Zum einen wird es dadurch sprachlich schärfer, betonter, und zum anderen wird damit verschleiert, wie man das Heilige in den Mund nimmt, nämlich recht oder verdammt abfällig.

Der ⇨Teufel kommt nur selten vor, Gott und die Sakramente häufiger. Das erscheint verwunderlich. Welcher Druck wird damit gleichzeitig abgelassen und artikuliert?

Autorität: *die zwingende Macht eines (vermeintlich) Überlegenen, der man sich (angeblich) unterordnen muss.* Nach christlicher Auffassung ist selbstverständlich ⇨Gott, der legendäre „Schöpfer der Welt", die Autorität über allen Autoritäten. Weltliche Autorität (beispielsweise die Autorität der Eltern gegenüber den Kindern, des Chefs gegenüber den Angestellten) gilt als von Gott verliehen und daher per se schützenswert. Deshalb plädieren authentische Christen wie der Kölner Erzkatholik Prof. Dr. Dr. Peter Berglar für eine „moralische und praktische Wiederaufrüstung der Erziehung", die nur mittels einer ordentlichen Portion Autorität wieder auf den von Gott vorgegebenen Weg gebracht werden könne: „Jeder Autoritäts-Träger trägt Geliehenes – das an Autorität nämlich, was ihm aus jener göttlichen Fülle zugeteilt ist. Weil der Mensch ein 'ahnendes Wissen' von Heil und Vollendung, vom Gleichgewicht harmonischer Ordnungen in seiner Seele trägt, vermag er einerseits als Vater und Mutter, als Priester, als Regierender und Anleitender zum Überbringer, Vermittler und Bewahrer dieses Wissens zu werden und andererseits – davon nicht zu trennen – dieses auch als solches zu erkennen und anzunehmen. Weil es göttliche Herrschaft gibt, kann es irdische Regierungen geben." (Berglar, *Autorität*, S. 19)

Der christliche Psychotherapeut G.J.M. van den Aardweg sekundiert: „Entgegen anderslautenden Trends ist und bleibt in der Erziehung [...] Gehorsam ein wichtiger Wert. [...] Er beginnt in der Familie: Eltern dürfen sich nicht scheuen von ihrem Kind etwas zu verlangen, was es nicht gerne tut ... durch Gehorsam erst lernt das Kind, dass es sich Geboten, die befolgt werden müssen, beugen muss. Eine Erziehung, die den Gehorsam nicht ausklammert, fördert entscheidend eine demütige Haltung, die zu einer reifen Persönlichkeit gehört." (van den Aardweg, *Erziehungsziel Glück*, S. 94)

Das sahen und sehen nichtchristliche Psychologen und Pädagogen freilich ganz anders. Erich Fromm beispielsweise forderte eine Erziehung zu produktivem Ungehorsam, eine Erziehung zum aufrechten Gang, die Menschen dazu befähigen solle, irrationale Autoritäten zu überwinden, anstatt in ⇨ <u>Demut</u> vor ihnen zu erstarren.

B

Bergpredigt: Insbesondere die sog. „Bergpredigt" wird immer wieder gerne zitiert, um den humanen Kern des Evangeliums und des Christentums hervorzuheben. Das wäre in Ordnung, wenn es nicht mehrere Einwände gäbe.

1. Herkunft: Die berühmten neun „Seligpreisungen" (Selig sind die da geistlich arm sind etc. – Mt 5, 1 ff.) gehen nicht auf Jesus zurück. Sie lauten bei Lukas anders und sind nicht nur eine Parallele zu den Schriften der Essener von Qumram, sondern auch zu dem Buch Henoch. In jüngster Zeit hat man auch erstaunliche Parallelen zu den Weisheitssprüchen kynischer Wanderprediger (Anhänger des heidnischen „Diogenes aus der Tonne") aufdecken können, die Anfang des ersten Jahrhunderts das sog.

„Heilige Land" erreichten (Doherty, *Jesus-Puzzle*). Bei der Bergpredigt handelt es sich also um eine Sammlung von Sprüchen, von denen man nicht weiß, wann und von wem sie an wen gerichtet wurden (vgl. Augstein, *Jesus Menschensohn*, S. 157). Bezeichnend ist, dass die Evangelisten sich sogar sehr uneins sind, wo denn diese „Bergpredigt" stattgefunden haben soll. Matthäus (Kap. 5-7) lässt Jesus dazu tatsächlich auf einen Berg steigen, bei Lukas steigt er zu seiner vergleichsweise sehr viel kürzeren Ansprache ausdrücklich vom Berg herunter und „trat auf ein ebenes Feld" (6, 17), also eine „Feldpredigt". Markus und Johannes erwähnen diese so zentrale „Friedenspredigt" überhaupt nicht.

2. *Strafandrohungen:* Selbst in der „Bergpredigt" finden sich jene typisch christlichen Höllendrohungen, „deren unheilvolle, psychisch verheerende Wirkung in der Geschichte des Christentums auf unzählige Menschen gar nicht übertrieben werden kann." (Buggle, *Denn sie wissen nicht*, S. 98) So wird das harmlose, versteckte, lüsterne Betrachten einer verheirateten Frau, auf eine Weise interpretiert, die jedes FundamentalistInnen-Herz vor Entzückung höher schlagen lässt: „Wenn dich dein rechtes Auge zum Bösen verführt, dann reiß es aus und wirf es weg! Denn es ist besser für dich, dass eines deiner Glieder verloren geht, als dass dein ganzer Leib in die Hölle geworfen wird." (Mt 5, 27-30).

Böse, das: Gegenbegriff zu: das ⇨ Gute. Ausdruck eines naiv moralisierenden, gespaltenen Weltbildes (⇨ Dualismus), in dem im wahrsten Sinne des Wortes alles „dämonisiert" wird, was irgendwie „ungehörig" erscheint und sich der eigenen Erkenntnisfähigkeit entzieht.

Herkunft des Bösen: Das Böse kam nach christlicher Auffassung in die Welt durch den sog. „Sündenfall". Für den Christen versteht sich von selbst, dass das Böse nicht vom „lieben Gott" gewollt war (⇨ A und O), denn der kann in seiner allumfassenden Güte weder böse sein noch irgendetwas Böses erschaffen. Aber aus Gründen, die nur Gott weiß (⇨ Geheimnis des Glaubens), nahm der Schöpfer das Böse billigend in Kauf, als er Engel und Menschen mit der sog. ⇨ Willensfreiheit ausstattete. Zwar wusste der Allmächtige und Allwissende, dass willensfreie Individuen per Definition eigensinnig sind, er liebte aber seine Geschöpfe so sehr, dass er dieses Risiko einging, auch wenn er dadurch (zeitweilig, denn am Ende wird ja alles wieder gut!) die Harmonie seiner Schöpfung aufs Spiel setzte. Und so geschah, was geschehen musste: Als sich ein Teil der Engel gegen Gott auflehnte und Adam und Eva von der verbotenen Frucht naschten, geriet die Schöpfung aus den Fugen. Das genuin Böse war entstanden und es wirkt bis zum heutigen Tage fort.

Anatomie des Bösen: Das Böse – so versichert uns die Deutsche Bischofskonferenz – ist nicht nur „Ausdruck und Folge menschlicher Freiheit", es hat „kosmische Dimension". Es ist also nicht nur *für uns* böse, es ist *an sich* böse. Es ist fürchterlich, grauenerregend, atemberaubend *böse-böse* – nicht nur irgendwie gemein oder unfair. Darüber hinaus ist das Böse auch noch schrecklich raffiniert, denn es will uns verführen, hier und heute, immer und überall. Deshalb muss der Mensch stets auf der Hut sein, die religiösen Gesetze befolgen und das Böse meiden, wenn möglich: vernichten – vor allem, wenn das Böse „Achsen bildet" (US-Präsident Bush), um die guten Menschen vom rechten Weg abzubringen.

Bedeutung des Bösen: Der Glaube an die Existenz des Bösen liefert dem einfach strukturierten Geist hinreichend einleuchtende Erklärungen für den nicht gerade optimalen Zustand der göttlichen Schöpfung (⇨ Theodizee). Indem er missfällige Menschen oder Entwicklungen als „böse" etikettiert, kann der Gläubige „heiligen Zorn" empfinden und sich auf der „sicheren Seite" fühlen. Allerdings hat diese Sicherheit einen hohen Preis. Denn der Mensch, der an das Böse und seine eigene Willensfreiheit glaubt, steht in ständiger Gefahr, selber ⇨ Schuld auf sich zu laden. Schuldgefühle wiederum gelten als Hauptursachen für seelische Störungen. Auch viele säkular denkende Menschen haben sich von der metaphysischen Idee einer aus freiem Willen aufgeladenen, moralischen Schuld nicht wirklich befreien können. Dabei beruht dieses Schuldkonzept auf äußerst 'sandigem' Fundament. Bei Licht betrachtet, also jenseits des religiösen ⇨ *Hokuspokus*, sind Gut und Böse banale, inhaltsleere Begriffe. Nach heutigem Wissensstand verhalten sich Menschen nämlich exakt so, wie sie sich aufgrund ihrer biologischen Prägung und ihrer Lebenserfahrung verhalten müssen. Kaum ein Neurophysiologe von Rang glaubt noch an die sog. ⇨ Willensfreiheit. Damit entfällt aber die empirische Basis für die vermeintlich freie, moralische Entscheidung für oder gegen Gott, für das Gute oder das Böse. Schlimmer noch: Der „liebe Gott" hat kein Alibi mehr, das erklären könnte, warum seine Schöpfung derart aus dem Ruder gelaufen ist.

Realität des Bösen: Ansonsten lassen Darth Vader („Krieg der Sterne") und seine „Heiligkeit" Papst Johannes Paul II. grüßen, der anlässlich seines Besuches (Mitte August 2002) in Polen murmelte, dass der Welt „bisher unbekannte Gefahren bevorstünden" durch „das Geheimnis des

Bösen". Wen oder was auch immer er damit gemeint haben könnte: Da der Papst als ⇨ Exorzist ja bereits mehrfach das Böse in Gestalt des Teufels gesehen hat, wird er wohl gewusst haben, von welcher Teufelei er sprach. Als gewöhnlicher Mensch muss man da richtig doll aufpassen, denn derselbe alte Mann erklärte Ende Januar 2002, dass die Unauflöslichkeit der Ehe Teil der göttlichen Ordnung sei und für jeden gelte. Wer als Anwalt oder Richter an einem Scheidungsverfahren teilnehme, kollaboriere mit dem Bösen! (⇨ *Advocatus Diaboli*)

C

Christen(tum): „Ein guter Christ sein" – das war über Jahrhunderte hinweg identisch mit „ein guter Mensch sein" (⇨ das Gute). Mittlerweile hat sich aber herumgesprochen, dass es sowohl „gute Menschen" gab, die keine „guten Christen" waren, als auch „gute Christen", die keine „guten Menschen" waren. Halten wir uns also lieber an die Fakten: Christen sind Menschen, die trotz Hitler, Hunger, Haarausfall an die Existenz eines allmächtigen, allwissenden und allgütigen Schöpfergottes glauben. Dieser soll nicht nur in sechs Tagen die Welt erschaffen haben, sondern auch seinen „eingeborenen Sohn" (Codename: Jesus Christus) auf Erden gesandt haben, damit dieser „Sohn" von einer historischen Besatzungsmacht auf abscheuliche Weise hingerichtet werde. Durch dieses Menschenopfer, so glauben die Christen, sei die sog. „Erbsünde" gesühnt und der Weg geebnet für ein postmortales Leben in himmlischen Freuden.

Von seinem Ursprung her ist das Christentum eine jüdische Sekte. Als sich die Auffassungen der Christen – insbesondere die Idee des erschienenen Messias – nicht als mehrheitsfähig erwiesen, wandten sie sich entschlossen gegen die Mehrheits-Juden.

Auch wenn das Christentum heute weitgehend theoretisch widerlegt ist, praktisch erledigt ist es seltsamerweise noch immer nicht. Auf der Basis des Satzes: „Mein Reich ist nicht von dieser Welt", entwickelte es sich zu einer der erfolgreichsten Geschäftsideen der Weltgeschichte, insbesondere wenn man bedenkt, dass die erste Filiale des Unternehmens nur aus zwölf Mann und einem Esel bestand. Heute verfügt allein die katholische Firma der christlichen Holding über einen Gesamt-Geschäftsführer (Papst), ca. 150 Prokuristen (Kardinäle), rund 4.500 Abteilungsleiter (Bischöfe), etwa 400.000 Filialleiter (Priester) sowie 800.000 weibliche Hilfskräfte (Nonnen). Wie viele Esel sich darunter befinden, lässt sich empirisch nur schwer ermitteln…

Christentum „light": Nach dem Zweiten Weltkrieg etablierte sich vor allem in Westeuropa eine auf den ersten Blick progressiv erscheinende Version des Christentums, die sich insbesondere in alternativen, pazifistischen Kreisen großer Beliebtheit erfreut. Im Christentum „light" gibt es keine Hölle, keinen Teufel, keine Erbsünde, keine ewige Verdammnis, sondern bloß Friede, Freude, Eierkuchen auf ganzer Linie und für alle Menschen.

Zweifellos: Die Anliegen der 'Weichfilterchristen' (Pazifismus, Umweltschutz [fälschlicherweise deklariert als „Bewahrung der ⇨ Schöpfung"], soziale Gerechtigkeit [fälschlicherweise hergeleitet aus der ⇨ Bergpredigt und den Zehn ⇨ *Geboten*], Überwindung der Ausländerfeindlichkeit etc.) sind per se unterstützenswert. Die Herleitung dieser noblen Ideale aus der christlichen Lehre jedoch ist intellektuell kaum nachvollziehbar. Denn wohlgemerkt: Ohne Hölle, Teufel, Sündenfall, ewige Verdammnis etc. macht die sog. „Erlösungstat" des christlichen Messias keinerlei Sinn! Ein „Weichfilter-Christentum", das aus modisch-opportunistischen Überlegungen heraus glaubt, ohne Teufel und Dämonen auskommen zu können, ist in etwa vergleichbar mit einem Elfmeter-schießen, bei dem die gegnerische Mannschaft gar nicht antritt (vgl. Schmidt-Salomon, *Manifest*, S. 32ff.).

Christus: griech. „der Gesalbte", *der Erlöser* oder *„Messias"*, legendäre Gestalt, auf die sich das Christentum gläubig bezieht. Dieser Christus darf auf keinen Fall mit der historischen Person ⇨ Jesus von Nazareth verwechselt werden, er ist in vielerlei Hinsicht die totale Negation des historischen Jesus. War der historische Jesus (sofern es eine solche Person überhaupt gab) als patriotischer Jude erklärter Feind der Römer, so mutierte der retuschierte Christus zum politisch indifferenten Römerfreund. Ja, die Verfälschung der historischen Wahrheit in den Evangelien (insbesondere im Johannesevangelium) geht soweit, dass aus Pilatus, der stets „kurzen Prozess" mit Verurteilten machte, ein verständnisvoller Zuhörer wurde und für die Ermordung des Rebellen Jesus sein eigenes Volk, die Juden, herhalten müssen (⇨ Judenhass). Auf diese Weise verwandelte sich die antirömische Botschaft, für die der historische Jesus (wie gesagt: sofern es eine solche Person überhaupt gab!) sterben musste, in eine anti-jüdische und – Ironie des Schicksals – die wohl wichtigste Agentur zur

Verbreitung seines angeblichen Gedankenguts – die katholische Kirche – siedelte ihre Zentrale genau an dem Ort an, an dem der jüdische Rebell wohl nur die übelsten Dämonen vermutet hätte: in Rom.

D

Deist: *Ein Mensch, der davon ausgeht, dass sich* ⇨ *Gott (zumindest zum gegenwärtigen Zeitpunkt) nicht (oder nicht mehr) um seine Schöpfung kümmert.* Gründe hierfür könnten sein: Der Tod oder die schwerwiegende Erkrankung Gottes, vollständige Ignoranz Gottes gegenüber dem Leiden seiner Geschöpfe, (vorübergehend) dringendere Geschäfte Gottes (vielleicht ist ER ja in der Pinkelpause) oder aber die (vielleicht weise) göttliche Erkenntnis, dass in puncto Verbesserung des reichlich verkorksten Universums ohnehin Hopfen und Malz verloren sind.

Demut: Demütiges Verhalten kennen wir aus dem Tierreich: Wenn ein Tier unterlegen ist, versucht es mit Hilfe von Demutsgebärden den Rivalen zu besänftigen, um nicht getötet zu werden oder ernsthafte Verletzungen davon zu tragen.

Insofern ist die von Christen als Tugend geforderte Demut vor ihrem Gott nur ein Erbe archaischen Verhaltens, das insofern pervertiert ist, als es sich bei ihrem Gott nicht um einen realen, sondern um einen bloß imaginären Stärkeren handelt. Als Gegensatz zum demütigen, d.h. mutlosen und ehrfürchtigen Verhalten haben Humanisten den sog. „aufrechten Gang" gefordert – eine Haltung, die freien Menschen wohl besser zu Gesichte steht als die Festschreibung permanenter Unterwerfung.

Diebstahl, geistiger: Zur intellektuellen Redlichkeit gehört es, dass man zwischen dem, was im eigenen Kopf entstanden ist, und dem, was man von anderen Autoren übernommen hat, sauber unterscheidet und dafür die jeweilige Quelle angibt. Und das Christentum? Alles geklaut. Nennt es seine Quellen? Oder ist es ein Original?

Es „gibt im Christentum absolut nichts, was nur den geringsten Anspruch hätte auf geistes- oder religionsgeschichtliche Originalität. Denn von seinen zentralsten Gedanken bis zum periphersten Brauch wurde alles von 'Heiden' oder Juden rezipiert: die Predigt vom nahen Reich, die Gotteskindschaft, die Nächsten- und die Feindesliebe, die Messias- und Heilandsidee, die Prophezeiungen des Erlösers, seine Herabkunft, wunderbare Geburt durch eine Jungfrau, Anbetung durch die Hirten, seine Verfolgung schon in der Wiege, seine Versuchung durch den Satan, sein Lehren, Leiden, Sterben (auch am Kreuz), sein Wiederauferstehen (auch am dritten Tag oder nach drei Tagen, also am vierten Tag, denn selbst dieses Schwanken der Evangelien hat seine Ursache offenbar darin, dass man die Auferstehung des Gottes Osiris am dritten, die des Gottes Attis am vierten Tag nach seinem Tod beging), sein leibhaftiges Erscheinen vor Zeugen, seine Höllen- und Himmelfahrt, die Erbsündenlehre, die Prädestinationslehre, Trinität, Taufe, Beichte, Kommunion, die Siebzahl der Sakramente, die Zwölfzahl der Apostel, das Apostelamt, das Amt des Bischofs, des Priesters, des Diakons, Sukzessionen, Traditionsketten, Gottesmutter, Madonnenkult, Wallfahrtsorte, Votivtafeln, Reliquienverehrung, Weissagung, Wunder, wie Wandeln auf dem Wasser, Sturmbeschwörungen, Speisenvermehrungen, Totenerweckungen – wozu die Aufzählung: nichts ist neu!" (Deschner, *Opus diaboli*, S. 126)

Aber genau dieser prall gefüllte Vorratsschrank sich ergänzender wie diametral widersprüchlicher Vorstellungen ist die eigentliche Qualität, da je nach Opportunität die Zitate und Bezüge geändert werden können. Das Christentum ist ein Gemischtwarenladen, von dem nur die ⇨ Theologen oder andere Blinde glauben, dass es aus erster (göttlicher) Hand sei. In Wahrheit aber ist das Christentum eine Second-Hand-Religion.

Diktatur des Genetariats: „Every sperm is sacred / Every sperm is great / If a sperm is wasted / God gets quite irate", sangen die Anarcho-Komödianten von Monty Python, um den katholischen Sinn des Lebens zu verdeutlichen („Jedes Spermium ist geheiligt / Jedes Spermium ist bedeutend / Wenn ein Spermium verloren geht / Wird Gott ganz schön wütend"). In der Tat: In der Fixierung und archaischen Härte, nicht zu tolerieren, dass nur ein einziges menschliches Spermium für die Zeugung (= Weitergabe der Gene) verloren geht, erzwingt das Christentum (vor allem in Gestalt des Katholizismus) eine theologisch verschleierte, aber nicht weniger folgenreiche (⇨ *Weltbevölkerung*) Diktatur der Gene über den Menschen (Genetariat). (Von wegen: *Herrschaft des Geistes!*)

Männer, die gegen das harte Spermaerhaltungsgesetz verstoßen haben (⇨ *Onanie*) sofort auszurotten (und damit ihren Vorrat an Genen zu vernichten), ist im göttlichen Kampf zur Erhaltung des Genetariats zwar bedauerlich, aber ein unvermeidbarer „Kollateralschaden".

Was nun aber, wenn ein katholischer Mann für eine medizinische Untersuchung (beispielsweise zur Abklärung einer möglichen Unfruchtbarkeit) eine Spermaprobe abliefern soll? Onanieren ist ausgeschlossen. Der amerikanische Katholik Charles Panati berichtet über das beachtliche Kunststück, wie diese Spermaprobe doch noch zustande kam. „Ein Theologe empfahl, die Ärzte sollten das Sperma mit Nadel und Spritze direkt aus dem Hoden des Mannes saugen. Rom winkte ab, war doch auch dies nichts anders als 'Samen vergeuden' und gleichbedeutend mit Masturbation. Das Ejakulat eines Mannes durfte nur an einem Ort abgesondert werden: in der Vagina einer Frau. Ein anderer Theologe schlug vor, das unfruchtbare Paar solle unmittelbar vor dem Gang zum Arzt miteinander verkehren. Der Arzt könne dann der Vagina der Frau eine Spermaprobe entnehmen. Dem Papst sagte diese Lösung zu, den Ärzten nicht. Schließlich entschied sich Rom für die Idee, ein leicht durchlöchertes Kondom zu verwenden. Der Mann streift ein Kondom über, das er zuvor mit einer Nadel durchbohrt hat. Die Löcher eröffnen immerhin die *Möglichkeit* einer Zeugung, so dass dem theologischen Imperativ Genüge getan war. Nach dem trickreichen Geschlechtsakt zieht der Mann das Kondom mit dem übrigen Sperma vorsichtig ab, eilt in die Praxis des untersuchenden Arztes und kommt ohne Sünde davon." (Panati, *Populäres Lexikon religiöser Bräuche*, S. 408 f.)

Dogma: griech. „Lehrsatz". *Als unfehlbar gedachter Glaubenssatz, der prinzipiell nicht hinterfragbar ist und somit ewige Gültigkeit beansprucht.*

Mittels Dogmen wird Kritik von der Wurzel her eliminiert. Eine Revision des in sich gefestigten Lehrgebäudes ist kaum möglich. Die Katholische Kirche ging sogar soweit, dass sie sich selbst bzw. dem jeweiligen Papst prinzipielle Unfehlbarkeit in Glaubensfragen dogmatisch attestierte. Der Wissenschaftstheoretiker und Sozialwissenschaftler Hans Albert erkannte hierin zu Recht eine von Ängsten bestimmte Immunisierungsstrategie: „Man darf [...] annehmen, dass Autoritäten, für die eine solche Kritikimmunität beansprucht wird, nicht selten deshalb auf diese Weise ausgezeichnet werden, weil ihre Problemlösungen wenig Aussicht haben würden, einer sonst möglichen Kritik standzuhalten. Je stärker ein solcher Anspruch betont wird, um so eher scheint der Verdacht gerechtfertigt zu sein, dass hinter diesem Anspruch die Angst vor der Aufdeckung von Irrtümern, das heißt also: die Angst vor der Wahrheit, steht." (Albert, *Traktat über kritische Vernunft*, S. 44)

Dreifaltigkeit: Eine überaus seltene, von Gläubigen daher hoch gepriesene Form von „multipler Göttlichkeit", etwa analog zum Krankheitsbild der „multiplen Persönlichkeit". Wäre Gott ein Mensch, müsste man ihn wohl mit starken Psychopharmaka behandeln, denn die Geschichte, die seine Dreifaltigkeit über sich selbst zum Besten gibt, hat es in sich:

Ausgangspunkt war ein böser Streit mit einigen seiner Geschöpfe. Diesen Unfrieden wollte Gott beilegen – nachdem er es einige Male mit Massenvernichtungsaktionen versucht hatte (⇨ *Sintflut*, ⇨ *Sodom und Gomorra*) –, indem er sich selbst in die drei Segmente „Vater", „Sohn" und „Heiliger Geist" aufspaltete und bei all dem dennoch ein und derselbe ungeteilte und seit jeher existierende Gott blieb. Dann sendete er einen Teil seiner Selbst (nämlich den Heiligen Geist) aus, um eine Jungfrau namens Maria (⇨ Leihmutter) zu befruchten (⇨ Missbrauch, sexueller), die neun Monate später einen weiteren Teil seiner selbst (nämlich den Sohn) zur Welt brachte (⇨ Klonen). Der Gottessohn predigte eine Zeitlang in der Umgebung von Jerusalem, trieb Dämonen aus (⇨ Exorzismus) und vollführte gelegentlich kleinere Wunder. Seine eigentliche Bestimmung bestand aber darin, auf abscheuliche Weise hingerichtet zu werden, denn das hatten die Fantastischen Drei (Vater, Sohn und Heiliger Geist) von langer Hand geplant. Warum? Weil allein die Ermordung und Wiederauferstehung des zweiten Ichs (der Sohn) das erste Ich (Vater) über den Sündenfall hinwegtrösten konnte. Wahrscheinlich schüttelt sich der dritte im Bunde (der Heilige Geist) über die groteske Affäre bis heute noch vor Lachen.

Dualismus: *Zweiheit*, *Gegensätzlichkeit*, für das offizielle Christentum konstitutive Lehre, nach der es (trotz bzw. wegen des Monotheismus) zwei voneinander unabhängige, ursprüngliche Prinzipien im Weltgeschehen gibt (das Gute und das Böse).

Die theologische Auffassung, „der Gegensatzbegriff ergibt sich aus elementaren, polaren Größen, die der Mensch schon immer als solche empfunden hat: Tag und Nacht (Gen 1, 5)" (Werlitz, *Geheimnis der heiligen Zahlen*, S. 260), verkehrt Ursache und Wirkung. Jeder Mensch erlebt nicht nur die Extreme Tag (Licht) und Nacht (Dunkelheit) sondern kennt zumindest noch zwei Dämmerungen (Morgens und Abends), die fließend ineinander übergehen und kaum scharf gegeneinander abzugrenzen sind, wie eben die Gegensätze von „Tag und Nacht".

Derartige dualistische Begriffsbildungen sind auch im Alltag weit verbreitet. Für ihre Anordnung gibt es im kulturellen Zusammenhang jeweils feststehende Reihenfolgen, die definieren, welches Wort zuerst genannt wird und welches als zweites. Nur einige Beispiele:

Anfang	und	Ende	Aufstieg	und	Fall
Brot	und	Wein	dick	und	dünn
gut	und	böse	Glanz	und	Elend
Gut	und	Geld	Feuer	und	Wasser
Gott	und	Teufel	Gott	und	die Welt
groß	und	klein	hart	und	weich
hell	und	dunkel	Himmel	und	Hölle
Himmel	und	Erde	hoch	und	tief
Krieg	und	Frieden	Körper	und	Geist
laut	und	leise	Leben	und	Tod
Leib	und	Seele	Licht	und	Schatten
Mann	und	Frau	oben	und	unten
rechts	und	links	richtig	oder	falsch
Sein	oder	Nicht-Sein	Sonne	und	Mond
Tag	und	Nacht	Wahrheit	oder	Lüge

Es hätte sicherlich einen kabarettistischen Effekt, wenn man für die linke Reihe einen inneren Zusammenhang unterstellt und für die innere Stimmigkeit der rechten Reihe ebenfalls. Versuchen Sie doch einfach einmal, aus den Begriffen der beiden Reihen jeweils eine Kurzgeschichte zu formulieren und Sie werden überrascht sein, welche weit verbreiteten Vorurteile und Klischees sich da zusammenfinden.

Die kulturelle Katastrophe liegt indes weniger in den konkreten Verknüpfungen (⇨ Frau, ⇨ Mann) als in dem zugrunde liegenden Weltbild, das sich nur nach den exklusiven Kriterien von „Richtig" oder „Falsch" bzw. „Gut" oder „Böse" orientiert. Wenn etwas entweder richtig oder falsch ist, dann ist z.B. die Sichtweise, dass zwei Standpunkte mehr oder weniger richtig oder falsch sein können, nicht denkbar. Auf diese Weise aber kann die komplexe Wirklichkeit, in der wir leben, nicht mehr angemessen gedeutet werden.

Differenzierungen gelten dennoch weiterhin als Sache des Teufels, denn – so belehrt uns die Deutsche Bischofskonferenz – „der Teufel [ist] der Vater der Lüge (vgl. Joh 8, 44). Er deutet die Wahrheit über den Menschen um, er vernebelt die an sich klare Unterscheidung zwischen Ja und Nein und verwirrt die von Gott gegebene Ordnung der Welt." (*Katholischer Erwachsenen-Katechismus* I, S. 111f.)

E

Ehe: Partnerschaftskonzept, das mit der 'Flankendeckung' von Gesetzen und Wertvorstellungen bzgl. ⇨ Monogamie, ⇨ Treue, ⇨ Sünde und erlaubter ⇨ Lust, mit gnadenlosem Erfolg in der christlichen Welt durchgesetzt wurde. (Haben Sie sich schon einmal überlegt, warum es so einfach ist zu heiraten, und so schwierig [juristisch und finanziell] oder sogar unmöglich ist [kanonisches Recht], sich wieder scheiden zu lassen? Es hat die Dressurlogik von Wachhunden: Sie lassen jeden in die Räume hinein, aber keinen wieder hinaus.)

Vom Wort her bedeutet Ehe schlicht: Vertrag. (Möglicherweise ein Vertrag, vor dem man warnen sollte, denn wie Arthur Schopenhauer in seinen *Aphorismen zur Lebensweisheit* schrieb: „In unserem monogamischen Weltteile heißt heiraten seine Rechte halbieren und seine Pflichten verdoppeln.") Wie dem auch sei: Mit der Vorstellung der Unauflösbarkeit dieser Verbindung hat die Ehe im kirchlichen Bereich den Charakter des Vertrages verloren und wurde konsequent als *Sakrament* (als „göttliche Gnade" vermittelnde Handlung) festgelegt.

Das „heilige Sakrament" der Ehe: Luther, der Reformator, hatte einige Probleme mit amtskirchlich vorgegebenen Sakramenten. Aber die Ehe, die war auch ihm heilig. Und so legte er den heiligen Sachverhalt für die Protestanten sehr eindeutig fest: „Die Ehe ist eine heilige Ordnung Gottes und die von Gott gestiftete und gesegnete lebenslängliche (!) Vereinigung eines Mannes und eines Weibes zur Erhaltung des menschlichen Geschlechts und zur Auferziehung der Kinder für das Reich Gottes" (Luther, *Kleiner Katechismus*, S. 91). Die Katholische Bischofskonferenz, ansonsten kaum eine Fangemeinde Luthers, sah und sieht das ganz ähnlich: „Christen, die in nichtehelichen Gemeinschaften leben und die Ehe grundsätzlich ablehnen, missachten die religiöse Bedeutung der Ehe und verweigern ihrer Gemeinschaft das [⇨] *Geschenk* der sakramentalen [⇨] *Gnade*, das der Ehe zugesagt ist." (*Katholischer Erwachsenen-Katechismus* II, S. 383) Und die ⇨ Kirchenfürsten legen noch einen drauf: „In Menschwerdung, Tod und Auferstehung hat Christus sich seiner [⇨] Kirche geschenkt und sich für sie hingegeben. Nur in diesem [⇨] Geheimnis kann die Ehe als Sakrament verstanden und gelebt werden. Sie ist eine Weise der Christusnachfolge." (*Katholischer Erwachsenen-Katechismus* II, S. 349)

Die Ehe als „Christusnachfolge"? Das wirft ein interessantes Licht auf dieses Partnerschaftsmodell: Muss man das so verstehen, dass man in der Ehe zu ⇨ *Kreuze* kriechen muss? Und wenn ja: Wer? Der Mann oder die Frau? Oder gehen beide dabei drauf?

Der heilige Bund der Ehe: Entgegen der Alltagsmeinung wird die Ehe im christlichen Verständnis letztlich nicht vor dem Traualtar geschlossene, sondern durch die Kopulation im Ehebett. Erst durch die sexuelle Vereinigung werden die Ehegatten zu Mann und Frau. Deshalb kann nach katholischem Verständnis eine vor dem Traualltag vollzogene Ehe nur dann annulliert werden, wenn es nicht zum sexuellen Akt gekommen ist. Katholische Ehepaare, die sich scheiden lassen wollen, müssen also behaupten (= lügen), dass sie niemals Geschlechtsverkehr miteinander hatten – dann wird die Ehe aufgehoben.

Die heilige Monotonie der Ehe: Den christlichen Paaren, in deren Alltag sich allmählich eine Monotonie herausbildet – eine pflichtgemäße Routine des Üblichen oder sogar Langeweile – sei zugerufen: Herzlichen Glückwunsch! Sie sind auf dem richtigen Weg! Die Institution der Ehe hat aus christlicher Sicht die ausgesprochene Aufgabe, die sexuelle ⇨ Lust des Ehepaares zu kanalisieren und zu mäßigen. Sonntagvormittag soll man in die Kirche gehen und nicht kopulieren. Pfui Deibel!

Da sexuelle Lust als ⇨ Sünde festgelegt worden war, brauchte es ein Konzept – schon allein wegen der Fortpflanzung und damit des Fortbestehens einer Gesellschaft –, in dem Sexualität zwar erlaubt, aber auf die technische Notwendigkeit des Kinder-Erzeugens reduziert wurde. Aufgrund der perfekten Umsetzung dieses Triebverzichtmodells wurde übrigens im Oktober 2001 das italienische Ehepaar Quattrocchi als erstes Ehepaar in der Geschichte der katholischen Kirche selig gesprochen (⇨ Enthaltsamkeit).

Die bösen, unheiligen Formen der Ehe: Gar nicht gern haben Geistliche die „wilde Ehe" (ohne Segen von Staat und Kirche), die „Homo-Ehe" (Pfui Teufel! Da wächst zusammen, was nicht zusammengehört!), sowie die „offene Ehe" (Partnerschaft ohne sexuellen Exklusivitätsanspruch). Wer sogar so schamlos ist, eine wilde offene Homo-Ehe zu führen, darf damit rechnen, posthum sofort den Flammen übergeben zu werden.

Ehebruch: Die Annahme der Ehepartner, sie seien einander stets treu geblieben, wird bereits seit geraumer Zeit in der Medizin als klassischer Fall des psychisch bedingten Gedächtnisschwundes zitiert. Zudem ist der Ehebruch („Seitensprung") so alt wie die Ehe selber. Er ist die Hauptquelle des Humors in allen Zivilisationen, die das Konzept der Ehe kennen. Gäbe es keinen Ehebruch, so gäbe es kaum Komödien – auf der Bühne wie im Kino – und Tragödien im Leben.

Basis dieser vielen Komödien und Tragödien aus allen Jahrhunderten ist die christliche Auffassung: „Als schwerer Verstoß gegen die sittliche Ordnung der Ehe gilt in der Kirche von Anfang der Ehebruch. Die kirchliche Tradition zählte ihn neben Glaubensabfall und Mord zu den schwersten Vergehen. (Kapitalsünden)." (*Katholischer Erwachsenen-Katechismus* II, S. 352)

Wer nun aber meint, dass der vollendete Koitus dafür notwendig sei, der kennt den Herrn Jesus Christus nicht, denn der befand in seiner 'friedliebenden' Bergpredigt: „Ich aber sage euch: Wer eine Frau nur lüstern ansieht [⇨ *Freikörperkultur*], hat in seinem Herzen schon Ehebruch begangen." (Mt 5, 28) Aber mutig haben die deutschen Studenten des 19. Jahrhunderts gesungen: „Die Gedanken sind frei!" und so war und wird dann offiziell doch nur der vollendete Koitus als Ehebruch bewertet.

Biblisch betrachtet gab es bei der Kopulation zweier anderweitig Verheirateter nur einen Ehebruch: den der Frau. Der Mann, der mit der Ehefrau eines anderen Mannes kopulierte, beging keinen Ehebruch an seiner eigenen Ehe. Nur allein das besitzrechtliche Denken des Mannes, der keine fremden Kinder ernähren und großziehen will (⇨ Blut), dafür verantwortlich zu machen, greift wahrscheinlich zu kurz. Dann müsste die Frau nach den Wechseljahren eine unbeschwerte ⇨ Sexualität leben können dürfen, da sie keine Kinder mehr bekommen kann. Hintergrund ist wohl eher die Angst der Männer, ihre Frauen könnten ihnen abhanden kommen, wenn ihnen die Chance gewährt wird, Vergleiche anzustellen.

Eheverbote: Nach dem aktuellen Ehegesetz ist in Deutschland die Ehe verboten zwischen Verwandten in gerader Linie [Vater, Mutter, Kinder, Enkelkinder], zwischen vollbürtigen und halbbürtigen Geschwistern [(Stief-)Bruder und (Stief-)Schwester] und zwischen Verschwägerten in gerader Linie [Frau des Bruders und Bruder, Mann der Schwester und Schwester]. Das Vormundschaftsgericht [!] kann von dem Eheverbot wegen Schwägerschaft Befreiung erteilen (⇨ Blutschande). Eine Frau soll zudem nicht vor Ablauf von zehn Monaten nach der Auflösung ihrer früheren Ehe eine neue eingehen, es sei denn, dass sie inzwischen bereits geboren hat. So sollen sog. ⇨ „*Kuckuckskinder*" verhindert werden, was allerdings auch unter den Bedingungen der normalen Standard-Ehe nicht immer gelingt.

Historische Begründung der Eheverbote: Heiraten waren/sind auch immer unter wirtschaftlichem Gesichtspunkt zu betrachten („eine gute Partie machen"). Wenn eine Organisation (= Kirche) nun gesellschaftliche Macht besitzt (= Rechtsprechung), wie gelingt es ihr, sich das Vermögen der Menschen auf legale Weise anzueignen? 1. durch ein Verbot von Ehen unter Blutsverwandten bis in den siebten [!] Verwandtschaftsgrad (Folge: Zerstörung des engeren Familienverbandes). 2. durch das Verbot der Polygynie (ein Mann ist legal mit mehreren Frauen verheiratet) wie der Polyandrie (eine Frau und mehrere Männer). (Folge: Anstieg der kinderlosen Ehen auf etwa dreißig Prozent aller Ehen.) 3. durch das Verbot von Scheidung und Adoption (Folge: Kinderlose Paare blieben kinderlos). 4. durch den Schutz der Witwen (Folge: Frauen, die jünger heirateten und länger lebten als ihre Männer, fielen nun der mildtätigen Fürsorge der Kirche anheim, der die Frauen dann ihr Vermögen vererbten). Auf diese Weise wurde die (katholische) Kirche im Mittelalter zum größten Grundbesitzer Westeuropas, der zeitweise mehr als die Hälfte des Grundbesitzes gehörte (⇨ Liebesheirat).

Eifersucht: Es heißt, Eifersucht sei eine Leidenschaft, die mit Eifer sucht, was Leiden schafft. Zweifellos gehört Eifersucht zu den unangenehmsten Begleiterscheinungen der ⇨ Liebe in unserem Kulturkreis. Eifersucht lässt sich definieren als Unfähigkeit, eine geliebte Person mit anderen teilen zu können (nicht nur, vor allem aber auch in sexueller Hinsicht). Seltsamerweise wird diese Unfähigkeit, die man ohne Probleme auch als Persönlichkeitsdefizit beschreiben könnte, in unserer Kultur sehr hoch geschätzt, denn sie gilt als (angeblich) untrügliches Zeichen wahrer, inniger Liebe. Hierzu hat nicht zuletzt auch das christliche Treuegebot beigetragen, das auf der platonischen Vorstellung beruht, Mann und Frau vereinigten sich im sexuellen Akt zu einem einzigen, vollständigen Wesen – eine Vorstellung, die sich in der Bibel gleich am Anfang wiederfindet: „und sie werden sein *ein* Fleisch" (1 Mose 2, 24).

Zudem gibt der christliche Gott den Menschen in Sachen Eifersucht auch ein prägendes Vorbild. Nicht umsonst steht das Gebot der Eifersucht „Du sollst keine fremden Götter neben mir haben" an prominenter Stelle der Zehn ⇨ *Gebote*. Allerdings wäre es unfair zu behaupten, die Eifersucht sei aus heiterem jüdisch-christlichem Himmel gefallen. Vielmehr hat das christliche Eifersuchts-Mem nur eine Tendenz verschärft, die im biologischen Bauplan von Homo sapiens ebenso angelegt zu sein scheint (Kontrolle der Brutkonkurrenz bzw. der Glaubenskonkurrenz) wie die Neigung zum Seitensprung (vgl. u.a. Ridley, *Eros und Evolution*).

Einheit: Politische (speziell konservative) Parteien, Unternehmensvorstände, Familien... alle legen großen Wert darauf, (zumindest nach außen hin) als Einheit zu erscheinen.

Vielfalt ist unerwünscht (insbesondere bei Katholiken), denn „ein eindeutiges Bekenntnis ist allen Christen aufgetragen. Um der Eindeutigkeit des Bekenntnisses ist auch Einheit im Bekenntnis notwendig." (*Katholischer Erwachsenen-Katechismus* I, S. 55) Und wer allein diese heilige Einheit garantiert, wissen die Bischöfe auch, sie selbst: „Die Aufgabe [...], das geschriebene oder überlieferte Wort Gottes verbindlich zu erklären, ist nur dem lebendigen Lehramt der Kirche anvertraut, dessen Vollmacht im Namen Jesu Christi ausgeübt wird." (*Katholischer Erwachsenen-Katechismus* I, S. 49)

Auch im Neuen Testament gibt es immer wieder Mahnungen zur Einheit: „Seid alle einmütig, und duldet keine Spaltungen unter euch; seid ganz eines Sinnes und einer Meinung." (1 Kor 1, 10) „Ein jegliches Reich, wenn es mit sich selbst uneins ist, das wird verwüstet; und eine jegliche Stadt oder Haus, wenn es mit sich selbst uneins ist, kann nicht bestehen." (Mt 12, 25) Und besonders intensiv: „[...] seid fleißig, zu halten die Einigkeit im Geist durch das Band des Friedens: *ein* Leib und *ein* Geist, wie ihr auch berufen seid zu *einerlei* Hoffnung eurer Berufung; *ein* Herr, *ein* Glaube, *eine* Taufe; *ein* Gott und Vater aller, der da ist über allen und durch alle und in allem." (Eph 4, 3-6)

P.S. *Ein* Volk, *ein* Reich, *ein* Führer? Es hat schon seine Gründe, dass der „Christus der Arier", Adolf Hitler, nie exkommuniziert wurde. (Im Unterschied zu den Frauen, die es wagten, sich als katholische Priesterinnen weihen zu lassen – und damit die Einheit der Katholischen Kirche in Frage stellten.)

Empfängnis, unbefleckte: Das Christentum ist (vor allem in Gestalt des Katholizismus) eine Religion mit feinsinnigen Nuancen. So ist Empfängnisverhütung böse, Empfängnisfleckenverhütung als Spezialität des Heiligen Geistes jedoch ein Zeichen höchster Heiligkeit. Wir Sterblichen stehen nur vor der Wahl, uns mittels Empfängnisverhütung zu versündigen oder uns und unsere Nachkommen im Rahmen einer ordnungsgemäß vollzogenen Empfängnis zu beflecken.

Der Mythos der unbefleckten Empfängnis ist nicht in den Werbeabteilungen der Waschmittelindustrie erfunden worden, sondern beruht auf einem jahrtausendalten Übersetzungsfehler des Wortes ⇨ Jungfrau. Kern ist die Vorstellung, dass eine Frau schwanger wurde und dennoch

Jungfrau blieb, d. h. keinen normalen Geschlechtsverkehr hatte. Hierdurch wurde verhindert, dass sie zur Weiterverbreitung des Virus der ⇨ Erbsünde beitrug, der nach christlicher Überzeugung – analog zu herkömmlichen Geschlechtskrankheiten – sexuell übertragen wird. Insofern hatte Nietzsche vollkommen Recht, als er schrieb, dass das Dogma der unbefleckten Empfängnis die Empfängnis befleckte. Bei allem „Geheimnis des Glaubens" ist doch das Diskriminierende deutlich: Der Mythos der unbefleckten Empfängnis machte aus der natürlichen Empfängnis eine schmutzige, sündige Sache.

In christlicher Verschwisterung mit ⇨ Sünde, ⇨ Sexualität und erlaubter ⇨ Lust ist daraus der Zwang zum Duschen vieler Menschen (insbesondere von Frauen) nach dem Koitus entstanden, um die möglichen Flecken der ausgetauschten Körperflüssigkeiten abzuspülen. In Analogie zu den Händen, waschen diese Menschen ihren ganzen Körper in Unschuld. Es muss – in Übernahme energetischer Ansichten – allerdings die Dusche sein, denn nur mit dem Duschwasser kann das Böse *abfließen*. Bei einem Wannenbad bliebe man mittendrin sitzen, im Bösen.

Sinnigerweise wurde das *Fest der Unbefleckten Empfängnis* 1476 von Papst Sixtus IV. gestiftet. Das war derjenige „Heilige Vater", der nicht nur die Sixtinische Kapelle bauen ließ, sondern auch ein Bordell betrieb, Steuern von seinen Nutten bezog und mit der eigenen Schwester und seinen Kindern koitierte (vgl. u. a. Deschner, *Die beleidigte Kirche*, S. 19). (⇨ Sexualität) Das berühmt-berüchtigte *Dogma der unbefleckten Empfängnis* ist noch neueren Datums (1854). Es bezeichnet nicht – wie häufig missverstanden – die unbefleckte (samen- und erbsündenfreie) Empfängnis des Jesuskindes (das war ja schon lange vorher klar!), sondern die ebenso unbefleckte Empfängnis der Gottesmutter selbst. (Maria war also genetisch sündenfrei!) Dadurch wurde der Heilige Geist von dem Verdacht befreit, eine erbsündig belastete Dame befruchtet zu haben (⇨ *Früchte*).

Endlösung (der Judenfrage): ⇨ Judenhass; ⇨ Nationalsozialismus

Endlösung (der Ungläubigenfrage): ⇨ Hölle; ⇨ Öfen

Engel: Wer es weiterhin nicht glauben sollte: „Die kirchliche Lehrverkündigung [hat] die Existenz der Engel mehrfach amtlich bekundet." Wie schön für die Engel. Und wozu das? „Die ureigene *Aufgabe der Engel* ist die Verherrlichung Gottes." (*Katholischer Erwachsenen-Katechismus* I, S. 110) Also so etwas wie ein göttlicher Fan-Club?

Diese geflügelten Himmelsboten (griech. angelos = Bote) geisterten schon vor der Existenz des Christentums bei den Persern, den Griechen, Juden und Römern durch die Lüfte. Aber gegenüber den eher profanen Postboten der griechischen Götterwelt (Merkur) sind die christlichen Engel die Boten des einzigen Gottes, die dem Menschen verkünden, dass alles Heil bei Gott liegt und von Gott kommt. Falls die Menschen das nicht glauben wollen, tuten Engel dann auch schon mal kräftig in ihre Posaune und bringen im Auftrag des lieben Gottes grauenhafte Plagen über die Menschen (Offb 11, 15 und 15, 5 ff.).

Die guten Engel: Neben den Erz- (= Chef-)Engeln Michael, Gabriel und Raphael, die zu höheren Diensten berufen sind, gibt es zahlreiche namenlose Engel, die vor allem in den Ausführungen 'nett' (Beispiel: Schutzengel oder die „gelben Engel" der Pannenhilfe des ADAC) sowie 'unangenehm' (Racheengel) anzutreffen sind. Da Racheengel ziemlich unbeliebt sind, hat sich eine Kultur der netten Engel ausgebreitet. (Ist jemand nicht gar so nett [aber doch eigentlich harmlos!], so ist er halt „ein Engel mit einem B davor".) Die netten Engel gibt es in zwei Varianten. Einmal als Kinderausgabe: die kleinen und nackten Putten mit dicken Gesichts- und Gesäßbacken, mal lustig, mal brummig, mal fröhlich – eine Art religiöse Vorwegnahme der niedlichen deutschen Gartenzwerge. Die andere Engelsvariante sind die erwachsenen Engel im weißen Gewand. Obwohl eigentlich geschlechtslos (und wenn schon, eher männlich: *der* Engel), werden sie heutzutage (vor allem in der Werbebranche) meistens als Frauen dargestellt. Das hat gute Gründe, denn erstens wird die mütterliche, fürsorgliche Komponente (Schutzengel) betont, zweitens sieht ein Mann im Nachthemd eher lächerlich aus und drittens sind es die inkorporierten heidnischen Feen. Typ: Sehr hilfsbereit, lieb und manches Mal auch ein bisschen naiv, um nicht zu sagen: doof. Die Haarfarbe? Natürlich blond.

Die bösen Engel: Neben den guten Erz-, Schutz- und Racheengeln gibt es bekanntlich auch die bösen Engel, die sich von Gott abgewandt haben, allen voran natürlich der dämonische Oberschurke Luzifer (= Teufel). Als Zeichen ihrer Schuld tragen die bösen Engel (⇨ *Dämonen*) schwarze Kutten. In der Regel sehen sie recht fies aus, führen sich ungehobelt auf und haben fürchterlichen Mundgeruch. Glücklicherweise lassen sie sich durch Zaubersprüche Geistlicher (⇨ <u>Exorzismus</u>) oder freundlicher Hexen (siehe die TV-Serie *Charmed: Zauberhafte Hexen*) bekämpfen. Wenn das nicht hilft, tritt die Dämonenjägerin *Buffy* (siehe die gleichnamige TV-Serie) auf den Plan und eliminiert die Dämonen mit einem gezielten Tritt in deren Weichteile.

Der „Blaue Engel": Hinsichtlich der erotischen Feminisierung der Engel inszenierte der Regisseur Josef Sternberg 1929 eine besonders markante Figur: die Hure und Sängerin im Lokal „Blauer Engel", die dann mit der Schauspielerin Marlene Dietrich synonym gesetzt wurde. Warum allerdings das deutsche Umweltzeichen (1977 für FCKW-freie Produkte und Umweltpapier) ebenfalls ein „Blauer Engel" ist, das werden wohl die Götter wissen. Blau steht vermutlich für Sauberkeit (blaues Wasser, blauer Himmel) und der Engel ist wieder zum Boten der Verkündigung geworden: Die Regierung zertifiziert dieses Produkt als rein. Also kein Götterbote, aber immerhin stimmt die Richtung wieder. Die da oben, sagen uns hier unten: alles in Ordnung. Vermutlich hatte man nicht genügend Mut, dieses Zeichen schlicht „Blauer Gabriel" zu nennen, das würde wahrscheinlich doch zu stark nach übermäßigem Alkoholgenuss klingen (⇨ *Engel*).

Enthaltsamkeit: Enthaltsamkeit, d.h. sexuelle Abstinenz, fordert Gott nicht nur von den Priestern und Ordensleuten der allein selig machenden katholischen Kirche, sondern von allen Unverheirateten und ⇨ Homosexuellen. Zwar könnte man meinen, dass der Herr seine Geschöpfe mit „dem wechselseitigen Besitz ihrer Geschlechtseigenschaften" (Immanuel Kant) ausgestattet hat, damit sie diese auch in umfassender Weise benutzen. Aber weit gefehlt: Sexualität soll ausschließlich der ⇨ *Fortpflanzung* dienen (⇨ Diktatur des Genetariats) und exakt immer denselben einen Mann mit exakt immer derselben einen Frau mystisch verschmelzen. Alle anderen Verwendungsformen der Geschlechtsorgane sind Verstöße wider die göttliche Natur des Menschen und deshalb moralisch anstößig, also: Pfui Teufel!

Wer sich in sexuellen Dingen besonders kirchenkonform verhalten möchte, sollte sich ein Beispiel an dem italienischen Ehepaar Quattrocchi nehmen, das im Oktober 2001 als erstes Ehepaar in der Geschichte selig gesprochen wurde. Von den vier Kindern der Quattrocchis traten drei dem Klerus bei. Nach Ablauf ihrer biologischen Fortpflanzungsfähigkeit entschlossen sich die seligen Eltern, in getrennten Betten zu schlafen. Sie verlebten ihre weiteren 26 Ehejahre wie Bruder und Schwester und werden dafür heute wohl zu Recht verehrt als „Vorbilder für christliche Spiritualität, die Ehe und Familie heldenhaft [!] gelebt" haben.

Epikureer: Ein in christlichen Kreisen einst beliebtes Schimpfwort, denn die Anhänger des diesseitsfreundlichen griechischen Philosophen Epikur waren schlichtweg nicht bereit, die christlichen Mär vom irdischen ⇨ *Jammertal* zu schlucken. Epikur vertrat die Auffassung, das höchste Gut auf Erden sei das Glück, das größte Übel das Unglück. Seinen Schülern gab er „vier Heilsätze" zur Hand: „Vor der Gottheit brauchen wir keine Angst zu haben. Der Tod bedeutet Empfindungslosigkeit. Das Gute ist leicht zu beschaffen. Das Schlimme ist leicht zu ertragen." Das passte den christlichen Jammer(tals)lappen aber rein gar nicht ins Konzept, denn ihrer Meinung nach galt es, Gott zu fürchten, an ein Leben nach dem Tod zu glauben und in gelernter Hilflosigkeit Gutes wie Schlimmes demütig hinzunehmen. Also wurde Epikur, der den Sinn des Lebens im Sinnlichen suchte, von jenen, die, sich und andere damit quälend, an das Übersinnliche glaubten, über Jahrhunderte hinweg verteufelt. Der christliche Meisterliterat Dante verbannte ihn sogar literarisch in einen ewigen Flammensarg (*Göttliche Komödie*).

Erbsünde: Das Grundkonzept des christlichen Marketings ist die Angst (⇨ *Ehrfurcht*) des infantil gehaltenen Menschen, von einer höheren Macht (Vater, Gott, Gutsherr, Leibherr, Ehegatte etc.) bestraft zu werden. Das Prinzip ist denkbar einfach. Man stellt einen kleinen Katalog von Geboten auf (Zehn Finger = Zehn Gebote reichen, sonst wird es unübersichtlich,) von denen man aus eigener Erfahrung weiß, das kein Mensch sie einhalten *kann*. Noch besser ist es allerdings, wenn der Mensch – ob er nun will oder nicht – seine Schuld bereits bei der Geburt mitbringt, also geerbt hat.

Diese so genannte Erbsünde, die uns von Adam und Eva eingebrockt worden sein soll und deren Erbe man seltsamerweise nicht ablehnen kann, ist ein böser Marketing-Trick, auf den Millionen und Milliarden von gutgläubigen Menschen hereingefallen sind. Das ist vielleicht das schwerste, grundlegendste Verbrechen der Christenheit. Weder in der jüdischen Theologie noch im Hellenismus, weder im Alten Testament noch in den Evangelien ist das Konzept einer sexuell übertragbaren Erbsünde ursprünglich zu finden. Erst Augustinus, der die gleichen Schwierigkeiten hatte wie der Apostel Paulus, seine sexuellen Wünsche zu kontrollieren, machte diese geradezu unschlagbare Geschäftsidee populär. Kein Wunder, dass er bald zu einem der bedeutendsten Kirchenlehrer aller Zeiten erklärt wurde (⇨ <u>Empfängnis</u>).

Erlösung: „Das einzig Sichere an der Erlösung ist der Erlös!", lästerte Karlheinz Deschner. In der Tat ist die christliche Geschäftsidee beinahe unschlagbar. Man redet den Menschen ein, sie seien von Grund auf verdorben und sündig und müssten posthum auf ewig braten, wenn sie nicht den religiösen Anordnungen folgen und der Erlösung teilhaftig würden, die alles wieder gut macht. Wer kann dazu schon „nein" sagen? Wer erst einmal die Idee der Sündhaftigkeit geschluckt hat, ist auf Erlösung hin programmiert und schluckt jede Pille zur Beseitigung des angedrohten Unheils, so bitter sie auch immer schmecken mag. Eben deshalb wird die Menschheit in religiösen Dingen wohl nie zu Ruhe kommen, es sei denn, ihr gelingt ein wahrer Qualitätssprung in ihrer kulturellen Evolution – die Erlösung von der Erlösung.

Erziehung: „Früh krümmt sich, was ein Haken werden will!" Und wie wird ein Haken gekrümmt? Mit Gewalt. Und da der christliche Mensch von Natur aus böse ist (⇨ Erbsünde), muss man aus diesem verstockten Wesen das Böse herausprügeln, schon den kleinen Menschen quälen, damit das Böse seinen Körper verlässt (⇨ Folter).

Ebenso konsequent, wie niemand seine mentale christliche Ehefähigkeit (bis dass der Tod uns scheidet) nachweisen muss, braucht auch niemand, der Kinder in die Welt setzt, sich mit Pädagogik beschäftigt zu haben. Aber schließlich war der HERR selbst auch kein gar so toller Pädagoge. Nicht nur, dass sich seine „Kinder" immer wieder von ihm abwandten und zur Gegenseite überliefen. Der liebe Gott plädierte auch offen für universelle Kindesmisshandlung. Die christliche Anweisung: „Wer sein Kind liebt, züchtigt es!", ist Generationen eingebläut worden. In der Einheitsübersetzung der Bibel gibt Gott durch sein Sprachrohr Salomo den vermeintlich guten Rat: *„Wer die Rute spart, hasst seinen Sohn, wer ihn liebt, nimmt ihn früh in Zucht"* (Spr 13, 24), bzw. *„Rute und Rüge verleihen Weisheit"* (Spr 29, 15). Da darf es nicht wundern, dass in christlichen Erziehungsanstalten Prügel und Quälerei an der Tagesordnung waren.

Und doch: Die 'Abschaffung' bzw. Ächtung des Prügelns und der Prügelstrafe ist noch kein hinreichendes Indiz dafür, dass die Gewalt sich nicht auf *psychische* Gewalt und Terror (Liebesentzug für das 'böse Kind') verlagert hat. Man kann trefflich verletzen, ohne je die Rute benutzt zu haben. Der moralisch erhobene Zeigefinger (⇨ Willensfreiheit) wirkt mitunter brutaler als die geballte Faust (vgl. u.a. Miller, *Am Anfang war Erziehung*).

evangelisch: Sammelbezeichnung für die aus der Reformation hervorgegangenen Abspaltungen (⇨ Sekten) der katholischen Kirche, die sich jedoch so gut etablieren konnten, dass selbst die eifrigsten Sektenbeauftragten der allein selig machenden Kirche heute davon absehen müssen, die evangelischen oder protestantischen Kirchen als „Sekten" zu bezeichnen. Im Unterschied zur katholischen Kirche, die eine klare hierarchische Struktur und eine vergleichsweise eindeutige, dogmatisch vorgegebene Lehrmeinung aufweist, ist der Protestantismus ein Sammelbecken unterschiedlichster Strömungen (lutherische, reformierte, unierte, methodistische, pietistische, evangelikale Kirchen etc.). Bei allen Unterschieden besteht deren Gemeinsamkeit vor allem a) in der Abweisung der katholischen Rechtfertigungslehre (nach protestantischem Glauben erfolgt die Rechtfertigung des Menschen allein durch die Gnade Gottes und durch den rechten Glauben – nicht durch gute Taten oder Vermittlung durch Heilige), sowie b) durch den expliziten und exklusiven Bezug auf die Evangelien (eine nachträgliche kirchliche Heils- und Offenbarungsgeschichte, wie sie von der Katholischen Kirche reklamiert wird, wird von Seiten der Protestanten entschieden abgelehnt).

Doch schon beim Abendmahl hören die evangelischen Gemeinsamkeiten auf: Während Luther glaubte, Gott gewähre den Christen die Gnade, das profane Brot in den wahrhaftigen Leib Christi zu verwandeln, meinte Zwingli, dass alles bloß symbolisch gemeint sei. Calvin wiederum war der Überzeugung, dass die Gläubigen den wahrhaftigen Leib, Ungläubige nur Brot erhielten. Dass angesichts solch bedeutender Unterschiede in der Auslegung des „Heiligsten" (auch Gottes Liebe geht durch den Magen!) der ökumenische Prozess innerhalb des Protestantismus nur mäßig vorangekommen ist, dürfte niemanden verwundern.

Ewigkeit: Das Alter der Erde wird auf 5 bis 6 Milliarden Jahren geschätzt. Die 'Entstehung' der Spezies Mensch wird vor 2 bis 3,5 Millionen Jahren angenommen. Demgegenüber haben sich gläubige jüdische Historiker-Spezialisten hinsichtlich der Schaffung der Welt durch ihren Gott auf den 7. Oktober 3761 v. u. Z. geeinigt (⇨ Zeitrechnung). Also befinden wir uns derzeit (zum Zeitpunkt dieses Eintrags) im Jahre 5768 nach Schaffung der Erde durch diesen Gott. In Relation dazu stellen die 5 bis 6 Milliarden Jahre der Natur fast schon eine Ewigkeit dar. Die Betonung liegt auf *fast schon*, denn auch wenn das Alles verdammt lang her ist, ewig lang wäre doch eine andere Kategorie.

Aber Schwamm drüber: Die christliche Ewigkeitserwartung ist natürlich nicht in die Vergangenheit, sondern in die Zukunft gerichtet. Allerdings ist auch diese Rechnung ohne die Gesetze des Kosmos gemacht. Denn hier gilt: Nichts währet ewig! Das Ende des uns bekannten Kosmos ist bereits jetzt schon vorprogrammiert. Spätestens in ein paar läppischen Milliarden Jahren wird das Universum den Kältetod erleiden und mit dem ganzen Gerede von der Ewigkeit wird es vorbei sein. Wahrscheinlich für immer und ewig.

Exorzismus: Als der Hollywoodfilm *Der Exorzist* in die Kinos kam, warnten besorgte Pädagogen davor, dass Kinder diesen Horrorstreifen sehen könnten. Für glaubensfeste Christen dürfte die Handlung des Films jedoch 'kalter Kaffee' sein, denn Jesus machte es bereits (Er „ergriff das Kind bei der Hand und sprach zu ihr: Talitha kumi!" [Mk 5, 41]) und auch der „Heilige Vater" Johannes Paul II. soll es als junger Priester gerne gemacht haben: *Dämonen austreiben*. Das ist keine schwarze ⇨ Magie, sondern christliches Urgestein und damit 'weiße' Magie. Bereits als der HERR seine zwölf Jünger beruft, heißt es: „dass sie bei ihm sein sollten und dass er sie aussendete, zu predigen, und dass sie Vollmacht hätten, die bösen Geister auszutreiben" (Mk 3, 14). Wenn das christliche Weltbild ⇨ *Dämonen* kennt, dann müssen die auch aktiv sein und da sie in christliche Menschen hineinfahren können ('Besessene'), muss ein Priester sie da auch wieder herausbringen können. Im Mittelalter setzte man dazu die ⇨ Folter ein, heute ist es der Exorzismus.

Bereits in der christlichen ⇨ Taufe wird an dem Kind der alte einfache Taufexorzismus praktiziert. Bei dem ⇨ *Haussegen* passiert das gleiche: die ⇨ Magie der Geisterbefreiung und die vorgebliche Installation einer Art 'Schutzschild' gegen „das ⇨ Böse".

Das Ritual des Großen Exorzismus ist 1999 von Papst Johannes Paul II. zum ersten Mal seit 1614 aktualisiert worden. Dass „der böse Feind", wie er im Katechismus heißt, auch heute in der Welt am Wirken sei, unterliegt im Vatikan, allem Spott von Andersgläubigen zum Trotz, keinem Zweifel. Nach dem neuen Regelwerk, das keinen Bruch mit der Tradition darstellt und im Auftrag des II. Vatikanischen Konzils die einschlägigen Riten im Wesentlichen sprachlich modernisiert und erweitert hat, darf nur der zuständige Diözesanbischof die Genehmigung zum großen Exorzismus geben.

In einigen Ländern, etwa in Italien, haben Exorzisten großen Zulauf, manche treten sogar im Fernsehen auf. Der in Rom lebende sambische

Bischof Emmanuel Milingo zog zeitweise zehntausende Gläubige an. Der französische Kardinal Jacques Martin, vormals Präfekt des Päpstlichen Hauses, berichtete 1993, der Bischof von Spoleto und ein Pfarrer seien mit einer besessenen Frau zu Johannes Paul II. gekommen. Dieser habe die Beschwörungsformeln gesprochen und ihr damit angeblich geholfen (vgl. *Süddeutsche Zeitung* vom 27.1.1999).

Weniger erfolgreich verlief 2003 eine Teufelsaustreibung in Milwaukee, bei der ein achtjähriger autistischer Junge ums Leben kam (vgl. *MIZ* 1/04, S. 56). Die Mutter hatte ihren Sohn drei Mal in der Woche in die *Faith Temple Church of the Apostolic Faith* in Milwaukee gebracht in der Hoffnung, seinen Autismus per Exorzismus heilen zu können. Bei der letzten Sitzung, bei der der Junge in Decken gewickelt wurde, bemerkte ein Gläubiger nach „einer Stunde des Gebets", dass das Kind sich nicht mehr bewegte. Alle medizinische Hilfe kam zu spät. „Wir haben Gott gebeten, den Geist zu vertreiben, der diesen kleinen Jungen zu Tode quälte", erklärte der verantwortliche Bischof David Hemphill. Dass er und die Seinen die Geister waren, die „diesen kleinen Jungen zu Tode quälten", kam ihm offensichtlich nicht in den Sinn...

F

Familie: *eine angeblich auf christliches Drängen im deutschen Grundgesetz „unter den besonderen Schutz des Staates" gestellte biologische/ soziale Aufzuchtgemeinschaft (⇨ Fortpflanzung).* Dabei kann es sich allerdings, falls solche Leute gedrängt haben sollten, nur um des Bibellesens unkundige Christen gehandelt haben, da der Religionsstifter seine biologische Verwandtschaft sehr eindeutig als Familie abgelehnt hat. Sowohl seine Mutter (die er sowieso nur als ⇨ Leihmutter betrachtete) als auch sein irdischer Vater (der ihn fütterte und ernährte) wie auch seine Brüder und Schwestern waren für ihn nicht existent. Als ein Jünger zu ihm sagte: „Siehe, deine Mutter und deine Brüder stehen draußen und wollen mit dir reden", fragte der HERR Christus: „Wer ist meine Mutter und wer sind meine Brüder?" Antwort: „Und er reckte die Hand über seine Jünger und sprach: Siehe, das ist meine Mutter und meine Brüder! Denn wer den Willen tut meines Vaters im Himmel, der ist mein Bruder und meine Schwester und meine Mutter." (Mt 12, 47-50)

Die vorgeblich so „Heilige Familie" (gehörnter Ehemann und Nicht-Vater, ohne ihr Wissen geschwängerte Jungfrau und Mutter mit Kind im Stroh und die Hirten mit den Lämmern auf der Weide) ist nur eine 'idyllische' Erfindung, hatte aber offensichtlich den Zweck, zwei Fliegen mit einer Klappe zu schlagen. Zum einen wurde den in polygamen Sippen lebenden Heiden schon einmal klar gemacht, wie das gewünschte Zukunftsmodell der monogamen christlichen Ehe aussah (wobei pikanterweise die Ehefrau von einem Unbekannten geschwängert werden durfte), und zum anderen wurde das patriarchalische römische System der Verfügung des Vaters entzogen und Gott und seinen Priestern unterworfen, indem alle Gläubigen zu Brüdern und Schwestern erklärt wurden. „Wer Vater und Mutter mehr liebt als mich, der ist mein nicht wert", spricht der HERR (Mt 10, 37).

Fegefeuer: fegen, mittelhochdeutsch *vëgen*, bedeutet reinigen (wenn man den Boden mit dem Besen fegt, reinigt man ihn, befreit ihn von Unrat). Entsprechend ist das christliche Fegefeuer auch keines, in dem der sündige Mensch, der da zur „Reinigung" hineingezwungen wird, verbrennt. Das strafende Feuer reinigt (quält) den Sünder so lange, bis er eschatologisch sauber, also von seinen Sünden befreit ist. Das Ganze ist also ein Akt der göttlichen ⇨ *Gnade*. Deshalb wird das mit dem ⇨ Hexenverbrennen auch immer völlig falsch gesehen.

In den biblischen Evangelien nicht vorgesehen (dort gibt es nur Himmel und Hölle) wurde das Fegefeuer eingeführt, um die lausige, da auch weiterhin sündige Kundschaft besser erschrecken zu können. Die alte Marketingstrategie (Himmel oder Hölle) bedeutete für die meisten Menschen recht automatisch „Hölle" und hatte entweder Depressionen zur Folge oder die Leute lebten nach dem Prinzip: „Sind die Sünden potenziert, lebt es sich ganz ungeniert!" Da in beiden Fällen keine Chance gesehen wurde, der Hölle zu entfliehen, bestand keine große Motivation, sich durch „gute Werke" für die Kirche (Stiftungen, Schenkungen, Erbschaften etc.) bessere Ausgangsvoraussetzungen zu verschaffen.

Da das Fegefeuer klugerweise als Zeit-Strafe konzipiert wurde und man sich von solchen Strafen in allen korrupten Systemen freikaufen kann, etablierte sich ein lukratives Geschäft mit der ⇨ Sünde, der Ablass. Dann aber wurde Martin Luther der Spielverderber. Er strich das Fegefeuer und verlegte es in die Gegenwart und das Innere des Menschen hinein. Dieses „Fegefeuer von Innen" nennt sich heute Gewissensbisse.

Feiertage: Abgesehen von regional begrenzten Feiertagen (wie das Friedensfest der Stadt Augsburg) und einer 'fünften Jahreszeit' (dem rheinischen Karneval), die auch arbeitsfrei ist, gibt es in Deutschland im Laufe eines Jahres, und in mindestens einem Bundesland, insgesamt fünfzehn Feiertage, die nicht automatisch auf einen Sonntag fallen (wie z.B. der Volkstrauertag, Mitte November). Es sind Neujahr (1.1.), Heilige Drei Könige (6.1.), ⇨ *Karfreitag*, Ostermontag, Maifeiertag (1. Mai), Christi ⇨ Himmelfahrt, ⇨ Pfingstmontag, ⇨ Fronleichnam, Mariä ⇨ Himmelfahrt, Tag der deutschen Einheit (3.10.), Reformationstag (31.10.), Allerheiligen (1.11.), Buß- und Bettag (20.11.), 1. und 2. Weihnachtstag (25. und 26.12.).

Nur zwei dieser Feiertage sind staatlich/politisch gesetzt (1. Mai und Einheit), sieben Feiertage sind allgemein christlich (auch der ⇨ Neujahrstag) vier weitere sind exklusive Tage der römischen Kirche und zwei exklusiv evangelisch. Es besteht also eine Relation von zwei nicht christlich begründeten Feiertagen gegenüber dreizehn christlichen Feiertagen. Da mittlerweile über ein Drittel der deutschen Bevölkerung nicht mehr den christlichen Kirchen angehört (Tendenz steigend, ⇨ Kirchenaustritt) und es um die Glaubensfestigkeit der Noch-Kirchenangehörigen nicht sonderlich gut bestellt ist, wäre es angebracht, (vorläufig) mindestens vier der bislang christlichen Feiertage durch dezidiert nicht-christliche zu ersetzen.

Feindesliebe: Angeblich selbstloses Konzept, das bereits sprachlich nicht funktioniert. Entweder jemand ist mein Feind, dann liebe ich ihn nicht – es sei denn, ich habe ein eigenartiges Bedürfnis, „Feinde" zu lieben – oder aber ich liebe jemanden, dann kann er/sie nicht mein Feind sein. Da sich die beiden Begriffe und die mit ihnen verbundenen Vorstellungen und Emotionen gegenseitig ausschließen, wird die Sprache sinnentleert, will man diesen positiven Zusammenhang zwischen ihnen herstellen. Es wäre das gleiche wie z.B. „Glutkälte" oder „Weißschwärze" (⇨ *Liebe* [6]).

Fleisch: Die Bewertungen des „Fleisches" sind im Christentum haarsträubend widersprüchlich. Auf der einen Seite ist es eindeutig, dass ⇨ *Vegetarier* nicht im christlichen „Schöpfungsplan" vorgesehen waren. Nicht nur die Bevorzugung des Braten-Opfers von Abel vor dem Früchte-Opfer des Kain verweist darauf, sondern explizit die Anweisung des HERRN: „Alles, was sich regt und lebt sei eure Speise; wie das grüne

Kraut habe ich's auch alles gegeben." (1 Mose, 9, 3) Von wegen, ich esse aber keine Spinnen, Ratten oder Würmer! Das sind Auffassungen, die nicht gottgewollt sind! *Alles,* was sich regt und lebt!, so heißt es. Also, keine Ausreden: Wer ein wahrer Christ ist, der isst *alles!* (Im Gegensatz zu dieser eindeutigen Anweisung, alles zu essen bzw. essen zu müssen/können, haben die drei abrahamitischen Religionen einschränkende Regeln aufgestellt, welche Tiere gegessen werden dürfen und welche nicht [⇨ *Schweinefleisch*].)

Andererseits, wenn es sich um das Fleisch des Menschen handelt, dann geht gar nichts mehr. Nicht nur das Essen von menschlichem Fleisch ist verpönt (eine Ausnahme christlicher Verspeisung bildet hier allerdings die Heilige ⇨ Kommunion), auch das Berühren des Fleisches eines anderen Menschen ist das ⇨ Böse, und allein schon das Anblicken einer verheirateten Frau (mit fleischlicher ⇨ Lust im Auge) ist ⇨ Sünde und der entsprechende Mann sollte sich lieber die Augen herausreißen (siehe die entsprechende Empfehlung Jesu in der so genannten ⇨ „Bergpredigt").

Folter: Das abendländische (derzeit u. a. in amerikanischen Militärkreisen wieder wertgeschätzte und auch gerne angewandte) Prinzip der Folter beruht auf der traditionellen Vorstellung einer Welt aus Gutem und Bösem (⇨ *Dualismus*). Schon Jesus sprach von (bösen) Geistern, von denen ein Mensch 'besessen' sein könne. Im Geiste der „Nächstenliebe" musste ein Besessener natürlich von „bösen Geistern" befreit werden. Da solche Geister aber richtig fies böse sind, wollen sie nicht freiwillig den Körper des Menschen verlassen, und so muss man mit Gewalt nachhelfen. („Der Zweck heiligt die Mittel!") Ein schlechtes Gewissen hatten und haben christliche Folterer dabei nicht, denn natürlich geschieht dies alles immer nur zum Besten des Folteropfers, schließlich kann man seine gequälte Seele im Ernstfall nur so vor ⇨ Hölle und ⇨ Fegefeuer retten. Aber auch in anderer Hinsicht erwies sich das Christentum als wertvolle psychologische Stütze für sensible Folterknechte: Wer einen Gott anbetet, der sich selbst ans Kreuz nageln ließ, hat wahrlich keinen Grund, in der Wahl seiner Mittel besonders empfindlich zu sein.

Frau: Es gibt das bemerkenswerte Phänomen, dass ein Sklave die Peitsche verehrt, mit der er geschlagen und erniedrigt wird – sie hat Macht über ihn. Psychologen bezeichnen dieses Phänomen als „Identifikation mit dem Aggressor". Selten ist in einem Buch so viel Erniedrigendes über Frauen geschrieben worden, wie in der christlichen Bibel. Dabei gelten die Frauen im Allgemeinen als die eigentlichen Anhänger und Träger dieser Religion. Wie konnte es dazu kommen?

Angefangen hat alles gleich am sechsten Tag der Schöpfungsgeschichte – also noch bevor die ganze Schöpfung fertig war –, als Gott der HERR befand, es sei für den (friedlich im Garten Eden lebenden) Adam nicht gut, alleine zu sein und er sich ungefragt daran machte, dem Menschen (= Mann) eine „Gehilfin" zu machen. Adam wurde entsprechend in Narkose versetzt und als er wieder aufwachte, hatte er nicht nur eine Rippe weniger als vorher, es fehlte ihm auch an eigenem Fleisch, denn aus beidem hatte Gott der HERR eine „Männin" geformt (1 Mose 2, 20ff.).

Diese Version unterschlägt allerdings, dass es in dem gleichen Buch eine Seite vorher eine abweichende Darstellung gibt (1 Mose 1, 27 ff.) „Und Gott schuf den Menschen zu seinem Bilde, zum Bilde Gottes schuf er ihn; und schuf sie als Mann und Weib. Und Gott segnete sie und sprach zu ihnen: Seid fruchtbar und mehret euch [...]." Da die Rippen-Version aber zur Unterdrückung der Frauen besser geeignet war, wurde sie propagiert.

So weit lebten die beiden eigentlich ganz friedlich: Sie brauchten nicht zu arbeiten, hatten keinen Sex miteinander und wussten in ihrer ⇨ *Unschuld* nicht darum, dass sie nackt waren. (Warum gab es eigentlich überhaupt Mann und Frau? Wenn es dem anfangs geschaffenen Mann langweilig war, gab es doch Hunde und Pferde als 'Kameraden'. Warum also eine Frau?) Dann kam die Schlange (die zu dem Zeitpunkt noch Beine hatte) und Schluss war es mit der Unschuld. Das dumme Weib ließ sich beschwatzen, pflückte eine Frucht (nein, keinen Apfel! ⇨ *Adamsapfel*) vom „Baum der Erkenntnis" (⇨ Sexualität) und Adam und Eva „erkannten" sich. Die Strafe auf den verbotenen Geschlechtsverkehr folgte umgehend:

1. Eva (die bisher geschlechtlich ein Neutrum gewesen war) sollte nun schwanger werden, und
2. „unter Mühen" Kinder gebären. (Die Frauen haben sich die Wehen und Schmerzen der Geburt also selber zuzuschreiben, auch wenn Eva [Aha: typisch Frau] die Schuld natürlich auf die Schlange geschoben hat – als „Verführerin". Fairerweise wurden später Schlange und Frauen gleichgesetzt.)
3. Ab sofort ist die Frau geil auf einen Mann, aber
4. dieser Mann wird ihr HERR sein, wobei sie

5. Angst vor der sexuellen Penetration (Sexualsymbolik der Schlange als männlicher Schwanz) haben muss, da von nun an „Feindschaft" zwischen der „Schlange" und der Frau bestehen werde.

Also hat die Frau selbst Schuld daran, dass es christlich heißt „der Mensch und sein Weib", d.h. der Mann ist der Mensch und nach der Rippen-Version der ⇨ Schöpfungsgeschichte in der christlichen ⇨ Zahlensymbolik die Nummer eins; seine Frau ist nur sein Weib, seine „Gehilfin" und entsprechend in der Schöpfungshierarchie die Nummer zwei. Konsequent wird das in den christlichen Vereinigten Staaten von Amerika umgesetzt, indem dort (in der weißen Mittel- und Oberschicht) die Frau immer noch keinen eigenen Namen trägt, sondern z.B. „Mrs. Karl Johnson" heißt. Das ist (wie es allerdings auch andere Kulturen kennen) Christentum pur: Die Frau bezieht ihre gesellschaftliche Identität ausschließlich über ihren Ehe-Mann. Sie selber ist als Frau ein Nichts.

Freiheit: Im bürgerlichen Sinn drückt Freiheit die Abwesenheit eines Zwanges aus, die Wahlmöglichkeit zwischen Alternativen, manchmal auch die außerordentliche Befreiung von gewöhnlichen Lasten = Privileg.

Was ist nun die Freiheit eines Christenmenschen? Seine „Entscheidung, in Freiheit das Ja zu Gott und damit das Ja zum Guten zu sprechen und zu leben." (*Katholischer Erwachsenen-Katechismus* II, S. 31) Alles andere als „Ja" wäre falsch, böse, sündig – und wird am Ende aller Zeiten mit ewigen Höllenqualen bestraft! Schöne Freiheit! (⇨ Wahrheit; ⇨ Willensfreiheit)

Friede sei die zentrale Botschaft des Christentums – glauben die Doofen. Denn wer lesen kann, liest in der Bibel, worin Jesus seinen wahren Auftrag sieht (was dann auch tatsächlich so befolgt wurde): „Ihr sollt nicht wähnen, dass ich gekommen bin, Frieden zu bringen auf die Erde. Ich bin nicht gekommen, Frieden zu bringen, sondern das Schwert." (Mt 15, 34) Also nichts mit dem christlichen Weihnachtswunsch, von wegen „Friede auf Erden". Es sei denn, damit ist gemeint: Alle Menschen auf Erden sollen Christen werden. Aber: Waren die friedlich untereinander?

Das gern zitierte (und für die DDR-Bürgerrechtsbewegung so wichtige): „Schwerter zu Pflugscharen" (Mi 4, 3; Jes 2, 4) ist zwar auch biblisch, wird aber aufgehoben durch: „Macht aus euren Pflugscharen Schwerter und aus euren Sicheln Spieße! Der Schwache spreche: Ich bin stark!" (Joel 4, 10) Auch in diesem Zusammenhang zeigt sich die Bibel als Gemischtwarenangebot, das alles Beliebige im Angebot hat – auch für sich gegenseitig Ausschließendes (⇨ Krieg, gerechter).

Frohe Botschaft: (griech. Evangelium) kennzeichnet die sog. „Heilsbotschaft" von Jesus ⇨ Christus, gilt aber auch als „Bezeichnung für die ersten vier Schriften des Neuen Testaments, die das Leben, Sterben und die Auferstehung Jesu bezeugen (Matthäus-, Markus-, Lukas-, Johannesevangelium)" (EEK, S. 832). Was ist nun so froh an der frohen Botschaft? Ganz einfach: Es soll uns froh machen, 1. dass ein fleischgewordener Gottessohn sich für uns hinrichten ließ und nach ein paar Tagen wieder von den Toten auferstanden sein soll (na ja, wem solche Spielchen gefallen!); 2. dass dadurch die Erbsünde gesühnt worden sein soll (solange ich nichts von der Erbsünde wusste, fühlte ich mich eigentlich ganz wohl in meiner Haut!); 3. dass wir, wenn wir Jesus und seiner exklusiven Wahrheit folgen, posthum in den Himmel kommen, während alle anderen auf immer und ewig in der Hölle schmoren müssen. (Vielen Dank! Ich werde mich bestimmt prächtig amüsieren, wenn ich weiß, dass Abermillionen von Menschen „in den Ofen" [Mt 13, 41-43] geschoben werden! Wehe Ihnen, wenn ich erfahre, dass Sie diese frohe Botschaft in Anwesenheit meiner Kinder verkündigen!)

Halten wir fest: Die sog. „frohe Botschaft" ist bei genauerer Betrachtung eine Droh-Botschaft. Das einzig „frohe" an ihr ist, dass sie in unseren Breitengraden (Mensch sei Dank!) immer weniger Gehör findet.

G

Gebet: *Typisches Beispiel für eine Einbahnstraßen-Kommunikation*: Im Falle des Gebets, des Gesprächs eines Menschen mit einer als Person gedachten Gottheit, gibt es zwar einen Sender, aber keinen Empfänger, denn der ist – sofern wir dies beurteilen können (⇨ Agnostiker) – entweder tot, verzogen (⇨ Deist) oder hat nie existiert (⇨ Atheist). Da sich diese Erkenntnis mittlerweile ziemlich weit herumgesprochen hat, haben Gebete mehr und mehr an Bedeutung verloren. Nur noch in Notsituationen kommen Menschen in die Verlegenheit zu beten. Dies zeigt aber nur, dass Menschen in Bedrängnis nach wirklich jedem Strohhalm greifen. Glückliche Menschen verspüren selten die Neigung zu beten, was von Gläubigen als fehlende Demut interpretiert wird, wahrscheinlich aber nur ein Zeichen für gesunden Menschenverstand ist.

Da die Angst vor der ⇨ <u>Hölle</u> merklich abgenommen hat, ist auch das alte Kindergebet „Lieber Gott, mach mich ⇨ *fromm*, dass ich in den Himmel komm!" ziemlich aus der Mode gekommen. Insgesamt hat sich in Europa eine eher pragmatische Haltung zum Beten etabliert. Selbst Gläubige wissen mittlerweile, dass man zwar um Brot beten darf, backen muss man es aber selbst.

Gebote: Auch wenn man sonst nicht viel vom Christentum weiß oder kennt, das aber bestimmt: Die Zehn Gebote. Die einzelnen Gebote zwar vielleicht nicht ganz so genau, aber man erinnert sich vielleicht an Charlton Heston (Ex-Schauspieler, nun Vorsitzender der *American-Rifle-Association*, die jede Beschränkung des Waffenhandels in den USA verhindert), der in dem Film *Die Zehn Gebote* mit den Gesetzestafeln vom Berg stieg und seinen Leuten, die mal wieder nichts Besseres zu tun hatten, als um das goldene Kalb zu tanzen und es sich gut gehen zu lassen, ordentlich die ⇨ „*Leviten*" las. Mächtig donnerte Mose da mit seinen Zehn Geboten dazwischen. Doch leider hatte er sich im Eifer des Gefechts verzählt. Der mächtige HERR Gott hatte zwar angekündigt, dass er Zehn Gebote mitteilen werde („Und er verkündigt euch seinen Bund, den er euch gebot zu halten, nämlich die Zehn Worte, und schrieb sie auf zwei steinerne Tafeln." 5 Mose 4, 13), tatsächlich sind es aber doch zwölf Gebote gewesen (2 Mose 20). Zählen wir sie einfach einmal der Reihe nach auf: 1. Ich bin der Herr, dein Gott. Du sollst keine anderen Götter haben neben mir; 2. Mach dir kein Bildnis; 3. Bete keine fremden Götter an; 4. Missbrauche den Namen deines Herrn nicht; 5. Heilige den Sabbat; 6. Ehre Vater und Mutter; 7. Du sollst nicht töten; 8. Du sollst nicht ehebrechen; 9. Du sollst nicht stehlen; 10. Du sollst nicht lügen; 11. Begehre nicht das Haus deines Nächsten; 12. Begehre nicht deines Nächsten Weib, Knecht, Magd oder was ihm sonst gehört.

So weit das Alte Testament. Nun hat aber der gleiche HERR Gott – in seiner geklonten Version als Sohn – noch ein weiteres Gebot übermittelt: „Ein neues Gebot gebe ich euch, dass ihr euch untereinander liebet, wie ich euch geliebt habe, damit auch ihr einander lieb habet." Joh 13, 34). Summa summarum sind es also (autsch!) dreizehn Gebote (⇨ <u>Zahlensymbolik</u>, *dreizehn*). Auch wenn man traditionsgemäß schummelt, und das elfte und zwölfte Gebot zusammenfasst (Nachbars Haus und Weib) und auch das erste mit dem dritten verbindet (Ich Gott und keine anderen), so dass allem Anschein nach zehn daraus werden, so bleibt da noch dieses dumme neue Gebot. Oder sollte Gott in seiner allmächtigen Weisheit noch nicht gewusst haben, dass er in der Gestalt seines Sohnes später noch ein weiteres erlassen würde. Dann hätte er in seiner ewigen Weisheit sagen müssen: „Also hier sind erst mal vorab neun Gebote, über das zehnte muss ich noch nachdenken." Hat er aber nicht.

In jüngster Zeit werden die Zehn Gebote gerne wieder bemüht, um zu zeigen, warum der säkulare Staat auf religiöse Werte angeblich angewiesen sei. Bei genauerer Betrachtung erweisen sich die Zehn Gebote jedoch keineswegs als besonderer Höhepunkt der menschlichen Kulturentwicklung. Sie lassen sich aus heutiger Perspektive vielmehr mit drei eher wenig schmeichelhaften Begriffen charakterisieren, nämlich als „trivial", „unzulässig vereinfachend" sowie „offen reaktionär".

Trivial sind die Zehn Gebote, insofern sie über weite Teile selbstverständliche Verhaltensrichtlinien benennen, die für jede funktionierende soziale Gruppen gelten – egal, wann und wo. Ein gewisses Maß an gegenseitigem Vertrauen muss für die eigene Gruppe gewährleistet sein, damit sie überhaupt existieren kann. Lüge, Betrug, Mord etc. müssen innerhalb der eigenen Gruppe tabuisiert sein. Gegenüber Mitgliedern anderer Gruppen darf man diese Verhaltensweisen aber sehr wohl zeigen, mitunter wird man hierzu sogar regelrecht aufgefordert, siehe den mehrfach geäußerten göttlichen Befehl zur Ausrottung anderer Völker und der aus der eigenen Gemeinschaft ausgeschlossenen „Götzendiener" im Alten Testament oder (weit harmloser) die brutalen Auseinandersetzungen zwischen den Schlägerbanden rivalisierender Fußballvereine.

Unzulässig vereinfachend sind die Zehn Gebote, weil ethisches Handeln in einer komplexen Welt nicht bedeuten kann, „blind irgendwelchen Geboten zu folgen, sondern in der jeweiligen Situation abzuwägen, mit welchen positiven und negativen Konsequenzen eine Entscheidung verbunden wäre". Beispiel: „Wer in der Nazidiktatur nicht log, sondern der Gestapo treuherzig den Aufenthaltsort jüdischer Familien verriet, entsprach zwar damit den Zehn Geboten, verhielt sich aber dennoch im höchsten Maße unethisch – im Gegensatz zu jenen, die Hitler durch Attentate beseitigen wollten, um Millionen von Menschenleben zu retten." (Schmidt-Salomon, *Manifest*, S. 157)

Offen reaktionär wirken die Zehn Gebote insofern, als dass sie – obwohl sie eigentlich nur Ausdruck eines glücklicherweise überwundenen, patriarchal-autoritären Herrschaftssystems sind – auch heute noch von manchen Gläubigen als verbindliche Regelwerke betrachtet werden. Dies hat zur Folge, dass inhumane, kulturelle Normen der Vergangenheit (Religionszwang, Sippenhaft, Frauenunterdrückung etc.) mit dem Schein des Heiligen, Unantastbaren, in die Gegenwart transportiert werden.

Geheimnis des Glaubens: Wenn bei einer Wahl festgestellt würde, dass 130 Prozent der Stimmen abgegeben wurden, würden wir die Rechtmäßigkeit dieser Wahl mit guten Gründen anzweifeln. Ein Theologe, der in Glaubensfragen mit einem ähnlichen Ergebnis konfrontiert wird, würde aber wahrscheinlich vom „Geheimnis des Glaubens" sprechen. Es gehört zu den Systemfehlern der christlichen Religion, dass das, was in der Bibel beschrieben wird, als Wahrheit begriffen werden muss. (Der Mensch mag ja irren, Gott aber nicht!) Logische Widersprüche führen unter diesen Umständen nicht dazu, dass das System in Frage gestellt wird. Vielmehr wird der Widerspruch als ein besonderer Beweis für die Richtigkeit und Tiefe des Glaubens gewertet (credo quia absurdum = „Ich glaube, weil es unsinnig ist").

Während die „Wunder" des Alten Testaments sich meist aus einer Naturbeobachtung ableiten (Plankton des Nilwasser, das sich unter Lichtverschluss rot färbt [= Blut]; Genickstarre einer Schlange [= Wanderstock], deren Starre sich nach dem Wurf auf den Boden löst u.a.m.) begibt sich das Neue Testament auf den schwierigen Boden der wundervollen Mystik, bleibt dann jedoch nicht konsequent dabei (im Sinne von „Wer nicht glaubt, wird es nicht erkennen" oder „Diese Wahrheit lässt sich nicht mit Worten beschreiben, man muss sie erleben"), sondern will darüber hinaus auch intellektuell bzw. sogar wissenschaftlich anerkannt werden (Theologie). Da dies aber nur bruchstückweise funktionieren kann, bleibt im Falle der vorprogrammierten Unvereinbarkeit von Wissen und Glauben nur noch die intellektuell unredliche Flucht in das jeweilige „Geheimnis des Glaubens", einer von jeglicher Vernunft befreiten Zone, in der jeder gedanklichen Entgleisung Asyl gewährt wird, egal wie sehr sie dem Menschenverstand widerspricht.

Glaube: *das Für-wahr-Halten von Vorstellungen, die vor allem deshalb keines Beweises bedürfen, weil sie keiner Überprüfung standhalten würden.* Der Glaube ist ein sich selbst erhaltendes Wahnsystem, dessen Verteidigungsprinzip einfach, aber effektiv ist: Man kann niemandem durch Argumente von einem Glauben abbringen, zu dem er nicht durch Argumente gefunden hat. Zu der für den Glauben konstitutiven Unempfindlichkeit gegenüber empirischen und logischen Widersprüchen bedarf es allerdings frühkindlicher Indoktrination. Dies erkannte bereits Sigmund Freud, der 1927 schrieb:

„Ich meine, es würde sehr lange dauern, bis ein nicht beeinflusstes Kind anfinge, sich Gedanken über Gott und Dinge jenseits der Welt zu machen ... man führt ihm die religiösen Lehren zu einer Zeit zu, da es weder Interesse für sie noch die Fähigkeit hat, ihre Tragweite zu begreifen ... Wenn dann das Denken des Kindes erwacht, sind die religiösen Lehren bereits unangreifbar geworden ... Wer sich einmal dazu gebracht hat, alle die Absurditäten, die die religiösen Lehren ihm zutragen, ohne Kritik hinzunehmen und selbst die Widersprüche zwischen ihnen zu übersehen, dessen Denkschwäche braucht uns nicht arg zu verwundern..." (Freud, *Studienausgabe*, Bd. 9, S. 180f.)

Gott: Wenn jemand sagt, er glaube an Gott, so ist diese Aussage so lange unbestimmt, solange nicht angegeben wird, welche spezifische Gottesvorstellung dem individuellen ⇨ Glauben zugrunde liegt. Denn „Gott" ist nicht gleich „Gott". Es macht beispielsweise einen großen Unterschied, ob der Gläubige von einem mystisch-monistischen oder von einem religiös-personalen Gottesbegriff ausgeht.

Das monistische Gottesbild: Zweifelsohne ist der als „Summe des Ganzen" gedachte Gott der Mystiker die entschieden harmlosere Variante. Wie wir u.a. den Schriften Meister Eckarts entnehmen können, ist der Gott der Mystik ein Gott ohne spezifische Eigenschaften, weil er alle denkbaren und undenkbaren Eigenschaften zugleich auf sich vereinigt. Als der, die und das „Allumfassende" ist ER-SIE-ES zugleich ein gedankliches Nichts, von nichts zu unterscheiden, überall anwesend und damit zugleich auch nirgendwo. Ein solcher Gott ist alles und nichts: Heiliger und Sünder, Saufbold und Asket, Mars und Jupiter, Atheist, religiöser Fundamentalist, Politiker, Schönheitschirurg, Kfz-Mechaniker, Gazelle, Tiger, Bandwurm, Nasenspray, Fußballstadion, Briefbeschwerer und Beate-Uhse-Katalog. Analytisch ist dieser monistische, pantheistische oder panentheistische Gottesbegriff so unscharf, dass er durchaus auch mit naturwissenschaftlichen Erkenntnissen zu vereinbaren ist. Es handelt sich hier um genau jenen Gottesbegriff, den wir bei vielen bedeutenden Physikern des 20. Jahrhunderts antreffen, z.B. bei Albert Einstein, der schrieb: „Je weniger Kenntnis der Forscher besitzt, um so ferner fühlt er sich von Gott. Je größer aber sein Wissen ist, umso mehr nähert er sich ihm." Dass Einstein und viele seiner Kollegen sich zu solchen Aussagen veranlasst sahen, ist wohl nicht zuletzt auf die Entdeckung der Verflüchtigung der Materie auf subatomarer Basis zurückzuführen sowie auf das damit einhergehende Erstaunen darüber, dass überhaupt etwas ist und nicht vielmehr nichts ist. Auch für hart gesottene Atheisten sollte dieses Erstaunen durchaus nachvollziehbar sein. Ohnehin sollten sie keine allzu großen Berührungsängste mit dem monistischen Gottesbegriff haben, denn auf der Basis eines solchen inhalts- und eigenschaftslosen Gottesbild lässt sich keine Religion begründen, kein Scheiterhaufen anzünden, kein Glaubenskrieg führen.

Der personale Gott der Bibel: Völlig anders verhält es sich bei einem als Person gedachten Gott. Dem Gott der Bibel werden ganz spezielle Eigenschaften zugeschrieben. Es heißt, er sei allmächtig, allwissend und allgütig. Da allerdings der Zustand der Welt nicht mit dieser schönen Eigenschaftszuschreibung ihres Schöpfergottes korrespondiert, bedarf die religiöse Erzählung des Christentums (ähnlich verhält es sich im Falle des Judentums und des Islams) einer finsteren Gegenmacht (⇨ Teufel), die der wunderbaren göttlichen Ordnung entgegenwirkt (⇨ A und O). Die Konstruktion des christlichen Gottesbildes beruht also auf einer rigorosen Abspaltung des ⇨ Bösen, für das allein die Feinde Gottes (Luzifer und seine ⇨ Dämonen, böse Menschen, vor allem Andersgläubige, Ketzer und Atheisten) verantwortlich gemacht werden (⇨ Dualismus). Die Gläubigen, die Gott auf ihrer Seite wissen, können mit Hilfe dieser Konstruktion, all ihre weniger gottgefälligen Anteile, ihre Glaubenszweifel und -verfehlungen auf die Gruppe der Nicht- und Andersgläubigen projizieren, was in der Geschichte der Menschheit ähnlich verheerende Folgen hatte wie die Gier nach Reichtum oder Macht.

Das Geschlecht des christlichen Gottes: Man soll sich zwar kein Bild von 'ihm' machen, aber es gibt dennoch genügend viele Bilder, die den christlichen Gott annähernd beschreiben: als ziemlich alten Mann mit stämmigem, kraftvollem Körper, einer wallenden Mähne und langem Bart. Allerdings gilt diese Darstellung, die durchaus einem Alphamännchen (man denke nur an die Silberrücken der Gorillas!) würdig wäre, mittlerweile als völlig veraltet. Die Lübecker Bischöfin Bärbel Wartenberg-Potter weiß Genaueres zu berichten: „Gott ist nicht auf ein Geschlecht festgelegt." 'Göttin' sei aber kein Ausweg, denn „Gott ist größer als unsere Bilder von Mann und Frau" (epd, Evangelischer Pressedienst, vom 3.6.2002). Leider konnten wir nicht in Erfahrung bringen, woher Bischöfin Wartenberg-Potter ihr enormes Wissen über die Geschlechtlichkeit Gottes bezieht. Sie wird doch nicht etwa in einem unbeobachteten Moment dem Gott / der Göttin unter den Rock geschaut haben?

Gotteslästerung: Wer lästert, redet abwertend und spöttisch über irgendetwas oder irgendjemanden. Das kennt man vielleicht aus dem Gespräch im Treppenhaus oder von der feucht-fröhlichen Stammtischrunde. Während die meisten Leute allerdings über so profane Dinge wie die Gardinen des neuen Nachbarn herziehen, widmen Gotteslästerer ihre Spottlust dem Heiligsten aller Heiligen, dem Gottvater und HERRscher des Universums höchstpersönlich. Es ist verständlich, dass diejenigen, die sich mit Hilfe von ⇨ Demutsgebärden dem Allmächtigen unterwerfen, von solch ungebührlichem Tun reichlich irritiert sind. Und so verwundert es nicht, dass Gotteslästerung in vielen Religionen (so auch im Christentum) als unverzeihliche ⇨ Todsünde gilt und in den Zeiten, in denen die Religiösen noch das Sagen hatten (dies ist bekanntlich auch heute noch in einigen muslimischen Ländern der Fall), als ebensolche bestraft wurde: Das Lästermaul wurde für alle Zeiten gestopft.

Gotteslästerung als Straftatbestand: Während Gotteslästerer in früheren Zeiten ihr Leben verwirkt hatten, wurde – ausgelöst durch Aufklärung und Säkularisierung – das drakonische Strafmaß mehr und mehr abgemildert. 1871 wurde im Deutschen Reich der sog. Gotteslästerungsparagraph (§166 des Strafgesetzbuches) eingeführt und im Zuge der großen Strafrechtsreform 1969 gründlich überarbeitet. Im Wortlaut des Paragraphen kommt der Begriff Gotteslästerung seither nicht mehr vor, außerdem werden Religionen und nichtreligiöse Weltanschauungen – zumindest auf dem Papier! – gleichgestellt. In der Praxis freilich hat sich durch diese Modifikation des Wortlauts wenig verändert. Weiterhin wurden und werden ausschließlich Gotteslästerer und satirische Religionskritiker verfolgt. Bis heute ist kein einziges Verfahren bekannt geworden, das die Beschimpfung einer Weltanschauungsgruppe zur Ausgangsbasis hatte, obwohl die Beschimpfung von AtheistInnen als „Teufelsanbeter", „Untermenschen", „Mistkäfer" usw. in bestimmten Kreisen gang und gäbe ist.

Die politische Funktion des Paragraphen: Geht es hier wirklich vorrangig um das Ehrgefühl von Christinnen und Christen, wie man auf den ersten Blick glauben möchte? Ein Blick in die Geschichte verrät, dass der §166 eine weitaus interessantere Funktion hatte und auch heute noch hat, nämlich die Etablierung bzw. Stützung von „heiligen", d.h. argumentationsfreien, also durch Kritik nicht antastbaren Zonen innerhalb der Gesellschaft: Mit Hilfe des „Gotteslästerungsparagraphen" lässt sich herrlich Politik machen – nach der Devise „Stimmung statt Argumente". Kein Wunder, dass der Paragraph immer wieder in Krisenzeiten ausgepackt wird, also dann, wenn den Herrschenden nichts Konstruktives mehr einzufallen scheint. Es ist kein Zufall, dass die Konjunkturzeiten der § 166-Verfahren stets Zeiten gesellschaftlichen Umbruches waren (in den 1920er Jahren, als sich das deutsche Geistesleben erstmals explosiv aus der Umklammerung des 19. Jahrhunderts befreite; 1968, als der studentische Protest bürgerliche Ordnungen in Frage stellte; 1982, als die Konservativen mehr oder weniger vergeblich versuchten, eine „geistig-moralische Wende" zu etablieren; und auch Mitte der Neunziger Jahre, als der Kruzifixskandal eskalierte und deutlich wurde, wie weit der Prozess der Ent-Christlichung in deutschen Landen schon fortgeschritten ist).

Gotteslästerung als historisches Relikt. Innerhalb der feudalistischen Systeme Deutschlands gab es die Fürsten („Wir, [Name], von Gottes Gnaden") und „Gott" als oberste Repräsentanten des Systems, und so wurden die Straftatbestände der „Majestätsbeleidigung" und der „Gotteslästerung" meist parallel verhandelt (⇨ Autorität). Als die Fürsten ihre Throne verlassen mussten (1918/19) blieben allein die Bischöfe auf ihren Thronsesseln sitzen – und da sitzen sie noch heute. So gibt es heute zwar keine Majestätsbeleidigung mehr, aber immer noch die (angebliche) Gotteslästerung.

groß (Adj.): Den Zusatz „groß" kennen wir insbesondere bei Herrschernamen: Alexander der Große, Konstantin der Große, Karl der Große, Katharina die Große, Friedrich der Große etc.

Diese Beinamen sollen eine besondere Qualität dieser Herrscherin/ dieses Herrschers bezeichnen: „Karl der Kühne", „Franz der Fromme", „Johann ohne Land" etc. Sie entstanden einerseits aus dem Wunsch, die vielen Heinrichs, Ludwigs, Friedrichs und Karls voneinander unterscheiden zu können, bevor sich das Prinzip der Ordnungszahlen (I., II., III. etc.) etablierte. Andererseits besteht zwischen diesen Beinamen ein deutlicher Unterschied: Während die Beinamen „der Fromme", „der Kühne", „der Starke", „von Oranien" etc. ein Spezifisches ausdrücken, steht „die/der Große" für ein Allgemeines.

„Groß" wird häufig gleichbedeutend mit „stark" (große Kraft) oder „mächtig" (großer Einfluss) gebraucht, ist also relativ neutral für einen Herrscher, der viel für sein Land geleistet hat (mit Eroberungskriegen, grundlegenden Reformen, etc.). Was an Konstantin „dem Großen" stark oder mächtig gewesen ist, das weiß der ⇨ Himmel: Es waren die Vorbereitung des Christentums auf seine Aufgaben als Staatsreligion und die so genannte „Konstantinische Schenkung" (eine Fälschung), mit der dem Vatikan Mittelitalien übereignet wurde. Angesichts der (selbst für antike

Maßstäbe) ungewöhnlichen Brutalität des „ersten christlichen Kaisers" (vgl. Deschner, *Kriminalgeschichte*, Bd. 1, S. 213-285) sollte man wohl eher vom „Konstantin dem Groben" sprechen. Aber das hat die christlich inspirierte Geschichtsschreibung bislang zu verhindern gewusst.

Bei Karl „dem Großen", eigentlich „Karl König der Franken und Langobarden" und späterer römischer Kaiser („Romanum gubernans imperium"), ist es ebenso nicht allein der territoriale Aspekt der Vergrößerung seines Imperiums, der ihn zum „Großen" machte. Es waren die Sachsenkriege und Slawenkriege, die der christlichen Mission dienten: Wer sich nicht taufen ließ, wurde hingerichtet („Schwertmission").

Wenn es nach dem Territorium gehen würde, müssten Karl V. (in dessen Reich „die Sonne nie unterging") oder auch Friedrich II. „der Staufer" allemal „der Große" genannt werden. Friedrich der Staufer befand sich jedoch in Opposition zum Papst und Karl V. zog sich ins Kloster zurück, als seine Pläne zur völligen Gegenreformation scheiterten.

Wer also papageienhaft, so wie wir es in der Schule gelernt haben, von Karl „dem Großen" spricht (und nicht von z.B. Karl dem Franken), billigt damit, ob er es will oder nicht, die mörderischen Feldzüge im Namen der christlichen Glaubensausbreitung (⇨ Mission).

Gute, das: Gegenbegriff zu: das ⇨ Böse. So wie das dämonisch Böse nicht nur irgendwie gemein, sondern fürchterlich, schrecklich, fies, bedrohlich böse-böse ist, ist das göttlich Gute nicht nur irgendwie nett oder angenehm, sondern herzerwärmend, Leib und Seele erquickend, vanilleduftend, anheimelnd makellos und unübertreffbar gut-gut. Gute Christen goutieren Gottes Güte, indem sie ihn ehren und verehren. Sie folgen seinen Wegen, so unergründlich sie auch erscheinen mögen. Denn alles, was Gott macht, ist gut. Sodom und Gomorra? Gut! Heuschreckenplage? Gut! Verfluchung der Juden bis zum Jüngsten Tag? Gut! Ewige Höllenqual für Lästermäuler? Gut-Gut.

Insofern ist Karlheinz Deschners Satz „*Die guten Christen sind am gefährlichsten – man verwechselt sie mit dem Christentum*" zumindest missverständlich. Eigentlich müsste es heißen: „Gute Menschen (im humanen Sinne), die sich (fälschlicherweise) als Christen bezeichnen, sind gefährlich, weil man sie mit dem Christentum verwechselt." Hingegen: „Gute Christen" (im biblischen Sinne des von Gott so gewollten) sind schon allein deshalb gefährlich (beispielsweise für Andersgläubige, Scheidungsrichter oder Ärzte, die einen Schwangerschaftsabbruch vornehmen), weil sie gute Christen sind, und deshalb im Zweifelsfall nicht vor militanten Formen der Missionierung zurückschrecken.

H

Hakenkreuz: auch als *Swastika* (Sanskrit: „es geht gut") bekannt. Ein aus der Frühgeschichte verschiedener Kulturen als Sonnenradsymbol überliefertes Kreuz, das als Emblem des deutschen Nationalsozialismus weltweite Berühmtheit erlangte.

Hakenkreuze gibt es mit vier Balken linksdrehend (als Zeichen des deutschen Nationalsozialismus), rechtsdrehend (als Zeichen der Gnostiker und Symbol der Tempelherren) und beide 'verbunden' bzw. 'übereinander liegend' – mit Haken zu beiden Seiten – als „Krückenkreuz". Hakenkreuze mit drei Balken („Dreischenkel") wurden nur selten verwendet.

Die erste neuzeitliche Hakenkreuzfahne in Europa wurde 1907 auf Burg Werfenstein gehisst. Veranlasst hatte dies ein ehemaliger Zisterziensermönch, der sich selbst Jörg Lanz von Liebensfels nannte (eigentlich aber nur Adolf Lanz hieß). Der sagenumwobene Gründer des „Neutempler Ordens" gilt heute vielen als „der Mann, der Hitler die Ideen gab" (vgl. Daim, *Der Mann, der Hitler die Ideen gab*). In der Tat lassen sich viele Elemente der Lanzschen christlich-germanischen Rassenkult-Religion bei Hitler finden. Lanz erkannte in Christus den rassereinen Gottmenschen, einen blond-blauen Arier, der über die Erbsünde der Rassenmischung triumphierte und die Auferstehung der blonden Götter über die „Tschandalen" (sog. „Niedermenschen", insbesondere Juden) verkündete. Jesus zu folgen, das bedeutete für Lanz (viele Jahre vor dem Einsetzen der nationalsozialistischen Bewegung!), unter dem Krückenkreuz die konsequente „Ausrottung der Tiermenschen" voranzutreiben. Als geeignete Mittel erwähnte er dabei u.a. die zwangsweise Kastration wie Sterilisation, Zwangsarbeit, Deportation sowie die direkte Liquidierung der Tschandalen im finalen Entscheidungskampf, aus dem die blond-blauen „Herrenmenschen" – die Lanz in „Ordensburgen" heranzüchten wollte – selbstverständlich siegreich hervorgehen sollten. Lanz veröffentlichte seine kruden Hasstheorien in zahlreichen Büchern sowie in den sog. *Ostara*-Heften, die u.a. von einem blassen Wiener Außenseiter namens Adolf Hitler eifrig gelesen wurden.

1910 wurde das linksdrehende Hakenkreuz von Guido List als „Heils-zeichen der Arier" bezeichnet. 1924 wurde es zum offiziellen Emblem der NSDAP erklärt (⇨ Kreuz; ⇨ Nationalsozialismus).

heilig: *unantastbar, vollkommen, dem Irdischen entrückt,* Gegenbegriff zum bloß Profanen. Eine Person oder Sache, die mit dem Etikett „heilig" versehen ist, ist dem Zugriff der frechen irdischen Vernunft entzogen. Deshalb haben die Kirchen stets großen Wert darauf gelegt, alles zu heili-gen, was nicht niet- und nagelfest ist. Besonders hervorgetan hat sich dabei – wen wundert's? – die Heilige Katholische Kirche. Die räumte zwar ein: „Die Heiligkeit der Kirche scheint in erheblicher Spannung zur konkreten Erfahrung [der Menschen mit] der Kirche zu stehen." Das aber sei nur halb so schlimm, denn: „Der Glaube erkennt jedoch auch eine tie-fere Dimension der Kirche." (*Katholischer Erwachsenen-Katechismus* I, S. 283) Aha! Lesen wir weiter: „Im Sprachgebrauch der Heiligen Schrift meint Heiligkeit nicht primär ethische Vollkommenheit, sondern Aus-gesondertsein aus dem Bereich des Weltlichen und Zugehörigkeit zu Gott. [...] Die [⇨] Kirche ist heilig, weil sie von Gott her und auf ihn hin ist." (ebenda, S. 284) (Die Einsicht, dass die Kirche „hin" ist, ist sicher-lich bei der Korrektur übersehen worden.) Jetzt verstehen wir: Man kann zwar ein Schwein sein (ethisch betrachtet), aber wenn man dabei die Sakramente und Gebote der Heiligen Katholischen Kirche beachtet, ist alles in Butter. Und deshalb erhält alles, was von Gott stammt und zu ihm „hin ist", dieses wertvolle Prädikat der Heiligkeit, Inc.: Geist ^{Heilig®}, Familie ^{Heilig®}, Dreifaltigkeit ^{Heilig®}, Drei Könige ^{Heilig®}, Jungfrau Maria ^{Heilig®}, Mutter Kirche ^{Heilig®}, Bibel ^{Heilig®} etc. Und da Papst Johannes Paul II. besonderen Spaß an Wundern und zudem das Exklusivrecht der Heiligenernennung besaß (seit Papst Alexander II., 1170), hatte er (bis 2004) immerhin 465 Menschen zu Heiligen ernannt – so viele, wie seine Vorgänger in den vorherigen 400 Jahren zusammen.

P.S. Rindviechern wird das Zeichen, wem es gehört, in das Fell ein-gebrannt; Menschen erhalten den unauslöschlichen Prägestempel, dass sie Gott gehören, mit der Taufe, die Kirche macht es sich selber, das Heilige, durch sich selbst und für sich selbst. Natürlich im Auftrag des Herrn, versteht sich. Aber da der Herr in 2000 Jahren kirchlicher Heiligung nie-mals Widerspruch einlegte (und gibt es denn ein besseres Zeugnis für die Heiligkeit der Kirche ?!), wird das alles schon seine Richtigkeit haben.

176

Hexen: Schon im Altertum, zur Zeit der Babylonier und Assyrer, entwickelte sich der Glaube an weibliche Zauberwesen, die auf Besen ritten und ihren Schabernack trieben. Dieser Volksglaube hielt sich hartnäckig bis in die christliche Zeit hinein und bildete die Grundlage für den mittelalterlichen bis neuzeitlichen Hexenwahn. (Dieser Zusammenhang ist u.a. aus der Etymologie des Wortes „Hexe" zu erschließen: Hexe stammt vom alt-nordischem hagazussa = Zaunweib oder Zaunsitzerin.)

Fatale, d.h. tödliche Folgen hatte dabei die Kombination des althergebrachten ⇨ Aberglaubens mit der (nicht weniger abergläubischen, aber institutionell gestützten) Dämonenlehre der Kirche. Gutgläubige Christen warfen den der Hexerei verdächtigten Frauen vor, mit dem Teufel im Bunde zu stehen und damit die göttliche Heilsordnung zu untergraben. Diese vorgebliche Teufelsbrut galt es auszumerzen, radikal und rücksichtslos, was dann auch mit großer Leidenschaft (Leiden schaffte es natürlich auf der Seite der Verfolgten) umgesetzt wurde. Beim großen Hexentreiben im 16. und 17. Jahrhundert ließen Zehntausende von Frauen ihr Leben, wurden gefoltert, gequält, gedemütigt, vergewaltigt, verbrannt. Ihre Folterer wurden geehrt, mitunter – sofern es sich um katholische Folterknechte oder -befürworter handelte – sogar selig oder gar heilig gesprochen. Luthers Protestanten standen den Katholiken allerdings in nichts nach. Auch sie taten alles, um ihrem Gott zu gefallen. Diesseits wie jenseits der Glaubenslinie hieß es Foltern und Verbrennen „auf Teufel komm raus" (⇨ Fegefeuer; ⇨ Folter). Luther wörtlich: „Wir kennen einige von ihnen. Wenn sie sich nicht bekehren, werden wir sie den Folterknechten befehlen." (zit. nach Wolf, *Hexenwahn*, S. 152) Und das war keine lutherische 'Erfindung' sondern stammt aus der christlichen Bibel, wo es heißt: „Eine Hexe sollst du nicht am Leben lassen." (2 Mose 22, 17)

Im Hexenwahn entlud sich nicht nur ein ins Aberwitzige gesteigerter Aberglaube, sondern auch die verdrängte Sexualität einer klerikal bevormundeten Epoche. Die erpressten Geständnisse der überführten Hexen stellen in punkto sexueller Perversion mitunter sogar die pornographischen Ergüsse des Marquis de Sade in den Schatten. Da gab es nicht nur schamloses Tanzen, unersättliches Fressen, entsetzlichste Gotteslästerungen (insbesondere Hostienschändungen), sondern auch sexuelle Ausschweifungen aller Art. Beliebt war vor allem die ⇨ *Sodomie* mit Hunden, Katzen oder stinkenden Ziegenböcken. Folgt man den Beschreibungen der Hexen, verfügten Teufel und Dämonen über besondere ⇨ Potenzkraft und überdimensionale Penisse. (Ein Punkt, der die geilen „geistlichen Herren" wahrscheinlich besonders erzürnte.)

Hexen heute: Nachdem die bösen Hexen dem Feuer übergeben worden sind, treffen wir heute fast zwangläufig nur noch gute Hexen an – vor allem im Fernsehen, wo die zauberhafte *Sabrina* lustige Streiche spielt und die drei hübschen Hexen der Serie *Charmed* dem bösen Dämonen-Unwesen eindrucksvoll Einhalt gebieten. In esoterischen Kreisen hat sich zudem eine neue Hexenbewegung gebildet, aber auch die sind nicht wirklich böse, die Damen haben einfach nur Spaß an Henna gefärbten Haaren. Und wenn sie mal richtig auf den Putz hauen wollen, dann fressen sie keine kleinen Kinder, sondern praktizieren solch faszinierende Dinge wie das allseits beliebte „Gemeinsame Menstruieren bei Vollmond".

Himmel: Gegenstück zur ⇨ Hölle. Der Himmel ist die „Sphäre des Göttlichen" über uns. Römischer Katholizismus und protestantische Orthodoxie hielten lange Zeit an der Vorstellung fest, dass der Himmel ein eindeutig abgrenzbarer Ort innerhalb der körperlichen Raumwelt ist. Diese Auffassung findet auch heute noch ihren sprachlichen Ausdruck darin, dass im Deutschen (wie auch im Italienischen) der Himmel (cielo) beides meint, das physikalische „Firmament" und das „Gottesreich" und die Unterscheidung wie im Englischen zwischen *sky* (physikalisch) und *heaven* (metaphysisch) sprachlich nicht möglich ist.

Erst mit der bemannten Raumfahrt, als nirgendwo ein Gott oder wenigstens ein paar Engel gesehen worden waren, musste die Kirche diese Idee der realen Existenz eines göttlichen Himmels zumindest offiziell zwangsweise aufgeben. Der 'moderne' römisch-katholische Himmel vergeistigt sich entsprechend: „Wenn dabei vom Himmel die Rede ist, dann schwingt dabei zwar das antike Weltbild mit, nach welchem der Himmel über der Erde und über dem Firmament ist. Doch das räumliche 'Oben' ist in erster Linie als ein Bild für die Erfüllung des Menschen und für den *Zustand vollendeter Glückseligkeit* gemeint. [...] Dieser Zustand endgültiger und vollendeter Glückseligkeit kann nach christlichem Glauben für den Menschen nur Gott sein und die Gemeinschaft mit ihm. Nur Gott allein genügt." (*Katholischer Erwachsenen-Katechismus* I, S. 420) Insofern ist es nur konsequent, wenn in einigen Redewendungen der Himmel mit Gott gleichgesetzt wird (Beispiele: „Der Himmel sei uns gnädig!", „Der Himmel sei mein Zeuge!"). (⇨ *Himmel*)

178

Hölle: „Althochdeutsch *hell(i)a*, mittelhochdeutsch *helle*, ein Wort, das schon in altgermanischer Zeit den Aufenthalt der Toten bezeichnet hat und dann der christlichen Auffassung angepasst wurde." (Paul, *Deutsches Wörterbuch*, S. 316) Aus diesem unspezifizierten Totenreich, das so auch andere Kulturen kennen, wurde unter christlichem Einfluss ein einzigartiges Folterlager, eine Art „himmlisches Auschwitz", in der die Engel zur „Selektion an der himmlischen Rampe" bestellt sind. Diese Idee einer „pyromanischen Endlösung der Ungläubigenfrage" ist im Übrigen keine späte Erfindung der viel gescholtenen Kirche, sondern stammt vom christlichen Erlöser höchst daselbst: „Der Menschensohn wird seine Engel aussenden, und sie werden aus seinem Reich alle zusammenholen, die andere verführt und Gottes Gesetz übertreten haben, und werden sie in den Ofen [!] werfen, in dem das Feuer brennt. Dort werden sie heulen und mit den Zähnen knirschen." (Mt 13, 41-43)

Zweck dieser Androhung – deren Wahrheitsgehalt niemand überprüfen konnte – war die Ausnutzung der Hilflosigkeit der Menschen in ihrer Abhängigkeit als Leibeigene (= Sklaven) Gottes und seiner irdischen Stellvertreter. Wenn sie in dieser Welt geduldig hungerten, froren, Schmerzen hatten, ohne Rechte waren... – dann war ihnen der ⇨ Himmel versprochen. Wenn sich Menschen dagegen auflehnten, kamen sie in die Hölle bzw. in das „reinigende" ⇨ Fegefeuer. Dabei verstand es der ach so sanfte Messias meisterlich, die Angst vor dem Feuer zu schüren: „Wer einen von diesen Kleinen, die an mich glauben, zum Bösen verführt, für den wäre es besser, wenn er mit einem Mühlstein um den Hals ins Meer geworfen würde. Wenn dich deine Hand zum Bösen verführt, dann hau sie ab; es ist besser für dich, verstümmelt in das Leben zu gelangen, als mit zwei Händen in die Hölle zu kommen, in das nie erlöschende Feuer. Und wenn dich dein Fuß zum Bösen verführt, dann hau ihn ab; es ist besser für dich, verstümmelt in das Leben zu gelangen, als mit zwei Füßen in die Hölle geworfen zu werden. Und wenn dich dein Auge zum Bösen verführt, dann reiß es aus; es ist besser für dich, einäugig in das Reich Gottes zu kommen, als mit zwei Augen in die Hölle geworfen zu werden, *wo ihr Wurm nicht stirbt und das Feuer nicht erlischt.*" (Mk 9, 42-48)

Homosexualität: Gleichgeschlechtliche Liebe gilt auch dem aktuellen Katechismus der katholischen Kirche zufolge als „schlimme Abirrung". Die amt(skirch)liche Begründung: Homosexuelle Handlungen „verstoßen gegen das natürliche Gesetz, denn die Weitergabe des Lebens bleibt beim Geschlechtsakt ausgeschlossen. Sie entspringen nicht einer wahren affektiven und geschlechtlichen Ergänzungsbedürftigkeit. Sie sind in keinem Fall zu billigen (*Katechismus der Katholischen Kirche*, Kapitel 2357). Gestützt ist dieses rigorose Verbot u.a. auf 1 Mose, 19, 1-29, dem Bericht über die Zerstörung von ⇨ *Sodom und Gomorra*, schließlich wurden diese Städte von Gott vor allem deshalb vernichtet, weil dort (angeblich) homosexuelle Handlungen stattfanden. Im Römerbrief, auf den sich der Katechismus ebenfalls ausdrücklich bezieht, heißt es: „Darum lieferte Gott sie entehrenden Leidenschaften aus: Ihre Frauen vertauschten den natürlichen Verkehr mit dem widernatürlichen; ebenso gaben die Männer den natürlichen Verkehr mit der Frau auf und entbrannten in Begierde zueinander; Männer trieben mit Männern Unzucht und erhielten den ihnen gebührenden Lohn für ihre Verirrung." (Röm 1, 26-28)

Worin dieser Lohn bestehen mag, kann man wohl dem 3. Buch Mose (18, 22) entnehmen: „Wenn jemand bei einem Mann liegt wie bei einer Frau, so haben sie getan, was ein Gräuel ist und sollen beide des Todes sterben; Blutschuld lastet auf ihnen." (Das sahen die Nazis, die die Schwulen ins KZ verbannten, wohl ähnlich – nicht der einzige Fall, der auf eine direkte Verbindung von christlicher und ⇨ nationalsozialistischer Diskriminierung hinweist.)

Aber immerhin: Nach vielen Jahrhunderten christlich motivierter Homosexuellenverfolgung hat auch die katholische Kirche den „gebührenden Lohn" der „Unzucht" – zumindest was das Diesseits betrifft – herabgesetzt. Dem aktuellen Katechismus zufolge dürfen Homosexuelle nicht diskriminiert werden. Ihnen ist mit „Achtung, Mitleid [sic!] und Takt zu begegnen". Zweifellos hat aber dieser neue taktvolle Umgang mit den Homosexuellen ihren Preis: „Homosexuelle sind zur Keuschheit gerufen", meint der Katechismus und fährt fort: „Durch die Tugenden der Selbstbeherrschung, die zur inneren Freiheit erziehen, können und sollen sie sich – vielleicht auch mit der Hilfe einer selbstlosen Freundschaft –, durch das Gebet und die sakramentale Gnade Schritt um Schritt, aber entschieden der christlichen Vollkommenheit annähern." Die deutsche Bischofskonferenz sekundiert: Die Homosexuellen „müssen vermeiden, durch ihr Verhalten Anstoß zu erregen und andere zu verführen. Sie 'sind berufen, in ihrem Leben den Willen Gottes zu erfüllen und, wenn sie Christen sind, die Schwierigkeiten, die ihnen aus der Veranlagung erwachsen können, mit dem Kreuzesopfer des Herrn zu vereinen'." (alle Zitate *Katholischer Erwachsenen-Katechismus* II, S. 387)

180

Die Lutheraner wollen die Homosexuellen zwar nicht an das Kreuz nageln, können sich in einem Spagat zwischen scharfer Verurteilung der Homosexualität in der Bibel und anthropologischen Erkenntnissen allenfalls, aber immerhin zu einem gewissen „Na, ja!" durchringen. Dennoch: „Die Auffassung, dass es in die Wahl des einzelnen gestellt ist, ob er homosexuelle oder heterosexuelle Praxis und Partnerschaften vollzieht, widerspricht dem biblischen Gesamtzeugnis." (EEK, S. 289) (⇨ Theodizee, ⇨ A und O). Dass die Evangelischen in der Praxis keinen Deut anders sind als die Katholiken, zeigt sich beispielsweise in den USA, wo die Evangelikalen einen 'Kreuzzug' gegen Homosexualität führen.

Homosexualität und Natur: Homosexualität gilt wahren Christen nicht nur als nicht gottgefällig, sondern auch als *unnatürlich*. Da Theologen in der Regel recht wenig Ahnung von Biologie haben, verweisen sie zur Begründung gern auf die Schöpfungsgeschichte: „Von der Schöpfungsordnung und vom Schöpfungsauftrag Gottes an Mann und Frau her kann Homosexualität nicht als eine der Heterosexualität gleichwertige sexuelle Prägung angesehen werden." (*Katholischer Erwachsenen-Katechismus* II, S. 386) Bei genauerer Betrachtung ist diese Begründung allerdings in sich unstimmig, denn nach der biblischen „Schöpfungsordnung und [dem] Schöpfungsauftrag Gottes" wurden Mann und Frau asexuell erschaffen. Sexuell „erkannten" sie sich erst nach dem Genuss der verbotenen Frucht, also *gegen* den Willen des Schöpfers. Insofern ist auch die (durch heterosexuelles Verhalten ermöglichte) Fortpflanzungsfähigkeit des Menschen nicht in der „Schöpfungsordnung" enthalten, sondern eine Strafe für die ⇨ Sünde.

Darüber hinaus muss festgehalten werden, dass homosexuelle Verhaltensweisen auch im empirischen Sinne alles andere als unnatürlich sind, denn wir treffen sie im gesamten Tierreich an, beispielsweise bei unseren nächsten Verwandten, den Bonobos (Zwergschimpansen), die sich wenig darum scheren, welches Geschlecht der Artgenosse hat, mit dem sie sich gerade paaren. Interessant in diesem Zusammenhang ist auch das Sexleben der Bettwanzen, denn sie widerlegen die Annahme, man könne sich nicht über homosexuelle Handlungen fortpflanzen. Wenn ein Bettwanzenmännchen ein anderes vergewaltigt (der sexuelle Akt bei Bettwanzen ist stets eine recht blutige Angelegenheit!) und dieses vergewaltigte Männchen nun seinerseits ein Weibchen vergewaltigt, kann es vorkommen, dass es nicht die eigenen Erbinformationen weitergibt, sondern die seines Vergewaltigers! Also: Eine ganz schön perverse Natur, die der (angeblich prüde) Schöpfer da erschaffen hat!

I / J

Inquisition: (von lat. inquisitio = gerichtliche Untersuchung) ein einst mit rigorosen ⇨ Ketzerverfolgungen einhergehendes amtskirchliches Verfahren zur „Reinerhaltung des Glaubens". Oberste Instanz der katholischen Glaubensgerichte war bis 1965 die „Kongregation für römische und weltweite Inquisition", das sog. „Heilige Offizium". Nach dem Zweiten Vatikanischen Konzil trat an die Stelle des Offiziums die „Römische Kongregation für die Glaubenslehre" (kurz: Glaubenskongregation), die nun das letzte Wort im amtskirchlichen Streit um den wahren Glauben hat. Vor allem vom 13. bis zum 16. Jahrhundert wütete die Inquisition in Europa. Unterstützt durch staatliche Stellen fielen ihr Abertausende zum Opfer. Allerdings wäre es ein Fehler, die Inquisition als ein rein katholisches Phänomen zu begreifen. Die Protestanten frönten (beispielsweise zur Zeit der Hexenverfolgungen) dem Foltern und Morden im Namen des Herrn nicht weniger als die katholischen Glaubensstreiter.

Glücklicherweise sind die Blütezeiten der alten christlichen Inquisition mittlerweile (zumindest vorläufig) vorbei, kritische Beobachter glauben jedoch (insbesondere in Deutschland) die Umrisse einer „Neuen Inquisition" erkennen zu können (vgl. u.a. Mynarek, *Die Neue Inquisition*). Dabei haben sie vor allem die sog. „Sektenbeauftragten" der christlichen Großkirchen im Blick, die in Zusammenarbeit mit staatlichen Organen auf höchst problematische Weise die Ausübung der verfassungsmäßig garantierten Religions- und Weltanschauungsfreiheit beschneiden.

Wehe dem, der einer als gefährlich eingestuften Sekte angehört! Er muss zwar nicht mehr um sein Leben fürchten (wie in früheren Zeiten), wohl aber um seine ökonomische Existenz. In diesem Zusammenhang wird von kirchlichen wie staatlichen Stellen in der Regel auf fatale Weise mit zweierlei Maß gemessen. Eine Sekte, die in ihrer Geschichte auch nur ein Prozent der Menschenrechtsverletzungen oder in ihrer Gegenwart annähernd so viele Fälle von sexuellem ⇨ Missbrauch aufweisen würde wie die ⇨ Katholische Kirche, wäre wohl längst verboten oder stünde zumindest unter intensiver Beobachtung durch den Verfassungsschutz. Selbstverständlich würde man einer solchen „Sekte" (im Unterschied zu den Großkirchen) keinesfalls erlauben, (auf Kosten des Staates) in öffentlichen Schulen zu missionieren (Religionsunterricht). Kein Scientologe könnte in Deutschland Minister werden, wohl aber ein evangelikaler Christ, obwohl der Unsinn der scientologischen Glaubenslehre sicherlich

182

nicht verheerender ist als der Unsinn der christlichen Glaubenslehre (vgl. Schmidt-Salomon, *Scientology und Opus Dei*). Man muss den Kritikern der „Neuen Inquisition" sicherlich nicht in allen Punkten zustimmen (die scharfen Angriffe der Sektenbeauftragten auf den Obskurantismus sowie die persönlichkeitsdeformierenden Binnenstrukturen mancher religiöser Sondergruppen sind ja in vielen Fällen durchaus berechtigt!). Losgelöst davon ist aber festzustellen, dass die in Deutschland praktizierte *prinzipielle* Sonderbehandlung nicht-kirchlicher Kulte gegen den Verfassungsgrundsatz der weltanschaulichen Neutralität des Staates verstößt. In einer offenen Gesellschaft sollte es in der Tat unerheblich sein, ob die jeweilige religiöse Wahnidee mit den Vorgaben kirchlicher ⇨ Autoritäten übereinstimmt oder nicht.

Inzest: (lat.: *incestus* = ⇨ Blutschande) Viele Kulturen verbieten den Geschlechtsverkehr zwischen nahen Verwandten, zumindest bis zum zweiten Grad. Die oft gehörte genetische Begründung (erhöhte Missbildungen) hat sich allerdings nur in Ausnahmefällen bestätigen lassen. Wahrscheinlich verbirgt sich hinter dem Inzestverbot auf sozialer Ebene eher ein ordnungspolitisches und erbrechtliches Ansinnen. Würde die Mutter mit dem Sohn ein Kind zeugen, so wäre die Mutter gleichzeitig Mutter und Großmutter des Kindes, der Sohn (der Mutter) gleichzeitig Vater (des Kindes) und, über die Linie der Mutter, die ja gleichzeitig als Mutter des Vatersohnes die Großmutter ihres Kindes wäre, auch ideell der Großvater seines Kindes. Und das ist in der Tat etwas unübersichtlich.

Dessen ungeachtet beruhen viele Schöpfungsmythen über die Entstehung der Götter und der Menschheit auf schlichtem Inzest, so auch die christliche Schöpfungsgeschichte. Da Adam und Eva bis dahin die einzigen Menschen waren, mussten deren beide Kinder, also die Brüder mit den Schwestern, die weiteren Nachkommen zeugen. In der ganzen Genesis ist der Inzest noch gang und gäbe; so ließen sich die beiden Töchter Lots von ihrem Vater schwängern (⇨ Sexualität). Als die Bevölkerung dann aber reichlich gewachsen war, wurde der Inzest verboten.

Wahrscheinlich hätte es allerdings eines dezidierten Verbots überhaupt nicht bedurft, denn in der Regel werden Menschen, mit denen man zusammen in den ersten sechs Lebensjahren aufgewachsen ist, nicht als sexuell attraktiv empfunden. Grundlage dieses „natürlichen Inzesttabus", das u.a. Freuds Konzept des Ödipuskomplexes aus den Angeln hebt, ist ein biologischer Prägungsmechanismus, der erst in jüngster Zeit empirisch belegt werden konnte (siehe Bischof, *Rätsel Ödipus*).

Jenseits: Gegenbegriff zum Diesseits, erkenntnistheoretisch gefasst ein Gebiet *jenseits* unserer Wahrnehmung – und deshalb auch ein willkommener Bezugspunkt für Demagogen aller Art. Wie schon Nietzsche wusste, lässt sich mit dem Jenseits jede Lüge im Diesseits rechtfertigen. Ein religiöser Mensch, der von sich behauptet, einen Zugang zur jenseitigen, an sich existierenden Welt zu besitzen, spielt in der Kommunikation mit gezinkten Karten. Er versieht seine menschlichen, und daher fehlbaren Argumente mit angeblich höheren, weil jenseitigen Gütekriterien, die eben dadurch, dass sie jenseitig sind, der diesseitigen Kritik entzogen sind. Dies führt zu einem „unlauteren Wettbewerb der Ideen", der jeden Diskurs, jeden herrschaftsfreien Dialog, unmöglich macht. Deshalb ist es auch so schwer, „mit Fundamentalisten zu diskutieren, ohne dabei den Verstand zu verlieren" (vgl. Schleichert, *Wie man mit Fundamentalisten diskutiert*). (⇨ Wahrheit)

Jesus von Nazareth: jüdischer Wanderprediger, der von der römischen Besatzungsmacht als „Aufwiegler gegen Rom" hingerichtet worden sein soll. Die (nicht eindeutig nachweisbare) historische Gestalt Jesus von Nazareth ist streng von der mythischen Gestalt des Jesus ⇨ Christus zu unterscheiden.

Der historische Jesus, sofern es eine solche Gestalt überhaupt gab, war – aller Wahrscheinlichkeit nach – ein religiöser Rebell, der mutig, wenn auch ohne Erfolg, gegen die römische Besatzungsmacht aufbegehrte, aber auch ein radikaler *Ethnozentrist*, der nur das Wohl *seines*, angeblich „auserwählten" Volkes im Auge hatte. Wenn dieser Jesus von „Menschen" sprach, dann meinte er ausschließlich Juden – und hier in der Regel auch meist nur die von männlichem Geschlecht. Römer waren für ihn überhaupt keine Menschen, sondern – dem damaligen Sprachgebrauch entsprechend – ⇨ „Schweine" und „Säue" (das heißt, er verglich sie mit den aus jüdisch-orthodoxer Sicht unreinsten Tieren). Die anderen Heiden bezeichnete er – auch hier ganz Kind seiner Zeit – durchweg als „Hunde" (siehe den ernüchternden, biblischen Bericht „Erhörung der Bitte einer heidnischen Frau" [Mt 15, 21-28]).

Jesus-Freaks: Eine Gruppierung hipper Zeitgenossen, die betont locker Bibel-Sprüche vom Stapel lassen, trendy angezogen sind, im Namen des Herrn „abfeiern" und in ⇨ Jesus von Nazareth einen „echt coolen Typen" entdeckt zu haben glauben. Sie preisen ihren „Hero" im Rahmen „geiler Events". Nix Buße und so, sondern „Good Vibrations", ausgelöst vom

184

„erlösten Erlöser", vom „befreiten Befreier", vom „begnadetsten Popstar aller Zeiten", von Jesus Christ Himself. Wenn man „Bock hat, was für Jesus loszumachen", kann man in der Missionsgesellschaft der Jesus-Freaks, dem WWPS *World Wide Pizza Service,* mitarbeiten und echt „krass beten". – Ja, da staunt der Laie und wundert sich der Fachmann. Schon phänomenal, was fortgeschrittener Drogenkonsum so alles anrichten kann.

Judas*:* Judas Iskariot (auch: Ischariot) soll einer der zwölf Jünger des ⇨ Jesus von Nazareth gewesen sein. Der Beiname „Iskariot" deutet aller Wahrscheinlichkeit darauf hin, dass Judas (wie einige andere Apostel) Mitglied der Zelotenpartei war (lat. Bezeichnung: sikkarius = Dolchmänner), einer militanten jüdischen Gruppierung, die mit allen verfügbaren Mitteln die Römer aus dem „gelobten Land" vertreiben wollte (vgl. u. a. Maccoby, *König Jesus*). Ob Judas, der von einigen Wissenschaftlern heute als einer der leiblichen Brüder Jesu gedeutet wird, Jesus wirklich verraten hat, ist zumindest zweifelhaft. Möglicherweise wurde die Judasepisode nur erfunden, um das Neue Testament mit dem Alten Testament in Einklang zu bringen. Schließlich heißt es in den Psalmen Davids: „Auch mein Freund, dem ich vertraute, der mein Brot aß, hat gegen mich geprahlt." (Ps 41, 10) Gleiches gilt für den Judaskuss, der ebenfalls sein Vorbild bei David hat, „dessen Feldherr Joab seinen Rivalen Amassa mit dem Schwert tötet, während dieser ihn küsst" (Lapide, *Wer war schuld an Jesu Tod?*, S. 22).

Judas als Sinnbild des „(Schacher-)Juden": Für dreißig Silberlinge soll Judas der Bibel zufolge den hochheiligen Herrn Jesus Christus verraten haben (auch dies eine Parallele zum Alten Testament, siehe Sach 11, 12-13). Zwar waren zu Jesu und Judas Zeiten „Silberlinge" seit rund 300 Jahren nicht mehr im Umlauf, aber Schwamm drüber: Die Geschichte eignete sich hervorragend, um die Mär vom geldgeilen, treulosen Juden zu stricken, der für ein paar Groschen bereit ist, selbst das Heiligste zu verraten, was die Menschheit je gesehen haben soll.

Judas als Verräter und gleichzeitiger Erfüllungsgehilfe des göttlichen Heilsplans: Für den Verrat an Jesus wird Judas mit ewiger Verdammnis bestraft. Der biblische Jesus selbst weist auf das schreckliche Schicksal des Verräters hin: „[...] weh dem Menschen, durch den der Menschensohn verraten wird. Für ihn wäre es besser, wenn er nie geboren wäre." (Mt 26, 24) Bei Johannes heißt es, dass der Teufel in den untreuen Judas gefahren sei und ihm aufgetragen habe, Jesus zu verraten und auszuliefern

(Joh 13, 2). Wenn dies aber stimmen würde, hätte auch der Teufel im Auftrage Gottes gehandelt, denn ohne Judas' Verrat wäre der göttliche Heilsplan fehlgeschlagen. Schließlich gilt: Ohne Judas, den Überläufer, gäbe es keine christliche Überlieferung, keine Kreuzigung, keine Erlösung, keine allein selig machende Kirche. Uns würde dies gewiss nicht stören, die katholische Kirche aber sollte sich überlegen, ob sie Judas Iskariot, dem sie ihre eigene Existenz verdankt, nicht auf schnellstem Wege selig sprechen sollte (⇨ *Judas*; ⇨ Judenhass).

Judenhass: Antijudaismus ist – auch wenn dies heute gerne bestritten wird – ein elementarer Bestandteil des christlichen Glaubens. Es fiel den Judenhassern vergangener Tage nicht schwer, ihren Judenhass theologisch zu begründen. Hatten die Juden nicht selbst ihre Schuld bekannt, als sie den „Messias" ans Kreuz brachten („Sein Blut komme über uns und unsere Kinder", Mt 27, 25)? Hatte nicht schon Jesus selbst verkündet, die Juden hätten den „Teufel zum Vater" (Joh 8, 44)? Wer wollte dem widersprechen, zumal die sprachliche Nähe von ⇨ „*Judas*" und „Jude" bestens geeignet war, das vorgefertigte Bild des geldgierigen, niederträchtig-teuflischen Schacherjuden in den Köpfen zu verfestigen. So formulierte beispielsweise Kirchenlehrer Gaudentius: „Alle Juden sind geizig, geldsüchtig und vernachlässigen die Armen – wie ihr Namensgeber Judas Ischariot." Pinchas Lapide bemerkte hierzu: „Hätte jener Ischariot Jakob, David oder Jonathan geheißen anstatt Judas – ein Name der nur allzu leicht zur Symbolgestalt aller Juden verallgemeinert werden konnte, wer weiß, wie vielen Juden vielleicht der Martertod von Christenhand erspart geblieben wäre." (Lapide, *Wer war schuld an Jesu Tod?*, S. 15)

Dank der Gleichsetzung Judas = Jude, den vielfältigen Juden-Schmähungen vor allem im Johannesevangelium sowie der frei erfundenen Barabbasgeschichte avancierte der Hass auf das „Gottesmördervolk" der Juden mehr und mehr zur Kirchendoktrin (siehe Czermak, *Christen gegen Juden*). Pogrome an Juden wurden über deren vermeintliche Hostienschändungen begründet. So zum Beispiel auch im niederbayerischen Deggendorf, wo man 1337 alle Juden umbrachte und daraufhin zu Ehren Gottes eine Wallfahrtskirche erbaute, ein Ereignis, das bis heute [!] im Rahmen der sog. „Deggendorfer Gnad" pompös gefeiert wird.

Luther, der Reformator, der so viel an der katholischen Kirche auszusetzen hatte, war mit dem christlichen Antijudaismus voll einverstanden. Dies bezeugt u.a. seine Hetzschrift *Von den Juden und ihren Lügen*, in der es heißt: „Darum wisse Du, lieber Christ, und zweifel nichts daran, dass Du, nähest nach dem Teufel, keinen bittern, giftigern, heftigern Feind habest, denn einen echten Juden [...]" Luther verlangte, dass man die Juden vertreiben müsse, und gab seinen Anhängern einen verhängnisvollen, „teuren Rat": „Erstlich, dass man ihre Synagoge oder Schule mit Feuer anstecke, und was nicht brennen will, mit Erde überhäufe und beschütte, dass kein Mensch einen Stein oder Schlacke davon sehe ewiglich [...] Zum anderen, dass man auch ihre Häuser dergleichen zerbreche und zerstöre..."

War es angesichts solcher Worte ein Wunder, dass der Judenhass des ⇨ Nationalsozialismus bei den deutschen Christen so gut ankam? Wohl kaum! In gewisser Weise waren Hitler & Co. nur willige Vollstrecker einer Jahrhunderte alten Mordlust! Auf diese Weise wurde Hitler nicht nur von vielen deutschen Christen interpretiert, so sah er es wohl auch selbst: „In den Evangelien riefen die Juden dem Pilatus zu, als er sich weigerte, Jesus zu kreuzigen: 'Sein Blut komme über uns und unsere Kindeskinder!' Ich muss vielleicht diesen Fluch vollstrecken." (Hitler zitiert nach Heer, *Der Glaube des Adolf Hitler*, S. 343)

Jungfrau: Die seltsame Annahme, dass im Falle Mariens eine Jungfrau zum Kinde kam, ist wohl auf eine Fehlübersetzung zurückzuführen: Statt von der sagenumwobenen „schwangeren Jungfrau" war im ursprünglichen Text wohl nur von einer jungen Frau die Rede:

„Das hebräische Wort bei Jesaja ist עלמה *(almah)*, was ohne jeden Zweifel 'junge Frau' bedeutet, ohne im geringsten Jungfräulichkeit zu implizieren. Wäre es beabsichtigt gewesen, 'Jungfrau' zu sagen, hätte stattdessen das Wort בתולה *(bethula)* benutzt werden können. [...] Die 'Mutation' erfolgte, als die vorchristliche griechische Übersetzung, bekannt als Septuaginta, almah mit παξθένος *(parthnéos)* wiedergab, was in der Tat gewöhnlich Jungfrau bedeutet. Matthäus (natürlich nicht der Apostel und Zeitgenosse Jesu, sondern der 'Evangelist', der viel später schrieb) zitierte Jesaja in einem Text, der von der Septuaginta abgeleitet zu sein scheint (abgesehen von zweien sind alle fünfzehn griechischen Wörter identisch), als er schrieb: '[...] die Jungfrau wird schwanger werden und einen Sohn gebären, und man wird ihm den Namen Immanuel geben' [...]. Unter christlichen Gelehrten ist die Auffassung weit verbreitet, dass die jungfräuliche Geburt Jesu eine spätere Einfügung ist, die vermutlich von den griechisch sprechenden Gelehrten vorgenommen wurde, damit die (falsch übersetzte) Prophezeiung als erfüllt erschien." (Dawkins, *Das egoistische Gen*, S. 426)

Die deutschen Hochschullehrer der Theologie könnten einen solchen „Tippfehler" ja vielleicht zugeben, schließlich sind sie mit Pensionsberechtigung Staatsbeamte, aber für die Kirche ist diese Möglichkeit verwehrt. Die Bischöfe können schwerlich sagen: „Hey, Leute, da haben wir uns leider geirrt und sind einem Übersetzer aufgesessen, der uns einen griechischen Mythos der jungfräulichen Geburt ins Evangelium hineingemixt hat, so wie Pallas Athene dem Vater Zeus aus der Nase entflog. Tja, tut uns leid um die vielen Toten, die daran glauben mussten, weil sie nicht daran glaubten. Aber Irren ist eben menschlich."

Eine solche Erklärung werden wir wohl nie zu hören bekommen, schließlich haben die christlichen Marketingstrategen den überlieferten, amtlich beglaubigten Text als „Wort Gottes" und „Heilige Schrift" bezeichnet. Kann Gott irren? Nö, eigentlich nicht. Also, was tun? Ganz einfach: stehen lassen und weitermachen wie bisher, zumal die Jungfräulichkeit doch so wunderbar ins christliche Konzept passt (⇨ *Jungfrau*; ⇨ Erbsünde).

K

Kalender: Fragt man heute jemandem, wie viele Tage das Jahr hat, wird er einen mit großer Überraschung anschauen, als sei man nicht ganz bei Sinnen und im Brustton der Überzeugung antworten: „Natürlich 365 Tage und alle vier Jahre ein Schaltjahr mit dem 29. Februar." Natürlich, so war das schon immer, oder? Denkste! Bis 1582 galt noch der sog. *Julianische Kalender*, während wir heute den römisch-katholischen *Gregorianischen Kalender* verwenden. Dieses kirchliche Eigenprodukt gilt heute weltweit – auch in vielen islamischen Ländern. Schauen wir uns also an, wann und wie das katholische Christentum in den alltäglichen Kalender kam.

Die Länge eines Tages lässt sich ziemlich einfach bestimmen: jeden Tag auf die Sonnenuhr gucken. Über die Länge eines Mondzyklus wusste man durch die Himmelsbeobachtungen auch schon recht früh Bescheid: 29½ Tage = 1 Monat. Da es keine halben Tage geben kann, hatten die Babylonier bereits im 6. Jahrhundert v.u.Z. ein Jahr aus sechs Monaten zu 30 und sechs Monaten zu 29 Tagen. Und das ergab ein (Mondjahr) von 354 Tagen. Das heißt, mit Bezug auf die taggleiche Abfolge der Jahreszeiten, fehlten 11¼ Tage pro Jahr und einmal in dreiunddreißig Jahren durchlief der Jahresanfang entsprechend alle Jahreszeiten.

Der Gedanke, dass dieses Mondjahr eigentlich eine faire Einrichtung darstellt – war es doch egal, in welcher Jahreszeit man geboren wurde, der Geburtstag wanderte durch alle Jahreszeiten –, war bereits den Römern vor der Zeitenwende fremd. Alle zwei Jahre schoben sie in ihre Mondjahresrechnung einen zusätzlichen Monat zu 20 bzw. 22 Tagen ein, um ihr kürzeres Mondjahr wieder auf das tropische (Sonnen-)Jahr zu justieren.

Julius Caesar lernte dann in Ägypten nicht nur Cleopatra kennen, sondern auch den ägyptischen Kalender, der das (bewegliche) Sonnenjahr zu 365 Tagen zur Grundlage hatte. Das war vergleichsweise genau und für ein Imperium auch besser geeignet, als diese Einschieberei eines zusätzlichen Monats, was manchmal auch vergessen worden war. Das Sonnenjahr wurde auf 365¼ Tage verfeinert und ging als *Julianischer Kalender* in die Geschichte ein. Frühjahrs-Tag-und-Nacht-Gleiche war am 24. März.

Der Julianische Kalender hat in der Justierung der Schaltjahre eine kleine Ungenauigkeit von einem Tag nach 129 Jahren (365,25 Tage ist um rund 11 Minuten zu lang, und nach 129 Jahren hat sich diese 11-Minuten-Differenz pro Jahr so auf einen Tag summiert.) Zum Konzil von Nikäa (325 u. Z.) lag die Frühjahrs-Tag-und-Nacht-Gleiche entsprechend bereits auf dem 21. März. Das Christliche des Kalenders begann jetzt mit der Festlegung des 21. März als Tag des Frühjahrs-Äquinoktiums. Die Herren Konziliare schauten also nicht mehr auf den Himmel, sondern auf das Datum. Nun, warum nicht. Aber gleichzeitig wurde festgelegt, dass Ostern, *das* zentrale bewegliche Fest der Christenheit, am ersten Sonntag nach dem Vollmond gefeiert werden sollte, der auf den 21. März folgte. (Fällt dieser Ostervollmond auf einen Sonntag, ist am folgenden Sonntag Ostern.)

Nach jeweils 129 Jahren rutschte jetzt aber im Julianischen Kalender das Frühjahrs-Äquinoktium einen Tag weiter vor im Kalender und Ende des 16. Jahrhunderts lag es bereits auf dem 11. März. Das verstieß gegen den Konzilsbeschluss, dass die Tag-und-Nacht-Gleiche im Frühjahr am 21. März stattzufinden hatte. Papst Gregor XIII. setzte eine internationale Kommission von Mathematikern ein, die ein Sonnenjahr aus 365,2425 Tagen berechneten (aktuell: 365,2422 Tage), mit der Schaltregel: Jedes vierte Jahr ist ein Schaltjahr zu 366 Tagen, mit Ausnahme der vollen Hunderter (1700, 1800, 1900 = kein Schaltjahr), allerdings ohne die durch

400 teilbaren vollen Jahrhunderte (also 1600, 2000, etc.= Schaltjahr). Zur Justierung der Tag-und-Nacht-Gleiche auf den 21. März strich der Papst dann im Jahre 1582 (am 24. Februar) den Katholiken zehn Tage aus dem Kalender, und auf den 4. Oktober 1582 folgte sofort der 15. Oktober 1582. Das wurde (zu Recht) als römisch-katholischer Macht-Affront verstanden. Im katholischen Deutschland und in der katholischen Schweiz folgte man erst 1583, in Polen 1586 und in Ungarn 1587. Die Protestanten taten sich schwer damit. Erst am 1. März 1700 folgte man diesem Kalender im evangelischen Deutschland und in den Niederlanden, 1699 in Dänemark, 1701-1798 in der reformierten Schweiz, 1752 im anglikanischen England, 1753 in Schweden. In Japan 1873, in Bulgarien und der Türkei 1916, in Russland 1918/1923, in Rumänien 1919 und in Griechenland erst 1923.

Versuche, diesen christlichen Jahreskalender mit seinen (⇨ Zahlensymbolik) sieben Tagen als Woche zu überwinden, sind bisher gescheitert. Der Konvent der 1. Französischen Republik hatte am 5. Oktober 1793 bestimmt, dass zum Herbstäquinoktium (22. September) eine neue Monatseinteilung beginnt: 12 Monate mit je 3 Dekaden zu 10 Tagen und vierjährigen Schalttagen. Napoleon führte zum 1. Januar 1806 wieder den vorherigen Kalender im Kaiserreich Frankreich ein und Papst Gregor XIII. lässt aus dem ⇨ Jenseits segnend grüßen.

P.S. Durch das Streichen von zehn Tagen im Kalender verschieben sich entsprechend alle Tage der so genannten 'Bauernregeln' der Wettervorhersage um zehn Tage rückwärts.

Kannibalismus: Wenn in der Sensationspresse Fälle von (satanischem) Kannibalismus präsentiert werden, ist das Entsetzen der Menschen groß. Von Christen allerdings sollte man gegenüber solchen Kulthandlungen eigentlich mehr Verständnis erwarten, denn das Eigenartige am Christentum liegt in seinem Kannibalismus gegenüber dem Religionsstifter obwohl oder gerade weil die „Menschenfresserei" eines der größten Tabus des christlichen Kulturkreises darstellt.

Offensichtlich ist dies in der Zeremonie des Abendmahls, das auf keinen Fall mit dem gemeinen „Abendbrot" zu verwechseln ist, da hier (Vorsicht Vegetarier!) der „Leib des HERRN" verspeist wird. Hauptdarsteller dieser feierlichen Zeremonie ist ein kleines Gebäck, das unter mysteriösen Umständen von einer vegetarischen Oblate zur jesusfleischigen Hostie mutiert. Katholiken und Protestanten haben sich seit jeher heftig darüber gestritten, wie es zu dieser sog. „Transsubstantiation" (der wahrhaftigen – nicht nur symbolisch gemeinten! [⇨ Blut] – Wesensverwandlung) kommt. Nach katholischer Auffassung ist der Priester für die Verwandlung der Oblate in Jesu Leib verantwortlich, Luther hingegen meinte, das mache der liebe Gott persönlich. Davon ausgehend schaffte Luther das Sakrament der Priesterweihe ab, das den einfachen katholischen Geistlichen erst zum Priester, d.h. zum „magischen Teigverwandlungskünstler", macht. Hier stoßen wir übrigens auf den theologischen Urgrund, warum nach katholischem Kirchenrecht ökumenische Abendmahlfeiern (Eucharistie) mit Protestanten (im Gegensatz zu ökumenischen Wortgottesdiensten) untersagt sind. Zuwiderhandlungen gegen dieses Verbot der „Interzelebration" werden auch heute noch mit dem Entzug der Weihevollmachten bestraft (nach Kanon 908 des kirchlichen Gesetzbuches).

Aus katholischer Sicht ist dies zweifellos auch gut so, denn: Lutherische Protestanten mögen zwar glauben, während des Abendmahls den wahrhaftigen Leib Jesu zu verspeisen, eigentlich aber kauen sie nach Ansicht der Katholiken nur auf vegetarischen (also gänzlich jesusfreien) Oblaten herum. Dies hat tief greifende Folgen, ist doch die ⇨ Kommunion – wie der aktuelle Katechismus der Katholischen Kirche sagt – „Quelle und Höhepunkt des kirchlichen Lebens", denn „in diesem Sakrament vereinen wir uns mit Christus, der uns an seinem Leib und seinem Blut teilhaben lässt, damit wir [⇨ Sexualität] einen einzigen Leib bilden" (*Katechismus der Katholischen Kirche*, S. 366). Mehr noch: „Durch diese Liebe, die die Eucharistie in uns entzündet, bewahrt sie uns vor zukünftigen Todsünden. Je mehr wir am Leben Christi teilhaben und je weiter wir in seiner Freundschaft fortschreiten, desto geringer wird die Gefahr sein, sich durch eine Todsünde von ihm zu trennen." (*Katechismus der Katholischen Kirche*, S. 383)

Aber nicht nur während des Abendmahls wird der Leib des HERRN verspeist. Auch im lecker ⇨ *Christstollen* wird der Leib des Jesuskindes erkannt (deshalb Christ Stollen), bevor er dann gegessen wird. Zu Ostern gibt es das „Lamm Gottes" und der ⇨ *Fisch* am Freitag ist auch der Herr persönlich. Und gibt es denn eine andere Kultur als die christliche, in der die Liebe „nicht nur durch den Magen geht", sondern die Lebenden sich gegenseitig beteuern, sie hätten sich „zum Fressen gern"?

Der Begriff des Kannibalismus ist deshalb für diese christlichen Kulthandlungen sachlich angebracht, da die Kannibalen keine „Menschenfresser" waren, die sich damit ernährten, sondern Menschenfleisch aßen – z.B. das Fleisch und Blut des getöteten Feindes –, um die Kraft und die

Mentalität dieses tapferen Kriegers zu verinnerlichen. Es war also eine „Ehre" und ein Zeichen der „Hochachtung", nach seinem Tode rituell aufgegessen zu werden.

katholisch: (griechisch, mittellateinisch) „allgemein, die Erde umfassend" (Wahrig, *Wörterbuch der deutschen Sprache*, S. 446). Wenn man es genau nimmt, ist derjenige, der von der katholischen Kirche spricht, ihrem universellen Anspruch – zumindest sprachlich – bereits auf den Leim gegangen (Alternativen: Römische Kirche oder Papstkirche). Andererseits kann man nicht leugnen, dass sich der Katholizismus bis in die letzten Winkel des Erdballs hat ausbreiten können. Dies muss allerdings nicht unbedingt als ein Zeichen der Güte dieses Denksystems bzw. dieser Institution gedeutet werden. Schließlich ist auch die menschliche Dummheit ein universelles Phänomen. (Der amerikanische Bürgerschreck Frank Zappa glaubte sogar, in der Dummheit den elementaren Baustoff des Universums gefunden zu haben, was zum einen ein interessantes Licht auf den angeblichen Schöpfergott wirft, zum anderen aber auch erklären könnte, warum sich der Katholizismus derart erfolgreich ausbreiten konnte.)

Wer gehört nun zur katholischen Kirche? Rechtliche Antwort: Nur diejenigen, die getauft wurden und es (bislang) versäumt haben auszutreten. Die theologische Antwort auf diese Antwort sieht jedoch völlig anders aus: So einfach, durch einen schnöden Kirchenaustritt, kann man sich dem katholischen Zugriff nicht entziehen, denn das von den Katholiken offerierte Heilsangebot ist wirklich allumfassend. So lehrt es auch der aktuelle Weltkatechismus: „Zu dieser katholischen Einheit des Gottesvolkes [...] sind alle Menschen berufen. Auf verschiedene Weise gehören ihr zu oder sind ihr zugeordnet die katholischen Gläubigen, die anderen an Christus Glaubenden und schließlich alle Menschen überhaupt, die durch die Gnade Gottes zum Heile berufen sind." (*Katechismus der Katholischen Kirche*, Kapitel 836) Kategorisch ausgeschlossen sind nur diejenigen, die Gottes Gnade *bewusst* zurückweisen – und dies ist bekanntlich eine unverzeihliche ⇨ Todsünde, die mit „Höllenhaftstrafe auf Ewiglebenszeit" bestraft wird (⇨ Gotteslästerung). Also: Doofe Atheisten und Andersgläubige bleiben unbestraft, intelligente Nicht-Christen, die wissen, was sie nicht wollen, bekommen höllenewigglänglich.

Ketzer: *Christen, die in irgendeiner Form als „Glaubensabweichler" gegen die Vorgaben kirchlicher Autoritäten verstoßen. Als „Propagan-*

disten verderblicher Irrlehren" wurden sie nicht nur mit Exkommunikation bestraft, sondern in unermesslich vielen Fällen (bekanntestes Beispiel: Giordano Bruno) gefoltert und am Ende auf dem Scheiterhaufen
verbrannt. Heutzutage ist der Scheiterhaufen zwar aus der Mode gekommen, aber Strafen wie Exkommunikation, Entzug der Weihesakramente
und Predigtverbot werden von Seiten der Kirche immer noch gerne ver-
hängt. So wurden im August 2002 sieben katholische Frauen, die sich zu
Priesterinnen hatten weihen lassen, exkommuniziert, weil sie durch die
kirchlich nicht anerkannte Weihe einen „schweren Verstoß gegen die
göttliche Verfassung der Kirche" begangen hatten. Zwei Jahre zuvor
wurden einem Trierer Priester zeitweilig alle „Weihevollmachten" entzogen, weil er es gewagt hatte, gemeinsam mit einer evangelischen Pfar-
rerin das Abendmahl zu zelebrieren. Der bekannte brasilianische „Be-
freiungstheologe" Leonardo Boff wiederum wurde mit einem langjähri-
gen „Bußschweigen" (Predigt- und Schreibverbot) bedacht, da er der
Auffassung war, dass es nicht rechtens sei, die Armen, Elenden und Unterdrückten allein auf ein himmlisches Paradies zu vertrösten. – Der mar-
xistische Philosoph Ernst Bloch sagte einmal, das Beste, was das Christentum hervorgebracht habe, seien seine Ketzer. Wahrscheinlich hatte er
Recht.

Kinder: In Anbetracht der archaischen Mentalität der Wüsten-Nomaden
des Alten Testaments, so viele Kinder wie möglich zu zeugen, dürften wir
unter zivilisierteren Umständen eigentlich eine Änderung der Verhaltensvorschriften erwarten. Aber mitnichten! Die christliche Sexualität hat
weiterhin nur eine einzige gottgewollte Funktion: die 'Kinderproduktion'!
(⇨ Sexualität) Wer meint, man müsse sich dafür am Alten Testament
orientieren, der irrt. Es ist ganz aktuell:
     „Christliche Ehegatten, die der göttlichen Vorsehung vertrauen und
den Geist der Opferbereitschaft pflegen, verherrlichen den Schöpfer und
gehen der Vollendung in Christus entgegen, wenn sie das Amt der Weitergabe des Lebens in großherziger menschlicher und christlicher Ver-
antwortlichkeit verwalten. Unter den Ehegatten, die in solcher Weise das
ihnen von Gott anvertraute Amt erfüllen, sind besonders jene zu erwähnen, die nach gemeinsamem, klugen Urteil auch eine größere in angemes-
sener Weise zu erziehende Kinderzahl übernehmen." (*Katholischer Erwachsenen-Katechismus* II, S. 363)
     Bemerkenswert ist die sprachliche Verdrehung einer Strafe – denn das
ist nach der Bibel die Sexualität des christlichen Menschen und die Ge-
bärfähigkeit der christlichen Frau –, zu einem „Amt". Entsprechend büro-

kratisch soll es dann wahrscheinlich auch in den christlichen Betten zugehen. Wie dem auch sei: Falls die moralischen Appelle, möglichst viele zukünftige katholische Kirchensteuerzahler zu produzieren, nichts nützen, wird von Kirchenseite mitunter auch Materielles geboten. So verzichtet die Erzdiözese Freiburg bei Erbpachtverträgen mit katholischen Ehepaaren auf jeweils zwanzig Prozent der Erbpachtzinsen pro lebendem Kind. (Totgeborene und in den ersten Tagen verstorbene Kinder sind keine zukünftigen Kirchensteuerzahler.) Bei fünf Kindern gibt es somit das kirchliche Grundstück umsonst. Also hinein in die katholischen Betten: Ihr Frauen, schließt die Augen und denkt an den Erbpachtzins!

Was aber wenn ein katholisches Ehepaar keine Kinder bekommen kann? „Ehegatten können leibliche Unfruchtbarkeit als großes Leid erfahren; doch kann auch ihre Ehe fruchtbar werden, indem sie ein Kind adoptieren oder besondere Dienste in Kirche und Gesellschaft übernehmen." (*Katholischer Erwachsenen-Katechismus* II, S. 364) Aha. Na, dann ist ja alles klar! Auf zum fruchtbaren Ehrenamt! Und vielen Dank noch für diesen selbstlosen Tipp, Herr Pfarrer!

Kirche: Das Wort „Kirche" (bzw. engl. „church") stammt vom griechischen „kyriaké" (= „die dem Herrn gehörende"). Die lateinische Bezeichnung „ekklesia" (von griech. „ek-kalein" = „herausrufen") bedeutet „Volksversammlung". Insofern bezeichnet „Kirche" zunächst einmal keine Institution, sondern die „Gemeinschaft der Gläubigen", die „Familie Gottes". Der institutionelle Überbau ergab sich erst über die ⇨ *Apostel* aus dem so genannten „apostolischen Auftrag", die ⇨ „frohe Botschaft" zu verkünden (⇨ Mission) und die Gläubigen entsprechend zu unterweisen.

Im heutigen Sprachgebrauch bezeichnet „Kirche" sechserlei: erstens, den religiösen Versammlungsort der ⇨ Christen, zweitens eine mit bestimmten Attributen (⇨ katholisch, ⇨ evangelisch, orthodox etc.) versehene Bekenntnisgemeinschaft, drittens eine die jeweilige Bekenntnisgemeinschaft vertretende juristische Person (in Deutschland mit dem privilegierenden Status der „Körperschaft des öffentlichen Rechts" versehen); viertens einen Steuerverband, fünftens eine Interessengemeinschaft verschiedener Wirtschaftsunternehmungen und sechstens etwas, was kaum zu fassen, noch schwieriger zu beschreiben ist – ein großes, mythisches Geheimnis – so wurde es uns zumindest immer wieder gesagt. Wie dem auch sei: Alle diese Formen der christlichen Kirche sind weltanschaulich auf unsicherem Grund gebaut. Warum? Weil sie sich „auf einen Jesus berufen, den es nicht gab, auf Lehren, die er nicht gelehrt, auf eine Vollmacht, die er nicht erteilt, und auf eine Gottessohnschaft, die er selbst nicht für möglich gehalten und nicht beansprucht hat" (Augstein, *Jesus Menschensohn*, S. 11).

Kirchenaustritt: Hinsichtlich der in Deutschland staatlich beigetriebenen Kirchensteuer ist jedem Kirchenmitglied die Möglichkeit belassen, vor einer staatlichen Stelle aus der kirchensteuerberechtigten Kirche auszutreten.

Aus der *Bekenntnisgemeinschaft* der Kirche austreten kann allerdings nach kirchlichem Verständnis kein christlich Getaufter („Die Taufe ist ein unauslöschliches Prägemal Gottes"). Austreten kann man nur aus dem *Steuerverband* der Kirche als Körperschaft des öffentlichen Rechts. Der in Deutschland auf den Austritt automatisch folgende Ausschluss („Exkommunikation") aus der Bekenntnisgemeinschaft und damit z.b. vom Abendmahl (Exkommunikation ist eine der schwersten Kirchenstrafen!) zeigt nur schlicht den alten Grundsatz: „Geld regiert die Welt."

Als der Vatikan jedoch 2006 auf Nachfrage betonte, dass der vor einer staatlichen Stelle bekundete Kirchenaustritt keinerlei Rechtsfolgen habe, da dieser Kirchenaustritt nur vor einem Priester für die Kirche glaubhaft sei, erklärte die Deutsche Bischofskonferenz umgehend, dass sie „die bewährte Praxis [der automatischen Exkommunikation] beibehalten" wolle. Das hat mittlerweile eine recht scharf geführte kirchenrechtliche Diskussion in Deutschland ausgelöst...

Kirchenfürst: Wenn sie denn so einziehen in ihre Kathedralen und Dome, die Bischöfe und Kardinäle, unter Baldachinen, dann hat das wahrlich etwas 'Majestätisches' an sich. Und so wie der Bischof von Rom der noch einzige im Amt befindliche Caeseropapist ist (geistlicher und weltlicher Herrscher zugleich; der Dalai Lama wäre der andere, doch der lebt im Exil), als Staatsoberhaupt des Vatikans und als Herrscher über alle Katholiken, der Repräsentant einer mittelalterlichen Wahlmonarchie, so haben auch seine Bischöfe, Erzbischöfe und Kardinäle, ohne selbst adelig zu sein, den Rang von „Kirchenfürsten". Analog den alten Fürstentiteln (Vorname – Titel – 'Familienname', z.B. Wilhelm – Prinz – von Preußen) heißen die Kirchenfürsten z.B. Joachim – Kardinal – Meisner. Sie werden, je nach Rang, mit „Euer Exzellenz" (Bischöfe) oder „Euer Eminenz" (Kardinäle) angesprochen (mit „Eure Heiligkeit" nur der über alle herrschende Inthronisierte zu Rom!) und protokollarisch gehört sich ein Kniefall sowie ein Handküsschen auf den Bischofsring.

Übrigens ist der Handkuss (von Männern zu Männern, von Frauen zu inthronisierten Männern) besonders wichtig, da das Handabschlabbern schon bei den Hunden das natürliche Zeichen der liebenden Unterwerfung ist (⇨ Demut).

klonen: *Schaffung erbgleicher Nachkommen mit Hilfe molekularbiologischer Verfahren.* Während das Klonen von Pflanzen und Tieren erlaubt ist („Schaf Dolly"), ist das Klonen von Menschen (bislang noch?) strengstens untersagt. Sieht man einmal von den schwerwiegenden medizinischen Problemen ab (beim Klonen von Säugetieren kommt es [bislang] häufig zu schweren, mitunter letalen Missbildungen sowie späteren Krankheitssymptomen) fragt man sich, warum das Klonen beim Menschen so stark tabuisiert ist, denn bei nüchterner Betrachtung ist ein Klon eigentlich nichts weiter als ein zeitlich versetzter eineiiger Zwilling des Geklonten (identisches Erbgut, im Unterschied zum herkömmlichen Zwilling jedoch stärker differierende Umwelteinflüsse, denn Geklonter und Klon entstammen unterschiedlichen Zeitkohorten; insofern ist sogar zu erwarten, dass der Klon seinem genetischen Vorläufer weit weniger ähnelt als ein Zwilling dem anderen).

Die Kirchen sprechen dem Klon (und damit unbewusst auch den eineiigen Zwillingen) jedoch die Möglichkeit einer eigenen persönlichen Identität ab: „Gehört nicht zur je einmaligen Individualität des Menschen auch seine Unvollkommenheit? Entscheidendes Kriterium für die sittliche Bewertung der Therapie an Keimbahnzellen ist das Recht des Embryos und seiner Nachkommen auf körperliche Integrität und auf personale Identität. Beides würde durch den Eingriff in den menschlichen Embryo auf das schwerste verletzt. Von daher versteht es sich von selbst, dass auch alle anderen weiteren Experimente an Embryonen, wie etwa die Versuche zur Menschenzüchtung und der asexuellen Vermehrung (Klonierung), grundsätzlich abzulehnen sind." (*Katholischer Erwachsenen-Katechismus* II, S. 301 f.)

Mit einer solchen Aussage bringen sich die Kirchen jedoch selbst in eine unangenehme Lage: Denn wie wollen sie nun die heikle Sache mit der „unbefleckten Empfängnis" rechtfertigen? Hat der HERR sein erstes Duplikat, den Heiligen Geist, nicht veranlasst, das zweite Duplikat, Jesus, auf asexuelle Weise in Menschengestalt herzustellen? Allem Anschein nach war Jesus also ein Gottesklon. Oder ein Heiliger-Geist-Klon, was jedoch dasselbe ist. Fakt ist jedenfalls, dass Jesus den HERRN als „Vater" ansprach, während er seine ⇨ (Leih-)Mutter, Maria, und deren weitere

Abkömmlinge (seine Brüder wie Schwestern, d.h. seine ⇨ Familie) ver-
leugnete. Wir lernen daraus eine weitere Lektion in Sachen theologischer
Doppelmoral: Der „liebe Gott" darf sich zwar nach Belieben selber klonen, aber wenn wir Menschen so etwas tun, dann ist das (schon wieder)
ein Übergriff auf göttliche Vorrechte (⇨ Ausrottung).

Kommunion: Ob sie nun an den ganzen Spuk glauben oder nicht, Eltern
geben für das Initiationsfest der „Ersten Heiligen Kommunion" ihrer
Kinder in der Regel weit über 1000 Euro aus. Ungeachtet seiner blutrüns-
tigen Bedeutung (⇨ Kannibalismus), die nur den wenigsten bewusst sein
dürfte, ist das Fest bei den großen wie auch den kleinen Katholiken entsprechend beliebt: Die Eltern sehen ihre Kinder in adretten Kleidern
(weißes Kleidchen/schwarzer Samtanzug), die Kleinen freuen sich über
die Geschenke, die ihnen gewissermaßen als Kompensation für den lang-
weiligen Kommunionsunterricht und die öden Stunden in der Kirche
überreicht werden.

Im Osten Deutschlands hat sich als alternatives Initiationsritual die
freigeistige Jugendweihe/Jugendfeier eingebürgert. Manchem Konfessionslosen steht aber auch nach solchen „Weihen" nicht der Sinn und er
besucht mit seinen Kindern am „Weißen Sonntag" lieber einen profanen
Freizeitpark. Die Erfahrung hat gezeigt, dass auch dies eine gute Alternative zur Kommunion ist, denn welches Kind denkt schon wehmütig an
Hostien und Kirchenbänke, wenn es mit einer Zuckerwatte in der Hand
vor einem Karussell steht? Und wenn die glückliche Familie dann doch
noch ein wenig Bedarf an Gruseligem hat, so müssen Vater, Mutter, Kind
nicht selber zu Kannibalen werden, ein Besuch der Geisterbahn tut's
auch.

Konfirmation: (von lat. confirmatio = Befestigung, Bestärkung) ein mit
der katholischen „Ersten Heiligen Kommunion" vergleichbares, für die
Eltern ähnlich kostspieliges Initiationsritual auf protestantischer Seite, mit
dem die jungen Christen nach der sog. „Einsegnung" als aktive Mitglieder
der Gemeinde aufgenommen werden. Ähnlich der Kommunion geht auch
der Konfirmation ein entsprechender Unterricht voraus. Höhepunkt der
Zeremonie ist aus Sicht der Kirche die Teilnahme am Abendmahl, von
Seiten der Kinder wohl eher die Übergabe der Geschenke durch die oft
von weit her angereisten Verwandten. Zu früheren Zeiten auch von juris-
tischer und politischer Bedeutung, da mit der „Kirchenmündigkeit" (normalerweise mit vierzehn Jahren) auch die „Rechtsfähigkeit" als Erwachsener begann.

Kraft: Eine im christlichen Glaubensbereich nicht genehme Vorstellung. Während archaischere Religionen dem Vorbild kraftvoller und kraftbewusster Götter und Halbgötter, die auch untereinander durchaus gewalttätig waren, nacheiferten, liegt das Kraftmonopol des christlichen Glaubens ausschließlich bei Gott. In der Funktionalität des Alten Testamentes, zwölf streitlustige Nomadenstämme (= Juden) in Israel sesshaft zu machen und unter der Herrschaft einer Priesterkaste friedlich zu vereinen, mussten neue 'Tugenden' als vorbildlich gelten: ⇨ Demut, ⇨ Ehrfurcht, Gehorsam, ⇨ Märtyrer, ⇨ Opfer. Ausdruck dieser servilen Gesinnung ist die christlich abwertende Bezeichnung von Schimpfwörtern als „Kraftwörter" (⇨ Ausrufe).

Kreationismus ⇨ Schöpfungsgeschichte

Kreuz: *Zum religiösen Symbol mutiertes, antikes Hinrichtungsinstrument* („Marterpfahl"). Hätten die Römer bereits unsere moderne Hinrichtungstechnologie besessen, trügen die Damen der feinen Gesellschaft womöglich einen kleinen diamantbestückten elektrischen Stuhl oder eine mit Smaragden verzierte Giftspritze an der goldenen Halskette. Auch wenn die blutige Bedeutung des Kreuzes (⇨ Kreuzigung) heutzutage meist verdrängt wird, muss man dem Pädagogen Konrad Riggenmann, der erfolgreich gegen Kreuze in seinen Klassenzimmern geklagt hat, zustimmen, wenn er das Kruzifix als die „erfolgreichste Gewaltdarstellung der Weltgeschichte" bezeichnet (Riggenmann, *Kruzifix und Holocaust*).

Kreuzsymbole: Das Christentum wählte das Kreuz als zentrales Symbol des christlichen Glaubens, weil der Messias angeblich am Kreuz für unsere Sünden gestorben ist (was historisch sicherlich nicht wahr ist ⇨ Kreuzigung). Es gibt religiöse Kreuzessymbole in verschiedenen Ausführungen. Auf der folgenden Seite finden sich dazu zwei Übersichten aus den Jahren 1923 und 1966. Auffällig ist hierbei, dass innerhalb von vierzig Jahren aus neun Kreuzen zwar sechzehn geworden sind, dass ein besonders markantes Kreuz im Jahre 1966 jedoch fehlt: das ⇨ Hakenkreuz („Swastika-Kreuz"). Auch eine Form der Vergangenheitsbewältigung: Einfach weglassen, als würde es gar nicht existiert haben!

198

Meyers Lexikon, 1923

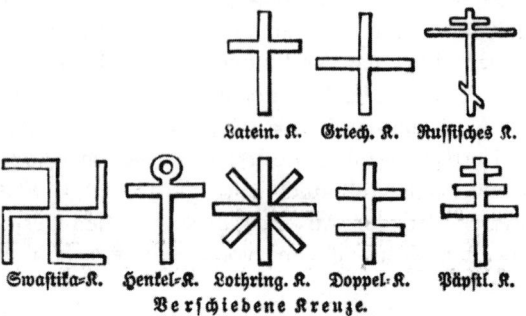

Kröner: *Wörterbuch der Kunst*, 1966

In der oberen Abbildung (von 1923) ist das erste Kreuz in der oberen Reihe ein „lateinisches Kreuz", ebenso wie das Kreuz Nr. 2 in der unteren Übersicht. Dieses Kreuz ist für die katholischen und die evangelischen Kirchen verbindlich geworden. In Zig-Millionen von Darstellungen (vom Schlüsselanhänger bis zum meterhohen Altarkreuz) ist es das *Kruzifix*, in dessen Darstellung Jesus von Nazareth millionenfach geschnitzt und angenagelt, in Blei gegossen oder in Blech getrieben wurde. Dieses Kreuz als christliches Symbol ist eine Erfindung des 6. nachchristlichen Jahrhunderts, als die ersten Darstellungen der ⇨ Kreuzigung überhaupt angefertigt wurden, denn das römische „Kreuz" für diese Hinrichtungen war ein „T" – ein senkrechter Balken und ein aufgesetzter Querbalken. Wenn man so will, wurde Jesus realiter eher „getetet", als gekreuzigt.

Dass es sich bei diesen abgebildeten Kreuzen ausschließlich um *religiöse Kreuze* handelt, verdeutlicht das Fehlen der staatlichen Orden (⇨ *Bundesverdienstkreuz)* und der vielen militärischen Orden (Ritter*kreuz* – erinnert nicht ohne Grund an die christlichen Mords-*Kreuz*züge deutscher Ritter) und Abzeichen (Eisernes *Kreuz*) an deutschen Panzern und Flugzeugen.

Bedeutung des Kreuzes: Welche Absicht verbirgt sich darin, ein Hinrichtungsgerät, das zudem mit den Bedeutungen „Übel, Not, Elend" gleichgesetzt wird, auf Kirchen und Grabstellen zu setzen, in Todesanzeigen zu verwenden, in Kindergärten, Schulen, Gerichtssälen, Krankenhäusern aufzuhängen, auf Rittermäntel zu sticken und als militärische Orden anzufertigen? Hier sind sicherlich drei Aspekte von Bedeutung: 1. Als Symbol des Todes ist das Kreuz ein Zeichen des „irdischen ⇨ *Jammertales*". Über das Kreuz ist der Tod allzeit gegenwärtig. Es soll anmahnen, dass das Leben im Diesseits nur eine Durchgangsstation ist, dass man es nicht allzu wichtig nehmen soll, dass es darauf ankommt, Christus zu folgen, um mit ihm den Tod zu überwinden und das „ewige Leben" postmortal an seiner Seite führen zu können. 2. Als Symbol der Schuld soll uns das Kreuz bewusst machen, dass da jemand vor vielen Jahren für uns und unseren Sünden gestorben ist. Wir stehen also in seiner Schuld und sind ihm und seiner Kirche zu ewigem Dank und Gehorsam verpflichtet. 3. Als Symbol einer schlimmen weltlichen Niederlage ist das Kreuz auch ein Signum des Hasses gegenüber jenen, die das Lamm Gottes opferten oder diesem vermeintlich weltgeschichtlichen Opfer nicht den nötigen Respekt zeig(t)en. Hierfür spricht auch, dass die blutigsten Zeiten des Christentums stets mit einer immer blutigeren und qualvolleren Darstellung der Kreuzigung parallel liefen. Das Kreuz diente zur Aufstachelung der Christen, das Leid des Messias mit gleicher Münze heimzuzahlen, d.h. die Feinde des Christentums (und insbesondere die ⇨ Juden) zu töten.

Das Kreuz als Utensil der christlichen ⇨ ***Magie***: Wie jeder ordentliche Vampirfilm zeigt, eignet sich das Kreuz als hervorragender Abwehr-

200

zauber gegen böse Kräfte. Besonders empfiehlt sich dieser Zauber christlichen Frauen, die das Kreuz am besten an einer Halskette zwischen den Brüsten tragen sollten, um so zu verdeutlichen, dass diese und ihr ganzer Körper ausschließlich Gott geweiht sind (⇨ *Knoblauch*).

Kreuzigung: *Antike Hinrichtungsmethode, die – besonders im Süden Deutschlands – durch die Wegkreuze, Marterln, offenen Kapellen auch außerhalb der Kirchen allgegenwärtig ist.* Auch wenn es Betrachtern aus anderen Kulturen sehr sonderbar vorkommen mag, dass nicht nur Erwachsene sondern auch bereits Kinder dazu verpflichtet werden, vor einem nackten Mann zu knien, der an zwei Holzbretter genagelt wurde, ist es das Kernsymbol christlichen Glaubens. Diesem Symbol liegen zwei verschiedene Mythen zugrunde:

Erstens der Mythos des „Sühne-Opfers" – das dieser Jesus stellvertretend für die ganze Menschheit auf sich genommen haben soll. Im Römischen Reich war die Kreuzigung jedoch nur zwei ausgewählten, als besonders gefährlich eingestuften „Straftätergruppen" vorbehalten: entlaufenen Sklaven und „Aufwieglern gegen Rom". Letzteres war wohl auch das Verbrechen, dessen sich ⇨ <u>Jesus</u> von Nazareth in den Augen des Statthalters Pilatus schuldig gemacht hatte. Wäre er wegen eines schweren religiösen Vergehens belangt worden, wäre er vermutlich gesteinigt worden.

Zweitens – allerdings verschlüsselter – ist es die patriarchale Umformung eines weiblichen Mythos der gebärenden Mutter Erde. Nach der Kreuzigung wird dem Körper von Jesus eine Wunde zugefügt: „der Kriegsknechte einer öffnete seine Seite mit einem Speer, und alsbald ging Blut und Wasser heraus" (Joh 19, 34). Damit und aus dem weiteren angeblichen Geschehen wird deutlich: „Patriarchale Auferstehungsmythen kopieren (...) gerne die oft dreitägige Zurückgezogenheit menstruierender Frauen und ihr abermaliges Auftauchen in eine Welt freudiger Erfüllung. So auch das Christentum: Jesus vergießt sein Blut, scheint zu sterben, kehrt aber nach drei Tagen aus der Abgeschlossenheit der Grabeshöhle zurück." (Sommer, *Evolutionäre Anthropologie*, S. 73)

Darstellungen der Kreuzigung Christi sind erst seit dem 6. Jahrhundert bekannt (⇨ <u>Kreuz</u>). „Sie zeigen Christus lebend, aufrecht stehend, in Orantenhaltung mit ausgebreiteten Armen. [...] Der nimbierte [⇨ *Heiligenschein*], mit 4 Nägeln ans Kreuz geschlagene Christus wird lebend mit offenen Augen, als Triumphans wiedergegeben. Er trägt langes gescheiteltes Haar, einen Bart und ein ärmelloses, langes Gewand, das so ge-

nannte Colobium." (Knell/Sperlich, *Lexikon der Kunst*, S. 347) Seit dem
12. Jahrhundert ergeben sich, bedingt durch das Streben der Gotik nach
einer Vermenschlichung des Göttlichen, auch für die Darstellung der
Kreuzigung Christi wichtige Änderungen: „1. die beiden Füße Christi
werden (nach 1220, in Italien erst nach 1275) nur noch von einem Nagel
durchbohrt, so dass der eine Fuß über dem anderen liegt. Das bedeutete
Verlust an Symmetrie und damit an Strenge und Repräsentation, aber
auch Gewinn an plastischer Ausladung und an Variationsmöglichkeiten
der Haltung. 2. Christus erscheint tot oder sterbend, mit der Dornenkrone
auf dem Haupt und schmerzvollem Gesichtsausdruck. Im 14. Jh. werden
die Leidensmerkmale [immer weiter] gesteigert, bes. in der dt. Kunst: der
magere Leib hängt schwer herab und zerrt an den Armen, aus den Wunden quillt das Blut." (Jahn, *Wörterbuch der Kunst*, S. 378f.)

Krieg, heiliger bzw. gerechter: Falls ein Weichfilter-Christ wieder einmal behaupten sollte, seine Religion sei friedlich und Jesus ein Friedensstifter („⇨ Weihnachten als Fest des Friedens"), dann sollte er erklären,
weshalb über Jahrhunderte hinweg ein heiliger, von Gott kommender und
gesegneter Krieg gepredigt wurde. Bei Erklärungsnotstand sollte er vielleicht einen Blick in die Bibel werfen – immerhin ein Buch voller gott-
gewollter Gemetzel, in denen selbst Kinder und Greise nicht verschont
blieben. Der „liebe Gott" war nach allem, was von ihm überliefert ist, ein
mitleidloser Befürworter des Angriffskrieges. Gefangene wurden von
seiner Dreifaltigkeit nicht gemacht. Im Gegenteil: „Alle die Völker, die
dir der Herr, dein Gott, preisgibt, sollst du vertilgen und nicht mitleidig
auf sie schauen" (5 Mose 7, 16). Gott selbst ging dabei stets mit gutem
Beispiel voran und versprach seinem auserwählten Volk, „die Völker vor
dir auszurotten, in deren Gebiet du hineinkommst, um es zu besitzen" (5
Mose 12, 29).

Wie der Vater, so der Sohn. Auch der christliche Messias war nicht
unbedingt ein erklärter Pazifist – auch wenn manche Stellen der „Bergpredigt" vielleicht so ausgelegt werden könnten. Der vermeintliche Friedensstifter erklärte unmissverständlich: „Ich bin nicht gekommen, Frieden
zu bringen, sondern das Schwert" (Mt 10, 34). Dass er und seine nächsten
Nachfolger die offene Kriegserklärung an die Heiden, die nach urchristli-
cher Überzeugung voller „Ungerechtigkeit, Schlechtigkeit, Unzucht,
Habsucht, Bosheit, voll Neid, Mordlust, Streitsucht, Arglist und Tücke"
(Röm 1, 29) waren, nicht energisch in die Tat umsetzten, war allein dem
Umstand zu verdanken, dass die Gläubigen die baldige Ankunft des

Jüngsten ⇨ *Gerichts* erwarteten, in dessen Folge die Heiden ja ohnehin in den Ofen geschoben werden sollten. (Warum sich also noch unnötig die Hände schmutzig machen?) Als dann aber nach dem gewaltsamen Tod des Erlösers das versprochene Jüngste ⇨ *Gericht* seltsamerweise Jahrhunderte lang auf sich warten ließ, entschlossen sich die Christen, dem Herrn in Sachen Heidenschlachtung doch ein wenig zuzuarbeiten.

Dazu entwickelte insbesondere der heilige Kirchenlehrer Augustinus eine christliche Theorie nicht nur des „gerechten" Krieges (gerecht ist nach Augustinus jeder Krieg, der Unrecht rächt), sondern auch des „Heiligen" Krieges (ein Krieg im Auftrag Gottes gegen den Teufel und seine Vasallen, die Heiden und Ketzer). Anlässe für solche heiligen und/oder gerechten Kriege gab es zuhauf. Die ⇨ *Kreuzzüge* (11. bis 13. Jahrhundert), die sich offiziell gegen die islamische Herrschaft im sog. „Heiligen Land" richteten, sind hierfür nur das bekannteste Beispiel. Jedoch führten die Christen nicht nur Kriege gegen Andersgläubige, sondern vermehrt auch untereinander. Allein in den Reformationskriegen verloren Hunderttausende ihr Leben. Aber halb so schlimm, das alles war natürlich gottgewollt, denn Gott allein legt – wie Augustinus weiß – „Anfang, Fortgang und Ende" des Krieges fest. Den Grund dafür verriet der Heilige auch: Das Menschengeschlecht soll „durch dieses Mittel gebessert" werden. Kriege finden „rascher und zögernder ihr Ende, je nachdem es eben in seinem Gutdünken und gerechten Ratschluss und Erbarmen gelegen ist, das Menschengeschlecht zu züchtigen oder zu trösten." (vgl. Deschner, *Kriminalgeschichte*, Bd. I, S. 514ff.) (⇨ *Heiliges Kanonenrohr!*)

Sollen wir uns also für den nächsten Krieg rüsten, damit das sündige Menschengeschlecht endlich wieder die Chance bekommt, sich tüchtig zu bessern? Zwar lehrt der aktuelle Katechismus der Katholischen Kirche, dass nur ein Verteidigungskrieg ein gerechter Krieg sei, aber es gibt ja so viele wichtige Dinge zu verteidigen (das Abendland, unsere Menschen- und Erdölrechte und so vieles mehr)! Wir dürfen daher sicher sein: Wenn die Kanonen wieder zum Wohle der Menschheit donnern, hat nicht nur Gott seine Hände im Spiel, sondern auch die Kirchen – diesseits wie jenseits des Grabens.

Kriegsdienstverweigerung: In der Frühzeit des Christentums gehörte Kriegsdienstverweigerung für die Gläubigen zum guten Ton. Wer als Soldat im Krieg tötete und nicht Fahnenflucht beging, lief Gefahr, exkommuniziert zu werden. Dies änderte sich allerdings schlagartig, als das Christentum 313 offiziell als Religion anerkannt und von Kaiser Konstantin persönlich protegiert wurde. Von nun an wurde das Soldatentum als heilige Pflicht gegenüber Gott gepriesen, Kriegsdienstverweigerer und Fahnenflüchtige hingegen galten als Abtrünnige und wurden rigoros aus der Glaubensgemeinschaft verbannt, wenn ihnen nicht weitaus Schlimmeres widerfuhr. Die radikale Ächtung der Kriegsdienstverweigerung hatte lange Zeit Bestand. Bis ins 20. Jahrhundert hinein fanden Kriegsdienstverweigerer in den Kirchen nur wenige Fürsprecher. Von daher ist es nicht verwunderlich, dass sich nur wenige Mitglieder der Amtskirchen entschlossen, Hitler nicht in den Krieg zu folgen. Löbliche Ausnahmen wie Franz Reinisch oder Josef Fleischer konnten kaum auf den Segen der Kirche hoffen. Im Gegenteil: Ihnen wurde vor ihrer Hinrichtung sogar die Kommunion verweigert (vgl. Czermak, *Christen gegen Juden*, S. 458).

Selbst nach dem Zweiten Weltkrieg dauerte es lange, bis die Kirchen ihre Distanz zu den Kriegsdienstverweigerern aufgaben. Als der jesuitisch geschulte, spätere Generalsekretär der CDU, Heiner Geißler, in seiner Promotion das Recht auf Kriegsdienstverweigerung verteidigte, sorgte dies noch für einigen Unmut in christlichen Kreisen. Mit der Zeit erkannten die Kirchen dann aber doch den enormen Nutzen, der in der Wehrdienstverweigerung lag: Sie konnten plötzlich über ein Heer von Zivildienstleistenden verfügen, die für einen wahren ⇨ *Gotteslohn* in kirchlichen Einrichtungen schuften müssen. Ohne sie würde der immer stärker sich ausbreitende missionarische Sozialdienstapparat der Kirchen kaum noch funktionieren. Dies erklärt auch, warum so viele Kirchenfunktionäre heute entschieden gegen die Abschaffung des Wehrdienstes votieren: Ihre Sorge gilt vor allem den Wehrdienstverweigerern, die ihnen mittlerweile so richtig ans Herz gewachsen sind. Plötzlich erscheint auch die Verweigerung in völlig neuem Licht, sie gilt gegenüber dem Wehrdienst sogar als die bessere, die christlichere Option (obwohl die Kirchen natürlich auch an der Militärseelsorge recht ordentlich verdienen)! Da soll noch einer sagen, die Kirche sei nicht modern! Sie vertritt heute sogar Positionen, die sie 313 schmählich verraten hat! Wenn das kein Zeichen von Flexibilität ist, was sonst?

Ku-Klux-Klan: bis heute aktives Element der einst starken „ario-christlichen Internationale". Die weißen Kapuzenträger nahmen und nehmen für sich in Anspruch, im Namen des (evangelischen) christlichen Gottes zu morden und zu brandstiften. *Ku-Klux* stammt von cyclos (griech. kyklos = Kreis) und deutet an, dass die Mitglieder des KKK sich gerne im Kreis um brennende Kreuze treffen bzw. die Häuser ihrer Opfer gerne im Kreis umzingeln. *Klan*, weil alle sechs Gründungsmitglieder schottischer Abstammung waren.

Gegründet wurde der terroristische Geheimbund dieser „weißen Ritter" 1865 in Tennesee (USA) zum Zwecke der Aufrechterhaltung der kolonialen Herrschaft der Weißen in den Südstaaten. Anfangs richteten sich die meist nächtlichen Anschläge des KKK vornehmlich gegen Schwarze sowie allzu lautstarke Befürworter der Union. Nach Verbot und Neugründung (1915 in Georgia) weiteten die „Clansmen" ihren „heiligen Zorn" auch auf andere ethnische, religiöse oder kulturelle Minderheiten aus. Heute gilt ihr Kampf vor allem der Verhinderung der sog. „Rassendurchmischung" – ganz im Sinne des Neutemplers Jörg Lanz von Liebesfels, der schon 1907 in KKK-ähnlichem Kapuzenlook offiziell die erste Hakenkreuzfahne gehisst hatte (⇨ Hakenkreuz).

Die bekanntesten Symbole des Klans sind 1. das *Blood-Drop-Cross*, in dem das Blut innerhalb des Kreuzes das Blut von Jesus Christus symbolisiert, der für die „weiße Rasse" sein Leben gelassen habe, 2. das *Cross-wheel*, ein Kreuz in einem Kreis/Rad, das die „weiße Rasse" als Mittelpunkt des Universums ausweisen soll, und 3. das *Flaming Cross*, ein christliches Kreuz, das mindestens zwei Meter groß ist, und zum Brennen mit benzingetränkten Tüchern umwickelt wird.

L

Lachen: „Lachen tötet", meinte Nietzsche. Und er hatte Recht: Lachen tötet jene existenzielle Angst ab, die die Grundlage der religiösen Heilsversprechen ist. Deshalb galt das Lachen Jahrhunderte lang als subversiver Akt, wie Umberto Ecos Mittelalterroman *Der Name der Rose* eindrucksvoll zeigte. Schon Platon hatte gewarnt: „Lachlustig dürfen unsere Wächter nicht sein. Denn wenn einer in heftiges Lachen ausbricht, so ruft das nach einem heftigen Umsturz." Noch heute verstehen Kirchenfürsten in religiösen Dingen wenig Spaß. Je lustiger eine Religionsparodie, desto eher winkt der ⇨ Gotteslästerungsparagraph. Wahrscheinlich haben die „Hüter der christlichen Wahrheit" Angst davor, dass der Humor aufdeckt, was man doch so gerne verbergen würde, nämlich dass die christliche Religion (wie viele ihrer Schwesterreligionen) im Kern nichts weiter ist als ein einzigartig skurriler Witz, über dessen angestrengte Ernsthaftigkeit man in Zukunft möglicherweise nur noch herzhaft lachen wird.

Leben nach dem Tod ist auch so eines der christlichen Phantasie-produkte – um nicht zu sagen, eine der zentralsten und bösesten Erfin-dungen – mit denen man gleichzeitig Angst wie Hoffnung erzeugen und sich als Herrschaftsideologie etablieren konnte. Das klassische Judentum kennt kein Leben nach dem Tode. „Leben muss also Hier und Jetzt des tatsächlich gelebten Lebens glücken, wenn es scheitert, ist dieses Schei-tern endgültig, eine Vertröstung auf ein anders geartetes Leben im Leben im Jenseits ist unmöglich. Was nach dem Tode bleibt, ist im Alten Tes-tament ein Schattendasein in der Scheol, der Unterwelt, in der [...] das Schicksal der Schatten unterschiedslos ist." (Werlitz, *Geheimnis der hei-ligen Zahlen*, S. 110) Mit der 'Paulanisierung' der Evangelien und ihrer Abgrenzung gegen das Judentum war die Vorstellung eines Lebens nach dem Tode in mehrfacher Hinsicht eine geniale Idee. Den eigenen Anhän-gern konnte man eine Belohnung nach dem Tode versprechen (kostet ja nichts) und Unfolgsamen sowie Andersgläubigen pauschal mit Fegefeuer sowie Höllenqualen drohen und Angst machen. Gleichzeitig diente man sich als Herrschaftsideologie an, denn man tröstete alle Sklaven und Un-glücklichen frech damit, dass die Erde halt ein ⇨ *Jammertal* sei, sie aber nach ihrem Tode für alle ihre irdischen Leiden himmlisch belohnt werden würden. (Wer's glaubt, wird selig.)

Leihmutter: Die Kongregation für die Glaubenslehre hat erklärt: „Jede Art der [⇨] *Fortpflanzung*, die nicht die Frucht der ehelichen Vereini-gung ist, sei sittlich nicht zu vertreten." (*Katholischer Erwachsenen-Katechismus* II, S. 375)

Oh tempora, oh mores! (Oh Zeiten, oh Sitten!) Dann war also der Re-ligionsstifter nicht nur ein ablehnungswürdiger ⇨ <u>Klon</u> Gottes, sondern seine Zeugung, die nun – als Glaubensbekenntnis – nicht die Frucht der ehelichen Vereinigung von Maria und Josef ist, war zudem unsittlich, denn „durch Einschalten einer dritten Person (Ei- oder Samenspende, Leihmutterschaft) [in der jesuanischen Zeugung: die Samenspende des Heiligen Geistes] löst sich die Gemeinschaft der Elternschaft auf und sowohl das Recht des Kindes als auch der Ehegatten. Ihre Anwendung [d.h. auch die Zeugung von Jesus Christus] ist deshalb besonders ver-werflich." (*Katholischer Erwachsenen-Katechismus* II, S. 376)

Wäre es dann nicht angebracht, die Bibel und das Glaubensbekenntnis eine Klitzekleinigkeit zu überarbeiten, damit beides mit den Ansichten der Kongregation übereinstimmt?

Liebe: *Eine dem Hass entgegengesetzte, in der Regel als angenehm emp-fundene emotionale Regung, in der sich eine besondere Zuneigung zu bestimmten Personen, aber auch nichtmenschlichen Lebewesen (Tier-liebe), Sachen, Tätigkeiten, abstrakten Ideen etc. äußert.* Das Christentum verstand es geschickt, sich selbst als „Religion der Liebe" zu vermarkten, was seinem durchschlagenden historischen Erfolg sicherlich nicht im Wege stand. Was aber verstand bzw. versteht das Christentum unter dem Begriff „Liebe"?

(1) „Gott ist die Liebe": Der liebe Gott der Christenheit ist sicherlich kein Liebesgott, der wie Amor darauf versessen ist, romantische Liebe oder körperliches Begehren in den ⇨ '*Herzen*' der Menschen aufleuchten zu lassen (⇨ *Licht*). Er wird dennoch als „Gott der Liebe" verstanden. Als sinnfälliger Beweis für Gottes allumfassende Liebe wird betrachtet, dass er aus besonderer Zuneigung zu uns sündigen Menschen seinen eingebo-renen Sohn Jesus opferte und ans Kreuz nageln ließ. Sicherlich eine mar-kante oder eher makabre Art, seine Liebe zu demonstrieren. Wahrschein-lich hat er auch aus Liebe zu uns die Hölle erschaffen, in der die über-wiegende Mehrheit der Menschen dereinst ewige Qualen erleiden soll. Überdenkt man, was der Herr so alles aus Liebe angestellt hat, mag man nicht unbedingt zu einem besonderen Objekt seiner Zuneigung werden. Vielmehr wird man wohl in Anlehnung an Brecht kontern müssen: „Lieber Gott, lieb mich nicht zu sehr. Als ich das letzte Mal geliebt wurde, erfuhr ich die ganze Zeit über nicht das kleinste bisschen Freund-lichkeit…"

(2) „Die Liebe zu Gott ist die Vollendung der Liebe": Wenn Gott die Liebe ist, dann ist die Liebe zu Gott, die Liebe der Liebe, die höchste Stufe menschlicher Liebesfähigkeit. Mehr noch: Wer der Gottesliebe nicht fähig ist, ist „geistlich ein Nichts"! Das meint zumindest die katholi-sche Bischofskonferenz: „Die Liebe ist jene Freundschaft und Gemein-schaft mit Gott, in der der Mensch 'mit ganzem Herzen und ganzer Seele' Gott über alles liebt (Mk 12, 30) und schon jetzt ganz eins wird mit ihm. Die Liebe zu Gott ist das volle, uneingeschränkte, vorbehaltlose Ja zu Gott und zu seinen Geboten [...]; wer ihrer mangelt ist geistlich ein Nichts." (*Katholischer Erwachsenen-Katechismus* I, S. 251f.) Na, danke, das nennt man doch wahrlich „Nächstenliebe".

(3) „Liebe deine Eltern, Kinder etc.": Dass zu den engsten Verwandten eine besondere Zuneigung bestehen sollte, ist nichts genuin Christliches. Schon unsere Gene zwingen uns zu dieser besonderen Form der Liebe und das ist in der Regel auch gut so. Allerdings bitte nicht zu dolle, denn:

„Wer Vater und Mutter mehr liebt als mich, der ist mein nicht wert", spricht der HERR (Mt 10, 37).

(4) „**Du darfst deine Gattin bzw.** *deinen Gatten auch körperlich lieben – aber bitte ohne Verhütungsmittel"*: Sexualität sollte nach Ansicht der Sexualexperten der katholischen Geistlichkeit primär der Fortpflanzung dienen. Promiskuität ist also ebenso pfui wie Homosexualität. Vorehelicher Geschlechtsverkehr gilt als schlimme Abirrung, er kann aber durch ein Dutzend leidenschaftlicher Ave Marias gesühnt werden.

(5) „**Liebe deinen Nächsten, wie dich selbst"**: Auch diese berühmte „Nächstenliebe" ist keine Erfindung des Christentums, zumal die nette Aufforderung ja bereits aus dem Alten Testament stammt. Prinzipiell wäre gegen den ethischen Imperativ der Nächstenliebe wenig einzuwenden, wenn er – worauf bereits Nietzsche hinwies – nicht die „Fernstenliebe" grob unterschlagen würde. Oftmals bedeutet eine zu große Liebe zu den Nächsten (Gleichgesinnten etc.) zugleich auch eine scharfe Abschottung gegenüber den Fernsten (den Fremden, irgendwie Andersartigen). Als Beweis mag man hierzu u.a. die Bibel heranziehen, in der die hemmungslose Vernichtung Andersgläubiger immer wieder wunderbar mit der Aufforderung zur Nächstenliebe in Einklang gebracht wird.

Und wenn man die geforderte Nächstenliebe einmal separat betrachtet, so lautet der Zusammenhang: „Ein neues Gebot gebe ich euch, dass ihr euch untereinander liebet, wie ich euch geliebt habe, damit auch ihr einander lieb habet. Daran wird jedermann erkennen, dass ihr meine Jünger seid, so ihr Liebe untereinander habt." (Joh 13, 34-35) Die Lebenserfahrung – z.B. in Kirchenvorständen als „zänkische Vereine" – stehen dazu in krassem Widerspruch.

Wie soll der Christ denn auch Andere so lieben „wie sich selbst", wenn er zu sich selbst keine positive Einstellung hat, haben kann? Wer hat als Christ nicht schon (zig-fach) gegen die „Zehn Gebote" verstoßen, (häufiger) Sünden, sogar Todsünden begangen? Und trotz aller Buße, Reue und Demut kann er sich nicht sicher sein, nicht doch ins Fegefeuer zu müssen oder sogar in der Hölle zu landen. Folge: Angst, Schuldgefühle, alles Mögliche – aber nichts Positives, was man an sich selber lieben könnte.

(6) „**Du sollst auch deine Feinde lieben"**: Dieser Imperativ Jesu ist vielleicht gut gemeint, aber bei genauerer Betrachtung logisch unsinnig. Wie soll man ausgerechnet zu seinen Feinden eine *besondere Zuneigung* haben können? Man mag seine Feinde ja achten, respektieren, wertschät-

208

zen können. Aber gleich lieben? Wird Liebe nicht zu einem völlig inhaltsleeren Begriff, wenn man ihn auf sog. Feinde anwendet? Wie dem auch sei: Jesus hatte in der Praxis ein recht eigentümliches Verständnis der Feindesliebe: So wollte er mit einer heidnischen (also nur sehr bedingt feindlichen) Frau nicht einmal sprechen, obwohl sie ihn auf den Knien anflehte, ihr zu helfen, Römer bezeichnete der gute Hirte Jesus als Schweine und ließ Dämonen in sie fahren, jüdische Münzwechsler vertrieb er wütend aus dem Tempel, beraubte sie also ihrer Einnahmequelle – und, last but not least, drohte er allen, die seinen Worten nicht folgen wollten, mit ewiger Höllenpein. Nun, wenn dies die berühmte Feindesliebe sein soll, dann wären alle potenziellen Feinde des Christentums gut beraten, alles Erdenkliche zu tun, um nicht zum unfreiwilligen Empfänger christlicher Liebesdienste zu werden.

(7) *Fazit*: Indem das Christentum alles, was ihm ins Konzept passte, mit dem Liebesetikett auszeichnete, ja selbst die unmenschlichsten Gräueltaten des fabulierten Gottes als „Akte der Liebe" beschönigte, stiftete es eine babylonische Sprachverwirrung um den Begriff Liebe. Im Kern der christlichen Liebesvorstellung ist Liebe immer gleichbedeutend mit Glauben, d.h. mit Gehorsam und Unterwerfung in ⇨ *Ehrfurcht*. So konnte Nietzsche in *Jenseits von Gut und Böse* nicht ohne Grund lästern: „Nicht ihre Menschenliebe, sondern die Ohnmacht ihrer Menschenliebe hindert die Christen von heute, uns zu verbrennen."

Liebesheirat: Ein schönes, in der Romantik verklärtes Ideal, hinter dem jedoch – so zumindest das Ergebnis der Analysen des britischen Historikers Jack Goody – eine knallharte und effiziente Erbschleichstrategie der mittelalterlichen Kirche steckt, die darauf ausgerichtet war, die Großfamilie als Wirtschaftsverband zu untergraben. Im klassischen Patriarchat entschieden die Väter über die Ehepartner – eine Entscheidung, die unter anderem auch durch das Interesse geleitet wurde, den Besitz der Familie zusammenzuhalten. So musste beispielsweise die (jüngere) Nichte, die keine erbberechtigten Brüder hatte, den (älteren) kinderlosen Onkel heiraten, um den Besitz beider zusammen zu bringen und innerhalb der Familie zu erhalten. Mit dem, nur auf den ersten Blick, fortschrittlich klingenden Recht der Töchter und Frauen, selbst zu entscheiden, welchen Mann sie heiraten wollten – also einer Betonung von Konsens und Zuneigung und der Aufhebung der Zwangsehe –, blieben diese Frauen dann, wenn sie keine Kinder bekommen hatten, im Alter der Obhut und

Pflege der Wohlfahrt der Kirche überlassen, der sie dann natürlich gerne und voller Dankbarkeit ihr Vermögen vererbten.

Lust: Die Worte, die dem Religionsbegründer in der Bibel hinsichtlich seiner Einstellung zur Lust zugeschrieben werden, sind unterschiedlich. Einerseits erklärt er (in der „Bergpredigt"): „Wer eine Frau ansieht, ihrer zu begehren [weil er Lust hat], der hat schon mit ihr die Ehe gebrochen in seinem Herzen. Wenn dich dein rechtes Auge zum Bösen verführt, dann reiß es aus und wirf es weg! Denn es ist besser für dich, dass eines deiner Glieder verloren geht, als dass dein ganzer Leib in die Hölle geworfen wird." (Mt 5, 27-30) Dieser unverhohlenen Aufforderung zur Selbstkastration des Mannes steht partiell entgegen, wie er die praktizierte Lust einer Ehefrau bewertet: „Meister, diese Frau ist ergriffen auf frischer Tat im Ehebruch. [...] Wer unter euch ohne Sünde ist, der werfe den ersten Stein auf sie." (Joh 8, 4/7) Bezeichnenderweise haben die „Kirchenlehrer" die miesere Variante als die einzig wahre weiter verkündigt.

Obwohl Martin Luther nach allen Zeugnissen kein 'Kostverächter' war, die „Fleischeslust" verdammte er mit voller Inbrunst: „Fleischlich gesinnt sein ist eine Feindschaft wider Gott [...]" (Röm 8, 7), denn „die Erbsünde ist das sündliche Verderben, in welchem nach dem Fall Adams und dem Verlust des göttlichen Ebenbildes alle Menschen geboren werden, daher sie zu Glauben, Furcht und Liebe Gottes untüchtig und voller böser Lust sind und in solchem Stande Kinder des Zornes und des Todes." (Luther, *Kleiner Katechismus*, S. 58 ff.) Für einen ehemaligen Mönch, der Luther gewesen war, ist die Auffassung allerdings nicht verwunderlich.

Aber: Der liebe Gott meint es gut mit uns und will nur unser Bestes (leider im wahrsten Sinne des Wortes!): „Das ist der Wille Gottes, euere Heiligung, dass ihr meidet die Hurerei, und ein jeglicher unter euch wisse sein Gefäß (d.h. seinen Leib) [es sind wohl eher die Genitalien gemeint] zu behalten in Heiligung und Ehren, nicht in der Brunst der Lust, wie die Heiden, die von Gott nichts wissen." (Luther, *Kleiner Katechismus*, S. 92, vgl. auch 1 Thess 4, 3-5)

Also, da haben wir es: Heiligkeit oder Hurerei. Christen aller Länder, entscheidet euch: Ein christlicher Körper hat keine heidnische „Brunst der Lust"! Ohne diese „Brunst der Lust" und ohne „fleischliche Gesinnung" war die „geschlechtliche Vereinigung" in der christlichen ⇨ Ehe erlaubt; für das Unchristliche war dann das verbotene Bordell vorgesehen, dort gab's für die Hurenböcke die fleischliche Lust. Damit ist der Dualismus folgerichtig: Die Ehe verhält sich zum Bordell wie die Unlust zur Lust. Nun fehlt uns nur noch der Teufel, denn der lauert ja bekanntlich hinter allem, was einem braven Christenmenschen Spaß machen könnte. Den zaubert uns Doktor Martin Luther aus seinem Katechismus hervor, denn Gottes Willen kann nicht geschehen, „als da ist des Teufels, der Welt und unsers Fleisches Wille" (Luther, *Kleiner Katechismus*, S. 178 ff.). Also heißen unsere Pärchen: Heiligkeit/Hurerei, Ehe/Bordell, Unlust/Lust, Gott/Teufel, Geist/Fleisch, Himmel/Hölle.

Wenn die Konstruktion nicht im Prinzip so durchsichtig wäre, könnte man sagen, sie sei perfekt. Wer als christliches Kind das alles brav gelernt hat, der bekommt als Erwachsener damit richtig Probleme und für den ist es eben nicht 'durchsichtig'. Da die Lust nicht nur dem Teufel zugeordnet wird, sondern auch nur im „Ehevollzug" erlaubt ist (so steht es tatsächlich im katholischen Katechismus und erinnert wohl nicht ohne Grund an den 'Strafvollzug'), ist unter dem Verdikt der ⇨ Monogamie und dem Verbot der 'Untreue' nach einigen Jahren des Ehevollzugs auch die Lust 'zum Teufel gegangen', d.h. abhanden gekommen.

Und so schließt sich der Kreis des „schlechten Gewissens", des „Messers im Kopf", dass wir uns selbst verbieten, was uns eigentlich Spaß macht und lust-ig sein sollte (⇨ *Heidenspaß*).

Lustseuche: Luther (nach Paul, *Deutsches Wörterbuch*, S. 408) setzte Lustseuche mit 'krankhafter Begier' gleich. Ab 1726 wird der Begriff allgemein auf die „venerische Krankheit" angewendet, speziell gemeint war damit die Syphilis. Heute neigen echte Gläubige dazu, (zumindest hinter vorgehaltener Hand) Aids als Lustseuche zu bezeichnen.

M

Magie: Wir sind ja nun alle mächtig aufgeklärt, d.h. wir wissen sehr viel über natürliche Zusammenhänge und setzen auf die Wissenschaft als Erkenntnisquelle. Ein 'magisches' Weltbild ist uns völlig fern – meinen wir so. Doch aus der christlich überlieferten Geschichte kennen wir genügend Belege des magischen Denkens, beispielsweise, wenn ein kriegerischer Germane den Schwur ablegte, sich aus Dankbarkeit christlich taufen zu lassen, sofern er die bevorstehende Schlacht gewönne: Diese Magie eines ⇨ „*Gottesurteils*" funktioniert in der Überlieferung immer und war natürlich ein erstklassiges Argument im Marketing der Heidenmission: Wenn du dich taufen lässt und christlich wirst, ist Gott auf deiner Seite und du wirst unbesiegbar sein. (Hollywood hat daraus in den *Star Wars*-Kinofilmen den Spruch: „Die Macht soll mit dir sein" gemacht, da auf dem Weltmarkt auch andere Religionen angesprochen werden müssen als nur die christlichen Auffassungen, die „Macht" automatisch mit „Gott" ersetzen.)

Ähnliche magische Qualitäten sollten die Koppelschlösser der deutschen Armee im Kaiserreich und die den Soldaten der deutschen Wehrmacht haben, auf denen zu lesen war: „Gott mit uns" – einmal mit Kaiser-Krone, einmal mit Reichsadler und nationalsozialistischem Hakenkreuz (⇨ *Gott* [7]). Geholfen hat es nichts – die Alliierten hatten ebenfalls ihr christliches Heer, ihre Luftwaffe und Marine durch die Magie ihrer Priester segnen lassen – und so verzichtete man in der nachfolgenden Bundesrepublik Deutschland auf diese magische Beschwörung – nach zwei verlorenen Weltkriegen konnte niemand mehr an die Wirkung glauben –, und die Soldaten der Bundeswehr müssen nun als 'Staatsbürger in Uniform' ohne göttliche Hilfe zurecht kommen.

Für die „Staatsbürger im Fußball-Nationaltrikot" gilt dies offensichtlich nicht. So bekreuzigte sich beispielsweise Ex-Nationalstürmer Oliver Bierhoff nach jedem guten Torschuss, um sich auf diese Weise für den göttlichen Beistand zu bedanken. (Vielleicht war das ständige Bekreuzigen dem lieben Gott auch zu viel, denn am Ende seiner Spielerkarriere schoss der arme Bierhoff fast gar keine Tore mehr. Möglicherweise lag seine Misere auch darin begründet, dass der ⇨ *Fußballgott* in Brasilien beheimatet ist und deshalb das ganze magische Gefuchtel überhaupt nicht verstand...)

Wir wollen uns an dieser Stelle jedoch nicht mit den magischen Elementen des christlichen Gottesdienstes beschäftigen, sie sind offensichtlich – von der Vertreibung böser Geister durch den Weihrauch über die formelhaften Gebetsrituale der Beschwörungen bis zum Abendmahl und der Verwandlung eines Backwerks in Fleisch. Wir wollen vielmehr nach den 'aufgeklärten' Ansichten von uns im Alltag fragen. Jeder von uns kennt wahrscheinlich das so genannte „Stoßgebet" bei plötzlicher Gefahr, die unausweichlich erscheint: Unbedacht und ohne auswendig gelernt, ein stilles oder gemurmeltes, intensiv hervorgestoßenes „Herrgott, hilf!" oder eine ähnliche Beschwörung. Das verweist sehr genau darauf, wo die

Magie des Christentums eigentlich 'vergraben' liegt: in der Hilflosigkeit des kleinen Kindes, das bei drohender Gefahr nach dem starken, übermächtigen Vater ruft; denn der Papi wird's schon richten und einen aus der Gefahr erretten. Das gleiche gilt für ein erleichtert ausgestoßenes: „Gott sei Dank!" nach überstandener Gefahr, mit dem wir – plötzlich waren wir wie hilfsbedürftige Kinder – uns dafür bedanken, dass uns der starke Papa Theo wieder einmal aus der Patsche geholfen hat.

Mann: *Der „Mensch" der christlichen Schöpfungsgeschichte.* Das sagt eigentlich schon alles. Allerdings steht dazu im Widerspruch, dass der Mann – in Gestalt des ersten, sozusagen exemplarischen Ur-Mannes – sich ziemlich blöde anstellte, als er von Eva den vermeintlichen Apfel (⇨ *Adamsapfel*) annahm und damit zum ersten Opfer der hinterlistigen Verführungskünste einer Frau wurde. Armer Kerl.

Entsprechend muss er nun natürlich „höllisch" aufpassen – im wahrsten Sinne dieser christlichen Vorstellung, d.h. mit Feuer (Scheiterhaufen) und Gewalt – und dafür sorgen, dass ihm das nicht noch einmal passiert. Schließlich ist die Dummheit und Neugier, d.h. sexuelle Geilheit und Erkenntnisinteresse („Sündenfall"!), der ⇨ Frau exklusiv Schuld daran, dass er nun
1. sterblich wurde,
2. ziemlich nackt da im Paradies herum stand, und
3. seitdem im „Schweiße seines Angesichts" sein Brot essen, d.h. arbeiten gehen muss (1 Mose 3).

Wir wollen jetzt nicht weiter erörtern, warum Gott der HERR überhaupt so ein 'blödes Weib' geschaffen hat und ob es so eine Art 'göttliche Produkthaftung' gibt, sondern uns darauf konzentrieren, wie viele Privilegien der 'dumme, leichtgläubige Mann' im christlichen Weltbild dafür als Ausgleich oder Nachbesserung bekommt, dass Gott der HERR ihm dieses Geschöpf Eva an die Seite gestellt hat: Der Mann konnte sich in dieser Hinsicht über viele Jahrhunderte wahrlich nicht beschweren. Wenn der liebe Gott des Alten Testaments von Menschen sprach, so meinte er damit in der Regel nur männliche Juden. Allein für Männer waren die Zehn Gebote bestimmt, während die Frauen (siehe 10. Gebot) neben Hab und Gut in den Besitzstand der Männer eingeordnet wurden. Es dauerte viele Jahrhunderte, bis es den Frauen in den entwickelten Gesellschaften gelang, gleiche Rechte zu erkämpfen. Nur die katholische Kirche blieb bei all den Veränderungen ihren Ursprüngen treu. Und so hat dort bis

heute Bestand, was der alte Paulus im Namen Gottes den Christen ver-
ordnete: Das Weib schweige in der Gemeinde.

Maria: Marjam, Mirjam; aus dem ägypt. myr (= Geliebte) und dem hebr.
jam (= Abkürzung für Jahwe), die „Geliebte Gottes" (Becker-Huberti),
nach anderer Quelle: hebr. Mirjam = Bitterkeit (*Meyers Lexikon*, Bd. 7,
S. 1692). Als Mädchen wird sie von Gott selbst, in Gestalt seines ersten
Klons, dem Heiligen Geist, ohne ihr eigenes Wissen oder die Zustimmung ihres ältlichen Verlobten, des Witwers Josef, geschwängert
(⇨ Missbrauch, sexueller; ⇨ Jungfrau; ⇨ *Schwalbe*). Mit anderen Worten: Schon nach Ihrer Geburt, als sie ihren Namen erhielt (nomen est
omen), war ihre Bestimmung festgelegt. (Vorsicht Frauen, wenn Sie heißen: Maria, Marie, Mary, Mareike, Mariel, Marietta, Marika, Marilyn,
Maile, Marisa, Marita, Marion, Marja, Mirjam, Marijam – denn wenn der
Gottes Klon wieder einmal Lust hat, dann wird [h]eiligst geschwängert!)

Da auch bibelgläubige Katholiken inzwischen nicht mehr so recht an
das ⇨ Dogma der ⇨ Jungfrau Maria (mit mindestens sieben Kindern)
glauben können und wollen, hat der Vatikan einen einfachen Trick angewandt. Im *Katechismus der katholischen Kirche* (Kapitel 500) ist zu
lesen, dass es zwei Frauen Namens Maria gegeben habe. Die eine Maria
war die Mutter des Jesu, die andere Maria die Mutter der Kinder, die in
der Bibel als Brüder und Schwestern Jesu bezeichnet werden. Dementsprechend müsste also der Schwerenöter Josef in Bigamie gelebt
haben. Wie dem auch sei, bleiben wir bei der einen Frau und ⇨ Mutter.

Marias Popularitätskarriere ist bemerkenswert: In fünf Jahrhunderten
von einer relativ nebensächlichen Mutter zur Gottesmutter. Seit der Mitte
des 2. Jahrhunderts wird sie als „neue Eva" angesehen, im 3. Jahrhundert
wird (gegen die Gnostiker) ihre Mutterschaft betont, seit dem 5. Jahrhundert gibt es Gebete und Hymnen, die sich an sie wenden. Das Konzil
von Ephesus bezeichnet sie als „Gottesmutter" und der kleine Christus
wird nicht mehr allein dargestellt, sondern er sitzt auf dem Schoß der
Gottesmutter Maria. Ab dem 6. Jahrhundert beginnen sich Marienfeste zu
entfalten. Konsequent wurde sie auch auf dem Speisezettel der christlichen ⇨ Kannibalen mit berücksichtigt: „Spezifische Gebetszettel (Länge
Maria, Maria Traum) gab es ebenso wie gesegnete Marienbildchen, die
bei Krankheiten geschluckt wurden (Esszettel) wie kleine Madonnen aus
Teig, gekaut, geformt und gesegnet durch Klosterleute. Diese Reib-
madonnen zerrieb man bei Krankheit und mischte sie Tier und Mensch
unter das Essen oder Futter." (Becker-Huberti)

Über die Jahrhunderte hinweg wurde Maria im katholischen und orthodoxen Spektrum mehr und mehr zur zentralen Leitfigur, zur entscheidenden Mittlerin zwischen Mensch und Gott. Hierzu hat sicherlich das Phänomen der ⇨ Marienerscheinungen beigetragen, denn die Gottesmutter hat sich in dieser Hinsicht als durchaus publizitätsfreudig hervorgetan.

Marienerscheinungen: Besonders in unseren, ach so unchristlichen Tagen legt sich Maria mächtig ins Zeug, hetzt von einem Erscheinungstermin zum anderen, heilt einen Blinden hier, eine Magersüchtige dort. Hin und wieder lässt sie sogar ihr unbeflecktes ⇨ *Herz* bluten. Immer im Auftrag des Herrn, multimedial und polyglott rund um den Globus. Wie erscheinungswütig Maria heutzutage ist, verrät ein Blick in die peinlich genau geführte Erscheinungsstatistik: Von den bis 1993 bekannt gewordenen 918 Marienerscheinungen (die ersten drei erfolgten bereits im 1. Jahrhundert) fanden 427 im 20. Jahrhundert statt (also knapp die Hälfte [46,5 %]). Und es ist nicht abzusehen, dass Maria sich in Zukunft zur Ruhe setzen wird. Im Gegenteil! Immer und immer wieder verkündet die „Jungfrau" die gleichen Botschaften: „Betet den Rosenkranz! Weiht die Welt meinem unbefleckten Herzen! Tut Buße! Gehorcht dem Papst!" (Na, wenn das kein Zufall ist!) Manchmal streut sie auch politische Botschaften ein: 1917 in Fatima beispielsweise warnte sie vor dem Kommunismus in Russland und dem Ausbruch des Zweiten Weltkriegs. (Das Wunder dieser Prophezeiungen erscheint allerdings in etwas anderem Licht, wenn man sich vor Augen führt, dass die 1917er Marienbotschaft erst 1941 niedergeschrieben wurde.) 1999 in Marpingen wiederum geißelte sie die Abtreibungspraxis in Deutschland als großes Unheil, das den Zorn Gottes hervorrufen würde und ihr unbeflecktes Herz arg schmerzte. In Sachen Schwangerschaftsabbruch ist mit Maria ohnehin nicht zu spaßen, was auch irgendwie verständlich ist: „Man stelle sich vor, die Jungfrau daselbst hätte einst abgetrieben! Der ganze Traum vom christlichen Abendland – mit einem Schlag futsch!" (Schmidt-Salomon, *Big Mama*, S. 126)

Märtyrer: Innerhalb einer Gruppe von Menschen kann jede(r) Einzelne – in einer Gefahrensituation – in die Lage kommen, abzuwägen, ob der Einsatz des eigenen (einzelnen) Lebens mehrere andere Leben oder die ganze übrige Gruppe aus der Lebensgefahr retten würde. Was auf den ersten Blick wie aufopfernder Altruismus aussieht, unterliegt tatsächlich einem klaren Kalkül der Abwägung, insbesondere, wenn es sich bei den in Lebensgefahr Befindlichen um Mitglieder der eigenen Familie handelt. Die Bereitschaft, das eigene Leben für eine Idee zu opfern, erscheint dagegen ungewöhnlich. Dieses Selbst-Opfer kann nur funktionieren, wenn die 'Kosten-Nutzen-Rechnung' für den einzelnen Menschen 'aufgeht': Hierzu muss man ihm beispielsweise einreden, dass das kleine, eigene Leben bedeutungslos ist im Vergleich mit der doch so großen Idee/Aufgabe. Ein Weiteres tut die Aussicht (deren Einhaltung allerdings nicht überprüft werden kann), dass diejenigen, die ihr Leben für diese Idee hergeben, posthum besonders belohnt werden (Paradies, Heiligsprechung, Verehrung als Helden usw.). („Denn wer sein Leben erhalten will, der wird's verlieren; wer aber sein Leben verliert um meinetwillen, der wird's finden." [Mt 16, 25])

Wir Normale – d.h. Wankelmütige, Feige, Lebensbejahende – sollen durch die vermeintlichen Heldentaten der Märtyrer düpiert werden: Schaut hin, wie klein ihr seid, wenn andere Menschen bereit sind, ihr Leben für unsere Sache/Idee zu opfern und ihr zögert, verkriecht euch, wendet euch ab! Gibt es ein deutlicheres Zeichen dafür, wie sehr eine Ideologie bereit ist, den Einzelnen auf dem Altar ihres schnöden Machterhalts zu opfern? Wohl kaum.

Interessanterweise zeigen die meisten Christen heute völliges Unverständnis gegenüber den Selbstmordanschlägen islamischer Fundamentalisten. Dabei sollte ihnen das Grundprinzip doch gut bekannt sein, schließlich verehren sie nicht nur einen Heiland, der für seinen Glauben starb, sondern auch ein ganzes Arsenal von heiligen Märtyrern, die das Gleiche taten. Allein die Tatsache, dass die Kirche (von Jesus bis hin zu den Märtyrern im 20. Jahrhundert) die Leiden und Qualen von Menschen, ihren Tod oder gar ihre Hinrichtung zum Anlass nehmen, „Feste" zu begehen, offenbart den bis heute virulenten Todeskult des Christentums, der – entsprechende Machtverhältnisse vorausgesetzt – in vielleicht nicht allzu ferner Zukunft zu einer Renaissance der christlichen Märtyrer führen könnte.

Menschenopfer: Um die Überlegenheit der christlichen Kultur gegenüber anderen Kulturen zu belegen (und deren Vernichtung implizit zu rechtfertigen), wurden diesen Kulturen häufig Menschenopferkulte angedichtet, beispielsweise den Azteken. Der als Quelle dienende Augenzeugenbericht wurde als christliche Fälschung entlarvt, da der Ort der Beobachtung des 'Augenzeugen' Bernal Díaz del Castillo in Luftlinie rund acht

Kilometer von der Großen Pyramide entfernt lag, auf der den spanischen Kameraden angeblich die Herzen bei lebendigem Leib aus der Brust gerissen wurden. „Die Übereinstimmung der Berichte von aztekischen Menschenopfern mit der Legende von jüdischen ⇨ Ritualmorden ist auffällig." (Fuld, *Lexikon der Fälschungen*, S. 24) Vermutlich sind diese Berichte der Versuch des Eroberers Cortez, die Vernichtung der Aztekenkultur im Nachhinein zu rechtfertigen. Die Aufklärung des Sachverhalts wird dadurch unmöglich gemacht, dass es die Überlieferungen spanischer Missionare sind, die über die (angeblichen) Menschenopfer der Azteken berichten.

Missbrauch: Betrachtet man die Schwängerung von Maria, der „Gottesmutter", und von Sara, der Ehefrau Abrahams, ohne großen Klimbim, dann handelt es sich um eindeutige Situationen des sexuellen Missbrauchs. Maria, eine bis dahin unberührte junge Frau, wird im Schlaf ohne ihr Wissen und ohne ihre Zustimmung vom Heiligen Geist geschwängert. Sara, alt und hochbetagt, fürchtet sich, und dennoch, „der HERR suchte Sara heim, wie er gesagt hatte, und tat an ihr, wie er geredet hatte" (1 Mose, 21, 1), und schwängerte sie (⇨ Vergewaltigung).

Die „Erklärung", dass die Frauen seinerzeit als Eigentum ihrer Männer (und damit auch Gottes?) betrachtet wurden und diese mit ihnen machen konnten, was sie wollten, mag historisch korrekt sein. Bedauerlicherweise aber scheint das merkwürdige Sexualverhalten des HERRN sein irdisches Bodenpersonal bis heute enorm zu inspirieren. Nur ein kurzer Auszug aus der Skandalchronik der letzten Jahre (für weitere Berichte und Details siehe die *Internationale Rundschau* der Zeitschrift *MIZ*): Allein in der Erzdiözese Dublin lagen 2002 mehr als 400 Klagen wegen sexuellen Missbrauchs durch Priester vor. Der Generalstaatsanwalt von Massachusets ermittelte 2003, dass über 1.000 Kinder in der Erzdiözese Boston Opfer von sexuellem Missbrauch durch Geistliche geworden waren. Die katholischen Orden in Irland sahen sich genötigt, 2002 die Opfer von sexuellem Missbrauch in kirchlichen Heimen mit insgesamt 128 Millionen Euro zu entschädigen (nur ein kleiner Teil der Enschädigungssumme, den Rest zahlte der irische Staat). Doch nicht nur die katholische Kirche wurde seit Anfang der 1990er Jahre weltweit mit Zehntausenden von Klagen wegen sexuellen Missbrauchs (und Entschädigungszahlungen in Milliardenhöhe!) konfrontiert, Missbrauchsfälle traten auch in der anglikanischen und den orthodoxen Kirchen gehäuft auf. Nach Aufsehen erregenden Gerichtsverfahren in Deutschland trauen sich auch hierzulande die Opfer zunehmend, über ihre Erfahrungen zu berichten. Dabei kamen insbesondere die skandalösen Zustände in katholischen oder evangelischen Kinderheimen zum Vorschein (Stichwort: „Unbarmherzige Schwestern").

Obgleich die Neigung zu sexuellem Missbrauch von Kindern in klerikalen Kreisen offensichtlich gehäuft auftritt, richtet sich die Begehrlichkeit keuscher Herren (und Damen!) der Kirche keineswegs nur auf kleine Jungen und Mädchen: Eine 1996 abgeschlossene Studie der Universität St. Louis, für die insgesamt 1164 Nonnen aus 123 US-Ordensgemeinschaften befragt wurden, ergab, dass vier von zehn Nonnen in den USA sexuell missbraucht wurden – meist von einem Priester oder einer anderen Nonne. (*MIZ, Internationale Rundschau*, Meldung 3252)

Mission ist mehr als nur eine Aufgabe oder ein Auftrag. Es bedeutet „eindringen, durchdringen". Da das durchaus nicht immer friedlich vonstatten geht, hat es dazu christlich auch einen Missions*befehl* des Religionsnamensgebers an seine Gefolgsleute gegeben: „Mir ist gegeben alle Gewalt im Himmel und auf der Erde. Darum geht hin und machet zu Jüngern alle Völker: taufet sie auf den Namen des Vaters und des Sohnes und des heiligen Geistes und lehret sie halten alles, was ich euch befohlen habe." (Mt 28, 18-20 „Missionsbefehl")

Die Übersetzung „ehrenvoller Auftrag, innere Aufgabe, Verbreitung einer religiösen Lehre unter Andersgläubigen, innere Erneuerung" (*Duden*, Fremdwörterbuch) verschleiert diesen gewalttätigen Aspekt. Zur Behauptung der Friedfertigkeit des Christentums ist die blutrünstige Geschichte der christlichen Mission der niederschmetterndste Gegenbeweis.

Wenn also jemand sagt, er/sie hätte eine „Mission" (normalerweise sollen dadurch andere Menschen „beglückt" werden), seien Sie achtsam, es sind nicht nur 'harmlose Spinner', die so reden.

Monogamie: Vermutlich ist der Begriff *Monotonie* nicht ohne Grund der Monogamie so naheliegend, bezeichnet es doch die Idee, dass ein Mann und eine Frau ausschließlich mit eben dem- und derselben lebenslänglich ⇨ Lust auf ⇨ Sexualität hat. („Ich bin dein Ehemann, und du sollst keinen Sex mit anderen Männer haben neben mir!")

Sachlich betrachtet ist Monogamie „ein so unnatürlicher und der menschlichen Natur so fremder Zustand, dass es unmöglich ist, in der gesamten Geschichte der Menschheit eine Zivilisation zu finden, die sie in einem so strengen Sinne praktiziert, wie wir sie predigen – obwohl auch wir natürlich keineswegs praktizieren, was wir predigen". Eine Un-

218

tersuchung der Yale-Universität kam zu dem Ergebnis, „dass in nur fünf Prozent aller bekannten Kulturen Monogamie herrschte und alle außerehelichen sexuellen Betätigungen verboten waren oder missbilligt wurden. Von 185 untersuchten Gesellschaften ließen sich nur neun als monogam definieren. In 176 Kulturen herrschten Polygamie oder nichtmonogame Formen." (Bornemann, *Lexikon der Liebe*, S. 207)

Woher stammt also der christliche Auftrag zur lebenslangen Treue innerhalb einer monogamen Zweierbeziehung? Werfen wir einen Blick in die Bibel, genauer: in das Buch Genesis: Gewiss, Adam und Eva waren monogam, aber das war für die beiden auch nicht sonderlich schwer, schließlich standen ihnen noch keine Alternativen zur Verfügung. Aber schon *Lamech* nahm sich zwei Frauen und hatte mit beiden Söhne, *Abraham* zeugte mit der Magd seiner Frau drei Söhne, *Gott* mit der Frau Abrahams, Sara, einen Sohn; die beiden *Töchter Lots* ließen sich von ihrem Vater schwängern, *Milka* zeugte acht Söhne mit seiner Frau und vier mit seiner Nebenfrau, *Esau* nahm sich drei Frauen, *Jakob* hatte zwei Frauen (Lea und Rahel) und zeugte mit Lea sechs Söhne und eine Tochter, mit der Leibmagd von Rahel zwei Söhne, mit der Leibmagd von Lea zwei Söhne und mit Rahel zwei Söhne. Was für eine Monogamie: Vier Frauen und zwölf Söhne mit ihnen. (Von den Töchtern wird bis auf eine geschwiegen.) Aber all dies ist noch rein gar nichts, verglichen mit den Haremstall der späteren Könige: Von König Salomon beispielsweise wird berichtet, er habe über 700 Ehe- und 300 Nebenfrauen verfügt.

Wie erklärt sich der auf Monogamie fixierte Theologe von heute, dass es im Alten Testament (mit Gottes Segen!) zuging wie in einem total überfüllten Swinger-Club? Natürlich mit klugen, strategischen Überlegungen Gottes: „...um die schnelle Vermehrung des auserwählten Volkes zu fördern, gestattete er die Polygamie. Christus hat aber dann den ursprünglichen Zustand wiederhergestellt, indem er die Ehe mit einer Frau für allein rechtmäßig und unlöslich erklärte. (Mt 5, 31; 19, 3 ff.; Mk 10, 2 ff.; Lk 16, 18; 1 Kor 7, 10 ff.)" (Glasenapp, *Die fünf Weltreligionen*, S. 269)

Soweit die theologische Erklärung. Realiter aber war der Wandel von der offenen Polygamie des Alten Testamentes zur gepredigten Monogamie der christlichen Verkündigung hauptsächlich auf eine Veränderung der sozioökonomischen Verhältnisse zurückzuführen. In reichen Hirtenkulturen hielt sich jeder Mann, der es sich leisten konnte, einen Harem, was nicht zuletzt auch darauf zurückzuführen war, dass Hirtenvölker kriegerische Völker waren, die sich durch ein kriegsbedingtes Defizit an

Männern und eine Überzahl von Frauen auszeichneten. In bäuerlichen Kulturen aber, in denen sich das Christentum im Laufe der Evangelisierung mehr und mehr ausbreitete, mussten Mann und Frau zusammenarbeiten, um den oft kärglichen Lebensunterhalt gemeinsam zu bestreiten. Wahrscheinlich galt das Gleiche auch für die meisten der von Rom unterdrückten Völker. So konnte sich beispielsweise zu Jesu Zeiten kaum noch ein Jude einen Harem erlauben.

Manche Autoren (u. a. Mynarek, *Jesus und die Frauen*) haben darauf hingewiesen, dass dessen ungeachtet Jesus selbst wohl Haremsbildungen gegenüber alles andere als abgeneigt war, ja dass er eine regelrechte „Liebeskommune" unterhielt. Auch wenn dies heute anhand des spärlichen Quellenmaterials schwer zu belegen ist, für die Annahme spricht immerhin, dass Jesus für sich selbst das Image eines „Sohn Davids" reklamierte – und David war in sexueller Hinsicht wahrlich kein Kind von Traurigkeit.

Monotheismus: Auch wenn die Wiederentdeckung des Monotheismus (vorher schon einmal vom Pharao Echnaton in Ägypten mit Aton als alleinigem [Sonnen]gott ausprobiert, allerdings ohne bleibenden Erfolg) durch Moses, den Ägypter, eher eine taktische Variante war, um die zwölf Stämme Israels unter der religiösen Priesterknute zu vereinen, hatte sie fatale, d.h. tödliche Konsequenzen, denn mit der Vorstellung eines einzigen Gottes verband sich konsequent die Vorstellung von wahrer und falscher Religion, eine Unterscheidung die bis dahin bei den im Mittelmeerraum Kultur tragenden Völkern nicht bekannt war: weder den Ägyptern (Kosmotheismus = die Fülle und Vielfalt des Göttlichen zeigt sich im Kosmos) noch den Griechen und Römern (Polytheismus = Vielzahl von Göttern). In Rom gab es vorsorglich einen Altar für den 'unbekannten Gott', falls man einen bisher vergessen haben sollte. Mit seiner „starren und unversöhnlichen Unterscheidung zwischen 'wahr' und 'falsch' hat der Monotheismus Hass, Konflikt und den Begriff der Sünde in die Welt gebracht." (Schäfer, *Das jüdische Monopol*) Zwar gab es auch unter der Vorherrschaft des Polytheismus vielfältige Formen religiös begründeter Unterdrückung und Gewalt, die Konzentration auf den „einen einzigen und wahrhaftigen Gott" schürte jedoch den Eifer der ⇨ *Gotteskrieger* in besonderer Weise.

Mutter: Inbegriff des christlichen Mutterbildes ist ⇨ Maria, die als „Gottesmutter" bezeichnet wird. Schon in der zeitlichen Abfolge der so genannten Evangelien ist die Veränderung des rein vaterrechtlichen Jüdischen zur Feminisierung des daraus entstandenen christlichen Glaubens zu erkennen. Bei Lukas, Markus und Matthäus steht die Mutter Maria bei der Kreuzigung ihres Sohnes noch weitab vom Geschehen: „Und es waren auch Frauen da, die von ferne zuschauten, unter welchen war Maria Magdalena und Maria ..." (Mk 15, 40 und Mt 27, 55). Bei Johannes ist sie dann direkt an das Kreuz herangerückt und wird unter den Frauen als erste genannt: „Es stand aber bei dem Kreuze Jesu seine Mutter und seiner Mutter Schwester, Maria, des Kleopas Frau, und Maria Magdalena." (Joh 19, 25) Ebenso auffallend ist, dass Maria Magdalena, die Gefährtin Jesu, in der Reihenfolge an den Schluss rutscht und die Mutter an die erste Stelle. Damit ist die Gestalt der christlichen Schmerzensmutter (Mater dolorosa) etabliert, Identifikationsobjekt so vieler Menschen.

Dieser Tendenz entsprechend etablierte sich im Christentum eine überaus wirksame Ideologie der Mutterschaft („Muttertag"), die auch dort zu beobachten ist, wo die „Mutter Gottes" eine weitaus geringere Wertschätzung genießt als in katholischen Kreisen – beispielsweise bei Martin Luther, für den die Frau nur noch eine Existenzberechtigung als gebärende Mutter hat, was konsequent im Mutterkult der Nationalsozialisten aufgenommen wurde. Und es ist auch kein Zufall, dass das 1949 gegründete „Müttergenesungswerk" von der Gründerin des katholischen Mutterwerkes initiiert wurde, die – natürlich völlig unabhängig von irgendwelchen Zeitströmungen – ihr Mutterwerk 1933 ins Leben gerufen hatte.

Mutter Teresa: werbeträchtige Galionsfigur der so genannten „christlichen Nächstenliebe", die nicht nur mit dem Friedensnobelpreis ausgezeichnet, sondern im Oktober 2003 auch in Rekordgeschwindigkeit selig gesprochen wurde (nur fünf Jahre nach ihrem Tod; der bisherige Spitzenreiter der Neuzeit, Opus Dei-Gründer Josemaria Escrivá, brauchte immerhin 17 Jahre.). Die Heiligsprechung der kleinen Nonne dürfte auch nicht lange auf sich warten lassen, denn Teresa erfüllt (ähnlich wie der heilige ⇨ Martin) alle Kriterien der Heiligkeit (vgl. hierzu u.a. Müller, *Die Stellvertreterin*): Demokratie hielt die Freundin von Diktator „Baby Doc" Duvalier für Teufelswerk, zweifellos in der Annahme, dass alles ⇨ Gute stets von oben kommt. Die millionenfach eingesammelten Spendengelder beließ sie – an Materiellem uninteressiert – lieber auf den Bankkonten des Vatikans, statt sie dazu einzusetzen, die Not vor Ort (beispielsweise in Kalkutta) zu lindern. Ihr Leben lang verachtete sie das

Diesseits so sehr, dass sie ihren leidenden Kranken in Kalkutta kaum schmerzlindernde Tabletten geben ließ, da die Kranken in ihrem Leid und ihrem Schmerz dem Herrn Jesu Christi so viel näher seien. Sie bekehrte Hunderte von Menschen zum Christentum (zweifellos in dem Glauben, sie dadurch vor dem Höllenfeuer zu retten). Lebensrettende oder -verlängernde Maßnahmen waren in ihrem Sterbehospiz dagegen eher unerwünscht, da die gute Teresa nach erfolgter Bekehrung das Bett frei haben wollte, um weitere Seelen retten zu können. Kein Wunder, dass viele Slumbewohner sich davor fürchteten, dem „Todesengel von Kalkutta" jemals zu begegnen…

N

Nächstenliebe ⇨ Liebe (5)

Nacktheit ist christlich ⇨ *Pfui, Teufel!* Denn als der HERR Gott im Garten spazieren ging, rief er nach Adam: „Wo bist du?". Adam hatte aber inzwischen unerlaubt vom „Baum der Erkenntnis" gegessen, genierte sich, „und er sprach: Ich hörte dich im Garten und fürchtete mich; denn ich bin nackt, darum versteckte ich mich. Und er sprach: Wer hat dir gesagt, dass du nackt bist?" (1 Mose 3, 10-11) Ja, das ist eine gute Frage: Wer sagt dem Menschen, dass er nackt ist? Nach Hans Christian Andersens Märchen *Des Kaisers neue Kleider* braucht es dazu die ⇨ *Unschuld* eines Kindes, denn eigentlich, und das stimmt an der ganzen Geschichte sowieso nicht, kann es der Mensch nicht aus sich selbst heraus erkennen: Es muss ihm gesagt werden, dass Nacktheit etwas „Böses" und damit „Sünde" sei.

Dabei ist es aber nicht die Nacktheit selber, sondern das Anschauen einer/eines Nackten. Womit wir wissen, dass FKK (Freikörperkultur) bestimmt keine christliche Erfindung ist, schließlich heißt es: „Und da [Noah] von dem Wein trank, ward er trunken und lag im Zelt aufgedeckt. Als nun Ham, Kanaans Vater, seines Vaters Blöße sah, sagte er's seinen beiden Brüdern draußen. Da nahmen Sem und Japeth ein Kleid und legten es auf ihrer beider Schultern und gingen rückwärts hinzu und deckten ihres Vaters Blöße zu; und ihr Angesicht war abgewandt, damit sie ihres Vaters Blöße nicht sähen. Als Noah erwachte von seinem Rausch und erfuhr, was ihm sein jüngster Sohn angetan hatte, sprach er: Verflucht sei

Kanaan und sei seinen Brüdern ein Knecht und Knecht aller Knechte!"
(1 Mose 9, 21-25)

Also, merken wir uns: Wer aus Versehen zu Hause Vater, Mutter,
Schwester, Bruder, Frau, Mann, die Kinder oder sonst wen nackt sieht,
der ist verflucht in Ewigkeit und wird bis zu seinem Tode lebenslänglich
versklavt. Wer vorsätzlich, mit klarem Vorsatz, in die Sauna oder an den
FKK-Strand geht (auch das Auge ist ein Erektionsorgan!), der hat bereits,
falls er wahrhaftig gläubig ist, eine schwere Sünde begangen.

Namen: „Nomen est Omen" (der Name ist die Voraussage/Bedeutung).
Nun kann man sich zwar streiten, ob der Name – und da die Familien-
namen bei der Geburt festgelegt sind, handelt es sich hier um den oder die
Vornamen – schon vor der Geburt (von Wem-auch-immer: Gott, dem
Storch, der die Kinder bringt, dem Weltgeist), bereits vorgesehen war
oder ob die Namenswahl eine freie Entscheidung der Eltern ist, auf jeden
Fall lassen Namen einen nicht völlig unbeeinflusst.

Egal, ob man seinen Namen mag oder nicht, sind wir sehr empfindlich, wenn er falsch ausgesprochen oder geschrieben wird. Sehr irritiert
sind wir, wenn wir von jemandem mit einem anderen Namen angesprochen werden und eine ziemlich negative Überraschung ist es, wenn man
von seinem/seiner Lebenspartner/in mit einem anderen Namen angesprochen wird, geradezu eine Katastrophe, falls das während des Kopulierens
geschieht.

Mit vielen Vornamen verbinden wir spontan eine Bedeutung und so
stellt sich die Frage, ob die Bedeutung zu dem Menschen 'passt'. Eine
dicke Frau, die *Bertha* heißt, wird uns mit ihrem Namen wahrscheinlich
nicht überraschen – wenn wir wissen, dass ein überschweres Artillerie-
geschütz von Herrn Krupp, das nur per Eisenbahn bewegt werden konnte,
volkstümlich (nach Krupps Frau) die „dicke Bertha" genannt wurde.
Ebenso wird es mit dem Vornamen *Brünhilde* sein, in dem jeder unwill-
kürlich an die stämmige Frau aus der Nibelungensage denkt (sie konnte
einen großgewachsenen Mann hochheben) und an die vollbusigen Sänge-
rinnen (Resonanzraum) der entsprechenden Opern von Richard Wagner.
Trägt nun eine schlanke oder grazile Frau diesen Namen, sind wir zumindest überrascht und es ist gewöhnungsbedürftig.

Nach einem Vornamenbuch trugen im heutigen deutschen Sprachraum bis ins 12. Jahrhundert hinein über 90% aller Menschen Namen
altdeutscher Herkunft (Gerr, *Vornamenbuch*, S. 11). Mit der Ausbreitung
und Normsetzung durch die Kirche verändert sich diese Namensgebung

diametral: „Die neuen Namen, deren Einfluss von Generation zu Generation wächst, stammen aus dem hebräischen, dem griechischen und dem lateinischen Sprachraum. Im 16. Jahrhundert dann stellte die Kirche Heiligenkalender auf, die bindend waren bei der Namenswahl." (Gerr, *Vornamenbuch*, S. 14) Ergebnis: 90% aller Namen sind nunmehr die von Heiligen und damit meist fremden Ursprungs, da sich nur wenige Germanen in der Kirche als 'Heilige' verdient gemacht hatten und entsprechend befördert worden waren.

Mit der lutherischen Reformation, die im Prinzip keine Heiligen mehr anerkannte, griffen die Lutheraner verstärkt auf Namen der Bibel und der Evangelien zurück, während im Gegensatz dazu die Calvinisten eher das Alte Testament als Namensquelle bevorzugten. In Deutschland lehnte dann im 17. und 18. Jahrhundert der protestantische Pietismus „fremde" Namen ab und bemühte sich um – aus heutiger Sicht – irrwitzige „Eindeutschungen": Aus Adam und Eva wurde Erdmann und Erdmuthe, Dorothea wurde Himmelhude, aber das alles wurde glücklicherweise mit der Zeit vergessen.

Danach hat „die Kirche ihren dominierenden Einfluss auf diesem Gebiet verloren" (Gerr, *Vornamenbuch*, S. 16). Schauen wir uns also einmal an, wie die Favoriten der letzten Jahrzehnte lauten. Schauspielernamen (*Heinz* Rühmann) und Schlagertitel (*Marina*) dürfen zu erwarten sein. Allerdings, da wir uns in Deutschland befinden, muss erst erwähnt werden, welche Vornamen hierzulande verboten (!) sind: „Namen, die dem Ansehen des Kindes schaden könnten, mögen sie von der Bedeutung her noch so sinnvoll sein. Dazu gehören Kain, Judas, Barabbas. Auch Jesus und Christus sind bei uns nicht zugelassen." (Gerr, *Vornamenbuch*, S. 177)

Kommen wir nun zu den Hitlisten der vergangenen Jahrzehnte.

Jungen	*Mädchen*	*1950er Jahre*
Michael *(Erzengel)*	Barbara *(Heilige)*	
Peter *(Apostel Petrus)*	Gabriele *(w. zu Erzengel Gabriel)*	
Thomas *(Apostel / Heiliger)*	Susanne *(Fromme)*	
Stefan *(Heiliger)*	Sabine *(Heilige / Märtyrerin)*	
Andreas *(Apostel / Märtyrer)*	Petra *(w. zu Petrus)*	

Während Anfang des Jahrhunderts die kaiserlichen Karls, Friedrichs, Wilhelms, Ottos (alles deutsche Kaiser) und später nationalsozialistische Adolfs (Hitler) und Horsts (Wessel) die Namensgebung dominierten, waren diese Namen im Zuge der „Vergangenheitsbewältigung" der 1950er Jahre verschwunden. Angloamerikanische oder französische Namen standen (noch) nicht zur Auswahl – das waren damals die feindlichen Besatzungstruppen –, also ging man weit zurück in den klassischen und den biblisch (-hebräischen) Kulturkreis.

Inzwischen sind wir allerdings kulturell erfolgreich umerzogen worden, völlig 'amerikanisiert' – im Kino und Fernsehen zu 90% amerikanische Filme, im Hit-Radio zu 90% englischsprachige Musik, an jeder Ecke ein Fast-Food-Laden –, und da werden dann wohl auch *John* (Präsident Kennedy und Schauspieler Travolta) und *Judith* als Judy oder Jodie (Schauspielerinnen Garland und Foster) in die Stammbücher geschrieben, oder etwa nicht?

Mitnichten: Das christliche Abendland verteidigt das 'Heilige Römische Reich' weiterhin namhaft wacker:

Jungen	*Mädchen*	*1986*
Christian *(der Christ)*	Katharina *(die Reine)*	
Daniel *(Prophet)*	Christina/-e *(w zu Christian)*	
Sebastian *(Märtyrer)*	Jennifer *(Königin)*	
Michael *(Erzengel)*	Sarah *(Heilige)*	
Alexander *(König, Päpste)*	Julia *(Märtyrerinnen)*	

Zur Erläuterung sei noch angefügt, dass die wörtlichen Bedeutungen der Namen wie folgt lauten:

Christian = (lat.) „der Christ" (besonders verbreitet nach der Reformation im Norden); *Daniel* = „Gott ist mein Richter" (seit der Reformation verbreitet); *Sebastian* = „der Erhabene" (ist auch Patron der Schützen); *Michael* = „Wer ist wie Gott?" (Patron der christlichen Heere und deutscher Nationalschutzpatron); *Alexander* = „der Schützer" (Alexander der Große und beliebter Papstname).

Katharina = (griech.) „die Reine" (Katharina die Große und Katharina von Bora, Luthers Ehefrau); *Jennifer* = (kelt.) „die weiße Woge" (Ehefrau von König Artus); *Sarah* = „Fürstin" (häufig in der Bibel); *Julia*, eigentlich weiblicher römischer Sippenname, populär durch zwei Märtyrerinnen (22.5. und 21.8.) und natürlich durch Shakespeares *Romeo und Julia*.

Auffallend ist dabei, dass die Knaben überwiegend nach Aposteln und Propheten benannt werden, die Mädchen nach heiligen frommen Frauen und Märtyrerinnen. Zeigen sich schon darin die christlich-patriarchalischen Erziehungsideale? Der Mann als Bestimmender, die Frau als Dulderin und Opfer?

Einzig die Mädchen geben mit einem keltischen Namen (*Jennifer*) Hoffnung, dass bei den beliebtesten Vornamen das klassisch-biblische Monopol in Deutschland ein Ende haben könnte. Und tatsächlich: 1992 sind die Knaben nachgezogen, indem die häufigsten Namen lauten: Alexander, Daniel, Michael, Patrick, Kevin und Christian. Endlich also zwei anglo-amerikanische Namen in der Hitliste: *Patrick* und *Kevin*. Fußballspieler Kevin Keegan und Schauspieler Kevin Costner stehen allerdings schon wieder in Konkurrenz zu dem irischen Apostel und katholischen Schutzheiligen Irlands *Patrick*. Allerdings ist auch bei den Mädchen inzwischen die *Jennifer* auf Platz 10 abgesunken und auf Platz 2 ist nun: *Maria*! Oh, Jessesmaria! Also alles noch ziemlich fest in christlicher Tradition.

Nationalsozialismus: Das „Tausendjährige Reich" von 1933 bis 1945 hat nicht nur diese Vorstellung seiner vorgesehenen Zeitdauer aus dem Christentum entlehnt (Offenbarung des Johannes, 20), es gibt eine ganze Anzahl verblüffender Übereinstimmungen zwischen Ideologie und Praxis beider Glaubenssysteme:

Merkmale	Christentum	NS
Männlicher Einzelführer	ja	ja
Führerprinzip	ja	ja
Gehorsam gegenüber Obrigkeit	ja	ja
Demokratisch bestätigt	nein	nein
Fraktionsbildung erlaubt	nein	nein
Heilserwartung	ja	ja
„Vorsehung"	ja	ja
Kreuzsymbol	ja	ja
Judenverfolgung	ja	ja
Reinheit Seele = Blut	ja	ja
„Blutschande"	ja	ja
Antikommunismus	ja	ja
Elite als (schwarzer) Orden	ja	ja
Verehrung Märtyrer / Helden	ja	ja
Uniformierte Amtsträger	ja	ja
Weltherrschaft	ja	ja
Korporative Organisation der Gesellschaft	ja	ja
Bischöfe / Gauleiter	ja	ja

Ausschluss von Frauen aus Führungsgremien	ja	ja
Frau als Dienende und Mutter	ja	ja
Maria- / Mutterkult	ja	ja
Gott / der Führer braucht Kinder = Soldaten	ja	ja

Diese Auflistung könnte man noch weiterführen. Auch wenn es zweifellos bedeutende Unterschiede in den einzelnen Kategorien gibt (so war der Antisemitismus im Falle der Christen religiös, im Falle der Nazis über die sog. „Rasse" begründet), das Faktum, dass das Christentum den Boden für die „politische Religion" des Nationalsozialismus mental vorbereitet hat, wird kaum jemand bestreiten können. Deshalb ist es auch nicht verwunderlich, dass es von Seiten der Amtsträger nur wenig Widerstand gegen Hitler gab und Christen – bis in die Kirchenspitzen hinein (siehe nur den Beitrag des Vatikans zur Durchsetzung des sog. „Ermächtigungsgesetzes", dem die katholische Zentrums-Partei zustimmte) – sogar zu willigen Handlangern des Regimes wurden.

O

Öfen bringen Wärme in die Räume, man kann Brot drin backen und wenn's ganz biblisch zugeht, dann werden auch die Menschen drin – im wahrsten Sinne des Wortes – „verheizt". „Wenn jemand eine Frau nimmt und ihre Mutter dazu, der hat eine Schandtat begangen; man soll ihn mit Feuer verbrennen und die beiden Frauen auch, damit keine Schandtat unter ihnen sei." (3 Mose 20, 14) „Und er [Nebukadnezar] befahl den besten Kriegsleuten, die in seinem Heer waren, Schadrach, Meschach und Abed-Nego zu binden und in den glühenden Ofen zu werfen. Da wurden diese Männer in ihren Mänteln, Hosen, Hüten, in ihrer ganzen Kleidung gebunden und in den glühenden Ofen geworfen." (Dan 3, 20-21) „Denn siehe, es kommt ein Tag, der brennen soll wie ein Ofen. Da werden alle Verächter und Gottlosen Stroh sein, und der kommende Tag wird sie anzünden, spricht der Herr Zebaoth, und er wird ihnen weder Wurzeln noch Zweig lassen. Euch aber, die ihr meinen Namen fürchtet, soll aufgehen die Sonne der Gerechtigkeit und Heil unter ihren Flügeln." (Mal 3, 19-20)

Wer jetzt meint frohlocken zu können, das sei ja alles das Weltbild des 'schrecklichen Alten Testamentes', der hat sich zu früh gefreut: Feuer brennen auch in den Öfen des 'Neuen Testaments': „[...] die werden die Hure hassen und werden sie einsam machen und bloß und werden ihr Fleisch essen und werden sie mit Feuer verbrennen. Denn Gott hat's ihnen gegeben in ihr Herz, zu tun seinen Ratschlus..." (Offb 17, 16-17). Das wird nicht nur einmal wiederholt: „[...] und mit Feuer wird sie verbrannt werden, denn stark ist Gott der Herr, der sie richtet" (Offb 18, 8). Und unter der verheißungsvollen Überschrift „Christus der Sieger" heißt es dann so recht friedfertig: „Lebendig wurden diese beiden [das Tier und der falsche Prophet] in den feurigen Pfuhl geworfen, der mit Schwefel brannte. Und die anderen wurden erschlagen mit dem Schwert, das aus dem Munde ging des, der auf dem Pferde saß. Und alle Vögel wurden satt von ihrem Fleisch." (Offb 19, 20-21) Und bereits im Matthäus-Evangelium heißt es bezüglich des „Unkrauts" (= die Ungläubigen): „Gleichwie man nun das Unkraut sammelt und mit Feuer verbrennt, so wird's auch am Ende dieser Welt gehen. Des Menschen Sohn wird seine Engel senden, und sie werden sammeln aus seinem Reich alle, die Ärgernis geben und die da Unrecht tun und werden sie in den Feuerofen werfen; da wird Heulen und Zähneklappern sein. Dann werden die Gerechten leuchten wie die Sonne in ihres Vaters Reich. Wer Ohren hat, der höre!" (Mt 13, 40-43) (⇨ Hölle; ⇨ Hexen; ⇨ Nationalsozialismus)

Onanie: Beinahe alle von uns (vor allem die Männer, aber auch Frauen) haben es schon gemacht und dennoch gilt es immer noch in konservativen Kreisen als „wohl die zahlenmäßig am häufigsten auftretende sexuelle Anomalie" (Schelsky, *Soziologie der Sexualität*, S. 76). Weil nicht sein kann, was nicht sein darf?

Die Onanie, fachgerecht: „Masturbation" genannt, ist die so genannte *Selbstbefriedigung* des Mannes. Für die Frauen war Selbstbefriedigung früher nicht bekannt, da ihre Sexualität entweder ganz geleugnet oder unterdrückt wurde und weibliche Masturbation für die Männer unter dem Gesichtspunkt der ⇨ „Diktatur des Genetariats" (Verlust von Spermien für die Zeugung) ohne Interesse war. Aktuell katholisch gehört die Masturbation zu den „Formen sexuellen Verhaltens, die dem vollen Sinn menschlicher Geschlechtlichkeit nicht entsprechen" (*Katholischer Erwachsenen-Katechismus* II, S. 378). Und weiter katholisch: „Ob und in welchem Maße bei der Masturbation Schuld vorliegt, hängt somit auch davon ab, wieweit Einsicht und Freiheit mitspielen." (*Katholischer Erwachsenen-Katechismus* II, S. 379) Im Klartext heißt das allerdings: Wer doof ist, darf auch wichsen.

Der biblische Onan, dessen Namen dieser „sexuellen Anomalie" gegeben wurde (1712 erschien in London ein anonymes Traktat: *Onania; oder die abscheuliche Sünde der Selbstbefleckung*), hat es sich jedoch gar nicht „selber gemacht". Es war tatsächlich ein *Coitus interruptus*, der in der Bibel beschrieben wird, da Onan mit seiner verwitweten Schwägerin (ihr Mann wurde von Gott getötet) zwar gottgewollt und pflichtgemäß koitierte (zu ihr „einging"), sie aber nicht schwängern wollte: „Und Juda gab seinem ersten Sohn Ger eine Frau, die hieß Thamar. Aber Ger war böse vor dem HERRN, darum ließ ihn der HERR sterben. Da sprach Juda zu Onan: Geh zu deines Bruders Frau und nimm sie zur Schwagerehe, auf dass du deinem Bruder Nachkommen schaffest. Aber da Onan wusste, dass die Kinder nicht sein eigen sein sollten, ließ er's auf die Erde fallen und verderben, wenn er einging zu seines Bruders Frau, auf dass er seinem Bruder nicht Nachkommen schaffe. Dem HERRN missfiel aber, was er tat, und er ließ ihn auch sterben." (1 Mose 38, 6-10)

Abgesehen von der sprachlichen Unfähigkeit zu benennen, was der Onan denn nun auf die Erde fallen ließ, haben christliche Eltern ihre Söhne zwar nicht getötet, wenn sie die Knaben beim Wichsen erwischten oder annehmen konnten, dass sie es taten, aber für fürchterliche Drohungen war allemal Gelegenheit. Die mildeste Androhung war noch, dass einem später die Haare ausfallen würden, die härtere, dass man dadurch impotent werde und die böseste, dass man dadurch verrückt werde (Gehirnerweichung). Medizinisch ist das Blödsinn, aber psychologisch hat es bei einigen durchaus funktioniert – das schlechte Gewissen.

Opfer: Für die Frage, warum das Christentum sich nicht den Auferstandenen als fröhliche Verheißung zum Symbol genommen hat, sondern die ⇨ Kreuzigung und diese Hinrichtung als gewolltes Opfer (für die ganze Menschheit) versteht, muss man in die frühesten Zeiten der menschlichen Kultur zurück gehen, als der Mensch sowohl ein ausschließlich magisches Naturverständnis hatte und alle 'Mächte' als Gottheiten personalisierte.

Welche Chancen hatten die ohnmächtigen Menschen einer derartigen Kultur gegenüber den als übermächtig erlebten Göttern, die Stürme und Feuer schickten oder Überschwemmungen auslösten, wenn sie ärgerlich waren? Die Menschen sahen keine andere Chance, als das Angebot des Opfers, um die Götter gnädig zu stimmen: Feldfrüchte, lebende Tiere, der Mensch selbst. Denn das, was man sich selbst als das größte Leid zufügte, das war das größte Opfer, das man den vermeintlichen Göttern bringen konnte. In einer derartigen magischen Welt bewegt sich das Christentum auch heute noch. Allerdings verfeinerte das Christentum diese Idee auf markante Weise: Zunächst trat Gott in Vorausleistung, indem er seinen eingeborenen Sohn opferte, um die Menschen stärker an sich zu binden. Gewissermaßen als Ausgleichzahlung trug er dann den Gläubigen auf, seinem Beispiel zu folgen und sich selber zu opfern, indem sie den (unsittlichen) Freuden des Diesseits (Hedonismus) entsagen. Mit Feldfrüchten, Tieren oder ein paar sporadischen Menschenopfern gibt sich der Allmächtige also nicht mehr zufrieden. Und weil die Idee, dass Gott den Menschen braucht, um überhaupt (in den Köpfen der Gläubigen) zu existieren, nicht gedacht werden darf, werden noch heute ganze Legionen von Menschen zu Opfern eines längst überkommenen Opferkultes.

P

Papst: Oberhaupt der römisch-katholischen Kirche und als solcher eine Erfindung, denn: „Alle Macht des Papstes und seine sämtlichen Rechte beruhen auf einer Serie von Urkundenfälschungen, die mit der so genannten Konstantinischen Schenkung in der Mitte des 8. Jahrhunderts begann." (Fuld, *Lexikon der Fälschungen*, S. 169)'

Ein deutscher Kulturschaffender, wichtigster Mitgestalter der deutschen Hochsprache, geehrt mit der Bezeichnung unzähliger Plätze und Straßen, sowie Kirchengebäuden und Kirchengemeinden, die nach ihm benannt wurden, also jemand, von dem unsere Lehrer gesagt hätten: An dem kannst du dir ein Vorbild nehmen! – dieser Mann (Dr. Martin Luther) bezeichnete seinen Mitbewerber im Glauben als „wildes Tier", „Krokodil", „Wolf", „Höllendrachen", „Bestie der Erde", als „Fastnachtslarve", „Rattenkönig" und „Räuber", sowie als ein „erzpestilenzialisches Ungetüm" und „Monstrum". Seine Heiligkeit sei ein „spitalistischer, stinkender Madensack", „besessen vom Teufel", „des Teufels Bischof und der Teufel selbst, ja der Dreck, den der Teufel in die Kirche geschissen" hätte (Deschner, *Die beleidigte Kirche*, S. 15). Na, ja, manche Vorbilder sind wohl nicht mehr zeitgemäß.

Paradies: Eine Volksweisheit besagt: „Das Paradies ist immer dort, wo man selbst gerade nicht ist." Das verweist uns auf die Lebenserfahrung, dass es sich offensichtlich um ein nicht eingelöstes Versprechen handelt und der Gläubige – sein ganzes Leben lang – auf der unerfüllten Suche danach ist.

Dabei ist das Paradies nicht mit dem christlichen ⇨ Himmel zu verwechseln. Paradies ist – aus menschlicher Sicht – ursprünglich und Himmel ist zukünftig. Eine Gemeinsamkeit beider Vorstellungen ist jedoch, dass der Mensch dort in Frieden leben und unsterblich sein soll.

Männliche Auffassungen oder Wunschvorstellungen, dass es im Paradies reichlich Sex gäbe – mit vielen tollen Frauen und unerschöpflicher männlicher Potenz –, sind im Christentum nicht vorgesehen. Wer solche Phantasien pflegt, sollte eventuell den Glauben wechseln und z.B. Muslim werden. Die Sexualität zwischen Mann und Frau war nämlich der einzige Grund („Sündenfall"), warum die Menschen aus dem christlichen Paradies der Zufriedenheit vertrieben wurden. So ist es auch nur konsequent, wenn Mick Jagger von den *Rolling Stones* millionenfach frustriert schrie: „I can get no satisfaction!" („Ich werde nicht befriedigt!"). Das geht eben im Christentum nicht.

Im paradiesischen Zustand stellte sich diese Frage überhaupt nicht, denn das christliche Paradies ist/war asexuell. Seitdem wir aus dem Paradies vertrieben sind – d.h. wir sind nicht freiwillig gegangen –, stellt sie sich dann ständig. Bis wir dann im christlichen Himmel mit weißem Hemd wieder asexuell auf einer Wolke sitzen und heiteren Gemüts – weil nun ja nur noch Seele ohne Körper – auf der Harfe spielen und singen.

Volkstümlich ist das Paradies mit dem Schlaraffenland gleichzusetzen, d.h. dem Ort, wo man nur noch faul herumliegt und einem die gebratenen Tauben in den Mund fliegen. In der Variante der 'Unschuld des Paradieses' mystifizierten die christlichen Entdeckungsfahrer (Männer) mehrerer Jahrhunderte die paradiesischen Zustände in der Karibik, womit sie allerdings weniger an die Sonne und die Tropenfrüchte dachten, sondern damit vorwiegend die 'unchristliche', ohne Komplexe und Schuldgefühle gelebte Sexualität der 'eingeborenen' Frauen gemeint haben dürften.

In diesem Zusammenhang wird wieder deutlich, dass weder das biblische Paradies noch der christliche Himmel Orte sind, in denen etwas nachgeholt werden könnte, was auf dieser Erde im Leben nicht gelebt wurde.

Potenz des Mannes: ein mit Angst und Phantastereien besetzendes Feld männlicher, weiblicher und institutioneller Wünsche. Im christlichen Weltbild werden insbesondere dem ⇨ Teufel, den ⇨ Hexen (die vom Geschlechtsverkehr mit dem Teufel berichten), den „Äfflingen", d.h. allem, was „tierisch" ist, eine außerordentliche Potenzkraft angedichtet;

zu verstehen als Kombination aus Erektions*dauer*, Penis*länge* und -*dicke* und der *Häufigkeit* des Samenergusses. Entsprechend wurde insbesondere dem „tierischen" schwarzen Menschen eine „animalische" und größere Potenz nachgesagt und er wurde darum beneidet, gesucht oder gefürchtet – jeweils nach Sichtweise.

Unklar ist, ob es sich bei der Verteufelung der Potenz um einen Selbstschutz der christlichen Männer handelt, die, gegenüber der größeren sexuellen Potenz der Frau (in Dauer, Häufigkeit und Orgasmusfähigkeit), alle Erwartungen 'zum Teufel gehen' lassen müssen, um selbstgerecht ein beschauliches, christliches Sexualleben führen zu können (⇨ Ehe; ⇨ Sexualität).

Prädestination: *Die Idee, dass alles im Leben durch Gottes Wille vorherbestimmt ist.* In allen drei abrahamitischen Religionen gibt es starke Strömungen, die von dieser göttlichen (aus kindlicher Sicht: väterlichen) Vorherbestimmung allen Geschehens ausgehen. Auf die Frage, ob denn nun alles und tatsächlich alles vorherbestimmt sei und nicht Widersprüche dazu bestehen (⇨ Theodizee, ⇨ Willensfreiheit), kann keine einfache, eindeutige Antwort gegeben werden – vor allem deshalb, weil die einzelnen Glaubenslehren die in diesem Zusammenhang auftretenden Widersprüche nicht rational auflösen, sondern durch die Floskel „Geheimnis des Glaubens" überdecken. Dennoch: Bei gutwilliger Auslegung der geistlichen Lehrsysteme und Kaschierung aller logischen Brüche, die in ihnen anzutreffen sind, lässt sich folgendes Grundmuster entdecken:

Gott ist zwar die alleinige Ursache allen Geschehens, er verfolgt einen nur ihm in vollem Umfang bekannten Heilsplan, dennoch haben sowohl die Engel als auch die Menschen einen Freiheitsspielraum. Sie können sich entweder für das Gute oder für das Böse entscheiden. Ihre Wahl allerdings – und das macht die ganze Sache so verworren – hat Gott längst vorhergesehen. Auch ihr diesseitiges und jenseitiges Schicksal (u.a. die endgültige Verwerfung oder Gnade in den Augen Gottes) ist bereits vorbestimmt. Worin unter diesen Umständen noch die Freiheit des Menschen bestehen kann? Nun, das ist fürwahr ein ganz besonderes „Geheimnis des Glaubens", ein Geheimnis, wie man zugeben muss, das einem als Ungläubigen – wohl für alle Zeiten – logisch verschlossen bleibt.

Die sehr weit gehenden Prädestinationslehren (z. B. Calvin) haben die doppelte Funktion, alles was ist, zu rechtfertigen: Einerseits werden Schicksalsschläge geduldig und klaglos ertragen – „Wenn Gott es so bestimmt hat, dann soll es so sein" – und andererseits sind die wirtschaftlich Erfolgreichen die von Gott Auserwählten, denen es schon auf dieser Erde besonders gut gehen soll.

Kritiker lästern gerne, dass der religiöse Grundsatz der ⇨ Vorsehung: „Der Mensch denkt, Gott lenkt", bloß auf einer falschen Betonung oder einer missverstandenen grammatischen Struktur beruhe. So meinte Bertolt Brecht, dass es sich hierbei nicht um eine Aufzählung, sondern um eine finale Konjunktion handele, in der zur Vereinfachung ein „*dass*" hinter dem Komma fehle. Folglich müsse der Satz anders betont ausgesprochen werden (vor dem Komma die Stimme anheben): „Der Mensch denkt, (dass) Gott lenkt."

R

Rassismus (Apartheid), so haben es sich die Kirchen auf ihre Fahnen geschrieben, verstoße gegen die Menschenrechte. Das ist jedoch – zumindest, was die Kirchen betrifft – eine ziemlich neue Erfindung. „Auffallend ist, dass es hierzulande vor allem die christlichen Kirchen sind, die sich lautstark zu Anwälten der unterdrückten Bevölkerungsmehrheit Südafrikas gemacht haben. (...) So entsteht in der Öffentlichkeit gelegentlich das alleinige Bild eines christlich inspirierten Widerstandes gegen den Rassismus." (Proske, *Christlicher Fundamentalismus*, S. 19) Das Gegenteil ist der Fall, da erst durch die theologische Rechtfertigung das Fundament für das ganze Apartheidsystem gelegt wurde. Aus der biblisch begründeten Überlegenheit der Christen bildeten diese Vorurteile die Grundlage einer anthropologischen Kolonialtheorie, die sich auf die Bibel bezog. Die drei Söhne Noahs wurden als die Stammväter der Rassen interpretiert, denn „von ihnen kommen alle Menschen auf Erden" (1 Mose 9, 19). Japeth sei der Urahn aller Christen (also der Weißen), Sem der Vorfahre aller Semiten (also der Juden und Muslime) und Ham galt als Stammvater der Negriden. Mit der „Verdammnis" Hams durch Noah: „Verflucht sei Kanaan und 'sei seinen Brüdern ein Knecht aller Knechte!" war dann die biblische Grundlage gelegt: für Rassismus und ⇨ Sklaverei. Und da (nicht nur) im Mittelalter die Farbe Schwarz mit „Teufel, Hölle, Verdammnis, Tod, Trauer, Finsternis, Laster, Unglück, Verbrechen, Schmutz" assoziiert wurde, hat's gepasst – auch für den ⇨ Ku-Klux-Klan.

Reliquien: von lat. *reliquiae = Überreste eines Heiligen* (Körperteile, Asche, Besitztümer etc.). Man weiß nicht, worüber man sich mehr wundern soll: über den magischen Glauben, dass diesen Überresten besondere Macht innewohne, oder über die erstaunlichen anatomischen Eigenschaften der fachgerecht zerteilten Heiligenkörper: Zählt man die weltweit gesammelten Reliquien zusammen, scheinen Heilige mit vier Füßen, Händen oder Augen keine Seltenheit gewesen zu sein. Kein Wunder, dass man diesen besonderen Exemplaren der menschlichen Gattung bis heute besondere Aufmerksamkeit zukommen lässt (⇨ Magie).

Das Geschäftsprinzip war dabei denkbar einfach: Bekannte Reliquien zogen jährlich Tausende von Gläubigen an, die (für ihr Seelenheil, denn umsonst ist nichts) großzügig spendeten. Mit diesen Spenden konnten die Kirchen mit der bekannten Reliquie zu prächtigen (Wallfahrts-)Stätten ausgebaut werden, die wiederum dadurch noch mehr Pilger und Gläubige und weitere Schaulustige anzogen (z.B. Kölner Dom, ⇨ *Heilige Drei Könige*), und so weiter und so fort.

Ritualmord: Lange bevor blutrünstige Serien- und Ritualmörder zu beliebten Erfolgsgaranten der Filmindustrie wurden, haben sich die Menschen gruselige Geschichten über finstere Ritualmorde erzählt. Besonders beliebt war in christlichen Kreisen die Legende von den jüdischen Ritualmördern, die hauptsächlich in der Zeit vor Ostern christliche Kinder, vorwiegend Knaben, zu sich lockten, raubten oder kauften. In Verhöhnung des leidenden Christus sollen sie die Kinder gemartert und an ein Holzkreuz genagelt haben. Höhepunkt des für bare Münze genommenen Schauermärchens: Das durch Schächtung der Kinder gewonnene Blut sollen die Juden zur Herstellung ihres Brotes verwendet haben. So abenteuerlich diese Geschichte auch ist, solche Vorwürfe, die vor allem von katholischen Geistlichen verbreitet wurden, begleiteten die Juden bis in die Neuzeit hinein. „In der katholischen Kirche blieb auch nach dem Holocaust die antisemitische Tradition bestehen, vorgebliche Ritualmordopfer als Heilige zu verehren." (Fuld, *Lexikon der Fälschungen*, S. 274)

S

Satanismus: In der Boulevardpresse wird immer wieder von satanistischen Zirkeln und Ritualmorden berichtet, was ehrbare Christen (und nicht nur sie!) in kollektive Erregungszustände versetzt. Was häufig übersehen wird, ist, dass der Satanismus, der Glaube an die Macht des Teufels, eine notwendige Begleiterscheinung des christlichen Glaubens ist (⇨ Teufel). Christliche Gruppierungen haben, um ihre eigene Existenz zu rechtfertigen, daher auch ein großes Interesse daran, das gesellschaftlich bedeutungslose Phänomen des Satanismus hochzuspielen.

In diesem Zusammenhang gab es in den USA vor wenigen Jahren eine regelrechte Satanismus-Hysterie. Tausende von Frauen glaubten dank der Einflüsterungen ihrer christlich gepolten Therapeuten, von ihren eigenen Eltern im Rahmen satanischer Rituale missbraucht worden zu sein. Obwohl kritische Psychologen den Satanismus-Spuk schnell durchschauten, landeten zahlreiche unschuldige Menschen im Gefängnis. Wie in den Zeiten der Hexenverbrennungen zeigte sich, dass gegen den christlichen Satanismus-Wahn, der in den USA fatalerweise auch noch von offiziellen politischen Stellen geschürt wurde, rationale Argumentation nur wenig ausrichten kann (vgl. Victor, *Hexenjagd!*).

Was den christlichen Teufeljägern vor allem schwer zu fallen scheint, ist die Unterscheidung zwischen einem bloß symbolischen Bekenntnis zu Satan als provokativer Herausforderung der Establishment-Kultur und einem echten, kriminell orientierten Satanismus, der in der Realität – wie gesagt – nur äußerst selten anzutreffen ist. Insbesondere im Bereich der Rockmusik glaubten die Satanismusjäger den Teufel wirken zu sehen. Es schien ja auch alles sehr offensichtlich (und damit zugänglich für einfache Gemüter) zu sein: Die *Rolling Stones* hatten „Sympathy for the devil" (Sympathie für den Teufel) bekundet und AC/DC bewegten sich mit sichtlich großem Vergnügen auf dem „Highway to hell" (Schnellstraße zur Hölle). In Wirklichkeit entsprang der vermeintliche Satanismus dieser Bands jedoch keinem Glauben an die Macht Satans, sondern nur der Lust an der Provokation, oder besser: der Lust an der ⇨ Lust, einem Lebensprinzip, das das biedere Christentum restlos abgespalten und in die Sphären der Unterwelt abgeschoben hatte.

Unfähig, dies zu erkennen, nahmen christliche Experten wie der Musiktheoretiker Prof. Dr. Friedrich Oberkogler alles für bare Münze, was in der Rockkultur mit einem ironischen Augenzwinkern formuliert wurde. So gab der Oberexperte Oberkogler den Lesern seiner Schrift *Pop-*

Musik: Faszination der Jugend folgende warnenden Schlussworte mit auf den Weg: „Seien wir uns an dieser Jahrtausendwende bewusst: die apokalyptischen Tiere haben sich aus dem Abgrund erhoben und beginnen ihre Herrschaft auszubauen, um Menschheit und Erde aus der Bahn ihrer wesenseigenen Entwicklung zu werfen. [...] Die Pop-Musik ist für diese Mächte eine Waffe, die in der Seelensphäre dem physischen Zerstörungswerk der Wasserstoffbombe in nichts nachsteht. [...] Nicht nur die 'Höhen', auch der Abgrund hat seine Musik. Der 'Underground' des Pop ist in seiner Namensgebung symbolträchtiger, als er selbst es ahnt." (Oberkogler, *Pop-Musik*, S. 32)

Wahrlich: Solche Sätze können nur von einem Menschen formuliert werden, der tatsächlich an die Macht des Teufels glaubt – von einem echten, überzeugten Christen. Außerhalb dieser merkwürdigen Spezies spielt der rituelle Satanismus (abgesehen von der *Bildzeitung*) kaum eine Rolle.

Säuberung, ethnische: Wird als barbarischer Verstoß gegen das Völkerrecht betrachtet. Der Allmächtige sieht die Sache freilich vollkommen anders: „Und ich will deine Grenze festsetzen von dem Schilfmeer bis an das Philistermeer und von der Wüste bis an den Euphratstrom. Denn ich will dir in deine Hand geben die Bewohner des Landes, dass du sie ausstoßen sollst vor dir her. Du sollst mit ihnen und ihren Göttern keinen Bund schließen. Lass sie nicht wohnen in deinem Lande, dass sie dich nicht verführen zur Sünde wider mich; denn wenn du ihren Göttern dienst, wird dir das zum Fallstrick werden." (2 Mose 31-33)

Wenn er denn existierte, müsste Gott schon allein wegen dieser Aufforderung vor das Kriegsverbrechertribunal in Den Haag gebracht werden.

Schmerzen: Für viele Christen über die Jahrhunderte hinweg *der* Weg zur Heiligkeit. Durch den qualvollen Tod der Hinrichtung des Religionsnamensgebers am Kreuz ist in „seiner Nachfolge" jedes Ertragen von selbst oder fremd herbeigeführten Schmerzen ein Zeichen besonders tiefen Glaubens. Als im kaiserlichen Deutschland das (evangelische) Christentum noch Staatsreligion war, konnte Kaiser Wilhelm II. den deutschen Truppen, die zusammen mit europäischen Alliierten den „Boxeraufstand" in China niederschlagen sollten, in seiner „Hunnenrede" noch mit auf den Weg geben: „Bewahrt die alte preußische Tüchtigkeit, zeigt Euch als Christen im freudigen Ertragen der Leiden, möge Ehre und

Ruhm Euren Taten, Waffen und Fahnen folgen, gebt an Manneszucht und Disziplin aller Welt ein Beispiel...“ Josemaría Escrivá, der Gründer des Opus Dei-Ordens, in dem bis heute die Selbstgeißelung üblich ist, brachte die sadomasochistische Ausrichtung der glühenden Jesusnachfolge folgendermaßen auf den Punkt: „Gesegnet sei der Schmerz. – Geliebt sei der Schmerz. – Geheiligt sei der Schmerz. – Verherrlicht sei der Schmerz!“ (Escrivá, *Der Weg*, Spruch 208) Interessanterweise ging der Ordensgründer, der seinen schmerzensreichen Worten blutige Taten folgen ließ, nicht als ein besonders drastisches Beispiel für autoaggressive Psychopathologie in die Psychiatriegeschichte ein, sondern wurde kurz nach seinem Tod (1975) erst selig (1992) und dann – im Eilverfahren – heilig gesprochen (2002).

Schöpfungsgeschichte: Der Bibel zufolge erschuf ein allmächtiger, gütiger ⇨ Gott in sieben Tagen ⇨ Himmel und Erde, Pflanzen, Tiere, Menschen und ⇨ Engel. Einige der Engel lehnten sich unter Führung Luzifers gegen Gott auf, wodurch das Böse entstand. Luzifer war es auch, der die ersten Menschen Adam und Eva dazu verführte, vom verbotenen Baum der Erkenntnis zu naschen, weshalb sie aus dem ⇨ Paradies verdammt wurden und die nachfolgenden Generationen an der sog. ⇨ „Erbsünde“ zu tragen haben.

Von Seiten der Evolutionstheorie wurde diese Geschichte im 19. Jahrhundert nachhaltig entzaubert. Darwins Theorie belegte, 1. dass der Mensch als Produkt einer langwierigen natürlichen Evolution betrachtet werden muss (was den biblischen Terminplan vollkommen durcheinander brachte) und 2. dass der Homo sapiens sowohl von seiner biologischen Ausstattung als auch von seinem Verhaltensrepertoire der Familie der Primaten zuzurechnen ist (was wiederum ein recht merkwürdiges Licht auf Gott warf, der uns nach biblischer Auffassung nach seinem Ebenbilde geschaffen hat!).

Zwar haben einige aufgeschlossene Theologen wie Teilhard de Chardin den mutigen Versuch unternommen, Schöpfungsgeschichte und Evolutionstheorie miteinander zu verbinden, allerdings mussten sie hierzu eine auf „Vervollkommnung“ ausgerichtete „Schöpfung im Werden“ unterstellen. Neuere Arbeiten zur Evolutionstheorie konnten demgegenüber aber aufzeigen, dass die Evolution nicht im Sinne eines zwangsläufigen Fortschritts interpretiert werden darf. Von einer klaren Zielrichtung der Evolution im Sinne einer steten Vervollkommnung, Höherentwicklung etc. kann angesichts aktueller Forschungsergebnisse keine Rede mehr sein! Evolutionäre Prozesse sind in ihrer Gesamtheit fortschrittsneutral, sie können – je nach den vorliegenden Bedingungen – sowohl in Richtung einer Höherentwicklung wirken (verstanden als Zunahme von Komplexität) als auch in Richtung einer Rückentwicklung (Abnahme von Komplexität) (vgl. u.a. Gould, *Illusion Fortschritt* sowie Wuketits, *Naturkatastrophe Mensch*).

Unheil droht der christlichen Welterklärungssaga aber nicht nur aus der Biologie, sondern auch aus der Physik: Als wäre es für die Gläubigen nicht schon schlimm genug, dass sie (wie wir alle) nur Produkte einer von Zufällen bestimmten, ziellos dahin treibenden Evolution sind, sie müssen sich zudem auch noch damit abfinden, dass das von evolutionären Gesetzen bestimmte Gastspiel des Lebens zeitlich begrenzt ist und unaufhaltsam auf ein letztes, tödliches Finale zusteuert. Ausgehend vom zweiten Hauptsatz der Thermodynamik prognostizierten Physiker schon Mitte des 19. Jahrhunderts den Wärme- bzw. den Kältetod des Weltalls, einen Zustand gleichmäßiger Temperaturverteilung, der keine Energieumwandlung, also folglich auch kein Leben mehr erlaube. Auch wenn die Erkenntnisse der Quantenmechanik und der Relativitätstheorie einige Modifikationen dieses traditionellen kosmologischen Modells notwendig machten, an der grundlegenden Feststellung, dass das Leben ein zeitlich begrenztes Phänomen im Universum ist, hat sich nichts geändert (vgl. Kanitscheider, *Auf der Suche nach dem Sinn*).

Ursprünglich galt die biblische Schöpfungsgeschichte als ein Ernst zu nehmender Tatsachenbericht, dem selbst in kleinsten Details nicht widersprochen werden durfte. (Eine Position, die die Hardcorefraktion der *Kreationisten* bekanntlich auch heute noch vertritt.) Doch angesichts des Drucks der empirischen Daten, die über viele Jahrzehnte gesammelt wurden und deren Veröffentlichung selbst die einst so mächtige Kirche nicht unterdrücken konnte, lässt sich eine solch wortgetreue Auslegung der biblischen Schöpfungsgeschichte heute (außerhalb der USA!) nur noch schlecht verkaufen. Also lernte man dazu und schuf neue Hilfskonstruktionen, um das *einst Geglaubte* mit dem *nun besser Gewussten* notdürftig in Einklang zu bringen.

Ein Produkt dieser seltsamen Mixtur aus Glauben und halbherziger Wissenschaft ist die sog. „Intelligent Design"-Theorie. Diese verzichtet auf eine wortgetreue Übernahme der Schöpfungsgeschichte, unterstellt aber doch, dass die Welt angesichts ihrer Komplexität und Schönheit von einem intelligenten Designer, nämlich Gott, geschaffen sein müsse. So sehr sich die Verfechter dieser Theorie auch bemühen, wenigstens von ihrem Sprachduktus her wissenschaftlich zu *klingen*, mit Wissenschaft hat das Ganze herzlich wenig zu tun: „Der Erklärungswert der Theorie ist gleich null, Vorhersagen können auf ihrer Basis nicht getroffen, (...) Entwicklungsprozesse nicht nachvollzogen werden. Schon allein der Begriff 'Intelligent Design' ist bei genauerer Betrachtung eine Absurdität sondergleichen, denn wie 'intelligent', so muss man sich doch fragen, kann ein 'Designer' schon sein, der eine derartig groteske Arbeitsweise an den Tag legt? Was um alles in der Welt veranlasste ihn beispielsweise dazu, zunächst a) eine ungeheure Vielfalt von Dinosauriern zu erschaffen, später b) einen riesigen Felsbrocken auf deren Heimatplanet einschlagen zu lassen, damit c) die Dinosaurier wieder aussterben, um so d) Platz zu schaffen für die vermeintliche Krönung seiner Schöpfung, Homo sapiens? Keine noch so chaotische Grafikagentur, kein Fahrzeughersteller, keine Modefirma, kein Mensch, der halbwegs bei Verstand ist, würde einen Designer mit einer derart verheerenden Kosten-Nutzen-Bilanz einstellen! Für Kreationisten gilt er dennoch als Inbegriff der Intelligenz schlechthin. Wie es scheint, ist nichts, aber auch wirklich gar nichts, absurd genug, dass Menschen es nicht glauben und mit penetranter Hartnäckigkeit verteidigen können…" (Schmidt-Salomon, *Wissen statt Glauben*, S. 3f.; siehe auch Schmidt-Salomon, *Manifest*, S. 56f.)

Schuld ist der zentrale Begriff der christlichen Moralphilosophie. Der Mensch soll sich seiner „großen Schuld" bewusst sein und sühnevoll den Weg des Herrn beschreiten. Der für das Christentum konstitutive Moralbegriff der „Schuld" hat starke Gemeinsamkeiten mit dem ökonomischen Terminus „Schulden". Bekanntlich ist der Mensch nach christlicher Auffassung dem „lieben Gott" einiges schuldig, da dieser nicht nur durch die Schöpfung von Himmel und Erde, sondern auch durch die Opferung seines Fleisch gewordenen, ihm wesensgleichen Sohnes eine schwer auszugleichende Vorausleistung erbracht hat. Um diese göttliche Vorauszahlung zumindest ansatzweise abzuarbeiten, ist der Mensch angehalten, Gottes Gebote strikt einzuhalten. Tut er dies nicht, läuft er Gefahr, sein metaphysisches Schuldenkonto weit über Limit zu überziehen, was postmortal mit höllischen Strafen vergolten wird.

In der Verhaltenswissenschaft wurde das Konzept der Schuld unter dem Einfluss der christlichen Kultur lange Zeit sehr positiv gewertet. Das Gefühl der Schuld galt als wesentliche Voraussetzung für ein ethisch begrüßenswertes Verhalten. Mittlerweile werden aber vermehrt auch die Schattenseiten des Schuldkonzepts diskutiert. So wurde beispielsweise darauf hingewiesen, dass Schuldgefühle stärker als jede andere Emotion an der Entwicklung von Psychopathologien beteiligt sind (vgl. Watters, *Tödliche Lehre*, S. 122ff.). Auch die weit verbreitete Vorstellung, dass das Konzept der Schuld maßgeblich dazu beitragen würde, unerwünschtes (antisoziales) Verhalten zu verhindern, gilt als widerlegt. Oft genug ist sogar das Gegenteil der Fall. Allzu häufig nämlich führt die Induktion von Schuldgefühlen („böser Junge, böses Mädchen") sogar zu einer Verstärkung unerwünschter Verhaltensmuster. Alles in allem besteht daher Grund zur Annahme, dass eine Gesellschaft, die ethische Entscheidungen nicht automatisch mit dem Schuld & Sühne-Komplex verbindet, möglicherweise größere Chancen hätte, die Grundanforderungen einer humanen Ethik in die Praxis umzusetzen (⇨ Willensfreiheit).

Seele: Die „Seele" ist ein seltsam' Ding. Nicht nur, dass bisher niemand eine solche Substanz je gesehen hat, geschweige denn, dass man sie hirnorganisch (oder an ihrem angeblichen Hauptsitz: dem ⇨ *Herz*en) gefunden oder nachgewiesen hätte. Der aktuelle Katechismus der Katholischen Kirche lehrt uns zudem, „dass jede Geistseele unmittelbar von Gott geschaffen ist – sie wird nicht von den Eltern 'hervorgebracht' – und dass sie unsterblich ist, wenn sie sich im Tod vom Leibe trennt, und sie wird sich bei der Auferstehung von neuem mit dem Leib vereinen" (*Katechismus der Katholischen Kirche*, S. 124). Wenn das stimmt, dürfen wir auf das angekündigte Geschehen nach unserem Tode einigermaßen gespannt sein. Hoffentlich lässt sich der liebe Gott mit der Auferstehung jedoch nicht allzu lange Zeit, denn wenn erst einmal die Sonne erloschen sein wird, dürfte es ziemlich unbehaglich werden in dem neuen Leib...

Sekte: *Kleinere Religionsgemeinschaft* (bei größeren oder großen würde 'man' sich nicht trauen, den negativ aufgeladenen Begriff „Sekte" zu benutzen), *die aus einer Abspaltung von einer Mutterreligion hervorgegangen ist*. Ursprünglich war auch das Christentum nichts anderes als eine jüdische Sekte. Dank geschickter Missionspolitik sowie historischer Zufälle konnte sich das Christentum jedoch innerhalb einiger Jahrhunderte so weit ausbreiten, dass es selbst die Interpretationsmacht erhielt, definieren zu können, was eine Sekte ist und was nicht.

Dass der Begriff „Sekte" heute so negativ besetzt ist, ist das Resultat intensiver Propagandaarbeit der alten Inquisitoren, aber auch der neuen „Sektenbeauftragten". Sie haben es in der Vergangenheit meist gut verstanden, neue Anbieter auf dem Glaubensmarkt („Sekten") wirkungsvoll (wenn auch oft mit unredlichen Mitteln!) zu behindern. Die dahinter stehende Angst vor religiösen Konkurrenzunternehmen ist dabei nicht völlig unbegründet, denn die meisten Sekten haben die zentrale Schwachstelle im Marketingkonzept der christlichen Amts-Religionen erkannt und setzen genau dort an: Egal, welche der vielen christlichen Kirchen, so richtig sicher sein können sich deren Gläubige nicht, ob sie denn tatsächlich in den Himmel kommen oder nicht zumindest noch ein paar hundert Jahre ins Fegefeuer müssen. Die christliche Korruption (Ablass) war zudem nur für die Wohlhabenderen möglich. Genau diese Unsicherheit (aus der Angst entsteht) ist zwar das zentrale Marketingelement der christlichen Großkirchen, aber bekanntlich ist das, was einerseits die größte Stärke ist, in anderem Zusammenhang gleichzeitig die größte Schwäche. Und darauf bauen diese kleinen Gruppen: Sie besitzen eine Reihe klarer Regeln (und Geldsummen), bei deren Erfüllung man sicher, d.h. auf jeden Fall, in den Himmel kommt und zur Rechten Gottes sitzt. Das Seelenheil ist also 'berechenbar' geworden.

Betrachtet man allein die Glaubensinhalte, ist es für den unbefangenen Beobachter schwer, zwischen den sog. Sekten und den etablierten Religionen zu unterscheiden. Für jeden Unsinn, den man in den Sekten findet, entdeckt man auch eine Entsprechung in den großen Religionen. Der wesentliche Unterschied besteht in der gesellschaftlichen Macht. Hier sind die Religionen den Sekten per definitionem überlegen. Sie bezahlen diese Überlegenheit nach außen jedoch mit einer weit geringeren Binnenkontrolle der Mitglieder. Denn je größer die religiöse Institution ist, desto schwerer fällt es ihr, die Glaubensfestigkeit ihrer Mitglieder zu garantieren. Würde man nur diejenigen zur christlichen Kirche zählen, die tatsächlich an den zentralen Glaubensbestandteilen des Christentums festhalten (⇨ Himmel, ⇨ Hölle, ⇨ Gott und ⇨ Teufel, ⇨ Himmelfahrt und Auferstehung und ⇨ Jüngstes Gericht), was sich u.a. in der Häufigkeit des Gottesdienstbesuches ausdrückt, müsste man für die sog. Großkirchen in Deutschland feststellen, dass sie mittlerweile auch nur noch einen Sektenstatus besitzen.

Selbstmord: Schon bereits der Begriff „Selbstmord" ist diskriminierend, denn „Mord" ist definiert als eine *durch besondere sozialethische Verwerflichkeit* charakterisierte vorsätzliche Tötung. Die Kriterien der Verwerflichkeit (niedrige Beweggründe, heimtückische, grausame Tatausführung etc.) treffen auf den Suizid jedoch nicht zu, es sei denn, man nimmt an, dass der Mensch nicht die Verfügungsgewalt über sein eigenes Leben besitzt. Genau dieses Muster treffen wir im christlichen Glaubenssystem an. Wie im Falle des Verbots der Abtreibung behaupten Gläubige in Bezug auf den Suizid, dass der Mensch nicht nehmen kann, was Gott ihm gegeben hat. Seltsamerweise hindert dies die eifrigsten Vertreter dieser Position jedoch nicht daran, gleichzeitig für die Todesstrafe zu votieren. (Dies begründen sie damit, dass Menschen unter bestimmten Umständen – siehe die alttestamentarische Rechtsprechung – vor Gott und der Gesellschaft ihr Recht auf Leben verwirken können. Sie dürfen es sich jedoch nicht selber nehmen, sie müssen „gerichtet" werden.)

Richtig kurios wird die christliche Ächtung des Suizids dann, wenn man bedenkt, welche Bedeutung der Märtyrertod im christlichen Denken hat. Der dreieinige Gott höchstpersönlich trieb einen Teil seiner selbst in den sicheren Tod, schließlich wurde Jesus nach christlichem Verständnis allein dazu geboren, um durch eine Hinrichtung die Menschheit zu erlösen. Sofern es sich bei diesem Coup nicht um einen von langer Hand geplanten Suizid gehandelt hat, so doch wenigstens um „Tötung auf Verlangen", was aus christlicher Sicht ebenfalls als höchst verwerflich gilt.

P.S. Unter Humanisten besteht Einigkeit, dass der Mensch die Freiheit besitzen sollte, den Zeitpunkt seines Ablebens selbst zu bestimmen. Wir sollten daher den negativ geladenen Begriff „Selbstmord" aufgeben und stattdessen die humanistische Alternative benutzen: Wer von „Freitod" statt von „Selbstmord" spricht, hat die religiösen Definitionsfallen zumindest in diesem Punkt erfolgreich überwunden.

Sexualität: Bei der christlichen Sexualität handelt es sich einerseits um ein Tabu, bei dessen erster Nicht-Beachtung es sich um den „Sündenfall" gehandelt haben soll (umgehende Strafe: Vertreibung aus dem Paradies der ⇨ Unschuld und der Unwissenheit, Sterblichkeit des Menschen) und auf der anderen Seite ist Sexualität die „Erkenntnis". So heißt es in der Bibel:. „Adam *erkannte* abermals sein Weib, und sie gebar ihm einen Sohn." (1 Mose 4, 25) Zudem wird Sexualität auch noch als *das* Ritual der mystischen „Ver*eini*gung" beschrieben: „Darum wird ein Mann seinen Vater und seine Mutter verlassen und seinem Weibe anhangen, und sie werden sein *ein* Fleisch" (1 Mose 2, 24).

So wird das Natürlichste auf der Welt – dass zwei Erwachsene freiwillig Sex miteinander haben – einerseits zur ⇨ Sünde erniedrigt (die ⇨ „Erbsünde" wird, wie „Tripper", sexuell übertragen) und andererseits zu einem Verhalten erhöht, mit dem nicht nur das göttliche Wissen von Gut und Böse erlangt, sondern auch das 'Einswerden', die Verschmelzung von Mann und Frau zu einem mystisch überhöhten 'Wir' erreicht wird. Diese Spanne in der Bewertung für dasselbe Verhalten zwischen

„dem Bösen schlechthin" und „dem Göttlichen an sich" ist kennzeichnend
für die christlich geprägte Auffassung der menschlichen Sexualität und
lässt sich als klassische „double bind"-Situation bezeichnen. Derartige
Situationen sind dadurch gekennzeichnet, dass eine Autorität das gleiche
Verhalten mit zwei, sich gegenseitig ausschließenden Sanktionen belegt.
Mögliche Folge: schwere psychische Störungen bzw. Apathie des Menschen.

Die *Sündhaftigkeit* der Sexualität: Die ⇨ Sünden der Bibel fallen vornehmlich unter zwei Kategorien: Erstens, Gott nicht zu dienen, d.h. seinen Befehlen nicht zu gehorchen, und zweitens, mit den falschen Leuten
(oder Tieren) Sex zu haben. Beides wird normalerweise mit dem soforti-
gen Tod bestraft.

Das Trennkriterium für *erlaubte Sexualität* ist damit offensichtlich die
Pflicht zur Erfüllung der biologischen Fortpflanzung des Menschen. Was
dem dient, ist so ziemlich weitgehend erlaubt – wer 'nur' ⇨ Lust hat und
tut, was nur Spaß macht, wird mit der Todesstrafe bedroht (⇨ Onanie;
⇨ Homosexualität).

Mittlerweile hat sich allerdings selbst in christlichsten Kreisen herumgesprochen, dass Sexualität auch dann wertvoll ist, wenn sie nicht ausschließlich der Kinderzeugung dient. Die Bischofskonferenz ließ sich
sogar zu folgendem leidenschaftlichen Statement hinreißen: „In einer
christlichen Eheethik haben abwertende Urteile über die Sexualität keinen
Raum." Aber sogleich kommt die erwartete Einschränkung: „...es ist
Aufgabe der Eheleute, eine Kultur der Geschlechtlichkeit zu entwickeln,
die der Würde der Person entspricht. Daraus folgt als sittliche Orientierung, dass alle jene Akte, durch welche die Eheleute leiblich eins werden,
von sittlicher Würde sind." (*Katholischer Erwachsenen-Katechismus* II,
S. 367)

Geht man davon aus, dass das männliche genitale Eindringen in den
Körper der Frau die Voraussetzung dafür ist, dass die Partner christlich
„leiblich eins werden" können, so wäre Analverkehr zwischen Ehemann
und Ehefrau erlaubt, wenn er denn bloß auch das zweite Kriterium erfüllen würde, denn die „kirchliche Lehrverkündigung über die Empfängnis-
regelung betont, dass die beiden entscheidenden Sinngehalte, die liebende
Vereinigung und die [⇨] *Fortpflanzung*, untrennbar miteinander verbunden sind..." (*Katholischer Erwachsenen-Katechismus* II, S. 369). Oral-
verkehr scheidet entsprechend von vornherein aus. Er ist wahren Christen
unwürdig, da sie dadurch nicht leiblich eins werden (⇨ Diktatur des Ge-

netariats). Die vaginale Penetration ist somit die einzige christlich erlaubte Form der Sexualität.

Schauen wir uns nun an, womit diese arg limitierte Sexualität christlich befrachtet und dadurch gefährdet wird (⇨ Ehe): „Die geschlechtliche Begegnung soll ein Vollzug [!] und eine Darstellung der ehelichen Liebe sein. Dem Glücken der Sexualität in der Ehe kommt große Bedeutung zu. [1] Das sexuelle Erleben vermag die Erfahrung des Einsseins mit dem geliebten Ehepartner zu vermitteln; [2] es schenkt in der Vereinigung das Gefühl tiefer Verbundenheit; [3] es lässt in den Härten und Belastungen des Lebens Glück erfahren; [4] es versöhnt in Auseinandersetzung und Streit; [5] es trägt zur Reifung und Entfaltung der Persönlichkeit, [6] zum Wachsen der gegenseitigen Liebe und [7] zur Förderung des ehelichen und familiären Klimas bei." (*Katholischer Erwachsenen-Katechismus* II, S. 367)

Sakra! Was muss diese arme, auf vaginale Penetration reduzierte Sexualität – vergessen wir nicht: die Vereinigung immer der gleichen Frau mit immer dem gleichen Mann – alles leisten: Verschmelzung, Verbundenheit, Glück, Versöhnung, Entfaltung der Persönlichkeit und gutes Familienklima. Ist es verwunderlich, dass die Sexualität vor Überlastung zusammenbricht und sich dabei selbst zugrunde richtet?

Sicherlich: Menschen könnten miteinander darüber reden und sich dadurch von ein paar Anforderungen befreien. Aber: Wie soll man über etwas reden, wofür man keine Worte hat? Die Sprachlosigkeit der christlich-abendländischen Kultur für den gesamten Urogenital-Bereich des Menschen ist hinlänglich bekannt. Hat man selber zu einer Form gefunden, die einem angemessen erscheint, kommt sofort das Kopfschütteln der Umgebung. Also schwankt man weiter zwischen medizinisch sterilen Begriffen (Penis, Vagina, Fellatio...) und Vulgarität (Schwanz, Möse, blasen...), redet unbeholfen von 'sich lieben', 'miteinander schlafen' oder 'poppen', 'vögeln' oder dem als vulgär diskriminierten 'ficken'. Obwohl die Beteiligten in manchen Fällen nicht einmal ihre Namen kennen, sprechen die Menschen im christlichen Kulturkreis seltsamerweise davon, dass die Leute „Liebe machten" oder gar „sich liebten". Das hat die gleiche Logik wie „miteinander schlafen" für den Koitus, da gerade das Schlafen dabei nicht geschieht.

Sicherheit: Eine – im Prinzip – wichtige Funktion von Religionen ist es, dem gläubigen Menschen Sicherheit in der Lebensorientierung zu geben. Wenn es in allen Unwägbarkeiten, Überraschungen und Zufällen des

Alltags heißt: „*Das ist so sicher wie das Amen in der Kirche!*", dann hat das festliegende Ritual des Gottesdienstes eben dies geleistet: Planungssicherheit.

Die Kehrseite der Medaille: Ein allzu großes Vertrauen auf vorgegebene Lebensmuster ist in der Regel mit halsstarriger Borniertheit und Vorurteilen verbunden. Und gerade in einer dynamischen Zeit wie der heutigen brauchen Menschen ein starkes Maß an Experimentierfreudigkeit, die mit blinder Traditionsgläubigkeit kaum zu vereinbaren ist.

Sinn des Lebens, des Kosmos und „des ganzen Rests" (Douglas Adams): Rationalisten, Skeptiker, Aufklärer geraten leicht in den Verdacht, weltanschauliche „Miesmacher" zu sein. In der Tat ist kaum zu leugnen, dass die aufklärerische Vernunft nicht nur die Aussicht auf „ewige Glückseligkeit" im Jenseits verstellte, sondern auch das Selbstbewusstsein des Menschen im Diesseits untergrub. Homo sapiens erscheint dem kritischen Betrachter heute nicht mehr als gottgewollte Krönung einer gut gemeinten, gut gemachten Schöpfung (⇨ Schöpfungsgeschichte), sondern als *unbeabsichtigtes, kosmologisch unbedeutendes und vorübergehendes Randphänomen eines sinnleeren Universums.* Das mag auf den ersten Blick trostlos erscheinen – und doch ist die Botschaft der Aufklärung bei genauerer Betrachtung keineswegs düster. Es handelt sich vielmehr um eine durchweg „frohe" Botschaft, die den Vergleich mit der „religiösen Konkurrenz" keineswegs zu scheuen braucht (vgl. Schmidt-Salomon, *Manifest*).

Schon Epikur hatte erkannt, dass derjenige, der nach dem Sinn des Lebens sucht, vor allem *in den Sinnen suchen muss*, denn *Sinn erwächst aus Sinnlichkeit*: „Ich weiß nicht, was ich noch als Gutes ansehen soll, wenn ich die Freuden des Geschmacks, die Freuden der Liebe, die Freuden des Gehörs, schließlich die Erregungen beim Anblick einer schönen Gestalt abziehe." Dabei vergaß Epikur nicht, auf den notwendigen, mittlerweile auch empirisch bestens belegten (siehe Klein, *Glücksformel*) Zusammenhang von Glückseligkeit und Gerechtigkeit hinzuweisen, indem er darauf aufmerksam machte, dass allein der „gerechte Mensch … sich des Seelenfriedens erfreut, während der ungerechte übervoll ist von Unfrieden".

So überzeugend Epikur auch argumentierte und im Einklang mit seiner Lehre lebte, er fand über viele Jahrhunderte weit mehr Feinde als Nachahmer. Die meisten Menschen wollten sich nicht damit abfinden, dass der Sinn des Lebens im Leben selbst liege. Sie strebten nach „Höherem", nach einem alles umfassenden Sinn, der über die (lächerlichen?) paar Erdenjahre hinausgehen und den Tod eliminieren sollte. Sie fanden diesen „Übersinn" in den verschiedenen Religionen, die angaben, einen *über den Sinnen liegenden*, also *übersinnlichen* Sinn stiften zu können. Allerdings: Diese Sinnstiftung verlangte ihren Preis – und zwar einen aus weltlicher Perspektive unangemessen *hohen* Preis, denn die Fixierung auf das *Jenseits* führte zu einer Vernachlässigung des *Diesseits*, die Orientierung am *Übersinnlichen* zur Ächtung des bloß *Sinnlichen*.

Richard Dawkins brachte das Grundproblem der religiösen „Übersinn"-Sucher einmal sehr schön auf den Punkt, als er schrieb: „In einem Universum mit blinden physikalischen Kräften und genetischer Verdoppelung werden manche Menschen verletzt, andere haben Glück, und man wird darin weder Sinn und Verstand noch irgendeine Gerechtigkeit finden. Das Universum, das wir beobachten, hat genau die Eigenschaften, mit denen man rechnet, wenn dahinter kein Plan, keine Absicht, kein Gut oder Böse steht, nichts außer blinder, erbarmungsloser Gleichgültigkeit." (Dawkins, *Fluss in Eden*, S. 151) Wer angesichts solcher Rahmenbedingungen immer noch nach dem „Sinn des Ganzen" sucht (und sich dabei nicht selber in die Tasche lügt), wird am Ende notwendigerweise leer ausgehen (⇨ Theodizee), denn der *religiöse Übersinn* ist längst als *empirischer Unsinn* entlarvt.

Im Unterschied zu den religiösen Heilserzählungen vermag das säkulare Denken einen Sinn zu vermitteln, der erstens tatsächlich *sinnlich erfahrbar ist* – und nicht übersinnlich herbei geträumt werden muss – und der zweitens im Einklang steht mit dem besten Erkenntnissystem, das die Menschheit in ihrer Geschichte entwickelt hat: der *Wissenschaft*. Wenn überhaupt jemand heutzutage den Anspruch erheben kann, eine „frohe Botschaft" zu verkünden, dann sicherlich nicht die Jünger des christlichen Messias, sondern die Freunde Epikurs.

Sklaverei erscheint uns meist recht weit weg – so nach dem Prinzip von „Onkels Toms Hütte" der schwarzen Sklaven in den Südstaaten der USA –, aber mitnichten, die „Leibeigenschaft" auch in Deutschland (bis Ende des 18. Jahrhunderts) war nichts anderes als eine (anders ausgeprägte) Form der Sklaverei. So heißt es heute im Strafgesetzbuch StGB § 233 „Menschenhandel zum Zweck der Ausbeutung der Arbeitskraft. (1) Wer eine andere Person unter Ausnutzung einer Zwangslage oder der Hilflosigkeit, die mit ihrem Aufenthalt in einem fremden Land verbunden ist, in Sklaverei, Leibeigenschaft oder Schuldknechtschaft (...) bringt", der wird bestraft.

Und wenn „weichgespülte Christen" heute behaupten, sie hätten die Menschenrechte erfunden, haben sie entweder ihr „Heiliges Buch" nicht gelesen oder leiden an partiellem Gedächtnisschwund. In der Bibel wird – entsprechend dem Zeitfenster, in dem die Texte verfasst wurden –, die Sklaverei grundsätzlich gerechtfertigt. So heißt es: „Wenn dein Bruder neben dir verarmt und sich dir verkauft, so sollst du ihn nicht als Sklaven dienen lassen; sondern wie einen Tagelöhner. (...) Willst du aber Sklavinnen und Sklaven haben, so sollst du sie kaufen bei den Völkern, die um euch her sind (...) und sollst sie vererben euren Kindern zum Eigentum für immer." (3 Mose 39 ff.) Und wie soll man diese Sklaven behandeln? Ganz schlicht: „Der Esel braucht Futter, den Stock und seine Last und der Sklave Brot, Strafe und Arbeit. Halte den Sklaven zur Arbeit an, so hast du Ruhe vor ihm; lässt du ihn müßig gehen, so will er frei sein. Joch und Riemen beugen den Nacken." (Sir 33, 25-27)

Der Einwand, das sei ja alles das schreckliche Alte Testament, wir wollen doch die ⇨ „Frohe Botschaft" der Evangelien hören, kennt die Bibel nicht. „Ihr Sklaven, seid gehorsam euren irdischen Herren mit Furcht und Zittern, in Einfalt eures Herzens, als dem Herrn Christus." (Eph 6, 5). Oder: „Alle, die als Sklaven unter dem Joch sind, sollen ihre Herren aller Ehre wert halten, damit nicht der Name Gottes und die Lehre verlästert werde." (1 Tim 6, 1) Und natürlich gibt es auch noch jene freundliche Anweisung: „Ihr Sklaven, ordnet euch in aller Furcht den Herren unter, nicht allein den gütigen und freundlichen, sondern auch den wunderlichen. Denn das ist Gnade, wenn jemand vor Gott um des Gewissens willen das Übel erträgt und leidet das Unrecht. Denn was ist das für ein Ruhm, wenn ihr um schlechter Taten willen geschlagen werdet und es geduldig ertragt? Aber wenn ihr um guter Taten willen leidet und es ertragt, das ist Gnade bei Gott. Denn dazu seid ihr berufen, da auch Christus gelitten hat für euch und euch ein Vorbild hinterlassen, dass ihr sollt nachfolgen seinen Fußtapfen." (1 Petr 2, 18-21) Na wunderbar, wer am meisten leidet, ist der Gnade Gottes am nächsten! Was für eine „Frohe Botschaft"! Perfekt geeignet für Sado-Masochisten.

Sodomie: Ähnlich wie bei der ⇨ *Onanie*, ist der biblische Bezug um die sexuell sprachlose Ecke gedacht. Mit *Sodomie* bezeichnen wir heute den geschlechtlichen Umgang des Menschen mit Tieren, früher wurde mit dem Begriff vor allem der Analverkehr unter Männern gekennzeichnet (⇨ Homosexualität). Dies war wohl auch das „Delikt", das sich die Menschen von ⇨ *Sodom* haben zuschulden kommen lassen und das ihre Vernichtung durch den biblischen Rachegott verursacht hat.

Wie weit der Begriff der Sodomie als Kennzeichnung angeblich verderbter Sexualpraktiken gefasst werden kann, zeigt ein Blick in die Gesetze und die Rechtsprechung einiger US-Bundesstaaten, in denen, „selbst bei verheirateten Paaren alles außer der guten alten [⇨] *Missionarsstellung* [illegal ist]. Davon abweichendes Liebespiel fällt unter den Begriff der 'Sodomie'. Sogar Brüsteküssen ist in Florida dem Gesetz nach verbrecherisch." (Berliner Zeitung, 16.2.1998)

Staat: *Gut*: „Gebt dem Kaiser, was dem Kaiser gehört, und Gott, was Gott gehört." (Mk 12, 17) Nun, den Kaiser gibt es nicht mehr, dem kann man also nichts mehr geben, und Gott?

Besser: „Man muss Gott mehr gehorchen als den Menschen." (Apg 5, 29) Das steht da, nur um klarzustellen, dass nicht etwa Kaiser und Gott gleichberechtigt nebeneinander stehen.

Noch besser: „Denn es gibt keine staatliche Gewalt, die nicht von Gott stammt." (Röm 13, 2) Den Revoluzzern sei also ins Stammbuch geschrieben: Wer sich gegen die staatliche Gewalt auflehnt, der lehnt sich gegen Gott auf...!

Am besten: „Die [⇨] Kirche ist nicht [irgend]ein gesellschaftlicher Interessenverband. Ihre transzendente Dimension und ihr universaler Heilsanspruch [!] übersteigen und umgreifen vielmehr alle Bedürfnisse und Interessen von Gesellschaft und Staat." (*Katholischer Erwachsenen-Katechismus* II, S. 256) Fazit: Seid umschlungen, ihr Millionen (Euro aus der Staatskasse)! Mit rund 20 Milliarden Euro sind 2002 die beiden großen Kirchen in Deutschland aus Steuergeldern (zusätzlich zum Kirchensteueraufkommen!) subventioniert worden (Frerk, *Finanzen und Vermögen*). So tragen auch die Konfessionslosen zur Finanzierung der weiteren christlichen Heilsgeschichte bei.

Stolz: Der Stolz von Eltern auf Leistungen ihrer Kinder ist eigenartig und unangebracht. Nicht weil Stolz eine der katholischen Todsünden ist, sondern weil man – wenn überhaupt! (⇨ Willensfreiheit) – nur auf eigene Leistungen und Erfolge stolz sein kann. Biblisch wird der elterliche Stolz dennoch gestützt, denn es steht geschrieben: „An ihren Früchten sollt ihr sie erkennen. [...] Also ein guter Baum bringt gute Früchte; aber ein fauler Baum bringt arge Früchte." (Mt 7, 16) Insofern ist der elterliche Stolz also doch Stolz auf sich selbst, denn bringt das Früchtchen gute Leistungen, sind Papa und Mama Baum wohl auch gut geraten.

Sünde: „Immer geht es bei der Sünde darum, dass der Mensch den Bund bricht, den Gott mit ihm geschlossen hat. [...] Sünde ist: Absage an den Vater, Abkehr von Gott, dem der Mensch doch alles Gute verdankt [...]. Der Sünder lebt in der Finsternis (1 Joh 1, 5f.), die Sünde führt zum Tod (Joh 8, 24)." (*Katholischer Erwachsenen-Katechismus* II, S. 78f.) Die todbringende Sünde ist allerdings ausschließlich der Unglaube, „denn wenn ihr nicht glaubt, dass ich es [Jesus, der Sohn Gottes] bin, so werdet ihr sterben in euren Sünden" (Joh 8, 24).

Nimmt man beide Aussagen in ihrem Kern ernst, dann ist es ein genialer Verkaufstrick. Das Entscheidende dabei ist, dass der Mensch mit Sicherheit eines Tages sterben wird und sich fragt: Warum sterbe ich und was kommt danach?

Die Ausbeutung der Angst vor dem Tod ist historisch die eigentliche Quelle der konfessionellen Macht (über das Denken der Menschen). Der Clou besteht in dem Versprechen, wenn du folgsam bist, gehorsam und alles tust, was die Kirche dir sagt und von dir will (z.B. dein Geld), kommst du in den Himmel, wo es dir dann gut geht (⇨ Sekte). Das eigentliche Versprechen hätte lauten müssen: Wer nicht sündigt, der stirbt auch nicht mehr. Das wäre aber zu einfach zu überprüfen gewesen und hätte sich natürlich als Lüge entpuppt, und so wird der Kaufvertrag erst zu einem Zeitpunkt eingelöst (nach dem Tod), bei dem von den Lebenden per Definition keiner anwesend sein kann.

Im bürgerlichen Geschäftsleben würde so etwas als schwerer Betrug bezeichnet und bestraft werden. Vielleicht hat deshalb niemand von uns je den zugrunde liegenden Vertrag gesehen. Mit niemandem, den wir kennen, hat ein Gott irgendeinen Bund geschlossen und wenn ein Mensch glaubt, dass er ein besonderer Bündnispartner oder gar der Sohn irgendeines Gottes sei, dann ist das seine Privatsache oder, falls er gemeingefährlich wird, eine Angelegenheit für die psychiatrische Abteilung des örtlichen Krankenhauses.

T

Taufe: Die Taufe ist (nach katholischer und evangelischer Auffassung) ein „unauslöschliches Prägesiegel Gottes", mit dem man überraschenderweise – und auch nur in Deutschland – zahlungspflichtiges Mitglied einer konfessionellen Körperschaft des öffentlichen Rechts wird. Der Auffassung, dass es sich um einen unrechtmäßigen Eingriff in die bürgerlichen Rechte des Kindes handeln würde, wenn es hilflos als Kleinkind von den Eltern in eine Kirche getragen und dort einem magischen Ritual der Teufelsaustreibung (⇨ Exorzismus) ausgeliefert wird, das gleichzeitig als formelle Beitrittserklärung auch juristische Folgen hat, ist vom Bundesverfassungsgericht widersprochen worden, da es sich dabei angeblich – aber höchstrichterlich 'abgesegnet' – um ein erlaubtes Recht der „elterlichen Fürsorge" handeln würde.

Interessanterweise hat der Religionsnamensgeber (Christus) selbst weder einen Menschen getauft noch irgendjemand anderen dazu aufgefordert zu taufen (schon gar nicht kleine Kinder). Der so genannte „Taufbefehl" wurde Jesus erst nach seinem Tode zugesprochen (Mt 28, 18-20). Nach Markus braucht man nur zu glauben, um nicht verdammt zu sein (Mk 16, 16), Lukas und Johannes berichten überhaupt nichts von der Taufaufforderung. So können die Christen, wenn sie die (Kinder-)Taufe begründen sollen, sich nicht auf Christus beziehen, sondern nur auf Johannes den Täufer, der eindeutig kein Christ war.

Teufel: Ohne Gottes finstren Gegenspieler wären alle christlichen Pfarrer und Pastoren in allen Rangstufen und Dienstgraden arbeitslos, denn gäbe es den Teufel nicht, gäbe es auch keine Experten für christliche Magie und Abwehrzauber (Taufe, Kommunion, Konfirmation, Beichte, Firmung usw.). Ohne Teufel gäbe es kein Christentum, denn wo die Bedrohung fehlt, bedarf es auch keiner Erlösung. Deshalb müssen die christlichen Kirchen nicht nur den Glauben an Gott lehren, sondern auch den Glauben an den Teufel. Und je stärker der Glaube an den Teufel ist, desto höher ist auch das Ansehen derer, die uns vor ihm schützen können.

Zwar könnte man meinen, dass das Problem schon dadurch gelöst sei, dass der Teufel in der ⇨ Hölle festsitzt und vom Oberbefehlshaber der Engel, dem Erzengel Michael, strengstens bewacht wird, anscheinend hat er aber ab und zu Freigang, weshalb es eine erkleckliche Zahl von Christen gibt, die allen Ernstes behaupten, den „Leibhaftigen" gesehen zu haben.

Im Alltagssprachgebrauch gibt es den Teufel in zumindest zwei gegensätzlichen Varianten: Als böser, mächtiger Teufel, Widersacher Gottes, und als „armer Teufel", der eine gute Portion Dummheit besitzt und wieder auf etwas hereingefallen ist. Unter gläubigen Christen und Satanisten (zwei Seiten einer Medaille!) ist jedoch unstrittig, dass es eine weitaus größere Anzahl von Teufeln gibt. Neben einer Unmenge von Teufeln niedriger bis mittlerer Rangordnung gibt es auch Teufel des „gehobenen Dienstes". So gibt es arbeitsteilig beispielsweise ⇨ sieben 'Dämonenfürsten', die den Menschen versuchen, damit er eine der sieben ⇨ Todsünden begehe: *Luzifer* fördert den Hochmut, *Mammon* den Geiz, *Asmodi* die Unkeuschheit, *Satan* den Zorn, *Beelzebub* die Maßlosigkeit, *Leviathan* den Neid und *Belphegor* die Trägheit (⇨ *Teufel*).

Theodizee: *Der Versuch, die Übel der Welt mit dem Glauben an Gottes Allmacht, Weisheit und Güte in Einklang zu bringen* (vgl. hierzu auch das Standardwerk von Gerhard Streminger). Der griechische Philosoph Epikur hat das Grundproblem bereits vor rund 2300 mustergültig formuliert: „Entweder will Gott das Übel beseitigen und kann es nicht, oder er kann es und will es nicht, oder er kann es nicht und will es nicht, oder er kann es und will es. Wenn er nun will und nicht kann, so ist er schwach, was auf Gott nicht zutrifft. Wenn er kann und nicht will, dann ist er missgünstig, was ebenfalls Gott fremd ist. Wenn er nicht will und nicht kann, dann ist er sowohl missgünstig wie schwach und dann auch nicht Gott. Wenn er aber will und kann, was allein sich für Gott ziemt, woher kommen dann die Übel, und warum nimmt er sie nicht weg?"

Das Theodizeeproblem wird vor allem dann akut, wenn große Katastrophen über die Menschen einbrechen – wie unlängst die Tsunami-Flutkatastrophe in Südostasien, bei der – ausgelöst durch ein gewaltiges Beben ausgerechnet am zweiten Weihnachtstag 2004 – weit mehr als Hunderttausend Menschen, darunter zahlreiche Kinder, ihr Leben verloren. In solchen Fällen stellt sich für die Gläubigen die Frage: Wie konnte Gott solches Leid zulassen? Den logischen Schluss, dass eben kein allmächtiger, allwissender, allgütiger Gott die Geschicke der Menschheit bestimmt, sondern dass wir alle vielmehr auf Gedeih und Verderb dem sinnfreien Zusammenspiel von Zufall und Notwendigkeit ausgeliefert sind (vgl. Klein, *Alles Zufall*), ziehen die wenigsten.

Dem Judentum ist das Theodizeeproblem übrigens unbekannt, da es im Alten Testament nur *einen* allmächtigen Gott gibt, der tatsächlich für *alles* zuständig ist, auch für alles Bösartige – deshalb erscheint manchem Christen das Alte Testament auch so befremdlich. Das Theodizeeproblem des allmächtigen und nur wohlwollenden Gottes ist ein Problem, das sich Paulus stellte, als er in seiner Heidenmission den Griechen etwas von einem netten Gott erzählten musste und ihnen nicht mit diesem zornigen jüdischen Gewaltgott kommen konnte. In der behaupteten Abkoppelung des Christentums von den jüdischen Gesetzen und der Anbindung nur an den Glauben, in dem sich die Liebe zwischen Gott und dem Menschen zeige, hatte Paulus dann den Salat: Da Jesus nur über die Erfüllung der Weissagungen des Alten Testaments als Messias legitimiert war, konnte er das Alte Testament nicht einfach für überflüssig erklären. Diese legitimatorische Verklammerung zwischen Altem und Neuem Testament bereitet seitdem nicht nur Theologen viel Kopfzerbrechen und hat als Konsequenz eigenartige Formulierungen hervorgebracht, die versuchen, beides unter einen Hut zu bekommen. So formulierte beispielsweise der Kirchenlehrer Augustinus: „Der allmächtige Gott könnte in seiner unendlichen Güte unmöglich irgend etwas Böses in seinen Werken dulden, wenn er nicht dermaßen allmächtig und gut wäre, dass er auch aus dem Bösen Gutes zu ziehen vermöchte." – Wer diesen Satz gerade nicht verstanden hat, der hat noch seinen klaren Verstand behalten (⇨ Willensfreiheit).

Theologie (griech. *Geist/Lehre Gottes*) ist das Bemühen, aus Nicht-Geschehenem, frei erfundenen Märchen, zusammengestückelten Metaphern, verhunzten Überlieferungen, zensierten Berichten, traditionellen Behauptungen, (und im katholischen Spektrum zusätzlich) päpstlichen Enzykliken und Konzilsbeschlüssen einen nachvollziehbaren Zusammenhang herzustellen. Theologie ist ein mittelalterliches Relikt, das immer noch den Rang eines Universitätsfaches besitzt und an dessen Unsinn (zumindest im Bereich der theologischen Dogmatik) sowohl die Aufklärung als auch die Kriterien von Wissenschaftlichkeit so ziemlich vorbei gegangen sind.

Wenn es einen Beweis bräuchte, dass in der ⇨ Bibel *nicht* die Worte Gottes aufgeschrieben wurden, würde allein schon die Theologie genügen. In der Notwendigkeit, aus den oben angedeuteten Widersprüchlichkeiten etwas 'Geistvolles' zu sagen, kreiert sich jeder Theologe seine eigene Bibel, indem er alles, was ihm persönlich in der offiziellen Bibel nicht passt, einfach als unwahr erklärt oder anderes Wissen dazu erfindet. In dieser Weise verkommt die Theologie zu einer subjektiven Geheimwissenschaft. Entsprechend sind den Kirchen die Erkenntnisse ihrer eigenen Theologen so ziemlich egal, da sie entweder keine Konsequenzen daraus ziehen oder besonders kritischen Theologen einfach die kirchliche Lehrbefugnis entziehen (siehe beispielsweise den Fall des ehemaligen Theologen Gerd Lüdemann, vgl. u. a. Lüdemann, *Im Würgegriff der Kirche*): „Weh euch Schriftgelehrten! Denn ihr habt den Schlüssel der Erkenntnis weggenommen." (Lk 11, 52)

Todesstrafe: Einer der Gründe, warum im Grundgesetz der Bundesrepublik Deutschland plebiszitäre Elemente (Volksabstimmung, Volksentscheid) nicht vorgesehen wurden, ist die Ablehnung der Todesstrafe durch die Verfassungsgeber, während die damalige christliche Mehrheit in der Bevölkerung entschieden für die Todesstrafe eintrat.

Die Neigung zum „kurzen Prozess" ist theologisch gut begründet. Das nomadisierende Wüstenvolk des Alten Testaments konnte für schwere Sünden keine Gefängnisse einrichten und so finden wir im 3. Buch Mose folgendes Strafregister: des Todes sterben (15x); aus dem Volk ausrotten (5x); im Feuer verbrennen (4x); steinigen (1x) und: „Ohne Kinder sollen sie sterben" (4x). Also fünfundzwanzigmal die körperliche Todesstrafe und viermal die genetische Todesstrafe (3 Mose 20).

Die Hoffnung, dass der katholische Katechismus lernfähig sein könne, wird (wie immer?) enttäuscht: „Nach Paulus steht die staatliche Obrigkeit im Dienst Gottes und verlangt, dass du das Gute tust. Wenn du aber das Böse tust, fürchte dich! Denn nicht ohne Grund trägt sie das Schwert. Sie steht im Dienst Gottes und vollstreckt das Urteil an dem, der Böses tut (Röm 13, 4). In der christlichen Tradition wird hieraus das Recht des Staates abgeleitet, das Todesurteil auszusprechen, wenn der Täter durch ein entsprechend strafwürdiges Verbrechen das Recht auf Leben verwirkt habe." (*Katholischer Erwachsenen-Katechismus* II, S. 285) Als Zweck [!] der Todesstrafe wird angegeben: *Vergeltung und Sühne* der Tat, *Abschreckung* anderer, *Sicherung* der Gesellschaft.

Der abschließende kleine Schwenk im Katechismus, es „hat sich die Überzeugung verstärkt, dass Christen – besonders in unseren Verhältnissen – keine Verfechter der Todesstrafe sein sollten", dürfte als opportunistische Minderheitsposition zu betrachten sein, die in anderen politischen Systemen auch anders ausfällt, denn: „Wer Menschenblut vergießt, dessen Blut soll auch durch Menschen vergossen werden; denn Gott hat den Menschen zu seinem Bilde gemacht." (1 Mose 9, 6)

Von daher ist es auch kein Wunder, dass in „God's own country", den USA, weiterhin die Todesstrafe in vielen Bundesstaaten praktiziert wird. Dass die Speerspitze der christlichen Tugendwächter bei den Hinrichtungen in der ersten Reihe sitzt, passt ins Bild. Immerhin: Der „wiedergeborene Christ", US-Präsident George W. Bush, folgt einmal im Jahr einer altwürdigen Tradition und entspricht dem Gnadengesuch *eines* Todeskandidaten. Die noble Geste, die Jahr für Jahr kurz vor *Thanksgiving* erfolgt, gilt jedoch leider keinem zum Tode verurteilten Menschen, sondern dem „schönsten Truthahn der Saison".

Todsünde: Über die normale ⇨ Sünde erhebt sich die Todsünde, weil sie aus *freier Entscheidung* gegen die „göttliche Ordnung" begangen wurde. Ein Mensch, der sich derart frei entscheidet, hat entsprechend auch keine Furcht, damit keine ⇨ *Ehrfurcht*, ist als christlicher Untertan nicht zu gebrauchen und gehört „ausgerottet" – zumindest, wenn er keine ⇨ *Reue* zeigt. Der katholische Katechismus lehrt uns: „Die Barmherzigkeit Gottes ist grenzenlos, wer sich aber absichtlich weigert, durch Reue das Erbarmen Gottes anzunehmen, weist die Vergebung seiner Sünden und das vom Heiligen Geist angebotene Heil zurück. Eine solche Verhärtung kann zur Unbußfähigkeit bis zum Tod und zum ewigen Verderben führen." (*Katechismus der Katholischen Kirche*, S. 489)

Töten soll man nach der Bibel nicht, denken so manche, die das Gebot: „Du sollst nicht töten" brav aufsagen können. Ist aber anders gemeint, denn es soll biblisch heißen, dass man nicht außerhalb des Gesetzes töten darf. Alle Ausrottungen des Alten Testamentes bis hin zum Verbrennen aller Ungläubigen in den Öfen des Neuen Testamentes sind also soweit in Ordnung, denn sie geschehen innerhalb der Gesetze. Deshalb ist es innerhalb der biblischen Logik auch kein Widerspruch, wenn es nur wenige Verse nach „Du sollst nicht töten!" (2 Mose 20, 13) heißt: „Eine Hexe sollst du nicht am Leben lassen. Jeder, der mit einem Tier verkehrt, soll mit dem Tod bestraft werden. Wer einer Gottheit außer Jahwe Schlachtopfer darbringt, an dem soll die Vernichtungsweihe vollstreckt werden." (2 Mose 22, 17-19) Wer sich also gegen die ⇨ Todesstrafe oder für die ⇨ Kriegsdienstverweigerung engagiert, muss sich entsprechend andere Grundlagen suchen als die Bibel.

Treue: „Als die Treue ward geboren, tra la la la, kroch sie in ein Jäger-horn, tralalalala, der Jäger blus sie in den Wind, tra lalalala la, seitdem man keine Treu' mehr find, tra lalala lala!" (Carl Orff, *Die Kluge*) Es ist verständlich, dass sich die Treue 'aus dem Staub gemacht hat', denn wahrscheinlich fühlte sie sich durch die unerfüllbaren, teils sogar diskre-panten Ansprüche, die an sie gestellt werden, überfordert. Nach christli-chem Verständnis fordert Liebe nämlich „Treue, die sogar bis zur Hin-gabe des eigenen Lebens reichen kann" (*Katholischer Erwachsenen-Katechismus* II, S. 64).

Der Begriff „Treue" hat heute vorwiegend zwei Bedeutungen, die zu-einander in einem gewissen Spannungsverhältnis stehen. Zum einen kennzeichnet 'Treue' einen sexuellen Exklusivitätsanspruch, zum anderen ein Versprechen auf eine dauerhafte, verlässliche Beziehung. Es ist nicht zuletzt dem Christentum zu verdanken, dass der unbedeutendere der bei-den Begriffe, der Begriff der sexuellen Treue, den weitaus wichtigeren Begriff der verlässlichen Beziehung überlagert hat. Im heutigen Sprach-gebrauch gilt derjenige als untreu, der unerlaubterweise eine (womöglich nur kurzlebige) sexuelle Beziehung eingegangen ist, während derjenige, der wegen eines Bruchs des sexuellen Exklusivitätsanspruchs die gesamte Beziehung (und damit das Treueversprechen auf Verlässlichkeit) auf-kündigt, weiterhin als ein 'treues Herz' gelten kann.

Diese besondere 'Kulturleistung' des Christentums ist insofern er-staunlich, als dass der Mensch von Natur aus (ebenso wie seine nächsten Verwandten, die Schimpansen und Bonobos, aber auch nahezu jede an-dere Tierart) gar nicht auf monogame Strukturen ausgerichtet ist. Von den Kulturen, die die Menschheit hervorgebracht hat, waren nur die wenigsten (ca. 16 Prozent, vgl. Dessau/Kanitscheider, *Lust und Freude*, S. 155, bzw. nur ca. 5 Prozent, vgl. Bornemann, *Lexikon der Liebe*, S. 207) monogam, wobei diese sog. „Monogamie" in der Regel auch nur eine „Monogamie mit doppeltem Boden" (verdeckten Seitensprüngen und seriellen Be-ziehungswechseln) war. Echte ⇨ Monogamie (sexuelle Treue bis ans Grab) wurde zwar von den Kanzeln gepredigt, aber nur in den aller-seltensten Fällen (nämlich dann, wenn man aus der Not eine Tugend machte) gelebt.

U / V

Unzucht: Bis in die 1970er Jahre galt jeder außereheliche Koitus (⇨ Sexualität; ⇨ Sünde) als Unzucht. Wer durch seine Vermittlung oder durch Gewährung (Vermieter) oder Verschaffung von Gelegenheit der „Unzucht" Vorschub leistete, konnte gemäß § 180 Strafgesetzbuch wegen Kuppelei mit Gefängnis nicht unter einem Monat bestraft werden. Die katholische Kirche hat die liberale Strafrechtsreform (wen wundert's?) nicht erreicht. So heißt es im aktuell gültigen Katechismus der katholischen Kirche (Kapitel 2353): „Unzucht ist die körperliche Vereinigung zwischen einem Mann und einer Frau, die nicht miteinander verheiratet sind. Sie ist ein schwerer Verstoß gegen die Würde des Menschen und der menschlichen Geschlechtlichkeit selbst, die von Natur aus auf das Wohl der Ehegatten sowie auf die Zeugung und Erziehung von Kindern hingeordnet ist. Zudem ist sie ein schweres Ärgernis, wenn dadurch junge Menschen sittlich verdorben werden."

Vegetarier können nicht am „Heiligen Abendmahl" teilnehmen. Sie essen weder Fleisch, noch trinken sie Blut. Das ist aber nicht weiter tragisch, da der HERR Gott sowieso keine Vegetarier mag, sondern die Fleischfresser bevorzugt: Kain und Abel bringen beide ein Brandopfer dar; Kain die Früchte des Feldes, Abel die Jungtiere seiner Herde und Fett. Gott schnupperte „gnädig" an dem Bratenduft, „aber Kain und sein Opfer [die Früchte] sah er nicht gnädig an" (1 Mose 4, 3-5). Die Folgen sind bekannt, Kain ist sauer darüber und erschlägt den bei Gott beliebteren Bruder. So ist zumindest biblisch nicht belegbar, dass die Nicht-Fleischesser friedlichere Menschen sind, ganz das Gegenteil: die Vegetarier tragen alle das unsichtbare Kainsmahl des Brudermörders auf der Stirn.

Verdammnis: *ewige Verworfenheit vor Gott, ewige Strafe.* Wer verdammt wird, muss aus dem Gesichtskreis der Person oder Organisation verschwinden, die die Verdammung ausgesprochen hat. Insofern bedeutet Verdammnis auch „Verschwinden", dies darf im Fall des christlichen Verdammens aber nicht mit dem buddhistischen Nirwana (dem Nichts) gleich gesetzt werden, denn die Zielangabe des Abtransports ist eindeutig: Ab in die ⇨ Hölle!

Vergewaltigung: Gewalt gegen Sexualität und sexuelle Gewalt gegen ⇨ Frauen haben tiefe Wurzeln in der biblischen Tradition. Schon in der Genesis, dem 1. Buch Mose, wird mit keinem Wort die Geschichte von Lot kommentiert. Lot bittet zwei Reisende (Engel) zu sich ins Haus. Als die Bewohner von Sodom die Herausgabe der beiden Männer verlangen, weigert sich Lot und sprach: „Ach, liebe Brüder tut nicht so übel. Siehe, ich habe zwei Töchter, die wissen noch von keinem Manne; die will ich herausgeben unter euch, und tut mit ihnen, was euch gefällt; aber diesen beiden Männern tut nichts, denn darum sind sie unter den Schatten meines Daches gekommen." (1 Mose 19, 7-8) Es kommt nicht zu der angebotenen Vergewaltigung der beiden Jungfrauen [im Alten aber auch Neuen Testament sehr beliebt; ⇨ Missbrauch], weil die (schwulen) Männer aus Sodom kein Interesse daran haben und als sie Lot packen wollen, zerren die beiden Engel ihn hinein und schlagen die Einwohner Sodoms mit Blindheit.

In der gleichen Situation (Respektierung der Gastfreundschaft) heißt es im Buch der Richter: „Nachdem dieser Mann in mein Haus gekommen ist, tut nicht solch eine Schandtat! Siehe, ich habe eine Tochter, noch eine Jungfrau, und dieser hat eine Nebenfrau; die will ich euch herausbringen. *Die könnt ihr schänden und mit ihnen tun, was euch gefällt, aber an diesem Mann tut nicht solch eine Schandtat!* Aber die Leute wollten nicht auf ihn hören. Da fasste der Mann seine Nebenfrau und brachte sie zu ihnen hinaus. Die machten sich über sie her und trieben ihren Mutwillen mit ihr die ganze Nacht bis an den Morgen." (Ri 19, 23-25). Als der Mann morgens aufsteht und nach dem Frühstück hinausgeht, findet er die Frau tot auf der Schwelle. Wiederum ohne Kommentar.

Ebenso im vierten Buch Mose 31, 17-18 die (angedeutete) Vergewaltigung midianitischer Jungfrauen: „So tötet nun alles, was männlich ist unter den Kindern, und alle Frauen, die nicht mehr Jungfrauen sind; aber alle Mädchen, die unberührt sind, die lasst für euch leben."

Versuchung hat zwar etwas mit Suchen zu tun, beinhaltet aber über die Vorsilbe ver- (wie in laufen – verlaufen), dass nicht das richtige gefunden wurde. Versuchung ist also bereits das Bestreben oder das Angebot des Falschen und, da wir im christlichen Kontext sind, des Genusses. So ist es kein Zufall, dass bereits der banalste Werbetext für eine Schokolade darauf abzielt („Milka, die zarteste Versuchung, seit es Schokolade gibt"). Einer der intensivsten Genüsse – und deshalb auch am meisten gefürchtet – ist die Sexualität. So ist der ⇨ Teufel der große Versucher und der wahre Glaube beweist sich erst im Widerstehen gegen die Versuchung.

Dadurch wird auch deutlich, warum im Paradies der vermaledeite Baum der Erkenntnis herumgestanden hat (wenn Gott es gut mit den Menschen gemeint hätte, dann hätte er ihn einfach weggelassen), denn erst die widerstandene Versuchung macht aus dem Christen, der ständig der Sünde ausgesetzt ist, einen guten Christen.

Vorsehung: „Der Schöpfungsglaube gewinnt erst im Glauben an die Vorsehung Gottes seine letzte Tiefe und seinen existenziellen Ernst. [...] Aber diese Macht ist für die Bibel keine anonyme Schicksalsmacht, sondern die *persönliche Führung* durch Gott." (*Katholischer Erwachsenen-Katechismus* I, S. 102)

Dem einfachen Menschen ist so etwas rätselhaft. Aber ein 'Genie' wie Adolf Hitler war natürlich mit der Vorsehung auf 'du und du'. Deshalb rettete sie ihn auch vor Attentaten und anderen Unglücksfällen. Wer weiß, wie viel vom ⇨ Nationalsozialismus uns erspart geblieben wäre, wäre die von Hitler immer wieder lauthals beschworene Idee der 'Vorsehung' nicht so lange auf seiner Seite gewesen? (⇨ Prädestination)

Daraus lernen wir, dass wir uns vorsehen sollten, die 'Vorsehung' nicht noch einmal die Geschichte lenken zu lassen, denn das Grauen, das mit einem solchen metaphysischen Geschichtsverständnis einhergeht, ist auch ohne Einsicht in die 'Vorsehung' leicht vorherzusehen.

W – Z

Wahrheit: „Was ist Wahrheit?", fragte der römische Statthalter Pontius Pilatus im Johannesevangelium seinen Gefangenen, der nach eigenen Angaben als König eines fremden Reichs in die Welt gekommen war, um Zeugnis für die Wahrheit abzulegen. Interessanterweise folgte auf diese berühmte 'Pilatusfrage' (bis heute Terminus technicus für die Frage nach der Wahrheit) keine Christusantwort. Der sonst so gesprächige Messias schwieg.

Doch was hätte der Wanderprediger auch schon sagen können? Die nahe liegende Antwort: „Wahrheit ist das, was ich sage!", hätte einigermaßen einfältig geklungen und auch der in etwa gleichbedeutende Jesus-Slogan „Ich bin der Weg, die Wahrheit und das Leben" (Joh 14, 8) hätte den Sachverhalt kaum erhellt. Wahrscheinlich konnte der biblische Jesus schon deshalb keine Auskunft über die spezifischen Eigenschaften seines

Wahrheitsbegriffes geben, weil ihm dazu die notwendige Bildung fehlte. Dieses intellektuelle Defizit hinderte ihn jedoch nicht daran, im Gegenteil: es beflügelte ihn, alle Wahrheit der Welt für sich zu beanspruchen („Jeder, der aus der Wahrheit ist, hört auf meine Stimme" [Joh 18, 37]). Auf diese Weise legte er den Grundstein für jenen verheerenden Wahrheitsfundamentalismus, den seine Jünger bis in die Gegenwart hinein verfolgten und dem über die Jahrhunderte hinweg Millionen Menschen zum Opfer fielen.

Glücklicherweise wurden die sog. 'Wahrheiten' (nicht nur) der christlichen Religion dann aber im Zuge der wissenschaftlichen Aufklärung mehr und mehr widerlegt. Dies war ein zäher, schmerzlicher Prozess sowohl für die Religion, die Stück für Stück entzaubert wurde, als auch für die Wissenschaft, die sich nur sehr mühsam (siehe das Beispiel Galilei) aus der religiösen Umklammerung befreien konnte. Immerhin: Der Erfolg der wissenschaftlichen Entzauberungsstrategie kann sich durchaus sehen lassen. Mittlerweile geht die überwiegende Mehrheit selbst der 'Berufsreligiösen' davon aus, dass sich die Erde nicht im Mittelpunkt des Universums befindet und der Mensch – anders als die Schöpfungsgeschichte suggeriert – das Produkt einer sich über Jahrmillionen erstreckenden biologischen Evolution ist. Fortschrittliche Theologen erkennen auch an, dass die Bibel, was die Schilderung historischer Tatsachen betrifft (beispielsweise den sagenumwobenen Auszug der Israeliten aus Ägypten), in etwa einen ähnlichen Wahrheitswert besitzt wie Grimms Märchen.

Dennoch: Trotz der fatalen Niederlagen, die die Religion im Kampf um die Wahrheit einstecken musste, konnte sie ihren fundamentalen Wahrheitsanspruch nicht aufgeben, ohne sich selbst zu verleugnen. Deshalb reklamiert das Christentum bis heute für sich eine „höhere Wahrheit", die jenseits der logisch und empirisch erfassbaren Wirklichkeit liegen soll. Mit diesem Schachzug gelang es der Religion zwar, eine 'Wahrheitsnische' abzudecken, die der Wissenschaft prinzipiell nicht zugänglich ist, dennoch ist dieser Rückzug auf die reine 'Jenseitswahrheit' mit einem schalen Beigeschmack verbunden. Schließlich muss man sich fragen, warum man den vermeintlich 'höheren Wahrheiten' einer Institution Glauben schenken sollte, wenn diese schon bei den niedrigsten, einfachsten Wahrheiten immer wieder grandios daneben lag.

Dennoch scheint es so, als gäbe es noch eine gewisse Schonzeit für die religiösen Wahrheitsansprüche, denn bislang bleiben die vermeintlich 'höheren Wahrheiten' der Religionen, die von Kanzeln gepredigt und innerhalb der Theologie meist pseudowissenschaftlich nachgekaut werden, vom Zugriff der wissenschaftlichen Forschung mehr oder weniger verschont. Die akademische Disziplin der Religionswissenschaft beispielsweise macht bis heute noch einen großen Bogen um die Pilatusfrage und beschränkt sich weitgehend auf eine rein soziologische und historische Beschreibung religiöser Institutionen und Lehren. Sollte der „Nichtangriffspakt zwischen Wissenschaft und Religion" (vgl. Schmidt-Salomon, *Das Feuerbach-Syndrom*), der nicht zuletzt darauf zurückzuführen ist, dass konsequenten Religionskritikern wie Ludwig Feuerbach in der Vergangenheit die wissenschaftliche Karriere verwehrt wurde, irgendwann einmal aufgekündigt werden, könnte sich vielleicht auch das Jesuswort erfüllen, das da verspricht: „Die Wahrheit wird euch frei machen." (Joh 8, 32) Wahrlich: Wenn wir dem Wahrheitsanspruch der Religionen konsequent mit Hilfe von Logik und Empirie zuleibe rücken würden, würden uns die daraus resultierenden Wahrheiten sicherlich frei machen – und zwar frei von Religion.

Wallfahrtsorte müssen irgendetwas vorweisen können, damit die Gläubigen auch dorthin pilgern. Zwar sind ⇨ Marienerscheinungen sehr umsatzfördernd, doch der Markt dafür ist begrenzt. Einfacher ist es, eine ⇨ Reliquie vorweisen zu können. (Es existieren beispielsweise mehr als ein Dutzend Vorhäute des – als Jude beschnittenen – Jesus.) Der Handel mit solchen Reliquien war lange Zeit ein wichtiger Wirtschaftsfaktor und mit dem Aufstieg eines unbedeutenden Klosters oder einer Dorfkirche zum Wallfahrtsort hatte sich die (unter Umständen kostspielige Fälschung oder) Anschaffung jeder Reliquie bald amortisiert (⇨ *Jakob*). Der katholischen Kirche kommt es dabei nicht auf die Echtheit der Reliquien an. „Konsequenterweise hat daher der gütige Papst Johannes Paul II. im 1983 überarbeiteten kanonischen Gesetzbuch die Reliquienfälscher von der bisherigen Strafe der Exkommunikation ausgenommen." (Fuld, *Lexikon der Fälschungen*, S. 273)

Willensfreiheit: Die Idee der Willensfreiheit beruht auf der Unterstellung, eine Person X hätte sich zum Zeitpunkt t 'aus freien Stücken' (d.h. losgelöst von Naturkausalitäten) anders entscheiden können, als sie sich de facto entschieden hat. Schon Arthur Schopenhauer erkannte, dass diese Idee eines freien, also kausal nicht bedingten Willens eigentlich gar nicht denkbar ist, da Denken notwendigerweise bedeutet, Kausalitäten in Betracht zu ziehen. Diese aber werden im Falle des freien Willens kategorisch ausgeschlossen. Anders formuliert: *Wer von einem freien Willen ausgeht, unterstellt ein permanentes Wunder – d.h. eine Wirkung ohne Ursache* (vgl. zum Folgenden Schmidt-Salomon, *Können wir wollen, was wir wollen, Anatomie des erhobenen Zeigefingers* und *Die Banalität von Gut und Böse*).

Um den Glauben an eine solch wunderbare Einrichtung im menschlichen Organismus begründen zu können, mussten die Verfechter der Willensfreiheitsidee einen prinzipiellen Dualismus von Körper und Geist bzw. Leib und Seele postulieren. Während sie einräumten, dass auf körperlicher Ebene Naturkausalitäten wirkmächtig seien, gaben sie an, dass auf der Ebene des Geistes metaphysische Kräfte walteten, die mittels naturwissenschaftlicher Forschung nicht zu verstehen seien.

Vor allem der kontinuierliche Erkenntnisfortschritt in der jungen Disziplin der Neurobiologie ließ dieses traditionelle Verständnis in den letzten Jahren mehr und mehr obsolet werden. Je mehr sich das empirische Wissen über die Funktionsweise von Hirn und Körper erweiterte, umso klarer stellte sich heraus, dass der von Philosophen und Theologen gepriesene, angeblich in metaphysischen Sphären beheimatete „Geist" nicht einmal Herr im eigenen Hause war. Hatte man zuvor geglaubt, dass der Mensch tue, was er wolle, so zeigte sich jetzt, dass der Mensch nur im Nachhinein will, was er ohnehin schon zu tun im Begriff ist.

Dass wir trotz der erdrückenden Beweislage weiterhin hartnäckig am Konzept der Willensfreiheit festhalten, hat nicht zuletzt etwas mit unserer kulturellen Konditionierung durch das Christentum zu tun. Die Idee der Willensfreiheit hat nämlich eine Schlüsselposition innerhalb des theologischen Denkens inne, da sie *erstens* ermöglicht, den allgütigen und allmächtigen Gott vor dem Hintergrund seiner in vieler Hinsicht missraten erscheinenden Schöpfung zu rechtfertigen, und *zweitens* bestens dazu geeignet ist, die Menschen an sich zu binden.

Willensfreiheit und die Rechtfertigung Gottes: Die wohl schwierigste Frage, die sich dem Gläubigen aufdrängt, besteht im sog. ⇨ Theodizee-problem, der Rechtfertigung Gottes angesichts des Leidens in der Welt. Wie kann ein allmächtiger, allwissender und allgütiger Gott all das Leid zulassen, das wir tagtäglich in der Welt beobachten können? Warum ist seine Schöpfung derart missraten? Wie konnte das sog. Böse entstehen, wenn am Anfang doch „alles gut war", wie es im Schöpfungsbericht heißt. Die beste Antwort, die Theologen darauf gefunden haben, beruht auf der Unterstellung, dass Gott in seiner allumfassenden Güte die Glanzstücke seiner Schöpfung, nämlich Engel und Menschen, mit einer besonders kostbaren Eigenschaft ausgestattet hatte, einer Eigenschaft, die ansonsten in der Natur nicht vorkommt: der Willensfreiheit.

Zwar wusste Gott, der Allmächtige und Allwissende, dass es risikoreich war, seine Geschöpfe mit einer solch exklusiven Fähigkeit auszustatten. Schließlich sind willensfreie Individuen per definitionem eigensinnig, also nicht mehr gezwungen, dem göttlichen Ratschlag zu folgen. Gott aber liebte seine Geschöpfe so sehr, dass er dieses Risiko einging, auch wenn er dadurch die Harmonie seiner Schöpfung aufs Spiel setzte. Und so geschah, was geschehen musste. Ein Teil der Engel empfand es als schlimme Kränkung, dass Gott das aus Engelsperspektive höchst unvollkommene Menschenpaar zu bevorzugen schien. Angeführt von Luzifer, dem strahlendsten und mächtigsten aller Engel, probten sie den Aufstand. Luzifer verwandelte sich in eine Schlange und verführte die ahnungslose Eva und den noch ahnungsloseren, zum bloßen „Mitesser" bestimmten Adam dazu, vom streng verbotenen Baum der Erkenntnis zu naschen.

Damit nahm die Tragödie ihren Lauf. Das genuin Böse war entstanden – nicht von Gott gewollt, aber aus Respekt gegenüber den willensfreien Individuen auch nicht durch ihn verhindert. Das aber heißt: Wenn in der Welt Böses geschieht, so ist nicht Gott daran schuld, sondern gefallene Engel (d.h. Teufel und Dämonen) oder aber Menschen, die sich aus freien Stücken gegen Gott entschieden haben.

Unter Voraussetzung von Willensfreiheit stellt die Theodizee also für theologisch geschulte Gläubige kein wirkliches Problem dar. Gerade das Leiden in der Welt beweist für sie die grenzenlose Liebe Gottes. Denn: Würde Gott uns nicht so sehr lieben, so würde er das moralische Übel in der Welt einfach beseitigen, indem er uns unserer Willensfreiheit beraubt, was innerhalb des religiösen Wertehorizonts jedoch gleichbedeutend wäre mit dem größtmöglichen geistigen Supergau, nämlich dem Verlust der Seele.

Willensfreiheit, Sünde und Buße: Mit der Willensfreiheit entstand nicht nur die Möglichkeit zum Bösen, sondern auch die Voraussetzung für persönliche Schuldfähigkeit. Nur ein Individuum, das prinzipiell in der Lage wäre, anders zu handeln, als es gehandelt hat, kann für seine Vergehen moralisch verantwortlich gemacht werden. Schuldfähigkeit ist die Grundvoraussetzung jeder moralischen (in unserem Rechtssystem auch der juristischen!) Verurteilung. Im Unterschied zu Park- oder Steuersünden bleiben religiöse Sünden niemals unentdeckt, denn Gottes Blick ist allgegenwärtig. Gemäß religiöser Überzeugung gibt es daher niemanden, der ohne Sünde ist. Deshalb wird der gesamten Menschheit prophylaktisch ein Leben in Buße und Demut verordnet.

Um den Pegel des individuellen Sündenregisters nicht allzu sehr in die Höhe schnellen zu lassen, haben die Religionen peinlich genaue Verhaltensregeln entwickelt, die von den Gläubigen strengstens befolgt werden müssen. Für die religiösen Oligarchien haben sich diese eindeutigen und weitreichenden Verhaltensvorschriften als ungeheuer nutzbringend erwiesen: Denn je genauer das Sündenregister ist und je stärker es den Alltag reglementiert, desto unwahrscheinlicher ist es, dass die Menschen die vielen Vorschriften werden befolgen können. Je häufiger sie aber gegen die Vorschriften verstoßen, desto größer wird ihre Schuld und die Notwendigkeit büßenden Verhaltens. Je stärker nun der Wunsch nach Vergebung, desto größer auch die Macht der religiösen Führer, die sich selbst als Gottes Anwälte auf Erden präsentieren. So erweist sich der erhobene Zeigefinger, der verkündet, dass die Menschen sich zu ihrem eigenen Unheil frei entschieden haben, eine Umkehr zu Gott aber jederzeit möglich ist, als probates Mittel der Machtausbreitung und -etablierung. Die abrahamitischen Religionen reagieren also auf die Existenz des Übels durchaus gewitzt: Sie nutzen es, um Gott zu entschuldigen und die Menschen an sich zu binden.

Zahlen(symbolik): Wohl über kaum etwas anderes (abgesehen von der Frage nach Leben und Tod) ist in vielen Kulturen der Welt mehr nachgedacht und spekuliert worden, als über die Frage, welche *Bedeutung* Zahlen haben. Nicht als mathematische Operanden, sondern als Stellvertreter für andere Bedeutungen. Das reicht von der Kabbala des Judentums, den Deutungen der Babylonier und Ägypter, dem Tarot bis hin zur christlichen Zahlensymbolik.

Im Gegensatz zu anderen Systemen kann die christliche Zahlensymbolik aber nur bis vier zählen. Alle weiteren Zahlen mit Bedeutung sind Zusammensetzungen aus eins bis vier, insbesondere aus drei und vier. Es spricht also vieles dafür, dass es ein recht lieblos zusammengestoppelter Teil der christlichen Mystik ist, obwohl doch Gott „alles nach Maß, Zahl und Gewicht geordnet hat" (Weish 11, 20).

Null: ⇨ Zehn.

Eins: Die „1" ist gleichbedeutend mit „einzigartig". Da es im Monotheismus nur *einen* Gott geben darf, ist es die Zahl Gottes, des Herrn und damit des christlichen Mannes, des *ersten* Menschen.

Die christliche Überzogenheit der „1", des Ersten, des Einzigen, des „Göttlichen", verbunden mit: „Das Einzige und Wahre" (⇨ Wahrheit) ist anderen Religionssystemen durchaus fremd. So hatte das antike, republikanische Rom nicht nur eine Vielgötterei (und setzte sogar einen Tempel für den unbekannten Gott, falls man einen übersehen hatte), sondern zwei Gründer (Romulus und Remus), zwei gewählte Konsuln etc. Erst mit dem Wechsel zum Cäsarentum und dem 'Cäseropapismus' (ein Herrscher, der die geistliche Gewalt des Oberpriesters und die weltliche Gewalt als Kaiser in sich vereinigte – wie heute noch der Papst im Vatikan) findet dann der Wechsel zur *Eins* statt und konsequent bietet sich das einzigartige *mono*theistische Christentum als ideologischer Mantel der Staatsreligion an.

Die christliche Übereinstimmung von göttlich „einzig" und „wahr" hat eine ganze Kette von bösen Konsequenzen:
* Die Intoleranz gegenüber anderen Auffassungen.
* Die gewaltsame Festlegung auf das „einzig Wahre".
* Die Auffassung von einer einzig „wahren Bestimmung".
* Die Eingrenzung der christlichen ⇨ Ehe auf die *Mono*gamie = die Ehe mit ausschließlich *einem* Partner.
* Die Festlegung im christlichen Erbrecht auf den (natürlich männlichen) *Erst*geborenen.

Die sprachliche Entsprechung der „1" ist das griechische *Alpha* (Ά), als erster Buchstabe des griechischen Alphabets und seiner Entsprechung von *Anfang* im Verbund mit dem letzten Buchstaben des Alphabets Omega (Ω) für *Ende* – im übertragenen Sinn von Geburt und Tod.

Zwei: Von der Eins zur Zwei ist erst einmal ein großer Abstand, denn die Zwei ist nur 'zweitrangig' und somit der Frau zugeordnet. Immerhin: Positiv bedeutet „Frau" = „Zwei": Wachstum, Wasser, das Unbewusste, das Meer und die Seele.

Drei: Wer meint, dass die Drei nur 'drittklassig' sei, täuscht sich gewaltig, denn die Drei ist die Zahl des 'geistigen Prinzips'. Nicht nur die Denkfigur der Dreifaltigkeit eines einzigen christlichen Gottes („Trinität"), auch das philosophische Prinzip des These – Antithese – Synthese folgt der Drei. Weiterhin gibt es drei religiöse christliche Grundtugenden: Glaube, Liebe, Hoffnung (1 Kor 13, 13).

Aber auch in der Sexualität gilt der 'Dreier' (Ein Mann und zwei Frauen bzw. eine Frau mit zwei Männern) als etwas Besonderes, und da es sich um Lust handelt, um besonders Lustvolles. („Aller guten Dinge sind drei.") Solange es sich bei den beiden Frauen nicht um Mutter und Tochter oder Großmutter und Enkelin handelt, ist der 'Dreier' von der Bibel nicht verboten und anscheinend auch außerbiblisch die mentale Orientierungsgrenze, da weder ein 'Vierer' oder 'Fünfer' etc. als bemerkenswert lustig erscheinen, sondern dann erst wieder die an Teilnehmern zahlenmäßig unbegrenzte 'Orgie'.

Vier: Nach dem einzigartigen christlichen Mann, der zweitrangigen Frau und der 'heiligen' Trinität des Geistes, kommen wir jetzt zum (falschen) Prinzip der Materie, die nach der Vier organisiert wird. Für die klassischen Alchemisten gab es vier Elemente (Feuer, Wasser, Luft und Erde) – heute kennen wir 92 Elemente, aus denen alles besteht – und immer noch orientieren wir uns 'natürlich' nach vier *Himmelsrichtungen* – analog dem *Menschen* mit (oben) Kopf, (unten) Füßen, rechter und linker Hand. Entsprechend wurde aus dem ursprünglich dreiarmigen römischen *Kreuz* (T) das vierendige christliche ⇨ Kreuz (†) geformt, als Symbol der 'Welt'.

Als die christlichen Seefahrer des 16. Jahrhunderts über ihren europäischen Tellerrand blickten und die Erde in Kontinente aufgeteilt wurde, erkannten sie vier *Kontinente*: Europa, Asien, Amerika und Afrika. Australien wurde erst später entdeckt und der Festlandsockel der Antarktis noch später. Ein Blick auf die Weltkarte verdeutlicht den christlichen Unsinn, da Europa und Asien eine geschlossene Kontinentalmasse bilden, also nur einen Kontinent. Es wäre aber ein Unding gewesen, das christliche Europa mit dem 'heidnischen' Asien in einen Kontinent zu werfen.

Dann haben wir noch vier *Tageszeiten*, vier *Jahreszeiten* (nur im Rheinland gibt es noch den Karneval als fünfte) etc. etc.

Fünf Finger hat jede Hand und fünf Zehen hat jeder Fuß. Damit stehen sie gleichzeitig für die fünf menschlichen Wahrnehmungssinne (schmecken, riechen, fühlen, hören, sehen), also schließlich für die *Sinnlichkeit*. (Das fünfeckige Pentagramm, der „Drudenfuß", symbolisiert entsprechend den bösen Zauber.) Irgendwie bleibt die fünf aber unvollkommen (so wie die christliche Sinnlichkeit), da es eines sechsten Sinnes bedarf, um die Beschränktheit der fünf anderen Sinne zu überwinden. Auch sprechen wir von einem „fünften Rad am Wagen", wenn uns die Gesellschaft eines Menschen nicht behagt.

Sechs: In sechs Tagen schuf Gott die Welt und da ein Tag Gottes ⇨ nach christlichem Verständnis tausend Jahre des Menschen bedeutet, wird die Welt sechstausend Jahre bestehen und je nachdem, wo, wie und wann man anfängt zu zählen, haben wir das blutrünstige Finale, nach dem tausendjährigen Reich, entweder schon hinter uns oder schon so ziemlich bald noch vor uns.

Sieben: Am siebten Tag der ⇨ Schöpfung ruhte Gott. Die erzheilige Zahl der Bibel mit sieben Engeln, sieben Leuchtern, sieben Posaunen etc. Und so hat der katholische Ritus sieben Sakramente (hätte der allmächtige Gott getrödelt und acht Tage für die Schöpfung gebraucht, gäbe es auch acht Sakramente etc.), und im Altertum sieben Weltwunder.

Es ist die Einheit der Verbindung von Geist (= drei) und Materie (= vier). Die absolute Zahl. (Populärer Liedertext: „Über sieben Brücken musst du gehen, sieben dunkle Jahre überstehen, siebenmal wirst du die Asche sein, aber einmal auch der helle Schein." Damit sind analog die sieben fetten Jahre/Kühe/Ähren und die sieben mageren Jahre/Kühe/Ähren der Bibel gemeint [1 Mose 41, 2-5].) Dieser absoluten Einheit hatte sich alles andere unterzuordnen und so gab es in der Antike sieben Planeten, sieben Töne auf der Tonleiter, sieben Metalle der Planeten und einen siebenteiligen Menschen: Kopf, Herz, Arme, Leber, Geschlecht, Schenkel und Füße. Die sieben Wochentage sind uns geblieben – und natürlich „Schneewittchen und die sieben Zwerge" –, und an die sieben christlichen Tugenden, ebenso wie die sieben Todsünden, mag glauben, wer will.

Die **Acht** ist im Volksglauben so bedürftig wie die Fünf. Deshalb hilft man ein bisschen nach und so ist die liegende Acht ∞ das Symbol der Unendlichkeit, eine Zeit ewiger Vollendung, so wie die Tonleiter mit ihrem achten Ton (Oktave) zu ihrem Beginn zurückkehrt (Schmidt-Biggemann, *Zahlen, Zählen, Harmonie*, S. 77). Dies allerdings wäre nicht christlich, da die Reinkarnation (d. h. die Wiedergeburt) im Christentum prinzipiell nicht möglich ist. Christlich wäre, die Acht als 'Neu-Anfang' zu verstehen: Acht Menschen überlebten die Sintflut auf der Arche Noah und auch die Auferstehung von Christus soll am „achten Tag der Woche" erfolgt sein in Übernahme der Acht als jüdische Glückszahl der Vollkommenheit.

Neun ist die (mathematische) Potenz der drei mit der drei (⇨ 153). Deshalb wurden im Mittelalter neun „Chöre" der Engel gezählt, die die göttliche Macht symbolisierten. Bleibt trotzdem etwas mager. Auch die neunmonatige Schwangerschaft hilft da nicht viel weiter.

Zehn ist die Summe aus $1+2+3+4 = 10$, d.h. die christliche Verbindung von Gott + Jesus + Heiliger Geist + Welt = Einheit des Universums, die Einheit der Dezimalzahlen und der göttlichen ⇨ *Gebote*. Amen.

Deshalb war für den Kundigen auch völlig absehbar, dass der britische Zahlensalat von Pfund, Schilling, Penny und Zoll und Fuß sich letztendlich nicht gegen das metrische System Gottes verteidigen konnte und schon immer der Verdammnis (d.h. ab in die Öfen: einschmelzen und verbrennen) geweiht war.

In Europa ist die Zehn erst seit dem späten Mittelalter arabisch, also aus 1 und 0 zusammengesetzt geschrieben worden. Somit ist innerhalb der Zehn die Null die Zahl, die das Ende der (natürlichen) Zahlen beschreibt, und gleichzeitig alleine auch ihren Anfang. Als 1 und 0 symbolisiert die Zehn die beiden ersten Elemente aller Metaphysik, Sein (1) und Nichts (0). (Schmidt-Biggemann, *Zahlen, Zählen, Harmonie*, S. 77)

Elf spielt nicht nur in der ⇨ Astrologie eine Rolle, denn da kann man so herumwerkeln, dass die $11 = 1+1 = 2$ bedeutet, und das verquast sich dann dazu, dass das eine Starke erst durch die Verschmelzung mit einem anderen Starken etwas Kraftvolles wird. Christlich gilt Elf „als Zeichen der Sünde, da es die erste Zahl ist, die die Zehnzahl des Gesetzes überschreitet und deshalb diejenigen bezeichnet, die das Gesetz übertreten" (Röhrig, *Lexikon der sprichwörtlichen Redensarten*, S. 380) – oder zumindest eifrig bekunden, das tun zu wollen („Elferrat" im Karneval). Vielleicht gibt es ja auch deshalb den *Elfmeter* im Fußball, als Strafe für die Übertretung der Fußballgesetze (= eines Fouls) im *Strafraum*?

Aber warum hat dann eine Fußballmannschaft *elf* Spieler? Hat sie ja gar nicht. Es sind nur zehn Feldspieler („Zehnzahl des Gesetzes") und den Torhüter („Fußballgott Lehmann" – wie mit dem Vatikan kooperierende BILD-Zeitung nach den gehaltenen Elfmetern bei der WM 2006 titelte.) Da ist doch die Welt wieder in Ordnung – gelle?

Zwölf spielt dagegen wieder eine wichtige Rolle. Nicht bei den 12 Tierkreiszeichen, die sind zwar auch erfunden, christlich aber nur geklaut. Auch der Zwölf-Stunden-Kreis einer analogen Uhr (Ziffernblatt) ist babylonisch. Jüdisch-christlich sind die zwölf Stämme Israels und die zwölf Jünger, die die dritte Gottesfalte auf Erden begleiteten und aus denen dann (nach Austausch von Judas) die zwölf ⇨ *Apostel* wurden. Zwölf steht somit für das alleinige Volk Gottes und seine Stämme: für Israel und nicht für das Christentum. Denn immer, wenn die Völker Israels im Alten Testament etwas tun, ist es ein volles Dutzend (Schalen, Becher, Leuchter etc.).

Das im Deutschen mit Zwölf gleichbedeutende 'Dutzend' dürfte sich aus dem französischen Zwölf (douze) ableiten.

Dreizehn: „Jetzt schlägt's aber dreizehn!" (die Uhr hat nur zwölf Stunden-Schläge), „Dreizehn ist des Teufels Dutzend!", und so gilt die Dreizehn bei vielen Menschen als Unglückszahl, was sich u.a. darin ausdrückt, dass so manche Hotels kein Zimmer mit dieser Nummer haben. Der Ursprung dieser Unglücksvorhersage liegt allerdings nicht in der christlichen ⇨ Magie, sondern vermutlich im Tarot-Kartenspiel, in dem die XIII den Tod bedeutet.

Dreißig: Im Lebenszyklus gilt das dreißigste Lebensjahr als Grenze zum endgültigen Erwachsensein. (So spottete die 68er-Studentenbewegung: „Traue niemand über 30!") Individuell wird es häufig als Aufforderung (seitens der Eltern, der 'Gesellschaft') verstanden, dass man mit dreißig nun wirklich wissen müsse, was man beruflich und überhaupt in seinem Leben anfangen wolle.

Bemerkenswerterweise hat dieses Lebensalter in einer anderen Kultur mit deutlich geringerer Lebenserwartung seinen Ursprung: Im altjüdischen Israel durfte man mit dreißig Jahren Levit (Tempeldiener) werden (1 Chr 23, 3). Man war dann „reif genug" für diesen ehrenvollen Dienst, um religiös und politisch aktiv tätig zu sein. Mit dreißig wurde Joseph zum Stellvertreter des Pharaos berufen (1 Mose 41, 46), mit dreißig wurde David zum König gesalbt (2 Sam 5, 4). „Und [auch] Jesus war, als er anfing, ungefähr dreißig Jahre alt..." (Lk 3, 23). Aber, wie heißt es im 'Ländle': „Der Schwab wird erst mit Vierzig g'scheit."

153: Der Kirchenlehrer Augustinus soll lange darüber nachgegrübelt haben, was es mit dieser Zahl auf sich hat. „Simon Petrus stieg hinein und zog das Netz auf das Land voll großer Fische, hundertdreiundfünfzig. Und wiewohl ihrer so viel waren, zerriss doch das Netz nicht." (Joh 21, 11) Nach langem Probieren wurde ihre Besonderheit deutlich: Es ist die einzige Zahl die gleich der Summe der Dreier-Potenzen ihrer Bestandszahlen ist: $1^3 + 5^3 + 3^3 = 1 + 125 + 27 = 153$. Ja, und? Sind denn *Potenz* und *drei* besonders ⇨ heilig? Vermutlich ja.

666 ist die Zahl des „Tieres" nach der Offenbarung (13, 18), also etwas richtig Böses (Teufel). Da in der Bibel aber nicht ausgeführt wird, wer genau damit gemeint sein könnte, gehörte es zu den Lieblingsbeschäftigungen der Zahlendeuter, eben dieser Zahl einen Inhalt zu geben. Wie das gelingt, zeigt die Reformationszeit, in der diese Welt- und Bibeldeutungen aufgrund von Zahlenalphabeten eine große Konjunktur hatten. Ordnet man dem lateinischen Alphabet Zahlen zu (A-I =1-9, K-S = 10-90, T-Z = 100-600), so ergibt der Name Martin Luther die Zahl 666, er ist also das Böse. M (30) A (1) R (80) T (100) I (9) N (40) L (20) U (200) T (100) E (5) R (80) A (1) = 666. (Damit die Rechnung aufgehen konnte, ließen die katholischen Numerologen das „h" in „Martin Luther" einfach weg, aber das hatte natürlich gute Gründe. Immerhin hieß Luther ursprünglich „Luder", was mitunter auch als Luter geschrieben wurde – also ohne „h".) Das ließen die Lutheraner nicht auf sich sitzen und rechneten gegen die Katholiken auf, was auf der Papstkrone, der Tiara, steht: „Vicarius filli Dei" (Stellvertreter des Sohnes Gottes): Wenn man die Buchstaben des Titels, die zugleich römische Zahlen waren, zusammenzählte, ergab sich ebenfalls 666: V (5) I (1) C (100) A R I (1) U (5) S F I (1) L (50) I (1) I (1) D (500) E I (1) = 666. Was wir heute als Schabernack und Zeitvertreib einer Zeit empfinden, in der es kein Fernsehen gab, war seinerzeit absolut todernst gemeint.

888: Der Name Jesus ergibt im griechischen Zahlenalphabet „888". (J = 10, H = 8, S = 200, O = 70, U = 400, S = 200.) Interessanterweise verwenden Neo-Nazis anstelle des verbotenen „Heil Hitler" oft die Zahl „88", da die Abkürzung HH nach dem deutschen Zahlenalphabet (H = 8) 88 ergibt. Ist also – nur um den Unsinn zu verdeutlichen –, Hitler eine kleinere Ausgabe von Jesus oder Jesus die potenzierte Form eines ⇨ *Führers*?

1.000 ist wieder eine „göttliche" Zahl: die Wichtigkeit von 1 beruht darauf, wie viele Nullen hinter ihr stehen. „Das *tausend*jährige Reich: Und ich sah einen Engel vom Himmel fahren, der hatte den Schlüssel zum

Abgrund und eine große Kette in seiner Hand. Und er griff den Drachen, die alte Schlange, das ist der Teufel und Satan, und band ihn *tausend* Jahre und warf ihn in den Abgrund und verschloss ihn und tat ein Siegel oben darauf, dass er nicht mehr verführen sollte die Völker, bis dass vollendet würden die tausend Jahre. [...] Und wenn die *tausend* Jahre vollendet sind, [...]" (Offb 20, 1-3, 7) dann beginnt „der letzte Kampf", dann kommt „das Weltgericht", dann „das neue Jerusalem" und schließlich: „Der Herr kommt": „Ja, ich komme bald."

Noch ist er zwar nicht da, aber es sind ja erst zwei göttliche Tage vergangen, (denn für den christlichen Gott ist ein Tag wie für den Menschen tausend Jahre) und „bald" sind so etwa vierzehn Tage, also wird Gott vermutlich so um den 7. Oktober 14.000 n. Chr. kommen.

Zeitrechnung: Die jüdische Zeitrechnung leitet sich von der Bibel ab. Die jüdischen Religionswissenschaftler haben sich auf den 6. Oktober 3761 u. Z. als den ersten Tag der Welt geeinigt. Es war ein Sonntag und die Geburtssekunde ist sehr exakt benannt: 23 Uhr 11 Minuten und 20 Sekunden. (Da fand dann also der 'Urknall' statt.) Der Islam beginnt 622 u. Z. mit seiner Zeitrechnung, dem Jahr, als der Prophet Mohammed nach Yathrib zog, das er später in Medina umbenannte. (Das muslimische Kalenderjahr ist allerdings ein Mondjahr, d. h. 10 bis 12 Tage kürzer als das Sonnenjahr.)

In Rom rechneten auch die Christen nach dem römischen Kalender (Jahreszahl im Verhältnis zu den Regierungsjahren römischen Kaiser). Im – aus heutiger Sicht gesehen – 6. Jahrhundert entwickelte sich die Vorstellung, eine eigene Zeitrechnung mit der Geburt von Christus zusammenzubringen. Bei der Berechnung unterlief dem damit beauftragten Mönch (Dionysius Exiguus) allerdings ein Fehler, da der historische Jesus – so er denn überhaupt gelebt hat – vermutlich zwischen 4 und 7 „vor Christus" geboren wurde (⇨ Kalender).

Alle Jahrtausendfeiern sind entsprechend vielleicht willkommene 'Events', aber ansonsten nichts weiter als eine konventionelle Beliebigkeit katholischer Erfindung. Der Versuch, statt „vor Christus/nach Christus" durch „vor/nach der Zeitenwende" zu ersetzen, übersieht, dass es eben zu dem angenommenen Zeitpunkt keine Zeitenwende gegeben hat.

Sinnvoller wäre es allemal, die Zeitrechnung nicht mit der (falsch berechneten) vermeintlichen Geburt des christlichen Erlösers zu beginnen, sondern beispielsweise mit dem erstmaligen Auftreten unserer Spezies vor ca. 100.000 Jahren. Um Komplikationen zu vermeiden, könnte man dabei Rücksicht auf die etablierte westliche Zeitrechnung nehmen und die Menschheitsgeschichte vor 100.000 Jahren + die Jahre der konventionellen Zeitrechnung beginnen zu lassen: Demnach würde die Erstauflage dieses Buches im Jahr 102.007 (Abkürzung wie bislang: 07) erscheinen, Epikur hätte von 99.659 bis 99.730 gelebt (nach alter Zeitrechnung; 341 bis 270), Cicero von 99.894 bis 99.957 (alte Zeitrechnung: 106 bis 43), Jesus von Nazareth (sofern wir annehmen, dass eine solche Person existierte) wäre etwa 99.995 geboren worden, Mohammed im Jahre 100.571.

Der Vorteil dieser alternativen Zeitrechnung wäre, dass sie verdeutlichen würde, wie ungeheuer kurz die Spanne menschlicher Hochkulturen und natürlich auch der sog. „Hochreligionen" im Vergleich zur gesamten Menschheitsgeschichte gewesen ist. Mehr als 100.000 Jahre lang hatten die Menschen definitiv keine „Kirche im Kopf" und es ist stark anzunehmen, dass es keineswegs weitere 100.000 Jahre dauern wird, bis die religiösen Meme dieser Institution wieder aus den Köpfen der Menschen verschwunden sind.

Literaturverzeichnis

Adams, Douglas: Per Anhalter durch die Galaxis. München 1981.

Adorno, Theodor W.: Stichworte. Frankfurt/Main 1969.

Albert, Hans: Das Elend der Theologie. Kritische Auseinandersetzung mit Hans Küng. Aschaffenburg 2005.

Albert, Hans: Traktat über kritische Vernunft. Tübingen 1991.

Alt, Franz: Frieden ist möglich. Die Politik der Bergpredigt. München 1990.

Alt, Franz: Liebe ist möglich. Die Bergpredigt im Atomzeitalter. München 1990.

Augstein, Rudolf: Jesus Menschensohn. München 1999.

Baker, Robin: Krieg der Spermien. Bergisch-Gladbach 1999.

Becker-Huberti, Manfred: http://www.religioeses-brauchtum.de, u. a. die Artikel „grün", „Himmelfahrt", „Fronleichnam", „Maria", Pfingsten".

Bellinger, Gerhard J.: Sexualität in den Religionen der Welt. München 1993.

Berglar, Peter: Autorität – Wohltat oder Übel? Köln 1977.

Bischof, Norbert: Das Rätsel Ödipus. Die biologischen Wurzeln des Urkonfliktes von Intimität und Autonomie. München 1997.

Blackmore, Susan: Die Macht der Meme oder die Evolution von Kultur und Geist. Heidelberg 2000.

Bloch, Ernst: Atheismus im Christentum. Zur Religion des Exodus und des Reichs. Frankfurt/Main 1968 (= Ernst Bloch Gesamtausgabe, Band 14).

Bornemann, Ernest: Lexikon der Liebe und Sexualität. München 1968.

Brecht, Bertolt: Gesammelte Werke. Frankfurt/Main 1967.

Buggle, Franz: Denn sie wissen nicht, was sie glauben. Oder warum man redlicherweise nicht mehr Christ sein kann. Eine Streitschrift. Aschaffenburg 2004.

Czermak, Gerhard: Christen gegen Juden. Geschichte einer Verfolgung. Reinbek 1997.

Daim, Wilfried: Der Mann, der Hitler die Ideen gab. Jörg Lanz von Liebenfels. Wiesbaden 1994.

Damasio, Antonio: Descartes' Irrtum. Fühlen, Denken und das menschliche Gehirn. München 1995.

Damasio, Antonio: Der Spinoza-Effekt. Wie Gefühle unser Leben bestimmen. München 2003.

Dawkins, Richard: Das egoistische Gen. Reinbek 1976 (4. Aufl. 2002).

Dawkins, Richard: Und es entsprang ein Fluss in Eden. Das Uhrwerk der Evolution. München 1998.

Dawkins, Richard: Der entzauberte Regenbogen. Wissenschaft, Aberglaube und die Kraft der Phantasie. Reinbek 2002.

Deschner, Karlheinz: Die beleidigte Kirche oder Wer stört den öffentlichen Frieden? Gutachten im Bochumer § 166-Prozeß. Mit einem Vorwort des verteidigenden Rechtsanwaltes Gottfried Niemietz. Freiburg 1986.

Deschner, Karlheinz: Kriminalgeschichte des Christentums. Reinbek 1986ff. (bislang 8 Bände).

Deschner, Karlheinz: Das Kreuz mit der Kirche. Eine Sexualgeschichte des Christentums. Erweiterte und aktualisierte Neuausgabe. München 1989.

Deschner, Karlheinz: Ärgernisse. Aphorismen. Reinbek 1994.

Deschner, Karlheinz: Opus Diaboli. Fünfzehn unversöhnliche Essays über die Arbeit im Weinberg des Herrn. Reinbek 2001.

Dessau, Bettina / Kanitscheider, Bernulf: Von Lust und Freude. Gedanken zu einer hedonistischen Lebensorientierung. Frankfurt/Main 2000.

Die Bibel: Die ganze Heilige Schrift des Alten und Neuen Testaments nach der Übersetzung Martin Luthers. Stuttgart 1972.

Die Bibel: Einheitsübersetzung der Heiligen Schrift. Stuttgart 1980.

Doherty, Earl: Das Jesus-Puzzle. Basiert das Christentum auf einer Legende? Neustadt 2003.

Drewermann, Eugen: Kleriker. Psychogramm eines Ideals. Olten 1990.

Duden in zwölf Bänden. Das Standardwerk zur deutschen Sprache. Hrsg. vom Wissenschaftlichen Rat der Dudenredaktion. Mannheim.

EEK = Evangelischer Erwachenen Katechismus. Gütersloh 2001.

Einstein, Albert: Mein Weltbild. Gütersloh o.J.

Epikur: Philosophie der Freude. Briefe, Hauptlehrsätze, Spruchsammlung, Fragmente. München 1988.

Escrivá, Josemaria: Der Weg. Köln 1982.

Feuerbach, Ludwig: Gesammelte Werke. Hrsg. von Werner Schuffenhauer. Berlin 1971.

Frerk, Carsten: Finanzen und Vermögen der Kirchen in Deutschland. Aschaffenburg 2002.

Frerk, Carsten: Caritas und Diakonie in Deutschland. Aschaffenburg 2005.

Freud, Sigmund: Studienausgabe. Zürich 1977.

Fromm, Erich: Gesamtausgabe in 10 Bänden. Hrsg. von Rainer Funk. München 1989.

Fuld, Werner: Das Lexikon der Fälschungen. Lügen und Intrigen in Kunst, Geschichte und Literatur. München 2000.

Gawain, Shakti: Die vier Stufen der Heilung. München 2001.

Gerr, Elke: Das große Vornamenbuch. München 1993.

Glasenapp, Helmuth von: Die fünf Weltreligionen. Brahmanismus, Buddhismus, Chinesischer Universismus, Christentum, Islam. Düsseldorf/Köln 1963.

Goldner, Colin: Dalai Lama. Fall eines Gottkönigs. Aschaffenburg 1999.

Goody, Jack: Die Entwicklung von Ehe und Familie in Europa. Frankfurt/Main 1989.

Gould, Stephen Jay: Darwin nach Darwin. Naturgeschichtliche Reflexionen. Frankfurt/Main 1984.

Gould, Stephen Jay: Die Entdeckung der Tiefenzeit. Zeitpfeil und Zeitzyklus in der Geschichte unserer Erde. München 1990.

Gould, Stephen Jay: Illusion Fortschritt. Die vielfältigen Wege der Evolution. Frankfurt/Main 1998.

Hanke, Christian: Hamburgs Straßennamen erzählen Geschichte. Hamburg 1997.

Heer, Friedrich: Der Glaube des Adolf Hitler. Anatomie einer politischen Religiosität. Wien 1998.

Herrmann, Horst: Die Caritas-Legende: Wie die Kirchen die Nächstenliebe vermarkten. Hamburg 1993.

Hinrichsen, Torkild: Alle Engel dieser Erde. Auf den irdischen Spuren eines himmlischen Phänomens. Altonaer Museum in Hamburg. Husum 2000.

Horkheimer, Max/Adorno, Theodor W.: Dialektik der Aufklärung. Frankfurt/Main 1969.

Jahn, Johannes: Wörterbuch der Kunst. In Verbindung mit Robert Heidenreich und Wilhelm von Jenny verfasst von Johannes Jahn. Stuttgart 1966.

Kanitscheider, Bernulf: Auf der Suche nach dem Sinn. Frankfurt/Main 1993.

Katechismus der Katholischen Kirche. Hrsg. von der Katholischen Kirche (Ecclesia Catholica unter Johannes Paul II., Kommissionsvorsitz: Kardinal Joseph Ratzinger). München 1993.

Katholischer Erwachsenen-Katechismus. Erster Band. Das Glaubensbekenntnis der Kirche. Hrsg. von der Deutschen Bischofskonferenz. Freiburg 1989.

Katholischer Erwachsenen-Katechismus. Zweiter Band. Leben aus dem Glauben. Hrsg. von der Deutschen Bischofskonferenz. Freiburg 1995.

Kepel, Gilles: Die Rache Gottes. Radikale Moslems, Christen und Juden auf dem Vormarsch. München 1994.

Klein, Stefan: Die Glücksformel – oder: Wie die guten Gefühle entstehen. Reinbek 2002.

Klein, Stefan: Alles Zufall – Die Kraft, die unser Leben bestimmt. Reinbek 2004.

Knell, Heiner/Sperlich, Hans-Günther (Hrsg.): Ullstein Lexikon der Kunst. Frankfurt/Main 1972.

Krämer, Walter/Trenkler, Götz: Lexikon der populären Irrtümer. München 2002.

Krüger-Lorenzen, Kurt: Deutsche Redensarten und was dahinter steckt. München 1991.

Küng, Hans: Projekt Weltethos. München/Zürich 1990.

Lapide, Pinchas: Wer war schuld an Jesu Tod? Gütersloh 1987.

Lapide, Pinchas: Ist die Bibel richtig übersetzt? Gütersloh 1989.

Ley, Michael/Schoeps, Julius (Hrsg.): Der Nationalsozialismus als politische Religion. Bodenheim b. Mainz 1997.

Logisch, Theo: Das ist euer Glaube! Strukturen des Bösen im Dogma. Neustadt 1998.

Lüdemann, Gerd: Im Würgegriff der Kirche. Für die Freiheit der theologischen Wissenschaft. Lüneburg 1998.

Lüdemann, Gerd: Jesus nach 2000 Jahren. Was er wirklich sagte und tat. Lüneburg 2000.

Luther, Martin: Dr. Martin Luthers kleiner Katechismus: mit Erklärung. Neuhausen-Stuttgart 1999.

Maccoby, Hyam: König Jesus. Die Geschichte eines jüdischen Rebellen. o.O. 1982.

Marcuse, Ludwig: Argumente und Rezepte. Ein Wörterbuch für Zeitgenossen. Zürich 1973.

Marx, Karl/Engels, Friedrich: Werke in 43 Bänden. (MEW). Berlin 1990.

Mewes, Christa: Täuschender Schein. In: Deutschland-Magazin 7/8 (1999).

Meyers Lexikon. Siebente Auflage. In vollständig neuer Bearbeitung. Zwölf Bände. Leipzig 1924.

Miller, Alice: Am Anfang war Erziehung. Frankfurt/Main 1983.

Mitscherlich, Alexander/Mitscherlich, Margarete: Die Unfähigkeit zu trauern. Grundlagen kollektiven Verhaltens. München 1994.

MIZ (Materialien und Informationen zur Zeit). Politisches Magazin für Konfessionslose und AtheistINNen. Aschaffenburg (seit 1972).

Müller, Eric: Die Stellvertreterin. Zur Seligsprechung von Agnes Gonxha Bojaxhiu alias Mutter Teresa. In: MIZ 4/03, S. 32-38.

Mynarek, Hubertus: Jesus und die Frauen. Das Liebesleben des Nazareners. Essen 1999.

Mynarek, Hubertus: Die Neue Inquisition. Sektenjagd in Deutschland. Marktheidenfeld 1999.

Nietzsche, Friedrich: Werke. Hrsg. von Karl Schlechta. München 1993.

Niemietz, Gottfried: Vorwort, in: Karlheinz Deschner: Die beleidigte Kirche oder Wer stört den öffentlichen Frieden? Freiburg 1986.

Oberkogler, Friedrich: Pop-Musik. Die Faszination der Jugend. Bad Liebenzell-Unterlegenhardt 1982.

Panati, Charles: Populäres Lexikon religiöser Gebräuche und Gegenstände. München 2002.

Paul, Hermann: Deutsches Wörterbuch. Tübingen 1996.

Popper, Karl: Die offene Gesellschaft und ihre Feinde. Tübingen 1980.

Popper, Karl: Auf der Suche nach einer besseren Welt. Vorträge und Aufsätze aus dreißig Jahren. München 1984.

Proske, Wolfgang: Christlicher Fundamentalismus und die Voraussetzung zur Apartheid in Südafrika. In: MIZ 1/91, S. 19-32.

Randi, James: Lexikon der übersinnlichen Phänomene. Die Wahrheit über die paranormale Welt. München 2001.

Reinsdorf, Clara und Paul (Hrsg.): Drahtzieher Gottes. Die Kirchen auf dem Marsch ins 21. Jahrhundert. Aschaffenburg 1995.

Reinsdorf, Clara und Paul (Hrsg.): Zensur im Namen des Herrn. Zur Anatomie des Gotteslästerungsparagraphen. Aschaffenburg 1997.

Ridley, Matt: Eros und Evolution. Die Naturgeschichte der Sexualität. München 1995.

Riggenmann, Konrad: Kruzifix und Holocaust. Über die erfolgreichste Gewaltdarstellung der Weltgeschichte. Berlin 2002.

Röhrich, Lutz: Lexikon der sprichwörtlichen Redensarten. Freiburg 2003.

Roth, Gerhard: Fühlen, Denken, Handeln. Wie das Gehirn unser Verhalten steuert. Frankfurt/Main 2001.

Roth, Gerhard: Aus Sicht des Gehirns. Frankfurt/Main 2003.

Russell, Bertrand: Warum ich kein Christ bin. Über Religion, Moral und Humanität. Reinbek 1968.

Schäfer, Peter: Das jüdische Monopol. Jan Assmann und der Monotheismus. In: Süddeutsche Zeitung vom 11.8.2004.

Schauber, Vera/Schindler, Hanns Michael: Heilige und Namenspatrone im Jahreslauf. München 2001 (mit kirchlicher Druckerlaubnis).

Schelsky, Helmut: Soziologie der Sexualität. Über die Beziehungen zwischen Geschlecht, Moral und Gesellschaft. Reinbek 1957.

Schepper, Rainer: Gott beim Wort genommen. Das Alte Testament auf dem ethischen Prüfstand. Argenbühl-Christazhofen 1993.

Schild, Wolfgang: Die Geschichte der Gerichtsbarkeit. Vom Gottesurteil bis zum Beginn der modernen Rechtsprechung. Hamburg 2002.

Schleichert, Hubert: Wie man mit Fundamentalisten diskutiert, ohne den Verstand zu verlieren. München 1997.

Schmidt-Biggemann, Wilhelm: Zahlen, Zählen, Harmonie. Kleines symbolisches Einmaleins. In: Neue Zürcher Zeitung, Literatur und Kunst, vom 11.12.1999, S. 77.

Schmidt-Salomon, Michael: Können wir wollen, was wir wollen? Unzeitgemäßes zur Theorie der Willensfreiheit. In: Aufklärung und Kritik. Zeitschrift für humanistische Philosophie und freies Denken 2/1995.

Schmidt-Salomon, Michael: Erkenntnis aus Engagement. Grundlegungen zu einer Theorie der Neomoderne. Aschaffenburg 1999.

Schmidt-Salomon, Michael: Big Mama is watching you! Wie die Jungfrau Maria Deutschland errettete und in den Trash-Himmel gelangte. In: Chlada, Marvin/Dembowski, Gerd (Hrsg.): Die neuen Heiligen. Franz Beckenbauer, Dalai Lama, Jenny Elvers und andere Aliens. Aschaffenburg 2001.

Schmidt-Salomon, Michael: Anatomie des erhobenen Zeigefingers. Wie man Gott entschuldigt und die Menschen an sich bindet. In: Aufklärung und Kritik 1/2002.

276

Schmidt-Salomon, Michael: Die Banalität von Gut und Böse. Das Phänomen des Übels aus weltlicher Sicht. In: Aufklärung und Kritik 1/2002.

Schmidt-Salomon, Michael: Scientology und Opus Dei – ein Vergleich. In: MIZ 2/02, S. 4-14.

Schmidt-Salomon, Michael: Sinn und Sinnlichkeit – Die frohe Botschaft des Hedonismus. In: MIZ 4/02, S. 3-12.

Schmidt-Salomon, Michael: Stollbergs Inferno. Aschaffenburg 2003.

Schmidt-Salomon: Das Feuerbach-Syndrom. Warum Religionskritik in der Wissenschaft noch immer ein Tabuthema ist. In: MIZ 2/04, S. 3-12.

Schmidt-Salomon, Michael: Wissen statt Glauben. In: MIZ 3/04, S. 1-4.

Schmidt-Salomon, Michael: Hoffnung jenseits der Illusionen? Die Perspektive des evolutionären Humanismus. In: Albertz, Jörg (Hrsg): Humanität – Hoffnungen und Illusionen. Berlin 2004 (Schriftenreihe der Freien Akademie, Bd. 23).

Schmidt-Salomon, Michael: Manifest des evolutionären Humanismus. Plädoyer für eine zeitgemäße Leitkultur. Aschaffenburg 2006 (2. Auflage).

Schnädelbach, Herbert: Der Fluch des Christentums. In: DIE ZEIT, Nr. 20/2000.

Schwanitz, Dietrich: Bildung. Alles, was man wissen muss. München 2002.

Singer, Wolf: Der Beobachter im Gehirn. Essays zur Hirnforschung. Frankfurt/ Main 2002.

Sommer, Volker: Wider die Natur? Homosexualität und Evolution. München 1990.

Sommer, Volker: Evolutionäre Anthropologie: Vom Ursprung der Religion im Konfliktfeld der Geschlechter. In: Daecke, Sigurd/Schnakenberg, Jürgen (Hrsg.): Gottesglaube – ein Selektionsvorteil? Gütersloh 2000.

Searle, Ronald/Huber, Heinz: Anatomie eines Adlers. Ein Deutschlandbuch. München 1966.

Streminger, Gerhard: Gottes Güte und die Übel der Welt. Das Theodizeeproblem. Tübingen 1992.

Theweleit, Klaus: Männerphantasien. Bd. 1: Frauen, Fluten, Körper, Geschichte. Bd. 2: Männerkörper – Zur Psychoanalyse des weißen Terrors. Reinbek 1980.

Trimondi, Victor/Trimondi, Victoria: Krieg der Religionen. Politik, Glaube und Terror im Zeichen der Apokalypse. München 2006.

Van den Aardweg, G.J.M.: Erziehungsziel Glück. Moralische Erziehung aus psychologischer Sicht. In: Fördergemeinschaft für Schulen in freier Trägerschaft (Hrsg.): Personale Erziehung. Köln 1990.

Victor, Jeffrey: Hexenjagd! Eine Analyse der Satanismus-Hysterie. In: Shermer, Michael/Maidhof-Christig, Benno/Traynor, Lee (Hrsg.): Skeptisches Jahrbuch I. Aschaffenburg 1996.

Wahrig, Gerhard (Hrsg.): Wörterbuch der deutschen Sprache. München 1991.

Warraq, Ibn: Warum ich kein Muslim bin. Berlin 2004.

Watters, Wendell: Tödliche Lehre. Neustadt 1992.

Watzlawick, Paul (Hrsg.): Die erfundene Wirklichkeit. Wie wissen wir, was wir zu wissen glauben. Beiträge zum Konstruktivismus. München 1985.

Weber, Max: Gesammelte Aufsätze zur Religionssoziologie. Stuttgart 1988.

Weber, Max: Die protestantische Ethik und der Geist des Kapitalismus. Weinheim 2001.

Werlitz, Jürgen: Das Geheimnis der heiligen Zahlen. Ein Schlüssel zu den Rätseln der Bibel. München 2000.

Wolf, Hans-Jürgen: Hexenwahn. Hexen in Geschichte und Gegenwart. Bindlach 1994.

Wuketits, Franz M.: Naturkatastrophe Mensch. Evolution ohne Fortschritt. Düsseldorf 1998.

Wuketits, Franz M.: Die Selbstzerstörung der Natur. Evolution und die Abgründe des Lebens. Düsseldorf 1999.

Wuketits, Maria/Wuketits, Franz M.: Humanität zwischen Hoffnung und Illusion. Warum uns die Evolution einen Strich durch die Rechnung macht. Stuttgart 2001.

Zander, Hans-Conrad: Ecce Jesus. Ein Anschlag gegen den neuen religiösen Kitsch. Reinbek 1992.

Register

281

286

Michael Schmidt-Salomon
Stollbergs Inferno
Roman
ISBN 3-932710-49-5, 241 Seiten, kartoniert, Euro 16.-

Der religionskritische Wissenschaftler Jan Stollberg stirbt während einer Vorlesung und findet sich zu seinem maßlosen Erstaunen in der christlichen Vorhölle wieder, die tatsächlich so aussieht, wie die katholische Kirche es seit Jahrhunderten predigt. Wie er sind dort alle Philosophen gelandet, die aufklärerisches Gedankengut vertreten haben: von Epikur bis Kant, von Marx bis Camus. Der unmittelbar bevorstehende Abtransport Ludwig Feuerbachs zur „Himmlischen Rampe" wird für die gepeinigten Gefangenen zum Anlass, die höllischen Zustände nicht länger nur zu interpretieren, sondern sie zu verändern – sie planen den Aufstand gegen die Diktatur Gottes...

Michael Schmidt-Salomon
Manifest des evolutionären Humanismus
Plädoyer für eine zeitgemäße Leitkultur
Zweite, erweiterte Auflage, ISBN 3-86569-011-4, 181 Seiten, Euro 10.-

Das *Manifest des Evolutionären Humanismus* liefert eine kompakte Zusammenfassung der Grundpositionen einer „zeitgemäßen Aufklärung" und plädiert für eine „alternative politische Leitkultur", die auf die besten Traditionen von Wissenschaft, Philosophie und Kunst zurückgreift, um das unvollendete Projekt der aufgeklärten Gesellschaft gegen seine Feinde zu verteidigen.

Michael Schmidt-Salomon / Hermann Gieselbusch (Hrsg.)
„Aufklärung ist Ärgernis..."
Karlheinz Deschner – Leben, Werk, Wirkung
ISBN 3-86569-003-3, 350 Seiten, Abbildungen, kartoniert, Euro 18.-

Seit 50 Jahren polarisiert Karlheinz Deschner die Öffentlichkeit. Der Sammelband, mit Beiträgen zahlreicher prominenter Autoren, beschreibt und bewertet die verschiedenen Aspekte seines publizistischen Wirkens: seine Kirchenkritik, seine frühen literarischen Werke und Aphorismen, seine literaturkritischen Arbeiten, sein Engagement für Tierschutz und seine politisch-moralischen Auffassungen.

Alibri, Postfach 100 361, 63703 Aschaffenburg
verlag@alibri.de, www.alibri.de

Carsten Frerk
Finanzen und Vermögen der Kirchen in Deutschland
ISBN 3-932710-39-8, 435 Seiten, kartoniert, Euro 24,50

Die umfassende Darstellung zu Finanzen und Vermögen der Kirchen in Deutschland betrachtet nicht nur die „verfassten" Kirchen im engeren Sinne, sondern auch ihre Sozialverbände, christliche Vereine und kirchennahe Unternehmen. Die detaillierte Gliederung sowie über 150 Graphiken und Schaubilder sorgen für eine übersichtliche Präsentation des Datenmaterials.

Carsten Frerk
Caritas und Diakonie in Deutschland
ISBN 3-86569-000-9, 366 Seiten, kartoniert, Euro 22,50

Im kirchlichen Sozialbereich arbeiten knapp 1,5 Millionen Personen, die einen Jahresumsatz von rund 45 Milliarden Euro erwirtschaften. Carsten Frerk zeigt, dass diese Einrichtungen weitestgehend aus öffentlichen Mitteln finanziert werden, während das karitative Engagement in der öffentlichen Wahrnehmung den Kirchen zugeschrieben wird.

Franz Buggle
Denn sie wissen nicht, was sie glauben
Oder warum man redlicherweise nicht mehr Christ sein kann
Neuauflage 2004, ISBN 3-93271077-0, 446 Seiten, kartoniert, Euro 24.-

Die Brisanz des Buches liegt in der Bestreitung der weitgehend (gerade auch bei „progressiven" Christen) akzeptierten Prämisse heutiger Kirchen- und Christentumskritik, daß zwar die Kirche mangelhaft sein möge, die Bibel aber als ethisches Fundament unverzichtbar sei.

Hans Albert
Das Elend der Theologie
Kritische Auseinandersetzung mit Hans Küng
Neuauflage 2005, ISBN 3-86569-001-7, 222 Seiten, kartoniert, Euro 15.-

Hans Albert setzt sich mit den Schriften des Theologen Hans Küng auseinander. Dabei stößt er auf Gedankengänge, die in typischer Weise die Schwäche dieser ganzen Wissenschaft offenbaren: das „Elend der Theologie".

Alibri, Postfach 100 361, 63703 Aschaffenburg
verlag@alibri.de, www.alibri.de